전국대회 1등급 우수 입상자 7인이 알려주는 보고서 작성의 A to Z

입상 교사만 아는

아무도 말해주지 않은

수업 혁신사례 연구대회
1등급의 비밀

임은빈 송경은 김은진 신혜원 김진희 임민지 노기현 공저

티쳐빌 쌤동네 1위 강사의 입상 전략 전격 공개

교사를 위한 수업혁신사례 연구대회 실전형 보고서 작성 매뉴얼 총망라

입상 꿀팁 총정리! 수업 동영상 촬영부터 t검정 통계, 에듀테크 활용까지

특별부록 인성교육실천사례 연구대회 입상 핵심 공략집!

입상 교사만 아는

아무도 말해주지 않은
수업 혁신사례 연구대회
1등급의 비밀

초판 1쇄 인쇄 | 2025년 6월 30일

지　은　이 | 임은빈, 송경은, 김은진, 신혜원, 김진희, 임민지, 노기현 공저
발　행　인 | 김병성
발　행　처 | 앤써북
편 집 책 임 | 조주연
주　　　소 | 경기도 파주시 탄현면 방촌로 548번지
전　　　화 | (070)8877-4177
팩　　　스 | (031)942-9852
등　　　록 | 제382-2012-0007호
도 서 문 의 | answerbook@naver.com

I S B N | 979-11-93059-57-9 13370

이 책은 저작권법에 따라 보호받는 저작물이므로 무단 전재와 무단 복제를 금하며,
이 책 내용의 전부 또는 일부를 사용하려면 반드시 저작권자와 앤써북 발행인의
서면동의를 받아야 합니다.

※ 책값은 뒤표지에 있습니다.
※ 잘못된 책은 구입한 서점에서 바꿔 드립니다.

시작하는 글

수업혁신사례연구대회에 도전하는 많은 선생님들께 '포기하지 않을 용기'를 전하고 싶다.

교사에게 있어 가장 중요한 것은 언제나 '수업' 그 자체라고 믿는다. 하지만 현실은 때때로 행정, 생활지도, 업무 등 수업 외적인 일에 쫓기다 보면 수업의 본질을 놓치게 되는 순간도 생긴다.

그럼에도 불구하고, 최근 교육부가 '수업을 잘하는 교사'를 우대하려는 정책을 펼치며, 여타 대회보다 수업혁신사례연구대회가 활성화되는 흐름이 무척 반갑고, 또 기쁘다.

의사, 변호사, 회계사 등 소위 '전문직'이라 불리는 많은 직업들은 자신만의 노하우와 성과를 차곡차곡 쌓아가며 전문성을 발전시킨다. 하지만 교사는 정년이 다가오면, 그간 축적한 소중한 수업 경험과 자료들이 퇴직과 함께 묻혀버리는 경우가 많다.

이 얼마나 안타까운 일인가.

그래서 바란다. 더 많은 교사들이 수업혁신사례연구대회에 참여해 자신의 수업 데이터를 기록으로 남기고, 서로 공유하며 성장해 나가길. 이것이야말로 교사로서의 전문성을 지속적으로 발전시키는 가장 교육적인 방법이 아닐까 싶다.

이 책의 시작은 2024년 수업혁신사례연구대회 전국 1등급 우수 입상자로 뽑혀 런던 해외연수에 함께 다녀온 조원들이 '어떻게 하면 이 대회에 도전하는 선생님들께 도움을 드릴 수 있을까?' 라는 고민에서 시작되었다.

이 책을 집필한 7명의 저자들은 각각 경기도, 충청북도, 충청남도, 대전광역시에 근무하고 있으며, 각기 다른 환경에서 연구를 진행하였다. 따라서 이 책에는 소인수 학급과 다인수 학급, 담임교사와 전담교사, 개인연구와 공동연구의 사례, 연구대회 복수 참가 경험, 저·중·고 학년별 접근, 교과교육과 융합교육 수업 사례 등 현장의 다양한 상황 속에서 실제로 적용한 7인 7색의 이야기들이 담겨 있다.

수업혁신사례연구대회에 참가하기로 결심했지만,

'연구 주제는 어떻게 정하지?', '수업 영상은 어떻게 촬영해야 하지?', '통계 처리는 어떻게 해야 하지?'

이처럼 수많은 궁금증 속에서 헤매고 있을 선생님들에게, 이 책이 가려운 곳을 시원하게 긁어주는 효자손 같은 안내서가 되었으면 하는 마음으로 집필을 시작했다.

당신의 수업은 그 자체로 충분히 가치 있고, 연구로 확장할 자격이 있다.

이 여정의 시작점에 선 당신을 진심으로 응원한다. 함께 걸어가자!

2025년 4월 벚꽃이 만개한 어느 날
이 길을 함께 걸어온 7인의 교사가

출간 응원 메시지

    수업은 학교 교육의 기본이자 가장 중요한 교육활동으로, 학생의 성장은 선생님이 펼치는 양질의 수업 속에서 시작됩니다. 이를 위해 경기도교육청은 사유하는 학생, 깊이있는 수업 지원을 위한 노력을 다양하게 기울이고 있습니다.

    이 책에는 경기도를 포함해 전국에 재직 중인 선생님들이 학교 현장에서 실천한 수업 혁신 사례가 담겨 있습니다. 특히 경기교육이 지향하는 인공지능 디지털 활용 수업과 학생 중심 수업의 철학이 녹아들어 있어 새로운 수업 설계와 실천에 좋은 길잡이가 되길 희망합니다.

경기도교육감 임태희

    "교육은 교실에서 뿌리내리고 세상으로 나아간다"는 말처럼, 우리나라 초등 교육의 질적 성장은 현장 교사들의 열정과 실천에서 비롯된 수업 혁신 덕분입니다. 『입상 교사만 아는 아무도 말해주지 않은 수업혁신사례연구대회 1등급의 비밀』은 이러한 교사들의 실천적 지혜를 집약한 귀한 결과물입니다.

    이 책은 2024년 수업혁신사례연구대회에서 전국 1등급을 달성한 7명의 교사가 심혈을 기울여 기록한 생생한 경험을 담고 있습니다. 연구대회의 모든 과정, 즉 보고서 작성부터 수업 영상 촬영, 학급 운영까지를 월별, 단계별로 명확하게 안내하며, 디지털 에듀테크 활용법과 지역별 특성을 반영한 '맞춤형 로드맵'을 제시합니다. 이는 예비 교사와 현직 교사 모두에게 시행착오를 줄이고 성공적인 연구 설계를 위한 확실한 길잡이가 될 것입니다.

    수업혁신사례연구대회는 교사들이 이론과 실제를 융합하여 전문성을 키우고 배움의 공동체를 확장하는 소중한 기회입니다. 이 책은 그러한 교육 혁신의 여정에서 든든한 동반자가 되어줄 것입니다. 특히, 디지털 전환 시대에 교육의 새로운 가능성을 탐구하는 교사들에게 실질적인 영감과 구체적인 실행 지침을 제공할 것입니다.

    이 책이 전국의 교사, 교육 행정가, 그리고 교육의 가치를 믿는 모든 이들에게 수업 혁신과 연구 설계의 확실한 이정표가 되기를 기대합니다. 나아가 우리 학생들이 창의와 협력이 넘치는 교실에서 미래를 준비하는 데 실질적으로 기여하기를 진심으로 바랍니다.

공주교육대학교 총장 권성룡

추천사

    수업혁신사례연구대회는 단순한 연구점수 획득의 수단이 아닌, 교사의 본질인 수업 전문성을 갈고닦는 소중한 기회의 장입니다. 이 책은 승진을 위한 전략이 아니라, 교사로서의 자존심과 교육 철학을 회복하고자 한 여정을 담고 있습니다. 수업을 통해 아이들의 삶을 변화시키고 싶은 모든 교사에게 깊은 울림을 주는 이야기로 가득합니다. 교사에게 수업력이란 자유를 가져다주는 힘이며, 이 대회는 그 힘을 키우는 가장 현실적인 무대임을 생생히 보여줍니다. 실제 수업 사례와 실패, 도전, 성장을 통해 우리는 교사라는 직업이 얼마나 가치 있는지 느끼게 되는 이 책을 마음을 다해 추천합니다.

참쌤스쿨 대표, 경기실천교육교사모임 회장, (전)경기도교육청 장학사 김차명

    이 책은 수업 혁신과 그 확산을 고민하는 교사들에게 단순한 안내서를 넘어, 함께 걸어갈 동료가 되어주는 책입니다. 수업 개선을 위한 전략뿐 아니라, 수업혁신사례연구대회를 준비하면서 마주하게 되는 실질적인 고민들인 보고서 작성, 수업 정리, 사례 공유 방법 등에 대한 구체적인 해법을 제시합니다. 특히 연구 결과를 효과적으로 정리하고 교육공동체와 나누는 방법에 대한 조언은 교사 개인의 성장뿐 아니라 함께 성장하는 학교 문화를 만들어 가는 데 큰 도움이 됩니다. 수업을 함께 바꾸고, 수업혁신사례연구대회를 더 잘 준비하고자 하는 교사들에게 든든한 나침반이 되어줄 책입니다.

청주교육대학교 영어교육과 교수 강성우

    수업은 교사의 존재 이유이며, 수업력은 교사의 가장 빛나는 전문성입니다. 이 책은 전국 수업혁신사례연구대회에서 1등급이라는 빛나는 성과를 거둔 저자들이, 자신의 진심 어린 실천과 성장의 이야기를 아낌없이 나누고 있습니다. 단순한 결과가 아닌, 치열한 수업 고민과 교육적 철학, 그리고 교사로서의 자존감을 지켜낸 과정이 감동적으로 담겨 있습니다. 수업혁신을 꿈꾸는 모든 교사에게 이 책은 실천 가능한 지혜이자 든든한 지침서가 되어줄 것입니다. 특히 수업 전문성을 고민하는 수석교사에게는 후배 교사들을 지원하고 동료성과 협업의 문화를 조성하는 데 귀중한 디딤돌이 될 것입니다. 이 책을 통해 교사와 수업, 더 나아가 학교 현장이 함께 성장하는 감동의 경험이 확산되기를 진심으로 기대합니다.

한국유초등수석교사회 회장 수석교사 이환규

독자지원센터

[책 소스 다운로드 / 정오표 / Q&A / 긴급 공지]

이 책의 실습에 필요한 책 소스 파일 다운로드, 정오표, Q&A 방법, 긴급 공지 사항 같은 안내 사항은 PC 기준으로 앤써북 공식 카페의 [종합 자료실]에서 [도서별 전용 게시판]을 이용하시면 됩니다.

앤써북 공식 네이버 카페에서 [종합 자료실] 아이콘(❶)을 클릭합니다. 종합자료실 게시글에 설명된 표에서 220번 목록 우측 도서별 전용 게시판 링크 주소(❷)를 클릭하거나 아래 QR 코드 로 바로가기 합니다. 도서 전용 게시판에서 설명하는 절차로 책 소스 파일 다운로드, 정오표, 긴급 공지 사항, 필독 사항 등을 안내 받을 수 있습니다.

➡ 앤써북 공식 네이버 카페 종합자료실
https://cafe.naver.com/answerbook/5858

➡ 도서 전용게시판 바로가기
https://cafe.naver.com/answerbook/8066

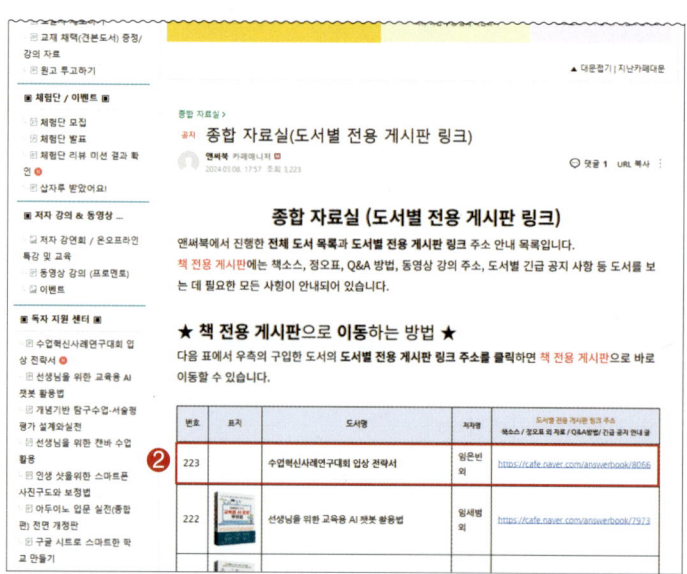

독자지원센터

[앤써북 공식 체험단]

앤써북에서 출간되는 도서와 키트 등 신간 책을 비롯하여 연관 상품을 체험해 볼 수 있습니다. 체험단은 수시로 모집하기 때문에 앤써북 카페 공식 체험단 게시판에 접속한 후 "즐겨찾기" 버튼(❶)을 눌러 [채널 구독하기] 버튼(❷)을 눌러 즐겨찾기 설정해 놓거나, 새글 구독을 우측으로 드래그하여 ON으로 설정해 놓으면 새로운 체험단 모집 글(❸)을 메일로 자동 받아보실 수 있습니다.

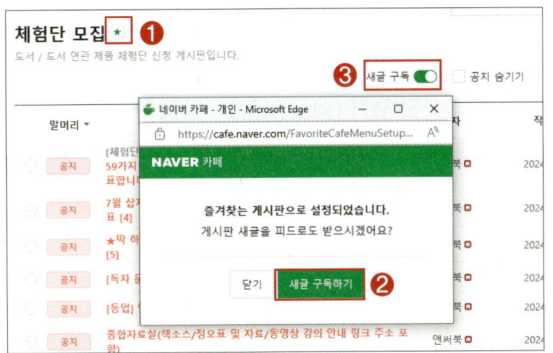

▶ 앤써북 카페 공식 체험단 게시판

https://cafe.naver.com/answerbook/menu/150

▲ 체험단 바로가기 QR코드

[저자 강의 안내]

앤써북에서 출간된 책 관련 주제의 온·오프라인 강의는 특강, 유료 강의 형태로 진행됩니다. 강의 관련해서는 아래 게시판을 통해서 확인해주세요. "앤써북 저자 강의 안내 게시판"을 통해서 앤써북 저자들이 진행하는 다양한 온·오프라인 강의를 확인할 수 있습니다.

▶ 앤써북 강의 안내 게시판

https://cafe.naver.com/answerbook/menu/144

▲ 저자 강의 안내 게시판 바로가기 QR코드

Contents

0 왜 수업혁신사례연구대회 인가?

1 수업력이 교사의 제1역량 • 20
  비니쌤의 이야기 • 21
  지니쌤의 이야기 • 22

2 수업혁신사례연구대회의 매력 포인트 • 24

3 국외연수로 성장하기 (영국이라는 달콤한 보상) • 27
  견쌤의 이야기 _ Bett show, 그 현장 속으로! • 29
  송쌤의 이야기 _ Table Talks 경험담 - 런던에서 나눈 교실 속 AI 이야기 • 30

1 한눈에 파악하는 대회 요강

1 항상 머리맡에: 대회 요강 • 34
  주최와 참가 대상은? • 34
  추진 일정은? • 35
  연구 영역은? • 35
  제출물은? • 36
  시상과 혜택은? • 36
  대회 요강의 핵심 포인트는? • 37

2 1등급과 가까워지는 심사 기준 포인트 • 39
  보고서 심사 기준 뜯어보기 • 39
  동영상 심사 기준 뜯어보기 • 40
  상황별 심사 기준표 활용 팁 • 41

3 월별로 해야 할 일은? • 42

Contents

승패를 가르는 연구 주제

① AI 디지털교과서 활용, 이렇게 시작하자 • 46
　운영 계획에서 찾아보는 AI 디지털 교과서의 중요성 • 46
　AI 디지털 교과서 정확히 알아보기 • 47
　AI디지털 교과서를 사용하지 못한다면? • 49

② 심사위원 눈길 사로잡는 원픽 연구 주제 • 51

③ 교과교육, 창체, 융합교육 어떤 걸로 할까? • 54
　전국 입상작 교과교육, 창체, 융합교육 비율 살펴보기 • 54
　교과교육은 한 교과로만 연구할까? • 55
　나는 어떤 영역으로 대회에 참가하면 좋을까? • 56

④ 7인 7색, 연구 주제 선택 이유 • 57
　비니쌤의 이야기 • 57
　송쌤의 이야기 • 58
　지니쌤의 이야기 • 59
　혜온쌤의 이야기 • 60
　찐쌤의 이야기 • 61
　밍쌤과 견쌤의 이야기 • 62

⑤ 나만의 입상 킥 만들기 • 63
　비니쌤이 생각하는 입상 킥
　　_ '지도(MAP)와 패드(PAD)들고 GPS ON, POWER UP!' • 64
　송쌤이 생각하는 입상 킥
　　_ '디지털 기반 찐친(Chin親) 프로젝트로 지속가능한 세계시민역량기르기' • 67
　지니쌤이 생각하는 입상 킥
　　_ '나란히 배움길 기여 프로젝트로 함께삶5C역량 기르기' • 70
　혜온쌤이 생각하는 입상 킥
　　_ '행복한(HAPPY), 꿈(DREAM) 프로젝트를 통해 국어과 역량 성장시키기' • 73
　찐쌤이 생각하는 입상 킥 _ 'STORY로 LEAD하면 수학 리더 역량이 자라요' • 76
　밍쌤과 견쌤이 생각하는 입상 킥 _ '헌법의 세상에서 정의L.A.W.운 세 삶 만나기' • 78

Contents

3 탄탄한 연구 계획하기

1 첫인상 3초, 연구 제목 짓기의 비법 • 82
    2가지 요소로 구성하기 • 82
    3가지 요소로 구성하기 • 84
    4가지 이상의 요소로 구성하기 • 85

2 연구 계획서, 이렇게 쓰자! • 86

3 설득력 있는 보고서의 시작, 연구의 필요성과 목적 • 90
    연구의 필요성과 목적 설정, 그 내용에 관하여 • 90
    연구의 필요성과 목적, 효과적으로 전달하는 형식 갖추기 • 93

4 보고서가 살아나는 수업 단계 설계법 • 95
    프로젝트 흐름 기획하기 • 96
    수업 모형 개발하기 • 98

5 연구의 핵심, 실천과제 설정 • 101
    송쌤의 사례 • 101
    지니쌤의 사례 • 103
    찐쌤의 사례 • 104
    밍쌤, 견쌤의 사례 • 105

6 사전 설문 도구 구성 • 106
    사전 설문을 실시해야 하는 이유 • 106
    사전 설문 문항 구성 방법 • 106
    사전 설문 도구를 구하는 방법 • 111
    직접 설문 도구를 개발하는 방법 • 111

7 연구를 위한 수업은 다르다 • 114
    교육과정은 어떻게 재구성할까? • 114
    재구성한 교육과정은 보고서에 어떻게 표현할까? • 115

Contents

8 연구사례 A부터 Z까지 • 119
　소인수 학급의 연구 • 119
　저학년도 가능하다 • 121
　전담 교사 수업 연구의 특별함 • 123
　공동연구의 모든 것 • 125

행복한 연구 진행하기

1 본격적인 연구 시작 전, 무엇을 준비해야 할까? • 132
　연구대회를 위한 학습 훈련은 어떻게 할까? • 132
　초상권 동의, 수월하게 받는 방법 • 136

2 사진은 어떻게 찍어야 할까? • 138
　학생 활동 사진, 이렇게 찍자 • 138
　활용하기 좋은 사진 vs 활용하기 어려운 사진 • 139
　활동 결과물 사진, 이렇게 남기자 • 140

3 수업 자료 아카이빙, 이렇게! • 142
　아카이빙, 어떤 도구를 써야 할까? • 142
　아카이빙을 추천하는 자료 • 143
　구글 드라이브 폴더 구조는 이렇게 짜자 • 144

4 내 수업 더 돋보이는 방법 • 146

5 연구를 효과적으로 확산하기 • 149
　'수업의 숲'을 활용한 수업 공유 • 150
　'공개수업'으로 수업 공유하기 • 155
　전문적 학습공동체를 통한 연구 확산 • 155

Contents

6 연구 피로감 없이 지속하는 법 • 157
　보고서 작성 계획을 세우고 꾸준히 실천하기 • 157
　내 마음이 편안한 힐링 장소 만들기 • 158
　나에게 줄 달콤한 보상 마련하기 • 159

1등급 보고서 작성하기

1 일관성 있는 보고서 • 162
　서론, 본론, 결론의 흐름 유지하기 • 162
　관련성이 낮은 연구 내용은 과감히 삭제하기 • 164
　테마와 컨셉을 유지·강조하기 • 165

2 보고서에 꼭 들어가야 할 내용은? • 166
　연구대회 서류 작성 요령 확인 • 166
　연구 보고서의 개요 • 168
　세부 내용 • 169

3 나만의 보고서? 놉, 친절한 보고서! • 181
　흐름이 읽히는 보고서 • 181
　친절한 안내가 있는 보고서 • 182
　QR로 더 자세히 설명하는 보고서 • 183

4 눈에 띄는 보고서 디자인 팁 • 184
　우수 사례 분석하기 • 184
　최적 글꼴 찾기 • 185
　흑백인 듯 흑백 아닌 흑백보고서 • 186
　글상자로 내 보고서 꾸미기 • 188
　찐쌤의 미니 특강_ 보고서 용량 관리하기 • 191

Contents

5 연구 결과를 빛내주는 통계 · 195
　　대응표본 t검정이란? · 196
　　어떤 통계 프로그램을 사용해야 할까? · 197
　　대응표본 t검정 실습 (Jamovi로 실습) · 198
　　통계용어로 쉽게 알아서 해석하기 · 206
　　실제 보고서에 통계, 이렇게 넣었다 · 209

6 마지막까지 설득력 있게 : 결론 작성법 · 211

7 부록에는 어떤 내용이 들어갈까? · 217
　　수업일지 (필수) · 217
　　교수학습과정안 (필수) · 220
　　기타 자료 (선택) · 222

8 연구를 한 쪽으로 압축하는 요약서! · 223
　　7인 7색 연구 요약서 구성 · 224
　　연구 요약서 세부 내용 · 224
　　요약서 분석하기 · 225

6 수업 동영상 촬영 편집하기

1 촬영 전, 교사의 고민 해결하기 · 228
　　어떤 차시를 선정해야 할까? · 228
　　7인 7색 동영상 차시 선정 이유 · 230
　　차시 선정 후에는 어떻게 준비해야 할까? · 231
　　어떤 촬영 장비를 사용해야 할까? · 232
　　어떤 구도를 잡아야 할까? · 232

Contents

② 실패하는 촬영 피하는 법! • 236
  - 대회 운영 계획 및 제출 방법 꼼꼼히 확인하기 • 236
  - 촬영 시뮬레이션 충분히 하고 촬영하기 • 237
  - 시간을 확인하며 촬영하기 • 237
  - 테마나 컨셉인 핵심 단어 언급 • 238
  - 학생의 돌발 행동에 대처하기 • 238
  - 각종 로그인 및 접속 미리 준비하기 • 239
  - 에듀테크 도구, 학생용 계정으로 테스트해보기 • 239

③ 쉽고 깔끔한 편집 노하우 • 240
  - 편집도구 선정 • 240
  - 편집 방법 알아보기(캡컷 활용) • 241

7 보고서 매듭짓기

① 한 등급 올려주는 체크리스트 • 250
  - 컨설팅은 선택이 아닌 필수 • 250
  - 심사 기준을 통해 알아보는 체크 포인트 • 251
  - 마지막 순간, 한 번 더 확인하기 • 252

② 제본 맛집은 다른가요? • 253

③ 시·도 2~3등급도 전국 1등급이 될 수 있다! • 256
  - 시·도대회 결과에 대하는 바람직한 마인드 셋 • 256
  - 시·도대회 결과와 전국대회의 결과가 항상 같은 것은 아니다 • 257

④ 전국대회, 그냥 제출하실 건가요? • 259
  - 가시성 높이기 • 259
  - 핵심 내용은 자세히 서술하기 • 265

Contents

8 선생님들이 가장 많이 묻는 질문들, Q&A

Q1 연구 주제는 어디에서 아이디어를 얻나요? • 270
Q2 연구 제목은 꼭 창의적이어야 하나요? • 270
Q3 프로젝트는 처음에 설계한 그대로 이루어져야 하나요? • 271
Q4 배움의 출발선이 다양한 학급에서도, 연구가 가능할까요? • 272
Q5 초상권 동의는 어떻게 얻나요? 초상권 동의를 안 해준다면? • 273
Q6 차시는 얼마나 잡아야 하나요? • 274
Q7 설문 문항은 어떻게 만드나요? • 275
Q8 보고서를 쓰는 데에는 얼마나 걸리나요? • 276
Q9 디자인이 꼭 중요한가요? • 277
Q10 교과교육으로 연구할 경우 한 교과로만 해야 하나요? • 278
Q11 교과별 비례하여 입상작이 선정되나요? • 279
Q12 연구 윤리와 저작권은 어떤 수준으로 지켜야 하나요? • 279
Q13 에듀테크는 다양하게 써야 할까요? • 283

9 연구대회, 여러 개 동시에 준비하는 법

1 연구대회의 모든 것 • 286
　1군, 2군, 3군? 이게 뭘까? • 286
　나에게 맞는 대회는? • 290

Contents

② 연구점수 모두 인정받는 연구대회 조합 • 292
- 연구대회 조합의 핵심 조건 • 292
- 무조건 하나는 '이 대회'를 포함해야 한다? • 293
- 연구대회 최고의 조합은? • 293

③ 연구대회 두 개, 효율적으로 준비하는 1년 전략 • 295
- 두 대회 병행, 월별로 짜보는 연구 루틴 • 295
- 연구 플랜을 짤 때, 꼭 기억해야 할 네 가지 • 296
- 내 연구 플랜, 지금까지 잘 따라오고 있었을까? • 297

④ 연구대회 두 개를 쉽게 준비하는 보고서 작성 꿀팁 • 298
- 하나의 주제를, 두 개의 렌즈로 • 298
- 수업 활동, 겹치지 않게 겹쳐 쓰는 방법 • 299
- 두 개 보고서를 동시에 쓸 때, 이런 팁은 꼭 기억하자 • 301

송쌤의 미니 특강 _ 두 개의 연구대회를 병행하며 진짜 깨달은 여섯 가지 • 303

① 한눈에 파악하는 인성교육실천사례연구발표대회 • 306
- 대회 운영 계획 • 306
- 심사 기준 • 310
- 입상작 분석 • 313

② 수업혁신을 위한 필수 에듀테크 활용법 • 318
- 띵커벨(ThinkerBell) • 318
- 팅커캐드(ThinkerCad) • 321
- 슬라이도(Slido) • 322

Contents

캔바(Canva) • 323
투닝(Tooning) • 325
하이퍼(Haiper) • 326
북크리에이터(Book Creator) • 328
맨티미터(Mentimeter) • 330
하이러닝 • 332
구글 클래스룸(Google Classroom) • 334
카훗(Kahoot!) • 335
키위티&키위런(KEEwi-T & KEEwi-Learn) • 336
ZEP • 338
뤼튼(Wrtn) • 339

❸ 수업혁신사례연구대회 2차 심사 준비하기 • 340
2차 심사 일정 • 340
준비사항 • 341

독자에게 바치는 글 • 346
7인의 교사, 당신께 보내는 편지 • 347

0

왜 수업혁신사례
연구대회 인가?

이 책을 펼친 독자라면 아마도 '연구대회'에 많은 관심을 갖고 있는 교사일 것이다. 혹은 수업에 대한 고민을 깊이 해본 경험이 있거나, 교육 현장을 더 나은 방향으로 이끌어보고 싶은 열정을 가진 교사일 수도 있다. 연구대회는 그 자체로 교사의 성장을 자극하는 좋은 기회가 되며, 그 종류 또한 다양하다.

이번 챕터에서는 왜 수많은 연구대회 중 바로 '수업혁신사례연구대회'에 주목해야 하는지 먼저 짚어보고자 한다. '왜 수업혁신사례연구대회인가?'라는 물음에 대한 답을 함께 찾아가 보자.

1 수업력이 교사의 제1역량

이 글을 읽는 당신이 수업혁신사례연구대회에 참가하고자 하는 이유는 무엇인가? 아래 항목 중 단 한 가지라도 마음에 와닿는다면, 이 책은 당신에게 충분히 읽힐 가치가 있다. 지금부터 제시된 항목들을 살펴보며, 내가 왜 수업혁신사례연구대회에 도전하려는지 그 이유를 직접 체크해 보자.

	나는 왜 수업혁신사례연구대회에 참가하려고 하는가? ✓체크리스트
1	☐ 연구점수 또는 전문직 가산점, 전보 점수 등이 필요해서
2	☐ 자기 계발을 위해서
3	☐ 이 정도 경력이면 한 번은 해봐야 할 것 같아서
4	☐ 내가 수업을 잘하고 있는지 궁금하고 인정받고 싶어서
5	☐ 교육과정 재구성과 수업 연구의 필요성을 느껴서
6	☐ 내가 하고 있는 프로젝트가 너무 아까워 기록으로 남기고 싶어서
7	☐ 주변에서 함께 해보자고 해서
8	☐ 해외 연수 기회를 얻고 싶어서
9	☐ 여러 가지 이력을 만들고 싶어서
10	☐ 주변에서 하길래 뭔지 나도 도전해보고 싶어서
11	☐ 교직생활에 환기가 필요해서

위의 체크리스트 중 몇 가지나 본인에게 해당하는가? 단순히 한 가지 이유 때문이 아니라, 생각보다 복합적인 동기를 가진 경우가 많을 것이다. 필자 역시 수업혁신사례연구대회에 도전하게 된 이유가 하나만은 아니었다. 이 글을 통해 필자가 어떤 계기와 이유로 이 대회에 도전하게 되었는지 그 경험을 함께 나누고자 한다.

비니쌤의 이야기

필자는 처음에는 6번(프로젝트를 기록으로 남기고자), 7번(주변의 권유로)의 이유로 연구대회에 참가하게 되었다. 수업혁신사례연구대회로 명칭이 바뀌기 전 마지막 해인 2020년, 교실수업개선실천사례연구발표대회에 동학년 선생님 다섯 분과 함께 참여하였다.

코로나19가 기승을 부리던 2020년, 4학년 동학년 선생님들과 필자는 그 혼란의 상황 속에서도 학생들에게 수업결손이 없게 하려고 부단히 노력했다. 동영상 콘텐츠도 만들고 교육과정 재구성을 적극적으로 하였는데 그 당시 동학년에 계셨던 연구부장님의 권유로 다섯 명이 모두 수업 연구대회에 참가하게 된 것이다.

그때 당시 우리 학년의 비공식 퇴근 시간은 저녁 9시였다. 동학년에 고3 자녀를 두신 선생님이 두 분이나 계셨는데 자녀를 챙기고 다시 6시쯤 학교로 돌아와 수업을 만들고 퇴근하시곤 했다. 뒤돌아보면 그렇게 열정적인 동학년을 또 만날 수 있을까 싶다. 그렇게 열심히 수업 준비를 하고 믿기 어렵겠지만 연구대회 보고서는 정작 3일 만에 작성했다. 주말에 아침 9시부터 모여 저녁 12시가 다 되도록 작성하고 월요일까지 거의 3일 만에 보고서를 완성하여 화요일 교육지원청 문 닫는 시간에 맞추어 겨우 겨우 제출을 했다. 3일 만에 보고서를 완성할 수 있었던 비결은 바로 평소 아카이빙을 잘해두었기 때문인데 아카이빙에 관한 비법은 Chapter 4.3에서 다루겠다.

그로부터 얼마 뒤 교무실에서 공문을 보신 선생님께 인터폰이 왔다.

"선생님, 선생님이 1등이에요!"

"네? 1등은 없어요. 1등급일 텐데요?"

"네, 그런데 1등급이 선생님 한 명뿐이에요. 축하드려요!"

연락해주신 선생님의 흥분되고 격양됐던 목소리가 아직도 기억에 남는다. 믿을 수 없어 교무실로 바로 뛰어 내려갔고 직접 눈으로 결과를 확인하고서야 믿을 수 있었다. 이미 많은 부장님과 교감 선생님이 교무실에 계셔 소식을 알고 계셨고 많은 축하를 받았다. 코로나19로 제출작이 많지 않아 초등 1등급은 단 한 명뿐이었던 것이다. 처음 나간 대회에서 경기도 1등이라는 결과를 받은 건 지금도 믿기 어려운 일이다. 당시 코로나19로 전국대회 제출이 없었던 것이 아쉽기도 하다.

그때의 행복하고 뿌듯했던 기억으로 나는 그 이후로 두 번이나 더 수업혁신사례연구대회에 도전을 했다. 나머지 두 번의 도전도 4번(내가 수업을 잘하고 있는지 궁금하고 인정받고 싶어서), 5번(수업 연구의 필요성으로), 6번(프로젝트를 기록으로 남기고자), 7번(주변의 권유로)의 이유가 가장 주된 이유였고 또 부수적으로는 1번의 연구점수도 가득 채울 수 있었다. 2024년에는 전국 1등급 중에서도 우수입상자로 뽑혀 런던에도 다녀올 수 있었고, 그 인연으로 우리 모둠 선생님들과 이렇게 책도 낼 수 있었다.

필자는 수업혁신사례연구대회에만 세 번을 도전하여 운이 좋게도 세 번 모두 입상하였다. 많은 사람들이 연구점수도 다 찼는데 왜 또 대회에 나가냐고 묻는다.

"나를 또 도전하게 만든 동력은 무엇일까?"

그 질문에 필자는 이렇게 답한다. "저를 다시 도전하게 만드는 동력은 바로, 제가 교사이기 때문입니다." 교사를 교사이게 만드는 가장 큰 힘은 바로 **수업력**이다. 수업을 잘한다는 칭찬은 그 어떤 교사도 춤추게 한다. 수업혁신사례연구대회는 내가 수업을 잘하고 있는지 공식적으로 인정 받을 수 있는 기회이다.

교직생활을 하다보면 그 아무리 훌륭한 교사라도 크고 작은 일들로 학부모와 마찰을 겪기 마련이다. 필자도 그런 경험을 하였는데 한창 자괴감에 빠져 있던 해들을 지나 수업혁신사례연구대회에서 입상을 한 이후에는 마음이 훨씬 편하고 자유로워졌다.

교사는 자신이 가진 전문성의 크기만큼 자유로울 수 있다.❶

위의 말은 필자가 교사로서 좌우명처럼 생각하는 문장이다. 연수 강사로서 선생님들을 만날 기회가 있으면 늘 저 문장을 언급하곤 한다. 수업혁신사례연구대회에서 입상한다는 것은 비단 연구점수를 딴다는 것 외에 커다란 의미가 있다. 그것은 바로 **교사로서 잘하고 있다는 위안이고 격려**인 것이다.

"선생님, 지금 아주 잘하고 계시고, 지금처럼만 하시면 돼요."

누군가 내 등과 어깨를 두들겨주며 용기를 주는 듯한 느낌이다. 또한, 수업을 잘하는 교사는 생활지도나 학급경영 등 다른 문제들도 자연스럽게 풀리는 경험을 하게 된다. 친구를 잘 사귀지 못하는 소극적인 학생도 잘 짜인 프로젝트 하나로 친구를 많이 사귈 수도 있고, 학업 능력이 떨어져 자신감이 떨어지는 학생도 프로젝트 내에서 다양한 끼를 펼치며 자신감을 높일 기회를 얻기도 한다. 또한 수업을 잘하는 교사는 학부모들에게 믿음을 주어 생활지도 전반에서 작은 실수가 있더라도 학부모들로부터 신뢰를 받을 수 있다.

수업혁신사례연구대회에 도전을 고민하는 교사라면 필자의 말을 믿고 꼭 한 번 도전해보길 바란다. 그 도전이 나에게 날개를 달아줄 테니.

 지니쌤의 이야기

필자는 1번(연구점수 또는 전문직 가산점, 전보 점수 등이 필요해서), 4번(내가 수업을 잘하고 있는지 궁금하고 인정받고 싶어서) 수업혁신사례연구대회 참여를 결심했다. 현실적으로 전보 점수가 절실하기도 했지만, 그것만으로 수많은 연구대회 중 수업혁신사례연구대회에 참여한 이유를 설명하긴 부족하다.

수업혁신사례연구대회에 참여하기를 결심할 즈음, 교사로서 자존심이 많이 상해있었다. 수업의 중요성과 전문성을 인정해주지 않는 듯한 발언을 듣고 상처받기도 했고, 사회적으로 교권 침해 이슈가 계속 보도되던 때라 자괴감과 분노를 동시에 느꼈다. 교육대학교를 다니던 시절부터 교사에겐 수업 전문성이라는 게 있다고 믿었다. 그러나 오랫동안 갖고 있던 교사 전문성에 대한 믿음조차 힘없이 흔들리고 있었다. 교사가 수업 전문가라는 믿음이 사라지고 교육에 대해 회의적으로 변하는 나를 마주하게 될 때가 가장 속상했다. 그러면서도 한편으로는 교사의 전문성을 여전히 믿고 있었고, 노력해서 증명해 보이고 싶었다.

❶ '현장교사의 소리로 그리다 「교사, 그리고 전문성」, 경기도교육청, 2021.02

'교사가 대체될 수 없는 이유는 결국 수업에 있다.'는 내 오랜 신념을.

수업혁신사례연구대회에 도전하는 2024년, 교직 인생 처음으로 부장 교사를 했고 그게 6학급 연구부장이었다. 공문 처리와 회의, 출장만으로 근무 시간이 꽉 찼다. 결국 수업 연구와 연구대회를 위한 공부, 보고서 작성 등은 퇴근 후 카페에서, 주말에 스터디 카페에서 해낼 수밖에 없었다. 힘든 과정이었다. 너덜거리는 몸으로 카페에서 수업 연구를 하고 있을 땐 머리가 아득하기도 했고, 배워도 배워도 끝이 없는 교육을 공부하며 나의 부족함에 눈물도 찔끔 났다.

그럼에도 불구하고 끝까지 해낼 수 있었던 이유는 단 하나였다.

"나는 수업 전문가다."

이 말을 스스로에게, 그리고 세상에 증명하고 싶었다. 때문에 내가 하는 모든 노력과 실천을 사진으로 담아 학급 SNS에 공유했고, 블로그에도 공유했다. 보고서를 쓸 때는 그동안 갈고 닦아온 나의 전문성을 아낌없이 모조리 드러내기 위해 노력했다. 단어 하나하나 당연스레 쓰지 않고, 나의 교육철학을 가장 정밀하게 반영하는 단어를 창작하려고 노력했다. "교사로서의 나"를 낱낱이 기록한 첫 번째 진짜 수업 보고서. 마침내 전국 1등급을 받았을 때, 성취감과 쾌감이 너무 강해 주먹을 꽉 쥐었던 순간이 아직도 생생하다.

필자의 현실적인 동기로는 전보 점수가 있었다. 충청북도의 경우 전국 1등급의 전보 점수가 1점으로 대학원 졸업 점수와 동일하다. 필자는 '내가 대학원에 한 번 더 왔다. 1년 만에 졸업시켜주는 대학, 학비도 안내는 대학원.'이라고 생각하면서 배우다가 지쳐도 한 번 더 배우려고 노력했다.

보고서를 쓰는 과정에서도 '이렇게 노력했는데 안 되는 거 아니야?' 같은 생각은 하지 않으려 노력했다. '안되면 어쩌지?' 하는 생각이 꿈틀거리며 올라오려고 할 때면, 1등급을 받았을 때 짓게 될 겸손한 표정을 떠올리려고 노력했다. 1등급을 이미 미래의 내가 받았다고 생각하며, 그에 합당한 노력이라는 대가를 성실히 치렀다. 수업혁신사례연구대회에서 좋은 성적을 거두려면 아무리 힘들어도 중간에 포기하지 않고 완주하는 것이 중요하다. 그러니 가장 먼저 나만의 강력한 연구 동기를 설정하자. 그리고 그 목표를 미래의 내가 달성했고, 오늘의 나는 목표를 향해 나아가고 있다고 믿어보자.

이 글을 읽는 당신.
당신은 반드시 완주할 수 있다.
그리고 분명히, 당신이 바라는 그 목표에 도달할 수 있다.

I believe you!

두 필자의 이야기에서처럼 수업혁신사례연구대회에 나가고자 하는 이유는 다양하겠지만 그 중 가장 근본적인 이유는 '수업력'이라고 생각한다. 수업력이란, 교사가 수업을 기획하고, 실행하며, 학생들의 학습 효과를 높이는 데 필요한 종합적인 전문성과 역량을 뜻한다. 교사의 제1역량인 수업력을 키울 수 있는 좋은 기회가 바로 수업혁신사례연구대회다. 우리 모두 수업혁신사례연구대회에 관심을 가지고 적극적으로 도전해 보자.

② 수업혁신사례연구대회의 매력 포인트

수업혁신사례연구대회는 교사의 수업 전문성을 증명할 수 있는 메이저 대회이다. 그 점이 가장 큰 매력이지만 이 대회에는 더 많은 매력 포인트가 있다. 지금부터 그 매력 요소들을 하나씩 살펴보자.

교육부에서는 교사의 수업 연구문화 확산을 위해 아래와 같이 수업혁신사례연구대회 제도를 대폭 개편하였다. 이를 통해 더 많은 교사가 참여할 수 있도록 장벽을 낮추고, 입상자에게는 보다 실질적인 인센티브를 제공하고 있다.

가장 눈에 띄는 변화는 바로 보고서 분량의 축소다. 22년까지 60쪽 이내였던 분량이 23년에는 40쪽 이내, 24년부터는 25쪽 이내로 축소되어 참가자의 부담을 줄여주고 있다. 입상자 비율 또한 대폭 상향되어 23년부터 60% 내에서 1:1:1 비율로 1, 2, 3등급이 선정된다.

마지막으로 23년부터 우수입상자 선진사례 연수를 실시하고 있는데 24년에는 100명의 우수입상자가 영국 런던 해외 연수 기회를 얻었다. 이에 대해서는 Chapter 0.3에서 더 자세히 다루어 보겠다.

구분		'22년	'23년	'24년~
보고서 분량 축소		• (분량) 60쪽 이내	• (분량) 40쪽 이내	• (분량) 25쪽 이내
입상자 비율 상향	시도 대회	• 출품된 작품수의 40% 내에서 1:2:3의 비율로 1,2,3등급 결정	'22년과 동일	[시도·전국대회 입상자 비율 동일 적용] • 출품된 작품수의 60% 내에서 1:1:1의 비율로 1,2,3등급 결정
	전국대회		• 출품된 작품수의 60% 내에서 1:1:1의 비율로 1,2,3등급 결정	
인센티브		• 장관 상장 수여 • 승진점수(연구점수) 부여	• 장관 상장 수여 • 승진점수(연구평정점) 부여 • 시상식 개최 • 우수입상자 선진사례 연수	• (전국대회) 장관 상장 수여 • 승진점수(연구평정점) 부여 • 시상식 개최 • 우수입상자 선진사례 연수

[연구대회 활성화를 위한 주요 개선 사항]

수업혁신사례연구대회에 도전하는 참여 동기는 다양하겠지만 그중 가장 큰 비율을 차지하는 동기는 단연 연구점수를 채우기 위해서일 것이다. 승진을 준비하는 많은 교사들이 단기간에 연구점수를 채우기를 원한다. 이러한 측면에서 볼 때도 수업혁신사례연구대회는 매력적인 대회이다. 왜 그런지 자세히 알아보자.

하단의 표에서 교사들이 가장 많이 도전하는 메이저 대회들의 입상 비율 및 전국대회 제출 요건을 비교해보았다.

대회 종류	입상 비율	1, 2, 3 등급 비율	전국대회 제출 요건
수업혁신사례연구대회	60% 입상	1:1:1	시·도 1, 2, 3등급 모두 전국대회 출품 (수정 가능)
디지털 연구대회	60% 입상	1:2:3	전국대회 출품 편수 확정·안내 후 시·도 교육청에서 출품자 목록 제출(수정 가능)
교육방송연구대회	40% 입상	1:2:3	시·도 1, 2, 3등급 모두 전국대회 출품 (수정 불가)
인성교육실천사례연구발표대회	40% 입상	1:2:3	시·도 1등급만 전국대회 출품(수정 불가)
교육자료전	60% 입상	1:1:1	시·도 1등급만 전국대회 출품(보완 가능)

[주요 연구대회별 입상 비율 및 전국대회 제출 요건(2025년)]

우리가 가장 먼저 주목할 것은 바로 1등급 입상 비율이다.

• 전체 출품작이 30편이라고 가정할 경우

조건	1등급	2등급	3등급	입상	탈락
60% 입상, 1:1:1비율로 1, 2, 3등급 결정	6편	6편	6편	18편	12편
60% 입상, 1:2:3비율로 1, 2, 3등급 결정	3편	6편	9편	18편	12편
40% 입상, 1:2:3비율로 1, 2, 3등급 결정	2편	4편	6편	12편	18편

[입상 비율 분석]

위의 표에서 볼 수 있듯이 '60% 입상, 1:1:1 비율로 1, 2, 3등급 결정'하는 대회는 1등급 비율이 다른 대회보다 2, 3배 높아 여느 대회보다 유리하다. 이왕 1년 동안 고생하여 연구대회에 출품을 할 거라면 입상 비율이 높은 대회에 도전하는 것이 현명한 전략이지 않을까?

또한 전국대회 제출 요건에서도 수업혁신사례연구대회는 시·도 1, 2, 3등급 모두 전국대회에 **출품할 수 있으며 내용 수정도 가능**하다. 이는 시·도 2, 3등급이었던 보고서도 보완을 위해 노력하면 전국대회 1등급이 될 수 있는 기회가 있음을 의미한다. 이 얼마나 매력적인 조건인가!

이를 반영하듯 최근 수업혁신사례연구대회 출품 현황은 '22년: 441편 → '23년: 1,329편 → '24년: 1,750편으로 현저히 늘어나고 있다. 전국대회 최종 입상작도 '22년: 14편 → '23년: 152편 → '24년: 383편(초등 232편, 중등 151편)이 선정되었다. 좋은 수업을 만들기 위해 고민하고 실천하는 교사를 우대하고자 하는 교육부의 정책에 따른 긍정적인 변화가 아닐 수 없다.

년도 내용	2022년	2023년	2024년
출품 현황	441편	1,329편	1,750편
전국대회 최종 입상작 수	14편	152편	383편

[수업혁신사례연구대회 연도별 출품 현황 및 전국대회 최종 입상작 수]

또한 수업혁신사례연구대회 입상 이력은 단순한 연구점수 획득 이상으로, 다양한 교육활동에서 중요한 스펙으로 활용될 수 있다.

예를 들어, 각 지역에서 교사 연수 강사 활동을 하거나 시·도교육청 정책 지원단, 수석교사제, 교사 연구년제, 임용고시 평가위원 위촉 등에서 중요한 경력으로 인정받는다.

또한 표창 등 공적조서 작성 시에도 유의미한 근거 자료가 되며, 일부 지역에서는 전보 가산점으로도 활용된다. 이처럼 입상 이력이 교사의 전문성, 경력 관리, 경로 다양화에 실질적인 도움을 줄 수 있다.

이와 같이 다양한 매력으로 가득한 수업혁신사례연구대회에 관심을 갖고 도전해보자.

③ 국외연수로 성장하기
(영국이라는 달콤한 보상)

2024년 11월 4일, 한국교육과정평가원으로부터 문자가 하나 왔다.

> "수업혁신사례연구대회 전국대회에서 입상하신 분 중 100명을 대상으로 해외 연수를 계획하고 있습니다. 추후 대상자로 선정되신 분께는 11월 마지막 주에 연락드릴 예정이며 해외 연수에 필요한 여권 사본 제출을 곧바로 요청드릴 예정입니다."

최종 대상자로 선정됐다는 문자는 아니었지만, 이 문자를 받고 한동안 몹시 설렜다.

그리고 같은 해 11월 21일, 해외 연수 예비 대상자로 선정되었다는 문자를 받았다. 여권 사본을 준비하여 빠르게 이메일로 보냈고 해외 연수를 준비하기 시작했다. 해외 연수 장소는 다름 아닌 영국 런던이었다. '런던이라니!' 그 이름만으로도 가슴이 두근거렸다.

여권 정보를 보내고 한 달여의 시간이 흐른 12월 말이 되어 전국대회 입상자 공문을 받았다. 그리고 며칠 뒤 조장 선생님께 연락이 왔고 10명으로 구성된 우리조의 단체대화방이 만들어졌다. 해외 연수에서의 주의 사항과 영국 비자 준비, Bett show(벳쇼) 박람회 준비 등의 안내를 받았다.

그리고 2025년 1월 15일, 서울 양재동에서 열린 수업혁신사례연구대회 시상식에서 조원 선생님들을 만나볼 수 있었다. 전국 각지에서 모인 선생님들을 만나니 감회가 새로웠다. 그로부터 며칠 후 인천공항에서 다시 조원 선생님들을 만났다. 우리 조원 선생님들과 함께 런던에서 겪을 다양한 체험들이 기대되었다.

긴 비행시간을 거쳐 런던에 도착하였고, 많은 체험이 우리를 기다리고 있었다. 그중 가장 메인은 Bett show 박람회였다. Bett show는 세계 최대 규모의 디지털 교육 박람회이다. 단순히 Bett show만을 보러 영국에 방문하는 사람도 있을 정도로 유명하고 규모가 큰 박람회다. Bett show에서는 우리가 흔히 잘 알고 있는 마이크로소프트, 패들렛, 구글, 멘티미터, 카훗, 어도비, 마인크래프트 등 다양한 에듀테크 업체들이 부스를 설치하고 홍보를 하고 있었다. 또한 그 외에도 세계 각국의 교사와 교육 관련 직업을 가진 사람들과 토론을 해볼 기회도 있었고 강연도 있었다. 세계 교육의 미래에 대해서 생각해 볼 수 있는 좋은 기회가 되었다.

[Bett show(뱃쇼) 박람회 참여 부스]

견쌤의 이야기 _ Bett show, 그 현장 속으로!

개인적으로 Bett show에 대한 기대감이 매우 컸다. 2024년 수업혁신사례연구대회를 준비하며 다양한 에듀테크 도구를 접하게 되었고, 자연스럽게 에듀테크에 대한 관심이 깊어졌다. 특히 교육적 가치가 높은 도구들을 더 많이 탐색하고 실습해보고 싶은 열망도 컸기 때문이다. 그런데 세계 최대 규모의 에듀테크 박람회라니. 이번 수업혁신사례연구대회로 얻게 된 영국 해외 연수는 우리 공동연구자에게는 매우 영광인 순간이었다. 이번 글에서는 Bett show 현장에서 체감한 전반적인 분위기와 주요 인사이트를 정리해 보고자 한다.

1. 언어의 장벽을 넘는 학습 도구들

디지털 사회로의 전환과 동시에 수업에 디지털이 녹아들면서 이제 언어의 장벽도 점차 허물어지고 있다. 그동안 다문화 배경을 지닌 학생들은 언어와 문화에 대한 이해 부족으로 인해 수업 참여에 어려움을 겪는 경우가 많았다. 이로 인해 교사 역시 생활지도와 학습지도 모두에서 곤란함을 겪을 수밖에 없었다. 생활지도부터 학습지도에 이르기까지 모두 해당 국가의 언어·문화적 이해를 기본 전제로 진행되기 때문이다. 하지만 에듀테크 도구의 발전으로 최소한 교과 학습 측면에서는 서로의 어려움이 많이 해소될 것으로 보인다. 많은 도구들이 각국 언어에 맞춘 자동 번역 기능을 제공함으로써, 언어의 장벽을 넘어 학생과 교사 모두에게 보다 평등한 학습 환경을 제공하고 있기 때문이다.

2. 생성형 AI와 접목한 에듀테크

Bett show에서 가장 흥미로웠던 내용은, 대부분의 에듀테크 도구들이 본래 기능에서 사용자의 편의성을 고려하여 AI와 결합한 서비스를 런칭하기 시작했다는 점이었다. 생성형 AI와 무관했던 에듀테크 도구도, 생성형 AI와 결합하여 관련 서비스를 제공하고 있었다. 에듀테크 도구가 사용자의 편리성을 중요하게 생각하면서 생성형 AI와 결합한 서비스를 제공하는 것이 하나의 대세로 보인다.

3. 모든 학습자를 고려한 보편적 설계를 위한 수업 도구

최근 에듀테크를 활용한 수업에 대한 관심이 높아지면서 에듀테크가 학생 맞춤형 수업을 실현시키는 시작점이 될 것이라는 기대를 한 몸에 받고 있다. 다만, 많은 에듀테크 도구들이 모든 학습자를 고려한 보편적 수업 활용 도구로써 교육적 기능을 우선하는 것이 아니라, 상업적인 목적을 우선으로 두고 많은 수요자가 있을법한 영역을 우선으로 고려하고 있다는 점에서 그간 아쉬움이 컸다. 그러나 이번 Bett show에서 매우 인상 깊었던 점은 자폐 학생을 위한 에듀테크 도구와 같이 다양한 학습자들의 특성을 고려한 에듀테크 도구가 개발되어 있었다는 점이다. 그리고 이러한 연구와 개발은 향후 지속될 것으로 보인다.

날이 갈수록 사회적 변화의 흐름이 더 빨라지고 있다. 이러한 흐름을 미루어 짐작하건대, 내년의 Bett show에서는 올해와 전혀 다른 모습의 에듀테크 흐름을 볼 수 있을 것이다. 교사가 이러한 변화에 지속적으로 관심을 두고 열린 태도로 바라본다면, 학교 현장에 필요한 도구들이 훨씬 더 빠르게 정착될 수 있지 않을까. 이번 경험은 그런 믿음을 더욱 확고하게 만들어준 시간이었다.

송쌤의 이야기 _ Table Talks 경험담 - 런던에서 나눈 교실 속 AI 이야기

Bett show. 런던에서 열린 세계 최대 규모의 에듀테크 박람회.

그 화려한 부스들 사이, 나는 전혀 다른 공간에 앉아 있었다. '테이블 토크', 이름은 단출하지만, 그 안에 담긴 깊이는 상상 이상이었다. 나를 포함한 총 8명의 교사. 국적도, 피부색도, 수업 방식도 다 달랐지만 한 가지 주제 앞에서는 모두가 한걸음 멈춰 섰다.

"교실에서의 AI, 정말 괜찮은 걸까?"

단순한 기술 이야기가 아니었다. 그 속엔 아이들의 발달, 수업의 본질, 교사의 존재감까지 교육의 깊은 속 이야기가 담겨 있었다.

1. 각국 교사들의 진짜 목소리

아일랜드, 영국, 미국, 프랑스에서 온 교사들은 화려한 프레젠테이션 대신, 자신이 겪은 생생한 수업 현장을 꺼내놓았다.

"AI 덕분에 수업은 편해졌지만, 아이들은 점점 덜 질문하게 되었어요."
"기술은 쏟아지는데, 아이들의 자율성은 오히려 줄어드는 것 같아요."
"AI는 효율적이지만 너무 빠르죠. 아이들의 성장은 그만큼 빠르지 않으니까요."

기술의 가능성은 인정하지만, 그만큼의 철학과 균형이 필요하다는 이야기. 그 공감대가 대화의 장을 자연스럽게 이끌어갔다.

2. 한국 교실, 다시 보게 된 '교육환경의 힘'

그 이야기를 들으며 나도 모르게 고개를 끄덕였다. 그러면서도 속으로 이런 생각이 들었.

'우리는 생각보다, 잘 갖춰진 환경 속에서 수업하고 있었구나.'

태블릿이 교실마다 있고, 와이파이도 끊김없이 안정적이고, 교사를 위한 디지털 연수도 체계적으로 이뤄지고 있다.

실제로 테이블 토크를 함께 한 교사들이 "너희 학교에 그게 다 있다고?" 하고 부러운 눈빛을 보냈다. 우리에겐 너무 당연했던 것들. 그게 누군가에겐 '꿈꾸는 환경'이란 사실을, 비로소 깨닫게 되었다. 런던 한복판에서 말이다.

3. 교사의 역할은 더욱 명확해진다

기술이 바꾸는 교실. 그 속에서 교사의 존재감은 오히려 더 커지고 있었다. 우리는 더 이상, 지식만 전하는 사람이 아니다. 기술과 학생 사이의 간극을 조율하는 사람, 가능성과 위험 사이를 살피는 안내자. 그 자리에 있던 모든 교사들이 고개를 끄덕이며 했던 말.

지금도 선명하게 기억난다.

"We don't control AI. We coach the kids to live with AI."

런던에서의 짧은 대화였지만, 그날의 테이블 토크는 내 수업을 되돌아보게 했다. 그리고 앞으로 어떤 방향으로 걸어가야 할지도 조금은 더 선명하게 보이게 해주었다. AI는 도구일 뿐이다. 하지만 그 도구를 어떻게 쓸지는, 오롯이 교사의 선택에 달려있다.

그 외에도 영국 현지 교사와의 대화, 옥스퍼드 대학 방문 등 다양한 활동이 있었다. 처음에 수업혁신사례연구대회를 준비할 때만 해도 이러한 기회가 있을 줄 예상하지 못했다. 그래서일까. 이 모든 경험이 마치 로또에 당첨된 듯한 기쁨으로 다가왔다. 그리고 또 무엇보다 좋았던 것은 전국 각지에서 모인 선생님들과 커뮤니티를 형성할 수 있었다는 점이다. 그 인연으로 이렇게 책도 공동 집필하게 되었으니 말이다. 각기 다른 지역에서 온 선생님들과 한 모둠을 이루면서, 다른 시·도 교육 현장의 소식과 정보를 나누고, 서로의 수업 고민과 철학을 공유하는 귀한 시간을 보낼 수 있었다.

	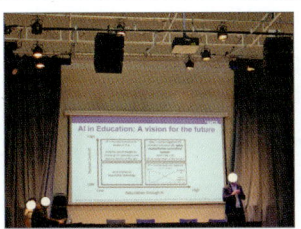	
Bett show 박람회장 앞에서 조원 선생님들과	UCL 교수님의 강연	옥스퍼드 대학 탐방

[영국 국외연수 활동 모습]

이렇듯 새로운 도전은 우리에게 예상치 못한 행운을 가져다주기도 한다. 이 책을 읽고 있는 독자 여러분도 도전을 주저하지 마시고 예상치 못한 커다란 행운을 거머쥘 수 있기를 바란다.

1

한눈에 파악하는 대회 요강

'읽고 시작하면, 절반은 이미 끝난 것이다.'

연구대회를 준비할 때 가장 먼저 떠오르는 건 설렘보다는 막막함일지도 모른다. '무슨 주제로 해야 하지?', '보고서를 먼저 써야 할까, 수업부터 해야 하나?', '심사 기준은 참고만 하면 되는 걸까?' 이 수많은 질문 속에서 어디서부터 시작해야 할지 감이 잡히지 않는데, 그냥 일단 해보면 괜찮아지지 않을까? 필자도 그렇게 생각했다. 그래서 되는 대로 시작해 봤고, 결과는 기대와 달랐다. 수업은 산만했고, 보고서는 마감 직전까지 붙들고 있었다.

그 시행착오 끝에 알게 됐다. 연구대회는 '감'이 아니라 '계획'으로 접근해야 한다는 것. 출발점은 바로 대회 운영 계획서를 정독하는 일이다. 단순히 일정과 제출서류만 확인하고 지나친다면, 중요한 것을 놓치고 가는 셈이다. 운영 계획 속에 담긴 교육 철학과 수업에 대한 기준까지도 찬찬히 들여다볼 필요가 있다. 이어서 살펴봐야 할 차례는 심사 기준이다. 보고서의 구조를 어떻게 설계할지, 수업에 어떤 장면을 담을지, 그 모든 힌트가 이 기준표 속에 숨어 있다. 그렇다면, 입상으로 가는 길도 그 안에 있지 않을까?

이 장에서는 그것을 바탕으로, 심사 기준에 맞는 보고서를 어떻게 구성할 수 있을지 함께 짚어본다. 막연한 출발 대신, 전략적 준비를 시작해 보자.

이제, 당신의 연구대회가 달라질 차례다.

1 항상 머리맡에: 대회 요강

'대회 요강'은 수업혁신사례연구대회를 진행하는 동안 늘 곁 두고 틈이 날 때마다 살펴봐야 하는 핵심적인 지침서다. 수업혁신사례연구대회의 입상자들이라면 아마 수시로 대회 요강을 정독하며 숙지했을 것이다. 대회 요강에는 어떤 내용들이 담겨있기에 항상 머리맡에 두고 살펴봐야 하는지 지금부터 알아보자.

주최와 참가 대상은?

- 주최/주관: 교육부/ 한국교육과정평가원
- 참가 대상: 초·중등 교원 (※유치원 교원은 해당 없음)
- 참여 형태: 개인 또는 공동연구 (최대 2인까지)

공동연구는 학교급이 같은 교사끼리만 가능하고, 수업 동영상도 각각 촬영해 제출해야 한다. '같이 하면 더 좋지 않을까?' 하고 생각할 수도 있지만, 막상 시작해보면 그게 생각만큼 쉽지만은 않다. 그렇다고 해서 겁낼 필요는 없다. '이 사람이라면 정말 자연스럽게 맞춰갈 수 있겠다' 싶은 동료가 있다면, 충분히 도전해볼 만한 연구 방식이다.

공동연구, 그 자세한 이야기는 Chapter 3.8에서 더 깊이 다뤄보자.

추진 일정은?

수업혁신사례연구대회는 언제, 무엇을, 어떻게 준비해야 할까? 연구대회는 '장기 프로젝트'다. 단순히 연구 보고서 하나 쓴다고 끝나는 일이 아니다. 계획서 제출부터 컨설팅, 수업 실행, 영상 촬영, 시·도대회 보고서 제출, 그리고 전국대회까지! 약 10개월간 이어지는 긴 여정이다.

하지만 걱정할 필요는 없다. 한 달, 한 달을 미리 알고 준비한다면 그리 복잡하지도, 버겁지도 않다. 각 시·도마다 세부일정은 조금씩 차이가 있지만, 큰 틀에서 수업혁신사례연구대회의 연간 일정을 한눈에 살펴보자.

시기	주요 내용
3~4월	참가 신청서 명단, 계획서 제출
4~6월	교육부 1·2차 컨설팅, 수업 설계 및 실행
6월~7월	보고서, 수업 동영상 등 출품 서류 제출
9월~10월	심사 및 시·도대회 결과 발표
9월~10월	전국대회 컨설팅 및 보고서 제출
10월~12월	전국대회 연구 보고서 심사
다음해 1월	전국대회 시상식

[수업혁신사례연구대회 1년 흐름]

기억해두자! 시·도대회 보고서 제출은 보통 6~7월 사이에 이뤄진다. 그러니 6월 초까지는 수업 운영과 자료 정리에 집중하고, 그 이후에는 보고서 마감에만 몰입할 수 있는 일정을 짜보자. 무작정 달리는 것보다, 적절한 분산이 오히려 효율을 높인다.

월별 세부 계획은 Chapter 1.3에서 더 자세히 다룰 예정이다.

연구 영역은?

- 교과교육
- 창의적 체험활동
- 융합교육

즉, 수업 혁신과 관련된 모든 수업 사례가 가능하다. AI 활용, AI 디지털교과서, 학생 참여형 수업, 프로젝트 수업 등이 대표 주제다. 보고서에선 반드시 2015 또는 2022 개정 교육과정 방향과의 연계가 드러나야 하며, AI·에듀테크의 실천적 활용, 학생 주도 학습 구조도 중요한 평가 요소다.

제출물은?

연구 보고서만 잘 쓰면 끝일까? 아쉽지만, 아니다. 수업혁신사례연구대회는 '준비물이 많은 대회'이다. 연구 보고서 외에도 수업 동영상, 초상권 동의서, 표절검사 결과, 학교장 추천서 등 빠뜨리면 안 되는 자료들이 여럿 있다. 이 중 하나라도 누락되면, 감점은 물론 실격으로 이어질 수 있다.

그래서 제안한다. 미리 준비 항목을 정리하고, 하나씩 확인해 나가자. 그게 이 대회를 실수 없이 마무리하는 가장 현실적인 전략이다. 자, 그럼 이제 실제로 어떤 제출물이 필요한지 하나씩 살펴보자.

항목	주요 내용
연구 보고서	A4 기준 최대 25쪽 (요약서, 본문, 부록 포함), 지정 양식 및 규격 준수 필수
수업 동영상	전체 수업 1차시 녹화 + 15분 요약 영상 / 고정 촬영, 자막은 가능, 다른 영상 삽입은 금지
기타	초상권 동의서, 표절검사 결과, 학교장 추천서, 출품서약서 등 부속 서류 다수

[수업혁신사례연구대회 제출물]

시상과 혜택은?

그렇다면! 이 대회를 준비하면 우리가 실제로 얻게 되는 보상은 뭘까? 내 수업을 성찰하고 기록하는 것만으로도 충분히 의미 있지만, 입상에 성공하면 그 보람에 더해 꽤 쏠쏠한 혜택까지 따라온다.

1) 연구 실적 점수

입상하면 시·도대회는 교육감상, 전국대회는 교육부 장관상이 수여된다. 이름만 들어도 묵직한 상이지만, 단지 상장 한 장으로 끝나는 건 아니다. 연구 실적 점수까지 함께 주어지는데, 시·도 대회 1등급은 1.0점, 전국대회 1등급은 무려 1.5점까지 부여된다.

연구 점수가 필요한 상황이라면, 이보다 전략적인 기회도 드물다.

구분	시상명	등급	연구 점수
시·도대회	교육감상	1등급	1.0점
		2등급	0.75점
		3등급	0.5점
전국대회	교육부 장관상	1등급	1.5점
		2등급	1.25점
		3등급	1.0점

[등급별 연구 실적 점수]

2) 국외연수 기회

전국대회 우수 입상자에겐 '국외 선진 연수' 기회까지 따라온다. 필자는 런던 현지 교사 및 교수와의 포럼에 참여하며, 디지털 기반 교육과 에듀테크의 실제 적용에 대해 깊이 있게 들을 수 있었다. 특히 AI와 에듀테크가 교육안에서 어떤 역할을 해야 하는지에 대한 국제적 시각은, 교사로서의 시야를 더욱 넓혀주는 계기가 되었다. 이처럼 깊이 있는 국외연수의 이야기는 앞선 Chapter 0.3에 자세히 담겨 있다.

대회 요강의 핵심 포인트는?

이처럼 큰 혜택을 누리려면, 그에 걸맞은 준비도 필요하다. 연구 보고서만 잘 쓰면 끝일까? 아쉽지만, 아니다. 수업혁신사례연구대회는 단순히 "이 수업 어때요?" 하고 보여주는 자리 그 이상이다. 교사의 수업 철학, 실천 역량, 교육적 시선까지 그 모든 것이 연구 보고서 안에 설득력 있게 담겨야 한다.

왜 이 수업을 했는가? 무엇을 변화시키고자 했는가?

그 질문에 답하는 과정 자체가 바로 이 대회의 본질이라고 할 수 있다.

앞에서 대회 운영 계획을 쭉 살펴봤지만, 여전히 뭔가 막연하다는 느낌을 지울 수 없을지도 모른다. 처음 읽었을 땐 다소 추상적으로 느껴지는 것도 사실이다. 그래서 정리해본다.

지금까지의 내용을 토대로, 대회 운영 계획의 흐름을 구조적으로 정리한 네 가지 핵심 포인트를 제안한다. 수업과 보고서를 어떻게 설계할지, 그 뼈대를 잡아줄 현실적인 기준이 되어줄 것이다. 이 네 가지만 기억해두자. 방향이 흔들릴 때마다, 가장 먼저 떠올리게 될 테니까.

핵심 영역	내용
수업 내용	단순한 실천 사례가 아닌, 미래형 수업의 방향성을 담아야 한다.
디지털 활용	디지털 도구 자체보다 '왜'와 '어떻게' 수업에 녹아들었는가가 핵심이다.
형식 요건	보고서 규격, 글자크기, 줄간격, 분량 등 형식 요소까지 감점 대상이 될 수 있다.
운영 계획 전략 설계	대회 운영 계획은 곧 준비의 나침반! 흐름을 파악하고 전략적으로 읽는 것이 중요하다.

[대회 요강 핵심 포인트]

대회 요강은 충분히 훑었다. 방향은 잡았다. 그럼 본격적으로 들어가 보자. 다음으로 우리가 던질 질문은 이것이다.

"그렇다면, 1등급은 어떻게 받는 걸까?"

보고서를 쓰고, 수업을 구성하고, 자료를 정리하면서 단 한 번도 놓치지 말아야 할 기준. 그게 바로 '심사 기준' 속에 숨어 있다. 지금부터는 그 심사 기준을 단순히 읽는 것을 넘어서, 해석해보자.

심사자의 눈으로, 전략가의 시선으로!

② 1등급과 가까워지는 심사 기준 포인트

'심사 기준 한 줄, 제대로 읽으면 1등급이 보인다.'

보고서 쓰고 나서야 심사 기준을 펴본다면? 아쉽지만, 그건 이미 반은 놓친 셈이다. 심사 기준은 단순 평가표가 아니라 연구 보고서의 '설계도'이다. 무엇을 써야 하고, 어떻게 써야 하며, 무엇을 강조해야 하는지를 그 한 줄 한 줄이 분명하게 알려주고 있으니 말이다.

그렇다면 지금부터, 심사 기준 속에 숨어 있는 진짜 평가 포인트들을 하나하나 해석해보자. 그냥 읽지 말고, 각 항목에 어떤 내용이 들어가야 할지를 고민하며, 여러분의 연구 보고서에 어떻게 녹여낼지를 함께 짚어보자.

보고서 심사 기준 뜯어보기

보고서 심사는 단순히 글을 '잘' 썼느냐보다, 수업의 실천성과 방향성이 얼마나 분명하게 드러났는가를 본다. 결국, 심사위원은 보고서를 읽으며 이런 질문을 하나씩 떠올릴 가능성이 크다.

"그래서 이 수업, 대체 뭘 바꾸려 한 거지?"

"실제로 실행했나? 학생들은 어떻게 반응했지?"

"다른 교사가 이걸 따라 할 수 있을까?"

이 질문에 하나씩, 조리 있게 답하고 있다고 느껴진다면, 그 보고서는 심사자의 눈에도 분명히 인상 깊게 남을 것이다. 그렇다면, 어떤 항목에서 무엇을 쓰고, 어떻게 풀어가야 할까? 이제 심사 기준을 조목조목 분석해, 보고서를 전략적으로 써 보자.

평가 영역	핵심 포인트	이렇게 쓰자!
교육과정 연계 및 미래형 수업혁신 반영 (60점)	개정 교육과정과 핵심역량, AI 디지털교과서, 에듀테크 활용, 수업 나눔 노력 등	개정 교육과정의 역량 키워드를 명시하자.
		AI 디지털교과서나 디지털 도구를 활용한 실천 사례를 자연스럽게 녹여내자.
		'함께학교-수업의 숲'에 수업 자료를 공유한 경험을 반드시 기록하자.
현장 적합성과 연구 방법 (15점)	실제 수업에 적용 가능한가? 연구 방법이 타당한가?	수업 방식과 평가 방식이 '교실에서 가능하다'는 걸 보여주자.
		연구 방법의 선정 이유와 실행 과정을 구체적으로 보여주자.
실천과 내용의 일치성 (15점)	계획과 실행이 일치했는가? 실행의 타당성과 지속 가능성이 있었는가?	단순한 실행이 아니라, 문제점 발견 → 수정 → 개선 흐름이 중요하다.
		실제 수업일지나 반응을 기반으로 지속성과 타당성을 강조하자.
현장 교육 기여도 (10점)	학교 현장에서 확산 가능한가? 다른 교사도 쉽게 적용할 수 있는가?	다른 학년, 교과에도 확장될 수 있는 아이디어인지 스스로 점검하자.
		다른 교사가 참고할 수 있도록, 수업 흐름과 적용 팁을 보고서에 친절하게 담아 보자.

[심사 기준, 보고서에 이렇게 쓰자]

동영상 심사 기준 뜯어보기

솔직히 말해보자. 연구 보고서보다 더 떨리는 건 바로 수업 동영상 촬영 아닐까?

"어떤 구도로 찍지?", "학생들 오늘따라 왜 이러지?",

"이 장면 편집하고 싶은데... 아, 편집 금지였지."

한 번쯤 해봤을 고민들. 모두 수업 동영상 심사 기준에서 출발한다. 그렇다면 심사위원은 영상을 보며 어떤 포인트에 주목할까?

화려한 수업 장면보다 중요한 건, '보고서 속 수업'이 있는 그대로 영상에 담겼느냐는 점이다. 특히 AI, 디지털 도구, 학생 참여, 평가까지 그 모든 흐름이 자연스럽게 연결되어야 한다.

자, 그럼 이제 심사 기준표를 수업 촬영 체크리스트로 바꿔보자. 놓치면 아쉬운 핵심 포인트들, 지금부터 차근차근 들여다보자!

평가 영역	핵심 포인트	이렇게 담자!
연구과제와 수업 설계 (30점)	연구 주제와 연결된 수업인가? 수업 흐름이 설계에 충실하며, 학생의 특성과 수준을 반영했는가?	'왜 이 수업을 했는가'에 대한 맥락과 설계 의도를 분명히 드러내자.
		학습 수준을 고려한 학생 맞춤형 활동이 잘 드러나도록 수업하자.
수업 실천능력 (50점)	AI 디지털교과서 및 다양한 에듀테크를 수업에 자연스럽게 녹여냈는가? 학생 참여와 상호작용이 활발했는가?	디지털 도구는 '보조 수단', 핵심은 학생의 주도적 활동임을 보여주자
		학생 간 상호작용이 자연스럽게 일어나는 수업 구조를 설계하자.
연구과제와 수업 실천의 일치성 (20점)	수업이 다른 학년·교과에 일반화 가능하고, 현장에서 적용 가능한가?	특정 상황에서만 가능한 수업이 아닌, 다양한 교실로 확장될 수 있다는 점을 보여주자.
		적용 가능성은 자막이나 설명 삽입으로 자연스럽게 전달하자.

[심사 기준, 수업 동영상에 이렇게 담자]

상황별 심사 기준표 활용 팁

연구는 시작했는데, 심사 기준표는 서랍 속에 그대로? 그렇다면 보고서 쓰는 내내 방향을 잃고 헤맬지도 모른다. 심사 기준표는 '완성 후 점검표'가 아니라, 계획 세울 때부터 옆에 두고 계속 확인해야 하는 나침반 같은 존재다. 언제, 어떤 순간에 어떻게 활용하면 좋을까? 그걸 안다면 연구 보고서와 수업 동영상의 완성도는 훨씬 달라질 것이다.

지금부터, 실제 준비 과정에 딱 맞춘 실전 활용 팁을 정리해보자.

상황	활용 팁
계획서 작성 전	심사 기준 항목을 체크리스트처럼 활용해 연구 주제와 구조를 구상하자.
보고서 초안 작성 중	심사 기준표에 맞춰 소제목과 내용을 구성하면 누락 없이 골고루 담을 수 있다.
수업 설계 및 실행 단계	수업 흐름, 활동 구성, 평가 방식이 심사 기준과 맞는지 수시로 확인하자.
수업 동영상 촬영 직전	수업 동영상 심사 항목에 맞춰 어떤 장면을 담을지, 자막으로 뭘 설명할지 미리 정리하자.
최종 점검 시	최종 제출 전, 심사 기준표를 다시 보며 항목별 점검 리스트를 만들어 체크해보자.

[심사 기준표 활용 팁]

③ 월별로 해야 할 일은?

수업혁신사례연구대회는 긴 호흡으로 이루어진다. 하지만 수업하랴, 아이들 생활지도하랴, 거기에 업무처리까지 하다 보면 1년 내내 연구대회에만 집중하는 것은 현실적으로 어렵다. 그러다 보면 시간이 흐른 후 챙기지 못한 부분들을 발견했을 때 난감할 수 있다. 이러한 상황을 대비해 지금부터는 수업혁신사례연구대회의 전체적인 흐름을 살펴보고, 시기를 놓치면 '아차!' 싶은 일들은 무엇이 있을지 알아보자. 다만 심사 기준과 규정이 동일한 전국대회와 달리 시·도대회는 지역별로 시기와 규정에 차이가 있으므로 정확한 사항은 꼭 본인이 속한 시·도교육청의 계획을 정독하여 파악하길 바란다.

월	해야 할 일 ✓체크리스트
1~3월	☐ 지난 수상작들을 토대로 교육 트렌드 파악하기 ☐ 공동연구를 진행할 예정이라면 함께할 연구자 구하기 ☐ 연구 주제 확정하기
3~4월	☐ 학생 사전 실태 조사 실시하기 　- 질문지 삭제하거나 버리지 말고 보관하기 ☐ 학생 대상 초상권 수집·이용·제공 동의서 받기 　- 미동의자는 추후 수업 영상 촬영할 때 모자이크 등을 활용해 보이지 않도록 주의하기 ☐ 연구대회 신청서 및 계획서 제출하기 　- 일부 지역은 자료집계로 갈음하기도 하니 지역별로 확인하기 ☐ 학습 여건 조성하기 　- 패드 또는 크롬북 등 디지털 기기 세팅, AI 디지털교과서 세팅, 기본 학습 훈련, 연구 주제에 대해 학생들에게 안내 등 ☐ 연구 용어를 확정짓고 교육과정 재구성하기 ☐ 연구 보고서의 대략적인 개요 짜기 　- 총 25페이지 중 어떤 부분을 얼마만큼 쓸 것인지 대략 구성하기 ☐ 전문적 학습공동체 구성하기 　- 자신의 연구 과정과 수업에 대해 지속적인 피드백이 가능하도록 공동체 구성하기 　- 지속적인 회의와 활발한 피드백을 위해 동학년 공동체를 추천함

기간	내용

4~7월	☐ 교육과정 재구성하기
	  - 교육과정을 재구성하며 수업 촬영에 적합한 차시 생각하기
	  - 부록에 넣을 교수학습과정안 2차시 부분 정하기
	☐ 프로젝트 진행하기
	  - 학생들의 의견에 따라 프로젝트를 수정해나가는 것도 좋음
	☐ 활동사진을 다양한 각도에서 많이 찍어두기
	☐ 수업 일지를 대략적으로라도 작성해두기
	  - 보고서를 쓸 때쯤에는 기억이 흐릿해질 수 있으니 간단한 단어로라도 정리해둘 것을 추천함
	☐ 활동 소산물 집에 보내지 말고 차근차근 보관하기
	☐ 전문적 학습공동체 활동사진 찍어두기

6~8월	☐ 학생 사후 실태 조사 실시하기 ☐ 학생, 학부모, 교사 대상 연구 후기 조사하기 ☐ 연구 보고서 수정 및 보완하기 ☐ 표절 검사하기(카피킬러 활용) ☐ 시·도대회 연구 보고서 제출하기

9~10월	☐ 시·도대회 2차 심사 준비하기(일부 시도)
	  - 학생 대상 초상권 동의서 받기
	  - 수업, 수업 동영상 촬영, 면접 등 준비하기
	☐ 전국대회 보고서 수정·보완 작업하기
	  - 심사 기준을 바탕으로 검토하기
	  - 1학기 연구 결과에 대한 환류 과정을 연구 보고서에 추가하기

10월	☐ 전국대회 출품 자료 제출하기
	  - 연구 보고서 관련: 보고서 출력물 4부, 한글파일 1부, PDF 파일 1부
	  - 수업 동영상 관련: 수업 동영상(전체, 15분 요약분) 각 1부
	    (공동연구의 경우 각각의 수업 동영상과 동영상 요약분 필요)
	  - 기타 서류: 초상권 동의서(학생용) 스캔본 1부, 카피킬러 표절 검사 확인서(표지 서명 스캔본 1부, 요약보기 및 상세보기 각 1부)

교사의 꿀팁 2차 심사가 있는 지역에서 추가로 해야 할 일

평가영역	평가내용	해야 할 일

교육 현장 기여도	주제 관련 교내 교원 대상 연수 및 수업 공개
	(총 3회 이상 만점)
		☐ 연구 주제 관련 교내 교원 대상 연수 또는 수업 공개하기
		  - 관련 사항을 내부 기안으로 남겨두길 추천
		  - 연수 자료를 학교 홈페이지에 탑재하는 것도 좋음

	연구주제 일반화를 위한 홍보 (총 5회 이상 만점)	☐ 연구대회 관련 가정통신문 보내기 - 하이클래스 등의 소통 플랫폼에 탑재 또는 내부결재 ☐ 교내 교원 대상 연수 및 수업 공개 자료 홈페이지에 탑재하기

2

승패를 가르는 연구 주제

수업혁신사례연구대회에 처음 도전한 선생님들이 가장 많이 하는 말은 "주제를 못 정하겠어요."다. 도대체 어떤 주제를 골라야 할지 막막하고, '이런 건 너무 흔한 거 아닐까?', '이건 너무 사소한가?', '이건 내가 감당할 수 있을까?' 같은 고민들이 머릿속을 맴돈다. 입상작을 살펴보면 하나같이 멋져 보여서 자신이 하려는 수업이 한없이 작고 초라해 보이기도 한다.

하지만 중요한 것은 '특이함'보다 '진정성'과 '맥락'일 것이다. 내가 왜 이 수업을 하게 되었고, 어떤 아이들과 어떤 고민 끝에 이 실천을 시작하게 되었는지를 풀어내는 것, 그게 좋은 주제 선정의 출발점이다.

이 장에서는 요즘 트렌디한 주제들을 어떻게 시작할 수 있는지 안내하고, 어떤 관점으로 주제를 선택하면 연구 보고서 작성까지 자연스럽게 이어지는지 구체적인 방향을 제시하고자 한다. 전국 1등급 수상자 7인이 주제를 선택한 이유를 함께 살펴보며, 나만의 '연구 킥'을 만드는 과정도 안내한다. 이 장을 다 읽고 나면, "이건 내 이야기다."라고 자신 있게 말할 수 있는 주제를 한 줄로 정리할 수 있게 될 것이다.

1 AI 디지털교과서 활용, 이렇게 시작하자

AI 디지털교과서 도입으로 2024년도 교육계가 들썩였다. 결과적으로 AI 디지털교과서를 참고자료로 활용하게 되었지만, 교육부는 AI 디지털교과서를 여전히 미래 교육의 중요한 축으로 바라보고 있다. 2025년 수업혁신사례연구대회 운영 계획 또한 이러한 흐름을 반영하고 있다. 공문으로 안내된 대회 운영 계획과 심사 기준표에는 AI 디지털교과서와 디지털 기반 도구의 효과적인 활용이 주요 평가 요소 중 하나로 명시되었다. 이는 단순히 수업을 잘하는 것을 넘어, 미래형 수업 모델을 제시하고 실천한 교사를 높이 평가하겠다는 방향성을 드러낸다. 따라서 AI 디지털교과서를 단순한 보조 도구로 넘어서 수업의 설계, 실행, 평가 전반에 전략적으로 활용한 사례는 심사 과정에서 주목받을 수밖에 없다.

운영 계획에서 찾아보는 AI 디지털 교과서의 중요성

2024학년도 대회 계획	2025학년도 대회 계획
☐ 추진 목적 • AI·에듀테크 등 미래형 교육환경에 적합한 전국 1등급 모델을 발굴하고 미래 핵심역량을 키워줄 수 있는 수업 우수사례 공유·확산 • 학생의 흥미, 자기주도적 학습 역량을 제고할 수 있는 다양한 학생 참여형 수업 활성화 등을 통해 모든 학생을 위한 맞춤교육 실현	☐ 추진 목적 • AI 디지털교과서 도입, 디지털 디바이스 보급 확대 등 미래형 교육환경에 적합한 교수·학습 모델 발굴 및 확산 - 학생 개개인의 수준과 속도에 맞는 맞춤 수업을 구현하고 <u>교사-학생, 학생-학생 간 상호작용이 활발한 수업으로의 변화 촉진</u>

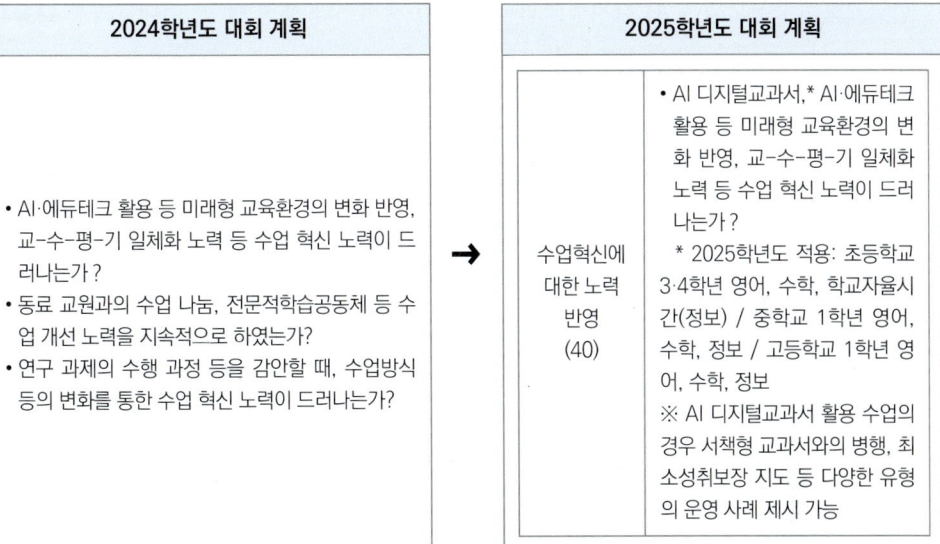

[변화된 수업혁신사례연구대회 대회 계획 분석]

위의 표에서 알 수 있듯이, 2025학년도 수업혁신사례연구대회 운영 계획에서는 2024학년도에는 명시하지 않았던 'AI 디지털교과서'의 활용에 대해 여러 차례 언급하며 그 중요성을 강조하고 있다. 이에 따라 AI 디지털교과서를 수업 현장에서 어떻게 효과적으로 활용할 수 있을지에 대한 적극적인 검토가 필요하다.

AI 디지털 교과서 정확히 알아보기

우선, AI 디지털교과서란 무엇이며, 장점은 무엇인지부터 살펴보자. 한국교육학술정보원에 따르면, AI 디지털교과서란 학생 개인의 능력과 수준에 맞춘 맞춤형 학습 기회를 제공하기 위해, 인공지능을 포함한 지능정보기술을 활용하여 다양한 학습 자료와 학습 지원 기능을 탑재한 교과서이다.

- AI 기반의 학습 진단과 분석
- 개인별 학습 수준과 속도를 반영한 맞춤형 학습
- 학생의 관점에서 설계된 학습 코스웨어 제공

[AI 디지털교과서의 주요 특징]_출처: KERIS 한국교육학술정보원 이하 같음

한국교육학술정보원은 AI 디지털교과서의 핵심 서비스와 추진 방향, 기대효과를 다음과 같이 제시하고 있다.

학생	교사	공통
1) 학습 진단 및 분석 2) 학생별 최적의 학습경로 및 콘텐츠 추천 3) 맞춤형 학습 지원(AI 튜터)	1) 수업 설계와 맞춤 처방 지원(AI 보조교사) 2) 콘텐츠 재구성·추가 3) 학생의 학습 이력 등 데이터 기반 학습관리	1) 대시보드를 통한 학생의 학습데이터 분석·제공 2) 교육주체 간 소통 지원 3) 통합 로그인 4) 쉽고 편리한 UI/UX 구성 및 접근성 보장(UDL, 다국어 지원 등)

[AI 디지털교과서의 핵심 서비스]

A Artifical — Adaptive Learning(맞춤학습)
학습자의 특성(수준 등)을 고려한 맞춤 학습경험 제공

I Intelligence — Interesting & Immersion(흥미와 몰입)
학습자가 학습에 흥미를 가지고 몰입할 수 있는 학습경험 제공

D Digital — Diversity & /data-driven(다양성과 데이터 기반)
다양한 학습자를 고려하여 데이터에 기반한 학습경험 제공

T Textbook — High Technology(첨단 기술 적용)
생성형 AI, VR, AR, MR, 메타버스 등 첨단 기술을 접목한 학습환경 제공

[AI 디지털교과서 추진 방향]

[AI 디지털교과서 기대효과]

이 밖에도 KERIS(한국교육학술정보원) 사이트에서 제공하는 AI 디지털교과서 추진 방향과 디지털 교육 규범 등을 참고하길 권한다. KERIS 사이트에서 출판사별 AI 디지털교과서를 홍보하는 영상을 시청할 수 있고, 홍보자료 및 관련 공문도 살펴볼 수 있다.

특히, AI 디지털교과서를 채택한 초등 3~4학년 영어, 수학, 정보 교과를 중심으로 수업혁신사례연구대회에 참여하고자 한다면, AI 디지털교과서의 활용은 선택이 아닌 필수라 할

수 있다. AI 디지털교과서를 통해 수업을 어떻게 개선하고자 하였는지, 그 실천 과정과 결과를 보고서에 충실히 담아야 한다. 이때, 교과서가 가진 강점이 수업 안에서 온전히 발휘될 수 있도록, 수업 설계와 평가, 프로젝트 구성 전반을 전략적으로 계획해 보자. 예를 들어, 영어 교과에서 AI 디지털교과서의 발음 평가 기능을 활용해 학생들의 말하기 능력 변화 과정을 데이터로 추적하고, 그 결과를 보고서에 시각적으로 제시할 수 있다.

AI 디지털교과서에 대한 충분한 사전 탐색을 바탕으로, 다음의 네 가지 핵심 포인트를 수업 및 보고서 작성에 효과적으로 반영해보자.

- 맞춤 학습
- 흥미 유발과 몰입감 향상
- 학습 다양성 보장과 데이터 기반 평가 및 피드백
- 첨단 기술이 적용된 수업 설계

[AI 디지털교과서 핵심 포인트]

이러한 요소들을 수업 전개 전반에 잘 녹여낸다면, AI 디지털교과서를 활용한 혁신적인 수업 사례로서 충분히 주목받을 수 있을 것이다.

AI디지털 교과서를 사용하지 못한다면?

만약 AI 디지털교과서를 채택하지 않은 학교이거나
3, 4학년을 지도하지 않는 경우라면 어떻게 접근해야 할까?

필자라면, AI 디지털교과서가 지닌 강점을 살릴 수 있는 대체 에듀테크, 생성형 AI, 그리고 AI 코스웨어 프로그램의 활용도 적극적으로 고민할 것이다. 왜냐하면 학습자 맞춤형 학습, AI 기반의 학습 진단 및 분석, 학생의 관점에서 설계된 코스웨어는 꼭 AI 디지털교과서만이 구현할 수 있는 기능은 아니기 때문이다. 따라서 시중에 출시된 다양한 에듀테크 도구들을 폭넓게 탐색하고, 그 중 AI 디지털교과서의 핵심 기능을 수업에서 효과적으로 구현할 수 있는 방법을 모색하며, 그 실천 과정과 성과를 보고서에 충실히 담아내는 것이 바람직할 것이다.

관련 교과	플랫폼 명	기능 및 활용 방안
영어	AI 펭톡	- 교과서 영어 및 일상 영어에 대해 개별화된 학습, 게임을 활용한 영어 학습 및 AI 활용 평가 기능 활용. - 모든 학습자들의 성취 기준 달성을 돕고, 교사가 학생들의 학습 정도를 용이하게 파악할 수 있었음을 보고서에 드러낼 수 있음.
수학	토도수학	- 저학년 느린 학습자를 위한 AI 기능 활용 맞춤형 수학 학습 - 느린 학습자들의 기초학력을 탄탄히 다지기 위해 맞춤형 보충 지도를 제공하고, 학습자들의 도달 정도를 파악하여 효과적으로 피드백했음을 드러낼 수 있음. - 토도영어, 토도한글 서비스도 있음.
수학	똑똑수학 탐험대	- 인공지능(AI) 활용 초등수학수업 지원시스템, 게임 형태의 학습 - 재미있는 미션활동으로 흥미있는 학습 유도. - 수업 전후 활동과 학습자 맞춤형 관리 기능 활용.

[수업에 활용 가능한 AI 활용 학습 플랫폼과 활용 방안 예시]

더불어, '제언'이나 '수업 성찰'과 같은 항목에서는 본 연구의 실행 결과를 바탕으로, 향후 AI 디지털교과서를 도입한 수업을 계획하고 있음을 명시하자. 이는 단순한 실행 사례에 그치지 않고, 지속적인 수업 개선의 의지를 드러내는 중요한 요소가 될 수 있다. 또한, AIDT나 AI 디지털교과서와 같은 단어를 보고서의 제목이나 용어 정의 항목에 반영하는 것도 좋은 전략이다. 이는 대회에서 강조하는 키워드를 연구 주제 안에 자연스럽게 녹여내며, 심사자에게 연구의 방향성과 핵심 가치를 한눈에 전달할 수 있는 효과적인 방법이 될 수 있다.

> **교사의 꿀팁** AI 디지털교과서를 체험해보고 싶다면?
>
> 교과서 민원 바로처리센터 – AIDT 웹 전시 시스템(https://www.textbook114.com)을 활용하자. 출판사별 AI 디지털교과서를 교사 버전, 학생 버전으로 나누어 체험할 수 있다. AI 디지털교과서를 활용해보며 '이런 부분은 수업에서 이렇게 활용할 수 있겠다.', '이런 점이 괜찮다.', '내 수업의 공백을 채울 수 있는 부분이 있겠다.' 같은 나만의 AI 디지털교과서에 대한 해석과 관점을 구축하자.
>
>
>
> [교과서 민원 바로처리센터 – AIDT 웹 전시 시스템]

이처럼 AI 디지털교과서에 대한 나만의 해석과 판단 기준을 세우고, 이를 바탕으로 다양한 에듀테크 도구를 연계하여 수업에 구현한 뒤, 그 과정과 결과를 보고서에 충실히 담아보자.

'이가 없으면 잇몸으로'라는 말처럼, AI 디지털교과서의 강점을 대체하거나 보완할 수 있는 다양한 수업 실천을 통해 창의적인 해결책을 제시하는 것이 오히려 더 혁신적인 접근이 될 수 있다.

2 심사위원 눈길 사로잡는 원픽 연구 주제

이 대회는 수업 속 혁신 사례를 발굴하고자 하는 대회이다. 따라서 에듀테크, 생성형 AI, AI 디지털교과서 등 최신 교육 트렌드를 수업뿐 아니라 교육과정, 평가, 기록까지 일관되게 반영하는 것이 중요하다. 최근 교육계가 중요시하는 부분들이 반영된 연구 주제가 심사위원의 눈길을 한 번이라도 더 끌 수 있다는 말이다.

대회 추진 목적에서도 변화된 '미래형 교육환경에 적합한 교수 학습 모델 발굴 및 확산, 변화된 디지털 교육환경에 대응하여 학습 디자이너로서 교사의 수업 설계와 평가 역량, 학습자 맞춤 코칭 등 하이터치 역량 강화'가 중요함을 드러내고 있다. 따라서 교사는 변화하는 교육 흐름을 빠르게 파악하고, 그것을 자신의 수업과 교육활동에 꼭 맞게 적용할 수 있어야 한다. 연구에 나타나는 교육과정-수업-평가-기록 등 모든 과정에서 교사의 주도성과 전문성이 충분히 드러나야 좋은 결과를 얻을 수 있다.

아래에 최신 교육 트렌드를 탐색할 수 있는 여러 사이트를 제공하니, 다양하게 탐색하여 풍성하고 혁신적인 보고서를 작성해보자.

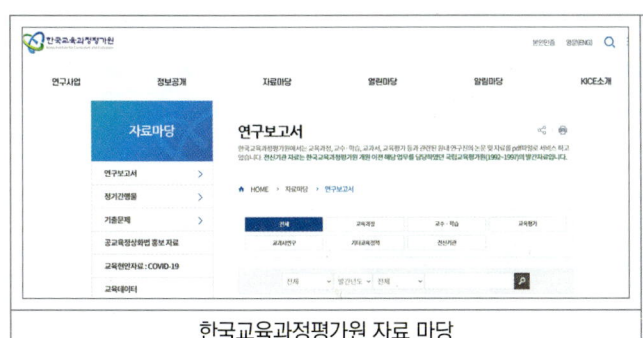

한국교육과정평가원 자료 마당

- 연구 보고서: 교육과정, 교수·학습, 교과서, 교육평가 등과 관련된 원내 연구진의 논문 및 자료
- 정기간행물: 교육 이슈 및 평가원 주요 연구과제, 학교 현장의 소식, 교육과정 평가 리포트, 국제교육 동향 등

[최신 교육 트렌드를 탐색할 수 있는 사이트 예시]

최근 출간되는 교육 관련 서적들을 폭넓게 탐색해보는 것도 큰 도움이 된다. 필자는 보고서를 작성하는 동안 보고서의 이론적 기반을 더욱 탄탄히 다지기 위해, 교육과정 설계, 성취기준의 재구조화, 평가 루브릭의 설계 등과 관련된 전문 서적들을 꼼꼼히 읽고 정리하였다. 이러한 탐색을 바탕으로 내용을 구성하고, 참고문헌에 관련 자료를 명시함으로써 본 연구가 체계적인 이론적 틀 위에 세워졌음을 강조하고자 하였다. 이 과정에서 이론에 기반한 실천을 하고 있다는 자부심도 함께 느낄 수 있었다.

또한, ChatGPT나 Gemini와 같은 대화형 AI(인공지능)을 활용하여 최신 교육 트렌드를 탐색해보는 것도 추천한다. 필자 역시 연구를 진행하면서 자주 AI와 대화를 나누었고, 그 과정에서 얻은 다양한 교육 관련 키워드와 용어들을 보고서에 반영하였다. 이때 사실 여부를 확인하는 작업은 필수다.

더불어, 다음과 같은 최근 교육계에서 주목받는 수업 관련 용어들도 참고하여 자신의 연구에 적절히 반영해보기를 권한다. 이를 통해 수업의 방향성과 보고서의 완성도를 더욱 높일 수 있을 것이다.

교사의 꿀팁 — 최신 교육 트렌드 예시

협력 학습 수업	탐구 중심 수업
질문 중심 수업	토의 토론 수업
PBL(문제중심학습)	개념 기반 탐구 학습
메타버스 활용 수업	생성형 AI 활용 수업
국제 교류 수업	AI 디지털교과서 활용 수업
에듀테크 활용 실시간 협업 수업	IB 개념 기반 학습
지속가능교육	MOOC 평생 학습자
놀이활용교육	사회·정서학습(SEL)

이 대회는 '수업'혁신사례연구대회이다. 동시에 수업'혁신'사례연구대회이기도 하다. 따라서 빠르게 변화하는 기술과 교육 트렌드를 얼마나 잘 반영해, 학생들에게 최선의 교육을 실현했는지를 보여주는 자리라 할 수 있다. 대회에 임하는 동안 발 빠르고 성실히 최신 교육 트렌드를 확인하며 자신의 수업을 혁신해 나가도록 하자.

3 교과교육, 창체, 융합교육 어떤 걸로 할까?

수업혁신사례연구대회를 주제로 몇 차례 연수로 선생님들을 만날 기회가 있었다. 그때 대회를 준비하시는 선생님들께서 가장 많이 하시는 질문이 있었다. 그중 한 가지는 바로 이것이다.

"교과로 나갈까요? 융합으로 나갈까요?"

필자가 느끼기에 "엄마가 좋아? 아빠가 좋아?" 급의 난제가 아닐 수 없다. 수업혁신사례연구대회 운영 계획의 운영 개요를 보면 응모 영역이 아래와 같이 3가지(교과교육, 창체, 융합교육)로 제시되어 있다.

구분	내용	비고
응모 영역	① 교과교육활동(이하 '교과교육') ② 창의적 체험활동(이하 '창체') ③ 융합교육활동(이하 '융합교육')	(택1)

[2025년 수업혁신사례연구대회 운영 계획 응모 영역]

전국 입상작 교과교육, 창체, 융합교육 비율 살펴보기

수업혁신사례연구대회의 학교급별(초등, 중등), 연도별(2023, 2024년) 전국 입상작의 교과교육, 창체, 융합교육의 비율을 비교해보면 초등은 교과교육이 약 62%, 융합교육이 약 37%, 창체는 1% 내외로 거의 입상작이 없다. 중등의 경우 교과교육이 압도적으로 많고, 융합교육은 상당히 적고, 창체는 거의 희박하다는 것을 알 수 있다. 중등은 초등과 다르게 교사 1인당 1교과를 지도하여 교과 간 융합이 어렵기 때문에 교과교육 비율이 압도적으로 많다.

학교급	년도	총 입상작	교과교육	창체	융합교육
초등	2024	232편	143편(61.6%)	4편(1.7%)	85편(36.6%)
	2023	88편	55편(62.5%)	-	33편(37.5%)
중등	2024	151편	138편(91.4%)	1편(0.7%)	12편(7.9%)
	2023	65편	49편(75.4%)	1편(1.5%)	15편(23%)

[학교급별, 연도별 전국 입상작 교과교육, 창체, 융합교육 비율]

교과교육은 한 교과로만 연구할까?

"교과로 연구할 경우, 한 교과로만 연구해야 하나요?", "융합의 경우 주 교과를 사회로 하고, 국어, 도덕 등의 교과를 짧게 융합하는 것도 융합교육이라고 볼 수 있을까요?" 등의 질문도 많다.

과거 전국 입상작 보고서를 살펴보면 교과로 연구한다고 하여 해당 교과로만 연구 차시를 구성해야 하는 것은 아니다. 필자도 아래 자료에서 볼 수 있듯이 사회과로 연구할 때 프로젝트 내에 여러 교과와 창체를 융합하여 차시를 구성하였다. 그렇지만 사회과가 주가 되는 중심 연구 교과이기 때문에 교과교육 '사회'로 대회에 참가했다.

[교과교육 내 융합교육이 포함된 예]
출처: 지도(MAP)와 패드(PAD)들고 GPS ON, POWER UP!(2024 수업혁신사례연구대회 전국 1등급)

중심 교과의 비율이 얼마나 되느냐에 따라 교과교육으로 대회에 참가할 수도, 융합교육으로 참가할 수도 있다. 또한 창체를 포함시키면 창체로 대회에 참가할 수도 있다. 교과교육으로 나갈 때 중심 교과의 비중이나 창체로 나갈 때 창체의 비중에 관한 기준은 정확하게 대회 운영 계획에 명시되어 있는 것이 아니기 때문에 개인이 판단하기에 따라 다를 것이다.

나는 어떤 영역으로 대회에 참가하면 좋을까?

해당 질문에 몇 가지 나름의 답변을 해볼 수 있다.

> **교사의 꿀팁**   교과교육, 창체, 융합교육 결정에 도움을 주는 가이드
>
> 1. 교과 수업을 진행하며 교육과정에 문제점을 느껴 재구성의 필요성을 느낀 경우 => 교과교육으로 참여 권장
> 2. AI 리터러시 기르기, 자기주도적 학습력 기르기 등 교과 외의 성격이 강한 주제이며 교과 내 성취기준 활용이 어려워 창체로 운영할 때 유리한 주제일 때 => 창체로 참여 권장
> 3. 세계시민교육, 공동체 기여 프로젝트, 놀이교육 등 진행하고자 하는 프로젝트가 범교과적 성격이 강하며 하나의 중심 교과를 선정하기 어려울 때 => 융합교육으로 참여 권장

수업혁신사례연구대회는 교과교육이든 창체든 융합교육이든, 영역에 따라 입상 비율이 정해져 있지 않다. 그렇기 때문에 자신이 관심 있고 자신 있는 주제로 연구를 진행한다면 좋은 결과를 얻을 수 있다고 생각한다. 가장 먼저 자신이 하고 싶은 주제를 정하고, 그다음 위의 기준에 따라 어떤 영역으로 참여할지 결정해보자.

 7인 7색, 연구 주제 선택 이유

수업혁신사례연구대회의 입상작들을 분석해보면, 각 연구자들이 특히 중요하게 생각하는 부분이 연구 주제에 잘 드러나 있다. 본 책의 저자 7명의 경우도 마찬가지다. 그들이 자신의 연구에서 중요하다고 생각하는 부분들을 어떻게 연구 주제에 함축적으로 드러냈는지, 그들이 고민했던 과정을 함께 살펴보며 자신에게 알맞는 연구 주제는 무엇일지 생각해보자.

 비니쌤의 이야기

연구주제: 지도(MAP)와 패드(PAD)들고 GPS ON, POWER UP! (4학년 사회)
"막연한 사회과 조사 학습 겉핥기로만 하고 싶지 않은데...."

필자는 4학년 사회과를 연구 과목으로 선정하였다. 최근 5년간 20, 22, 24년도에 4학년 담임을 맡으며 4학년 사회과를 어떻게 가르쳐야 하는지 동학년 선생님들과 막막했던 경험이 있기 때문이다.

4학년 사회과는 지역화 단원인데 4학년 1학기에는 "도"를 범위로 지리, 역사, 정치가 단원별로 제시된다. 중심지, 문화유산, 역사적 인물, 공공 기관, 지역의 문제 등을 주제로 답사를 포함한 조사 활동이 연속적으로 제시되는데 반복되는 '조사 계획 세우기-조사하기-보고서 작성하기'의 패턴에 알맹이가 없는 것 같고 정말 이렇게 수업해도 되나 의구심이 들기도 한다.

인터넷 조사 학습은 처음에는 쉽고 흥미로워 보이지만 생각보다 학생들이 정확한 자료를 인터넷에서 찾기 힘들고 어떤 사이트를 제시해 줘야 할지, 조사도 한 두 번이지 반복되다 보니 학생들도 지루해하고 어떻게 지도해야 할지도 고민스럽다. 4학년을 맡아본 교사라면 누구나 공감이 될 것이다. 따라서 4학년 담임을 하며 연구대회를 나가고자 마음먹었을 때 가장 먼저 4학년 사회과를 효과적으로 지도하는 방법을 연구 주제로 떠올릴 수 있었다.

평소 고민이 깊었던 연구 주제였기 때문에 연구 과정 내내 보다 능동적이고 망설임 없이 연구에 임할 수 있었다. 단순 반복되는 인터넷 조사 학습 대신 다양한 수업 방법을 고민하고 적용해 보며 '막막함' 대신 '뿌듯함'으로 한 학기를 보낼 수 있었다. 또한 과정 내에서 동학년 선생님들과 좋은 수업 방법을 공유하기도 하고 타 학교 선생님들께도 수업 나눔을 하며 내 수업 방법이 효과적인지 확인하는 기회도 가졌다.

연구 주제를 정하기가 까다롭다면 평소 수업을 하며 고민이 있었던 수업 주제가 무엇인지 생각해 보자. 바로 그 고민의 해답이 최고의 연구 주제가 될 수 있다.

송쌤의 이야기

연구주제: 디지털 기반 찐친(Chin親) 프로젝트로 지속 가능한 세계시민역량 기르기 (6학년 교과융합)
"아이들이 세계를 보게 하고 싶었다."

'세계시민교육'이라는 단어는, 사실 처음부터 내 머릿속에 있었던 말은 아니었다. 그 시작은 훨씬 더 구체적이고, 일상적이었다.

'아이들이 더 안전하고 건강한 환경에서 살아갔으면 좋겠다.'

그 마음 하나로 시작했던 활동이 바로 전국의 선생님들과 함께했던 '유자학교' 프로젝트였다.

'유해물질로부터 자유로운 학교 만들기.'

교실 속 플라스틱, 공기 중 화학물질, 아이들이 만지는 교구 하나까지도 관심을 갖고 들여다보게 되면서, 자연스럽게 나는 환경교육에 발을 디뎠다.

하지만 환경에 대한 관심은 곧 우리 반 아이들의 삶으로 시선이 옮겨졌다. 우리 학교는 농촌에 있다. 전교생은 28명, 우리 반은 고작 7명. 아이들이 경험하는 세상은 좁고, 만나는 사람도, 접하는 문화도 그리 많지 않다.

그래서 어느 날 문득, 이런 생각이 들었다.

'이 아이들은 자신이 세계시민이라는 걸 알고는 있을까?' 지구 반대편의 일은커녕, 이웃 마을 소식도 뉴스에서만 접하는 아이들. 그 아이들에게 조금 더 넓은 세상을 보여주고 싶었다. 그래서 국제교류 수업을 시작했다. 멀리 떨어진 나라의 친구들과 기후에 대해 이야기하고, 우리 학교의 환경 실천 사례를 영어로 영상 편지를 보내고, 때론 SNS 챌린지로 서로의 실천을 공유하기도 했다. 처음엔 활동 하나하나가 따로 노는 것처럼 보였지만, 어느 순간 모든 흐름이 하나로 이어지고 있다는 걸 깨달았다. 환경 문제를 다루는 수업, 국제 친구들과 나누는 이야기, 아이들이 직접 기획한 실천 프로젝트.

그 모든 수업이, 결국은 아이들을 더 넓은 세계로 연결하는 과정이었던 것이다. 그때 비로소 나는 이 모든 교육의 이름을 찾게 되었다.

바로 '세계시민교육'.

'지구 반대편'을 배우는 수업이 아니라, 지금 여기에서 내가 할 수 있는 실천을 고민하는 수업. 교과서 바깥의 세상과 연결되며 살아가는 힘을 기르는 수업. 그리고 무엇보다, 복잡한 지구적 문제를 만났을 때 '내가 할 수 있는 일'을 찾는 능력, 곧 실천 중심의 문제해결력을 키워주는 수업. 이 시대의 아이들에게 가장 필요한 역량이 아닐까?

그래서 나는 '세계시민교육'을 연구 주제로 선택했다. 그리고 이 선택을 후회한 적은 단 한 번도 없다. 왜냐하면, 이 수업을 통해 아이들이 '세계'를 만났고, 나 역시 아이들을 통해 더 넓은 세계를 배우고 있기 때문이다. 아이들이 '나만의 세계'에서 벗어나 '우리의 세계'를 상상할 수 있게 만드는 수업. 그게 바로 내가 바라는 교육의 방향이고, 그래서 나는 오늘도, 세계시민 수업을 계속하고 있다.

혹시 지금, 연구주제 선택 앞에서 고민하고 있는 교사가 있다면 이렇게 말해주고 싶다.

'내가 가장 오래 붙들고 있었던 교육적 질문', 그게 결국 연구 주제가 된다. 당신이 교실에서 가장 애써왔던 방향, 아이들과 가장 뜨겁게 나누고 싶었던 이야기가 있다면, 그것이면 충분하다.

그게 바로, 가장 진심 어린 연구의 시작점이 될 테니까.

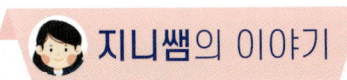 **지니쌤의 이야기**

연구주제 : 나란히 배움 길 기여 프로젝트로 함께삶5C역량 기르기(4학년 교과융합)

"생성형 AI·에듀테크를 활용한 마을연계교육으로 공동체의 행복에 기여해보자."

에듀테크와 AI를 활용한 마을연계교육을 주제로 선정한 이유는 무엇일까?

2022~2023년 동안 필자가 근무했던 학교는 마을연계교육을 주제로 연구학교를 운영하였다. 이 과정에서 마을연계교육에 대한 이론적 기반을 깊이 있게 학습할 수 있었으며, 다양한 우수 사례를 강의로 소개하거나, 마을연계교육 사례집 개발에도 직접 참여하였다.

2024년, 수업혁신사례연구대회에 출전할 당시에는 연구학교 운영이 끝났지만, 학교 차원에서 마을연계교육을 실천할 수 있는 여건이 잘 마련되어 있었다. 그 덕분에 필자는 계속해서 마을연계교육을 실천할 수 있었고, '앎과 삶을 연결하는 교육', '공동체 역량을 기르는 교육'이라면 역시 마을연계교육이 가장 효과적이다라는 확신을 갖게 되었다. 무엇보다도 마을연계교육만큼은 가장 자신 있게 실천할 수 있는 분야라고 느꼈다.

하지만 당시 대회 운영 계획을 살펴보니 에듀테크와 AI 중심 수업이 강조되고 있어, 자칫 마을연계교육이라는 주제가 불리할 수도 있겠다는 고민이 들었다. 그러나 가장 잘할 수 있는 분야에 도전정신을 더해, AI와 에듀테크를 접목한 마을연계교육을 구현하겠노라 마음먹었다. 그리고 꼭 현장에서 도움이 될 수 있는 마을연계교육 사례를 만들어 마을연계교육에 관심 있는 선생님들께 도움이 되는 보고서를 완성하고자 다짐했다.

'기여'를 보고서의 핵심 주제와 목표로 선정한 이유는 뭘까?

교직 경력 11년 차에 처음 참여한 수업혁신사례연구대회에서, 그동안 쌓아온 나만의 교육 전문성을 담은 보고서를 만들어보고 싶다는 열망이 컸다. 그래서 보고서 주제를 설정하는 과정에서 끊임없이 스스로에게 물었다.

"공교육이 존재하는 이유는 무엇일까?", "나는 왜 아이들을 가르치는가?"

돌이켜보면, 지금까지 실천해 온 마을연계교육은 대부분 '마을을 위한 교육'이었다.

예를 들어, 마을 어르신을 위한 사진 촬영 이벤트나 친환경 꾸러미 나눔과 같은 프로젝트를 진행하며, 학생들이 배운 내용을 마을에 환원하고, 공동체와 나누는 교육을 지속해왔다. 이런 되새김 끝에, 학교에서 배운 것이 학생 개인의 성장뿐 아니라 공동체의 행복에 기여할 수 있다는 점을 아이들에게 알려주고 싶다는 마음이 점점 더 분명해졌다.

그 결과,

'교육은 개인이든 공동체든, 더 나은 방향으로 나아가도록 기여하기 위해 존재한다'

는 필자만의 교육철학을 확립하게 되었고, 보고서의 핵심 주제를 '기여'로 정하게 되었다. 이 철학을 바탕으로 '함께삶5C역량'을 구안하고, 이를 길러내기 위한 프로젝트형 수업을 구성하였다.

가장 자신 있었던 마을연계교육에 AI와 에듀테크를 접목하여 새로운 형태로 수업을 혁신하고자 노력하였다. 이러한 철학적 기반과 실천의 조화를 통해 좋은 결과를 얻게 되었다고 믿는다.

보고서 주제를 정할 때는 자신이 가장 잘할 수 있는 교육, 또는 진심으로 해보고 싶은 교육이 무엇인지 먼저 스스로에게 질문해보기를 추천한다.

그 답이 나다운 교육, 그리고 진정성 있는 연구로 이어질 수 있다.

 혜온쌤의 이야기

연구주제: 행복한(HAPPY), 꿈(DREAM) 프로젝트를 통해 국어과 역량 성장시키기(6학년 국어)

"국어 공부도 행복하게 할 수 있지 않을까?"

학교는 공부를 하러 오는 곳이지만, 과연 공부가 재미있다고 느끼는 아이들이 얼마나 될까? 지금 자신의 학급 아이들에게 "체육 수업이 좋니?, 국어 수업이 좋니?" 물어보면 대부분이 체육 수업을 선택할 것이다. 학년 초, 학교 사정으로 체육 수업이 다른 날로 변경되어 "오늘은 국어 수업을 하게 되었다."는 말을 아이들에게 전했을 때, 곧장 터져나오는 아이들의 야유소리를 들으며 필자는 그 사실을 명확하게 알았다.

최근 문해력 저하로 '국어' 과목에 대한 중요성이 더욱 커지고 있지만, 이런 아이들의 마음 상태로는 국어 수업의 긍정적인 효과를 기대하기가 쉽지 않겠다는 생각이 들었다. 그래서 '너희들이 그렇게 싫어하는 국어 수업, 조금 더 행복하게 만들어보자!'는 마음으로 본 연구를 시작하게 되었다.

필자는 공주교육대학교 대용부설초등학교에 4년째 근무 중이다. 교생 선생님들이 오시면 아이들의 이름을 알아야 수업을 할 수 있기 때문에, 학년 초마다 '꿈이름표'를 만든다. 꿈이름표는 자신의 꿈과 이름을 적은 명찰인데, 매년 꿈이름표를 만들 때마다 골치가 아프곤 했다. 바로 '꿈이 없는' 학생들 때문이다. 실제로 조사를 할 때마다 "저는 꿈이 없는데 어떻게 해요?"라는 질문을 받곤 했다.

당장 꿈이름표를 만들어야 하기에 "그럼 그냥 5학년 때 썼던 꿈을 써."라고 말하면서 순간, '초등학교에 진로 교육이 이래서 필요한 거구나!'라는 생각이 들었다. 그러다 2022 개정 국어과 교육과정에서 '국어 수업을 진로교육과 연계하여 운영하길 권고한다.'는 문구를 발견한 순간 '행복한 수업'과 '꿈 프로젝트'는 내 연구대회 주제의 두 축이 되었다.

이처럼 필자는 어려운 이론에서 출발한 것이 아니라, 아이들과 함께 생활하는 학교 현장에서 느낀 고민에서 연구 주제의 큰 틀을 잡았다. 그리고 그 뒤에 '행복', '꿈'과 관련된 다양한 이론과 선행 연구를 찾아보고, 이를 바탕으로 나만의 연구를 계획하게 되었다.

물론 이 과정이 한 번에 순조롭게 진행된 것은 아니었다. 연구 주제에는 정해진 정답이 없기에, 늘 이 방향이 맞는지, 저 방향이 맞는지 고민이 많았다. 내가 선택한 연구의 방향이 정말 괜찮은지 확인할 길이 없어, 연구대회 결과가 발표되는 순간까지도 조마조마했던 기억이 난다. 하지만 끝나고 돌아보며 깨달은 점은 어떤 방향이든 연구자가 중요하다고 생각하는 길로 올바르게만 나아갈 수 있다면 그것이 곧 정답이라는 것이다.

따라서 연구 주제를 고민하고 있다면, 먼저 아이들과 생활하며 느꼈던 자신의 고민에서 시작해 보길 권한다. 그리고 평소에 자신이 중요하게 생각하고 있던 부분을 자신 있게 강조해보라고 말하고 싶다. 이렇게 현장을 중심으로 한 연구자의 고민과 경험이 생생한 연구의 훌륭한 출발점이 될 수 있다.

 **찐쌤의 이야기**

연구주제: STORY로 LEAD하면 수학 리더 역량이 자라요(1학년 수학)

"그림책에 몰입하듯 수학에 빠져들게 해보자."

육아의 일부분으로 매일 저녁 그림책을 읽어 준지도 6년이 훌쩍 지났다. 내 아이를 위해 읽어주는 그림책이었지만 함께 읽다 보면 어른인 나도 감동 받았고 마음이 따뜻해졌다. 그렇게 그림책에 관심을 계속 갖게 되었고, 수년간 읽어간 그림책들은 나만의 비법 소스이자 비장의 무기가 되었다. 더욱이 1학년 담임을 맡게 되면서 특별한 일이 없다면 아침마다 우리반 학생들에게 그림책을 읽어 주었는데, 한글을 모르는 학생부터 글쓰기를 할 수 있는 학생까지 모두 그림책에 빠져드는 것을 느낄 수 있었다.

수업혁신사례연구대회에서도 내 비장의 무기인 그림책을 수업에 녹여내기로 했다. 사실 국어 교과로 연구하고 싶은 마음도 있었으나 학생 간의 편차가 너무나 컸다. 본인의 이름도 못 쓰는 학생과 겹받침을 자유자재로 쓰는 학생 간의 격차를 줄이고 그것을 연구로 까지 진행하는 것은 어려울 것이라 판단했다. 이렇게 국어 실력의 편차가 큰 것에 비해 수학은 학생 간의 편차를 어느 정도 극복할 수 있어 보였다. 또한 나선형 교육과정의 대표 과목인 수학의 첫 단추를 잘 꿰도록 하여 수학의 단단한 기초를 다지고 창의적인 문제해결력을 갖추게 해주고 싶었다.

'그림책과 놀이를 접목한 수학 수업'이라는 수업 전략을 이용해 필자는 학생들이 미래시대를 살아가는데 필요한 리더로서의 역량을 키워주고자 했다. 이를 위해 미래사회 리더로서 갖춰야할 문학, 환경, 예술, 디지털이라는 4개의 주제를 선정하여 각 주제를 수업 단계와 엮어 수학 교과 역량과 2022교육과정 핵심 역량을 함께 키워줄 수 있는 연구를 진행했다.

성공하는 연구 주제 선택 방법은 '내가 잘할 수 있는 연구 주제를 선택하는 것'이 핵심이다. 연구자가 잘할 수 있어야 즐겁고 연구가 부담스럽지 않다. '잘하는 것이 없는데…'라는 생각이 든다면 흥미 분야나 관심 분야도 괜찮다. 이 글을 읽으며 수업 혁신을 위해 노력한다는 것 자체만으로도 이미 충분하다. 1년이라는 시간 동안 애쓰게 될 교사로서의 노력과 고민, 학생의 성장을 보며 부듯해할 1년 뒤 미래의 모습에도 응원의 박수를 보낸다.

 **밍쌤**과 **견쌤**의 이야기

연구주제: 헌법의 세상에서 정의L.A.W.운 세 삶 만나기(5, 6학년 사회 공동연구)

"두 학년이 모여 헌법을 삶으로 가져와보자."

저연차에 연구대회가 무엇인지도 제대로 모르는 두 사람이 모였다. 학년이 다르기 때문에 두 학년의 모든 과목 지도서를 펼쳐두고 주제 선정을 위한 고민을 시작했다. 어떻게 하면 수준도 다르고 특성도 다른 학생들과 함께 우리도 즐겁게 연구를 진행할 수 있을지가 고민의 핵심이었다. 두 학년 모두 배움이 있도록 각 학년의 교육과정을 따르되 연결성이 있어 함께 수업을 구성할 수 있는 내용을 찾아보았다. 재미를 위해 시작한 만큼 연구자가 행복한 연구도 중요하게 생각하였기 때문에 서로 가장 흥미가 생기는 과목에 관심을 갖고 선정하게 되었다.

그렇게 결정된 것이 사회과의 '헌법'이라는 주제다. 두 연구자의 공통 관심 교과이면서도 이 주제를 통해 프로젝트 수업을 구성한다면 의미 있는 배움이 일어날 수 있다고 확신했다. 혹시나 해서 기 수상작 목록을 확인했을 때, 헌법만을 주제로 하여 긴 호흡의 프로젝트 수업을 진행한 보고서는 없었던 것도 우리의 흥미와 도전 의식을 불러일으켰다.

5학년에서 배우는 인권, 헌법, 법의 내용 요소와 6학년에서 배우는 광복 이후 근현대사, 국가기관에 대한 내용 요소를 헌법이라는 큰 주제로 묶어 다시 해석하였다. 성취기준을 준수하며 인권은 헌법에서 보장하고 있는 국민의 권리, 법은 헌법을 따르는 사회의 규칙, 근현대사는 헌법의 변천사로 초점을 다르게 하여 프로젝트를 구성했다. 아이들이 해당 내용을 그저 암기식으로 익히는 것이 아니라 헌법이라는 우리나라의 근간이 되는 핵심 내용을 삶에서 체감하고 정의로운 세상까지 도달하게 하겠다는 큰 포부를 가지고 연구를 시작하였다.

야심 차게 고른 주제가 항상 행복만 주었던 건 아니었다. 흐름이 부자연스럽지는 않은지, 두 학년의 배움이 유기적으로 연결되지 않는 건 아닌지, 혹시 교육과정을 벗어나는 건 아닌지 등 다양한 걱정과 고난이 앞을 막아서기도 했다. 프로젝트 수업을 세세하게 구성하고 실행하며 역시 사람들이 하지 않은 데는 이유가 있다는 말을 여러 번 하기도 했다. 혹시 수상작 목록에 없던 이유가 같은 주제의 프로젝트는 있는데 수상을 못했기 때문은 아닌지 문득 불안해지기도 했다. 그럼에도 고난과 역경이 찾아올 때마다 처음 이 주제를 선정한 이유와 우리 연구에 대한 믿음으로 이겨내며 연구를 완주했다.

학년이 달라도 괜찮다. 이 대회의 이름이 수업혁신사례연구대회인 만큼 배움으로 향하는 혁신적인 방법을 고민해 보는 것이다. 교육과정을 준수하되 교과서의 활동을 그대로 따라가기보다는 학생을 어떤 배움의 길로 이끌고 싶은지를 고민하며 재구성을 통해 교사의 전문성을 발휘해 보자. 두려움 없이 도전하다 보면 어느덧 교사와 학생이 모두 성장한 교실을 만나게 될 것이다.

5 나만의 입상 킥 만들기

대회에 제출되는 보고서들은 대부분 대회 운영 계획에 따른 심사기준을 충실히 반영한 결과물들이다. 즉, 심사기준을 충족하는 보고서는 '기본'이라 볼 수 있다. 그렇다면 이 기본 위에서 전국 1등급 입상을 결정짓는 차별화된 포인트, 바로 '나만의 연구 킥'은 어떻게 만들어볼 수 있을까?

우선, 전국 입상작 사례들을 꼼꼼히 살펴보는 것부터 시작하자. 2024년 전국 1등급 입상자인 저자들의 7인 7색 입상 킥을 소개하니 입상을 위한 관점과 전략을 어떻게 설정했는지 배우고, 그 속에서 나만의 연구 방향과 차별화 포인트를 구체화하자.

2024학년도 전국 1등급 입상작
'지도(MAP)와 패드(PAD)들고 GPS ON, POWER UP!'

 비니쌤이 생각하는 입상 킥

필자의 연구가 전국 1등급으로 입상하게 된 내가 생각하는 나만의 입상 킥은 첫째, 철저한 교육 동향 반영, 둘째, 풍부한 프로젝트 구성과 연구 차시 설정이다.

1. 철저한 교육 동향 반영

수업혁신사례연구대회 심사 기준을 여러 번 정독하며 보고서에 최대한 반영할 수 있도록 노력하였다. 어떻게 반영이 되었는지 자세히 살펴보자.

1) 다양한 디지털 수업 도구 활용

'AI·에듀테크 활용 등 미래형 교육환경의 변화 반영, 교-수-평-기 일체화 노력 등 수업 혁신 노력이 드러나는가?'라는 심사 기준에 부합하도록 다양한 디지털 수업 도구를 활용하여 프로젝트를 진행하였다.

디지털 수업 도구 연구		
생성형	캔바	프레젠테이션, 포스터 등을 저작권 걱정 없이 제작 가능하며 결과물의 퀄리티가 높음
	투닝 에디터	웹툰, 그림책 등을 손쉽게 제작할 수 있음
	투닝 GPT	AI기술로 역사적 인물들과 대화를 나누며 궁금한 것을 물어보고 답을 받는 주도적 학습 가능
	뤼튼	한국형 생성형 AI로 연령 제한이 없고 정확도가 높음(단, 13세 미만의 경우 보호자 동의 필요)
	북크리에이터	온라인으로 E북을 만들 수 있으며 캔바와 연동이 되고 협업도 가능함(40권 무료)
	AI 스토리교실	AI와 함께 글과 이미지를 구성하여 동화책을 만들 수 있음(일부 무료 사용 가능)
	캡컷	학생들이 손쉽게 사용할 수 있는 영상 편집 도구(앱, PC버전)
체험형	ZEP	쉽게 활용할 수 있는 메타버스 플랫폼. 다양한 구성으로 퀴즈, 미니게임 등도 있어 흥미도가 높음
	카훗	온라인 게임 퀴즈 툴로 흥겨운 음악과 엎치락 뒤치락하는 순위로 학생들의 인기가 높음
학급 관리형	하이클래스	알림장, 과제방 기능이 좋으며 특히 과제 전체 다운로드 기능을 활용하면 아주 편리함
	구글 클래스룸	구글 계정 일괄 생성 후 클래스룸에 수업 관련 안내 및 링크 업로드
	구글 드라이브	용량이 큰 자료를 구글 드라이브에 올린 후 폴더 공유 기능을 활용하면 편리함
공유형	패들렛	다양한 콘텐츠를 공유할 수 있는 소통공간으로 다양한 유형이 있으나 개수의 제한이 있음
	투닝 보드	패들렛 만큼 기능이 많지는 않으나 개수 제한 없음

[디지털 수업 도구 활용의 예]
출처: 지도(MAP)와 패드(PAD)들고 GPS ON, POWER UP!(2024 수업혁신사례연구대회 전국 1등급) 이하 같음

2) 2022 개정 교육과정 완벽 반영

'연구 내용이 2015(또는 2022) 개정 교육과정의 관련 핵심역량과 연계되어 있는가?'라는 심사 기준에 부합하도록 2022 개정 교육과정 강조점 및 개념 기반 교육과정을 철저히 반영할 수 있도록 하였다.

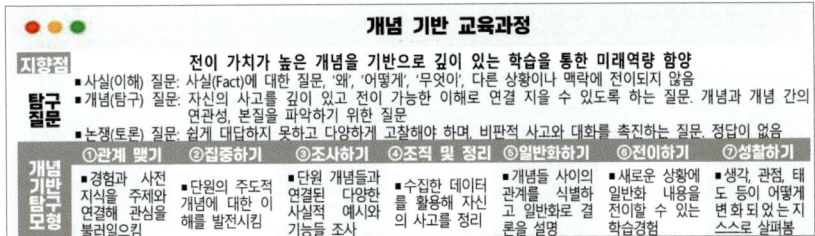

[개념 기반 교육과정 적용의 예]

3) 교사-학생-학부모가 함께하는 다양한 수업 활동

'학생의 능동적 수업 참여를 활성화 할 수 있는 수업활동(프로젝트, 토의토론형 활동 등)으로 구성하였는가?'라는 심사 기준에 부합하도록 교사-학생-학부모 함께 참여하는 수업 활동을 다양하게 구성하였다.

[학부모가 함께하는 가정학습 제시의 예]

4) 학생 주도성을 강조한 학생 주도 프로젝트 구성

'학생 참여 및 실질적인 자기주도적 학습이 이루어질 수 있도록 설계되었는가?'라는 심사 기준에 부합하도록 학생들의 의견을 반영한 단원 설계 및 활동을 구성하였다.

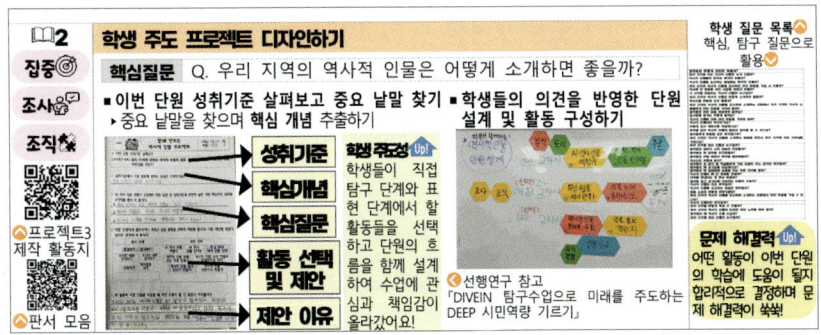

[학생 주도 프로젝트 구성의 예]

5) 삶과 연계된 살아있는 수업

지역사회와 연계한 프로젝트 설계로 학생들의 앎과 삶이 연계된 살아있는 수업을 구성하였다.

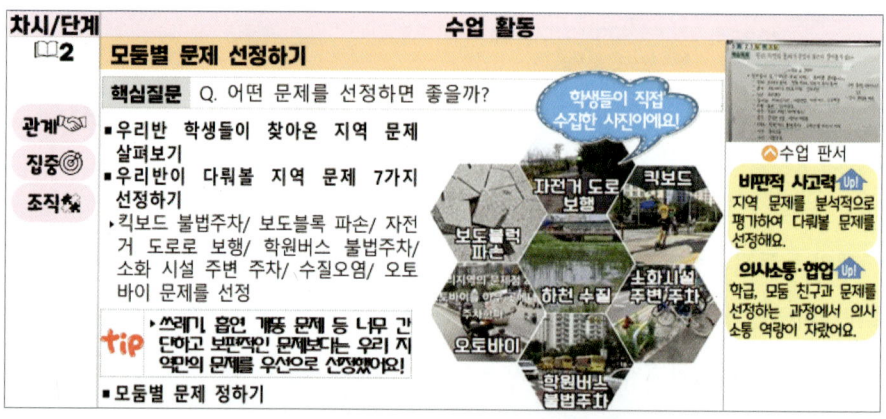

[삶과 연계한 지역사회 연계 수업의 예]

2. 풍부한 프로젝트 구성과 연구 차시 설정

다섯 개의 프로젝트 설계를 통해 연구 차시(약 40차시)를 풍부하게 설정하였으며, 적극적인 교육과정 재구성을 통해 연구의 효과를 극대화했다.

[풍부한 프로젝트 구성의 예]

물론 차시의 수가 많다고 다 좋은 것은 아니다. 필자도 수업을 최종 보고서 제출일 턱 끝까지 진행하며 너무 욕심을 부린 것은 아닌지 후회하기도 했다. 그렇지만 풍부한 연구 차시는 연구자의 진심과 다양한 시도를 보여줄 수 있고 더욱 다채로운 프로젝트를 선보일 기회가 되기도 한다. 나에게 적합한 프로젝트 개수와 연구 차시는 어느 정도인지 잘 고민하여 성공적이고 지치지 않는 행복한 연구를 진행해 나가길 바란다.

> 2024학년도 전국 1등급 입상작
> **'디지털 기반 찐친(Chin親) 프로젝트로 지속가능한 세계시민역량기르기'**
> 송쌤이 생각하는 입상 킥

수업혁신사례연구대회에 도전하는 선생님들이 가장 궁금해하는 건 바로 이게 아닐까?
"전국 1등급 받은 보고서는 대체 뭐가 다른 걸까?"

수많은 보고서들 중에서도 심사위원의 눈길을 사로잡는 보고서는 분명히 '무언가'가 있다. 나 역시 지난해 전국대회에서 1등급이라는 성과를 얻었지만, 이는 단순한 '운'의 결과는 아니었다.

심사 기준을 정확히 읽고, 그 기준에 부합하는 전략을 세워 수업을 설계했기 때문에 가능한 일이었다.

이제 그 '찐 킥' 네 가지를 공개한다. 이건 그대로 따라 하는 전략이 아니라, 각자 수업 안에서 자신만의 방식으로 녹여내야 할 감각이다. 여기서 한 줄이라도 건진다면, 당신의 보고서도 충분히 1등급 가능하다.

1. '미래형 교육환경 반영' – 말레이시아 찐친들과 만들어낸 세계 시민 수업

단순한 영상 편지나 교류 활동은 이제 평범하다.

말레이시아 친구들과 Zep 플랫폼에서 실시간 협업 수업을 진행했다. 전통 음식을 비건 레시피로 바꾸는 공동 프로젝트, 그 안에서 학생들은 문화적 차이를 존중하며 환경 문제까지 함께 고민했다. 이 수업의 핵심은 '국제 교류'를 넘어서 세계 문제에 함께 반응하는 시민으로 학생들을 성장시켰다는 것이다. 심사기준의 '에듀테크 활용', '학생 주도 수업', '미래형 학습 환경'이 한 번에 녹아든 순간이었다.

출처: 디지털 기반 찐친(Chin親) 프로젝트로 지속가능한 세계시민역량기르기(2024. 수업혁신사례연구대회 전국 1등급) 이하 같음

2. '삶과 연계된 살아있는 수업' – 교실 문을 열고, 마을과 손잡다

교실에서만 머무는 프로젝트는 이제 감동이 없다.

H자동차와 연계한 미래 차 제안 수업, 지역 한우 축사와 함께한 기후 상자 프로젝트, 환경 엑스포 개최와 영화제까지, 교실 문을 활짝 열고 마을과 이어지는 수업을 설계했다.

학생들은 실제 기업과 협업하며 지역의 현실 문제를 분석하고, 직접 해결방안을 제안하는 시민으로 행동했다. 심사 기준의 취지인 학생의 능동적 참여와 실천을 반영하자면, 이는 '삶과 연계된 수업', '지속 가능한 실천', '지역 사회와의 협력'의 키워드로 실제 구현된 셈이다.

Chinchin 문제토의 親	툰베리 따라잡기 • 툰베리 연설을 보고, 온실가스 배출에 대해 릴레이 말하기
	우리 지역 자동차 회사 • 화석연료에 대해 알아보고, 환경과의 관련성 살펴보기 • 화석연료 사용과 관련된 지역 내 자동차 회사 조사하기
해결탐구 親	신재생 에너지 오토 Show • 신재생 에너지에 대한 조사와 미래 사회 자동차 설계 • 모의 경주 대회를 기획하고 역할 분담으로 행사 준비하기 • 내가 만든 미래 자동차로 모의 경주 대회 참가하기
실천하는 짱!	내가 K-툰베리 기후 행동 제안 평가 문제해결력 • 플립 그리드로 자동차 회사에 미래 자동차 영상 편지하기
	? 미디어의 주인공이 되어 제작에 흥미롭게 참여하기 → 신재생 에너지 이해 + 환경보호 실천 계기 마련

3. '창의적 문제 해결과 과정 중심 수업' – 교과서의 경계를 넘어선 탈교과형 설계

환경 엑스포, 저탄소 축사 설계, 스마트팜 코딩, AI 환경 영화제...

이런 주제는 교과서 어디에도 나오지 않는다. 나는 국어, 실과, 도덕, 미술, 창체를 유기적으로 엮어 IB 개념 기반의 초학문 융합 프로젝트 수업을 설계했다.

단순한 정보 나열이 아닌, 학생 스스로 질문하고 구성하고 해결하는 방식으로 프로젝트를 운영했고, 여기에 생성형 AI, 메타버스, 블록 코딩까지 접목해 디지털 기반 창의성을 극대화했다. '과정 중심 평가', '핵심역량 반영'이란 심사 기준에 정확히 부합한 이유다.

가 IB 연계 교육과정 반영한 융합 교육과정 재구성

융합 주제	초학문 주제	성취기준	IB 개념	찐친 프로젝트 탐구목록	세계시민 역량	편제	평가
Project 1. 태어나 보니 어쩌다 세계시민							
야, 너도 될 수 있어 기후 난민	우리는 누구 인가?	[6국01-07] [6사03-01]	원인/연결 인권	• 기후 난민 원인 파악 • 기후 위기 심각성 공감	사회·정서 공감	국1 도1	결과물 관찰
누가 적게 쓰나?		[6실03-04] [6국01-02]	연결 불평등	• 나라별 E 불평등과 기후 위기 관련성 토의	인지 갈등 해결	실1 국1	결과물 관찰
환경보호 끝판왕		[6실05-04] [6국01-05]	형태/관점 아이디어	[해외학교 공동수업] • 환경 보호 제품 설계	인지 창의적 사고	실2 국1	동료 평가
내가 K-툰베리		[6국03-04] [6미01-04]	기능 행동	• 환경 운동가가 되어 운수회사에 정책 제안	인지 문제해결력	국1 미2	결과물 관찰

4. '지속 가능한 실천과 확산 가능성' – 수업이 '챌린지'로 퍼져나가다

심사위원들이 가장 궁금해하는 것 중 하나가 바로 이 질문이다.

"좋은 수업인 건 알겠는데, 이게 지속될 수 있을까?"

나는 그 질문에 이렇게 답했다:

세 개의 프로젝트마다 실천이 구조화되어 있으며, 수업은 학교 밖으로 확장된다. 학생들은 직접 기획한 SNS 챌린지, 환경 엑스포, 브이로그 캠페인, 찐친카드 나눔 마켓을 운영했고, 그 안에서 교사, 학생, 학부모, 지역사회가 함께 움직였다.

그 결과, 연구 보고서에는 '지속 가능성', '확산 가능성', '공동체 연계'라는 단어가 아니라, 그 자체를 증명하는 이야기들이 담겼다.

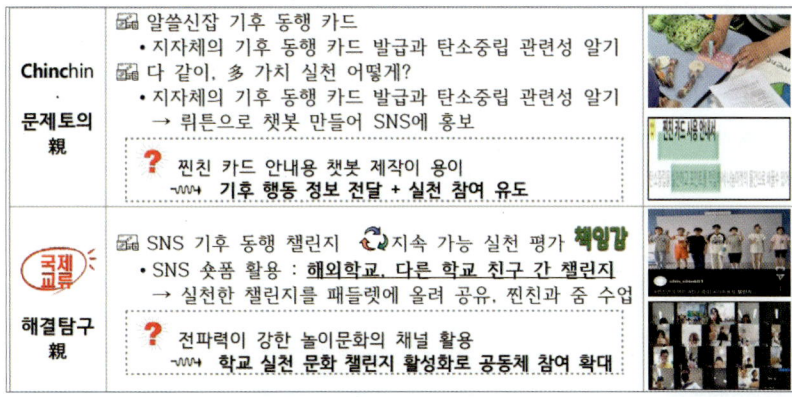

좋은 보고서는 단순히 잘 정리된 문서가 아니라, 한 명의 교사가 교육을 바라보는 시선, 그리고 그 시선이 수업에서 어떻게 실현되었는지를 말하는 기록이다.

내가 준비한 수업은 학생들을 세계시민으로 성장시키는 일이었지만, 결국 나 자신을 교육자로 다시 세우는 여정이기도 했다. 그리고 그 과정에서 학생과 지역, 국제사회, 그리고 디지털 기술이 '찐친'처럼 연결되었다.

그러니 이번엔 당신 차례다.

당신만의 찐 킥을 보고서에 담아 보자. 심사위원은 결국 수업을 본다.

2024학년도 전국 1등급 입상작

'나란히 배움길 기여 프로젝트로 함께삶5C역량 기르기'

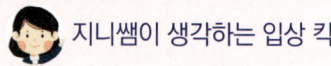 지니쌤이 생각하는 입상 킥

필자가 생각하는 나만의 입상 킥은 첫째, '기여'라는 핵심 가치를 설정하여 마을과 연계한 학습자 주도 기여 프로젝트를 운영하였다는 점. 둘째, 평가-기록-성찰-성장으로 평가를 통한 성찰과 성장을 충실히 기록했다는 점. 셋째, 일반화를 충실히 실천하고 유목화하여 기록하였다는 점이다.

1. 보고서의 핵심 키워드로 '기여'를 설정

마을교육과정과 연계한 세 가지 기여 프로젝트를 중심으로, 학생들에게 기여 역량을 포함한 '함께삶5C역량'을 길러주는 데에 초점을 두었다. 각 프로젝트의 도입-실행-마무리 전 과정에서 학생들의 기여 역량을 어떻게 신장시킬 수 있을지를 지속적으로 고민하고 실천하였다. 또한, 양적 연구와 질적 연구를 병행하여, 프로젝트 참여 전후의 변화를 분석한 결과, 학생들의 기여 역량이 실제로 신장되었음을 입증할 수 있었다.

함께삶5C역량					
2015, 2022개정 교육과정 핵심역량 6가지를 포함하여 공동체에 **기여**하며 함께 살아가는 역량 신장을 위해 연구자가 설정한 세부 역량	기여 역량 Contribution	창의적 사고 역량 Creative	의사 소통역량 Communication	공동체 역량 Community	포용 역량 inClusion

[연구자가 설정한 핵심역량]
출처: 나란히 배움길 기여 프로젝트로 함께삶5C역량 기르기(2024 수업혁신사례연구대회 전국 1등급) 이하 같음

2. '교육과정-수업-평가-기록-성찰-성장'이라는 일련의 개념어 제시

연구자는 '기록을 왜 하는가?'라는 질문에서 출발하여, 단순한 활동 결과의 저장이 아닌, 기록이 학생의 성찰과 성장으로 이어져야 한다는 관점을 세웠다. 이러한 철학을 바탕으로 위 용어를 고안하고, 수업과 평가, 피드백 전반에 걸쳐 이를 일관되게 적용하였다. 또한, 평가의 결과를 단순한 점수가 아닌 성찰의 도구로 삼고, 그 과정을 통해 학생이 스스로 성장하는 모습을 포착하는 데 집중하였다. 이를 통해 기록은 곧 성장의 시작점이 될 수 있음을 실천적으로 보여주고자 하였다.

라. 학생 성장을 위한 평가-기록-성찰-성장 계획 설계

교·수·평·기·성찰·성장 연계로 깊이 있는 배움과 성장	매 수업 성찰질문과 개별 피드백으로 학습자 맞춤형 성장	학습과제 누적 기록으로 체계적인 평가 및 학습자 스스로 성장	개별 피드백으로 학습자 모두의 학습 목표 달성을 이끎

프로젝트	프로젝트 2. 경로당 마을 그림책 낭독회 [평가-기록-성찰-성장 계획 예시 자료1]			
평가과제	마을에서 수집한 글감으로 나만의 이야기를 짓고, 생성형 AI로 그림책 만들기			
성취기준	[4국03-05]쓰기에 자신감을 갖고 자신의 글을 적극적으로 나누는 태도를 지닌다. [4미01-02]주변 대상을 탐색하여 자신의 느낌과 생각을 다양한 방법으로 나타낼 수 있다.			
평가요소	·마을에서 모은 글감으로 마을 분들에게 흥미로운 이야기 쓰기 ·생성형 AI로 이야기에 어울리는 이미지 생성하여 그림책 만들기	평가 방법	서술형평가 실기평가	포트폴리오 관찰평가
평가시 유의사항	·사전에 **생성형AI 활용 학부모 동의서**를 받고, 교사와 함께 AI를 활용하도록 지도한다. ·생성형AI를 잘 다루는 학생이 또래 교사가 되어 **에듀테크 역량 격차를 해소**한다. ·수업 단계 N(성찰과 성장)에서 매 수업을 돌아보는 **성찰 질문을 다했어요에 누적** 기록한다.			
평가기준	상	쓰기에 자신감을 갖고 나만의 이야기를 완성하며, 생성형AI에 다양한 프롬프트를 입력하여 글에 어울리는 그림을 생성한다. 미리캔버스의 다양한 기능을 활용하여 그림책을 완성한다.		
	중	나만의 이야기를 완성하며, 생성형AI에 프롬프트를 입력하여 글에 어울리는 그림을 생성한다. 미리캔버스를 활용하여 그림책을 완성한다.		
	하	선생님이나 친구의 도움을 받아 이야기를 만든다. 도움을 받아 생성형 AI로 글에 어울리는 이미지를 생성하고 미리캔버스로 그림책을 완성한다.		
기록	졸업 선배님과 인터뷰하며 들은 이야기로 우정과 함께 가난을 극복하며 꿈을 이루려 노력하는 민수의 이야기를 만들었음. 부모님, 친구들과 대화하며 이야기를 반복 수정하여 작품의 완성도를 높임. 장면을 말해주지 말고, 보여주듯이 묘사해보라는 **교사의 피드백을 반영하여 대화문과 묘사를 풍부하게 넣어 실감있는 이야기를 완성함**. 글에 어울리는 이미지를 고르는 안목을 기르고 있으며 자신의 능력을 활용하여 친구들의 그림책 제작을 도움.			
성찰과 성장	티끌 모아 태산이란 말이 있습니다 저도 선생님과 어머니의 말씀을 듣고 글 하나하나 모아서 이 글을 만들었습니다. 그림을 만들기 위해 컴퓨터를 쓸 때면 ㅇㅇ와 ㅇㅇ가 도와줬습니다. 덕분에 '함께라면 두렵지 않아.'를 만들었습니다.〈학습자 성찰에서 발췌〉			

[평가-기록-성찰-성장 계획 설계 예시]

3. '일반화'를 세 가지 유형으로 구분하여 제시, 실천 사례 다수 기록

연구자는 일반화를 다음의 세 가지로 나누어 설명하였다.

첫째, 전문적 수업 나눔은 강의 기획 및 학습공동체 강사 활동 등을 통해 전문성을 바탕으로 수업을 공유하는 방식이다.

둘째, 일상적 수업 나눔은 수업 전·중·후 협의 및 공개 수업 등을 통해 이루어지는 학교 현장의 일상적인 수업 공유 활동을 의미한다.

셋째, SNS 기반 비대면 수업 나눔은 SNS 플랫폼을 활용하여 수업 전후의 피드백과 사례를 비대면으로 나누는 활동을 말한다.

이러한 용어들을 직접 정의하고 보고서에 일관되게 활용하였으며, 관련 실천 내용을 상세히 기술하여 보고서 내 충분한 분량을 확보하였다. 이를 통해 연구자는 일반화를 단순한 확산이 아닌 의도적이고 체계적인 공유의 과정으로 인식하고 있으며, 연구 과정에서 이를 정성껏 실천해 왔음을 강조하고자 하였다.

[연구자가 기록한 일반화 사례]

2024학년도 전국 1등급 입상작
'행복한(HAPPY), 꿈(DREAM) 프로젝트를 통해 국어과 역량 성장시키기'

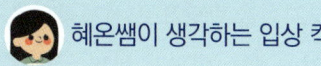
혜온쌤이 생각하는 입상 킥

필자가 생각하는 연구의 입상 킥은 '탄탄한 이론적 토대' 위에 '실제 교육 현장의 요구를 반영'했다는 점이다. 또한 목표 달성을 위한 '효율적인 도구의 활용'도 중요한 부분이다.

1. 교육 현장에서 시작된 생생한 연구 주제

수업혁신사례연구대회에 참가하기로 결심했을 때, 가장 먼저 고민했던 것은 연구 주제를 무엇으로 정할지였다. 과거 수상작들의 주제를 살펴보니, 모두 참신하고 창의적인 아이디어로 가득해 선뜻 따라 하기 어려울 것 같았다. '요즘 트렌드인 에듀테크를 활용해야 할까?', '하이터치 요소를 넣어볼까?'와 같은 고민이 이어졌지만, 결국 내가 선택한 방향은 창의적인 주제가 아니더라도 '교육 현장의 현 상황을 반영한 주제를 선정하자.'는 것이었다.

학생들과의 일상 속에서 연구의 필요성을 발견했고, 이를 담백하지만 현실적인 연구 주제로 연결했다. 내가 느꼈던 문제점은 '행복하지 않은 국어 수업, 행복해 보이지 않는 아이들, 그리고 꿈이 없는 학생들'이었다. 그래서 최종적으로 정한 연구 주제는 '행복한, 꿈 프로젝트를 통해 국어과 역량 성장시키기'였다.

연구 주제는 멀리서 찾을 필요가 없다. 지금 내가 겪고 있는 고민이 나만의 것이 아니라, 대한민국의 많은 선생님들이 공통적으로 느끼는 고민이라면 이미 좋은 연구 주제가 되기에 충분하다. 오히려 학교 현장과 학생들의 실제 상황을 반영한 주제이기 때문에 연구의 출발점이 명확하고, 연구도 더욱 효율적으로 운영될 수 있다.

사례1 의사소통이 어려운 아이들	사례2 나를 돌아볼 시간이 부족한 아이들
: 선생님, 스트레스 때문에 미칠 것 같아요. 그런데 왜 그런지 모르겠어요. : 선생님, 어.. 그게.. 아 답은 아는데 설명을 못하겠어요.	: 선생님, 저는 꿈이 없는데 꿈 이름표에는 장래희망을 뭐로 써야 하나요? : 선생님, 졸업앨범에 장래희망 촬영이 있다는데 저는 꿈이 없어요. 어쩌죠?
사례3 국어 수업에 대한 흥미 부족	사례4 공동체 구성원으로의 협력적 태도 부족
: (어느 날) 아, 체육 수업 못해요? 아...... : (다른 날) 오늘 국어 수업 못해요? 아싸! : (또 다른 날) 오늘 국어 수업은 꼭 해야 해요. 오늘 놀이 활동할거라고 말씀하셨잖아요.	: 나는 이번 활동에서 영상을 찍고 싶어. 그리고 편집도 내가 할 거야. 배우도 할 거야. : 우리 아빠랑 할 때 체크 규칙은 이거 아니니까 무조건 이 규칙으로 해야 돼.

[연구의 필요성 중 학습자 분석 일부]

출처: 행복한(HAPPY), 꿈(DREAM) 프로젝트를 통해 국어과 역량 성장시키기(2024. 수업혁신사례연구대회 전국 1등급) 이하 같음

2. 이론에 근거한 탄탄한 연구 핵심 전략

필자는 연구의 핵심 전략인 '행복한(HAPPY) 수업'과 '꿈(DREAM) 프로젝트'를 전문적 배경지식을 바탕으로 체계적으로 설계하고자 했다.

처음에는 '어떻게 하면 국어 수업을 행복하게 만들 수 있을까?', '행복이라는 감정은 언제 느껴지는가?'와 같은 질문을 품고 행복과 관련된 다양한 이론과 논문을 탐색했다. 그 과정에서 미국 심리학자 마틴 셀리그만의 웰빙 이론, 특히 PERMA 모델에서 해답을 찾았다.

PERMA 모델은 긍정적 감정(Positive Emotion), 몰입(Engagement), 관계(Relationships), 의미(Meaning), 성취(Accomplishment)라는 다섯 가지 요소를 통해 행복을 설명한다. 필자는 이 다섯 요소를 국어 수업에 맞게 'H.A.P.P.Y'로 재구성하여, 각 프로젝트와 수업 단계에 적용했다. 이를 통해 학생들이 프로젝트와 수업 과정에서 자연스럽게 행복을 경험할 수 있도록 설계했다.

Hit	Attend	cooPerate	Phrase	Yield
호기심 갖기	다가가기	협력하기	표현하기	성장하기
문제 상황을 인지하고 학습 주제 발견하기	다양한 질문과 대답으로 주제 해결 방법 논의하기	타인을 배려하며 에듀테크 기반 협력 학습에 즐겁게 참여하기	학습한 내용을 바탕으로 학습 문제 상황 해결하기	학습을 성찰하고 내면화하여 삶으로 나아가기

① 호기심 갖기 단계: 호기심을 갖을 수 있는 실생활 속 문제를 통해 학습 주제를 발견하여 국어 수업에 대한 긍정적 감정(Positive Emotion)을 경험하는 과정
② 다가가기 단계: 하브루타 학습을 통해 주제의 해결 방법을 논의하며 문제에 참여(Engagement)하여 몰입하는 과정
③ 협력하기 단계: 에듀테크 기반의 협력적인 문제의 해결과정을 경험하며 긍정적이고 의미 있는 관계(Relationships)를 경험하는 과정
④ 표현하기 단계: 학습한 내용을 바탕으로 공동의 문제를 해결하며 그 결과를 표현하는 과정에서 국어과 역량을 성취(Accomplishment) 과정
⑤ 성장하기 단계: 프로젝트 과정을 성찰하고 자신의 삶과 주변의 상황에 대입하며 의미(Meaning)를 함양하는 과정

[행복한(HAPPY) 수업 모델]

'꿈 프로젝트'는 2022 개정 교육과정에서 국어 수업과 진로교육의 연계를 권장한다는 점에 착안해 시작되었다. '아이들은 어떤 꿈을 가지고 있을까?', '아이들이 꿈을 이루기 위해서는 어떤 역량이 필요할까?'와 같은 질문을 바탕으로 진로와 관련된 다양한 이론과 정보를 조사했다.

그 결과, 교육부와 한국직업능력연구원이 실시한 '초·중학생 장래희망 선호도 조사' 결과와 학급 학생들의 실태를 반영하여, 국어과 교육과정과 어울리는 5가지 핵심 직업을 선정하고 이에 기반한 '꿈(DREAM) 프로젝트'를 기획했다.

또한 각 프로젝트의 목표를 달성하기 위해 미래 인재의 핵심 역량인 6C(협력, 의사소통, 콘텐츠, 비판적 사고, 창조적 혁신, 자신감)를 분석하여 알맞은 융합 전략을 고안했다.

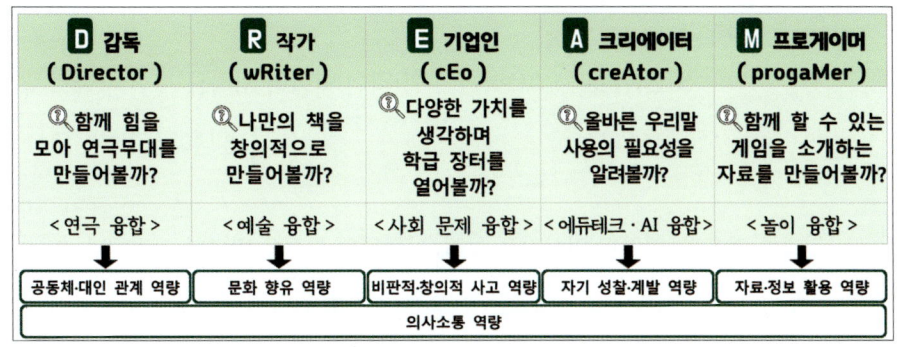

[꿈(DREAM) 프로젝트]

3. 효과적 목표 달성을 위한 적합한 도구들의 사용

프로젝트의 목표를 효과적으로 달성하기 위해 필자는 기존의 전통적인 학습 방법과 다양한 AI·에듀테크 도구를 병행하여 활용했다. 학생 1인 1패드 환경과 전자칠판 등 디지털 인프라가 갖추어진 학급에서, 띵커벨, 캔바, 잼보드, 멘티미터, 글그램, ZEP, 퍼플렉시티, 투닝, 스페이셜 등 다양한 AI·에듀테크 도구를 적극적으로 수업과 프로젝트에 도입하였다. 이러한 도구들은 학생 맞춤형 학습, 실시간 피드백, 협업 활동, 창의적 콘텐츠 제작 등에서 큰 효과를 보였다.

그러나 모든 수업에서 AI·에듀테크 도구를 무분별하게 사용하는 것은 지양했다. 목표 달성에 실질적으로 도움이 될 때에만 선택적으로 도입했고, 오히려 전통적 방식이 더 효과적일 때에는 아날로그 식 활동을 선택했다. 예를 들어, 논설문 쓰기 활동에서는 B4 크기의 원고지에 직접 글을 쓰고 교정 부호로 수정하는 전통적 방법을 적용했다. 이는 학생들이 글쓰기 과정에서 사고를 정리하고, 자기주도적으로 글을 다듬는 경험을 제공하기 위함이었다.

또한, 학생들 간의 의견 교환이나 경험 공유가 중요한 활동에서는 짝 생각 나눔, 발표 전략, 토의·토론 전략 등 오프라인 기반의 전통적 협력 학습 방식을 적극적으로 구성했다. 이러한 전통적 활동들은 학생들의 소통 능력, 공감, 협력, 비판적 사고력 등 AI나 디지털 도구만으로는 충분히 기를 수 없는 역량을 성장시키는 데 중요한 역할을 했다.

> 2024학년도 전국 1등급 입상작
> **'STORY로 LEAD하면 수학 리더 역량이 자라요'**
>
> 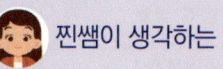 찐쌤이 생각하는 입상 킥

빛나는 결과를 얻을 수 있었던 입상킥은 첫째, 저학년의 특성을 반영한 그림책과 수학 수업의 만남. 둘째, 이야기와 놀이가 있는 배움단계. 셋째, 적지만 알차게 활용한 에듀테크이다.

1. 저학년의 특성을 반영하여 그림책과 수학 수업을 엮어 재구성

저학년은 집중력이 짧다는 것, 한글 미해득 학생이 있다는 것, 교사가 읽어주는 그림책에 큰 관심을 갖는다는 것을 고려하여 그림책과 수학을 연결했고, 이것이 1등급 입상에 있어 핵심 킥이 아니었나 싶다. 수학 교과 역량인 문제해결, 추론, 의사소통, 연결, 정보처리 역량을 함양할 수 있는 수업을 고안하고, 2022 개정 교육과정 핵심역량을 키워줄 수 있는 네 가지 주제(문학, 환경, 예술, 디지털)를 선정하여 그림책과 연결지었다.

문학		환경		예술		디지털	
『괜찮아 아저씨』	『나도 길다』	『고래야 사랑해』	『토종 민물고기 이야기』	『팥빙수의 전설』	『쭉쭉로봇과 뒤뚱로봇』	『봉봉마녀의 마법도형』	『잘잘잘 123』

[각 주제별 활용한 그림책]

2. STORY 수업 모델 개발 및 적용

이야기로 배움 열기(Storytelling) - 말하며 의사소통하기(Talk) - 조작활동으로 구체화하기(Operation) - 놀이로 즐겁게 적용하기(Role&Play) - 배움을 수확하기(Yield)라는 STORY수업 모델을 개발하여 적용했다. 네 가지 주제(문학, 환경, 예술, 디지털)별 두 가지 수업씩 총 8가지 수업을 구성하였으며 모든 수업에 STORY수업 모델을 적용하였다. 수학 교과를 기반으로 타 교과와 융합하거나 창의적 체험활동, 혹은 학교 행사와 엮어 프로젝트 학습을 구성하여 짧게는 1차시, 길게는 7차시 프로젝트를 STORY 수업단계에 녹여냈던 것이 또 하나의 킥이었던 것 같다.

Stortelling 이야기로 배움 열기	Talk 말하며 의사소통하기	Operation 조작활동으로 구체화하기	Role&Play 놀이로 즐겁게 적용하기	Yield 배움을 수확하기
그림책을 이용해 배울 내용을 이야기로 인식하는 단계	말하고 질문하며 의사소통하면서 익히는 단계	직접 만들고 구체물로 확인하면서 구조화하는 단계	배운 내용을 놀이에 적용하는 단계	배움을 표현하고 공유함으로써 배움을 수확하는 단계

[STORY수업 모형]

3. 저학년 수준에 맞는 적당한 에듀테크의 사용

수업혁신사례연구대회는 AI, 에듀테크 등 미래형 교육환경 변화에 따른 디지털 기기의 활용을 적극 권장한다. 하지만 연구자는 한글도 모르는 1학년 학생들에게 너무 많은 디지털 기기를 투입하고 싶지 않았다. 그리하여 학생들이 학습 목표에 도달하기 위한 도구, 배움을 공유하는 도구 정도로 에듀테크를 활용했다. 전국대회를 준비하는 컨설팅을 받으면서도 다른 보고서들에 비해 활용한 에듀테크의 수가 너무 적다는 이야기를 듣기도 했다. 똑똑수학탐험대를 비롯해 기본적으로 많이 사용하는 디지털 도구만 사용했고, 연구 기간 동안 사용한 디지털 도구는 7개밖에 되지 않았다. 하지만 그 수를 늘리거나 더 보완하지 않았고, 연구자의 소신대로 적당하고 적절하게 사용한 그대로 전국대회에 보고서를 제출했다. 결국은 좋은 결과를 받았고, 지금 돌이켜봐도, 에듀테크의 종류나 개수보다는 수업에 얼마나 알맞게 활용했는지가 더 중요했다고 느낀다. 디지털 도구는 수업 목표 도달을 위한 도구이자 수업의 완성도를 높이는 도구로 적절하게 잘 이용하는 것이 더 중요한 것 같다.

문학		환경		예술		디지털	
똑똑수학탐험대	띵커벨	띵커벨	퀴즈앤, 클래스툴	퀴즈앤, 클래스툴	똑똑수학탐험대	알지오매스 키즈, 클래스툴, 비바샘 초등 디지털교구	클래스툴 캔바

[보고서에 활용한 에듀테크 예시]

> 2024학년도 전국 1등급 입상작
>
> ## '헌법의 세상에서 정의L.A.W.운 세 삶 만나기'
>
> 밍쌤과 견쌤이 생각하는 입상 킥

필자가 생각하는 '나만의 입상 킥'은 '학년간 공동 연계 수업'이라는 도전적인 요소를 넣으면서도, 교육과정-수업-평가를 일관되게 유지했다는 점이다.

1. '헌법'이라는 테마로 하나 되어 '질문 중심'으로 구성한 '깊이 있는' 프로젝트

다른 수준의 두 학년의 내용 요소를 '헌법'이라는 하나의 테마로 의미 있게 묶어 재구성하기 위해 노력했다. 공동 연구를 위해 억지로 하는 재구성이 아닌, 헌법 관점에서 본 내용 요소들이 학생들의 삶에서 의미를 찾아갈 수 있도록 깊이 고민했다. 학생들이 삶에서 배움의 내용을 체감하기 위해서는 수업의 과정에서 지속적으로 고민할 수 있는 질문거리를 던져주어야 한다고 생각했다. 때문에 2022 개정 교육과정에서 강조하는 깊이있는 수업의 형식에 따라 핵심 아이디어를 설정하고, 그에 따라 프로젝트 단계별로 핵심 질문과 탐구 질문을 제시하였다.

	다지는 삶	자라나는 삶	피어나는 삶
핵심질문	헌법은 우리에게 어떤 의미를 갖는가?	민주시민으로서 사회의 문제를 어떻게 해결할 것인가?	정의로운 세상은 무엇인가?
Light 탐구질문	⑤ 헌법에 나타난 기본권은 무엇일까? ⑥ 역사에 따라 헌법이 어떻게 변화되었을까?	⑤ 법의 역할과 특징은 무엇인가? ⑥ 국가는 어떻게 조직되고 운영되는가?	⑤ 인권 신장을 위한 노력에는 무엇이 있는가? ⑥ 헌법정신을 지키기 위한 국가와 시민의 노력에는 무엇이 있는가?
Ague 탐구질문	⑤ 헌법의 기본권과 의무는 어떻게 적용되는가? ⑥ 헌법의 발전과 민주주의의 발전은 어떻게 연결되는가?	⑤ 법은 시민의 삶에 어떤 영향을 미치는가? ⑥ 국가기관과 시민은 어떻게 상호작용 하는가?	⑤ 인권 신장을 위한 노력은 사회를 어떻게 변화시키는가? ⑥ 헌법정신을 발명품에 어떻게 담아낼 수 있을까?
Widen 탐구질문	우리가 지켜나가야 할 헌법의 정신은 무엇일까?	시민의 요구에 따라 만들어진 법은 우리 사회에 이로운 영향을 주는가?	정의로운 세상을 만들기 위해 어떻게 행동할 것인가?

[연구 전체 프로젝트에서 본론에 해당하는 연구의 흐름]
출처: 헌법의 세상에서 정의L.A.W.운 세 삶 만나기(2024. 수업혁신사례연구대회 전국 1등급) 이하 같음

같은 내용 요소라도 렌즈에 담긴 질문에 따라 수업은 무궁무진하게 달라지며 이에 따라 학생의 삶에 미치는 영향도 달라진다. 교사가 책임감을 가지고 교육과정을 디자인해야 하는 이유도 이 때문이다. 교사로서 학생에게 전하고 싶은 가치를 떠올리며 학습자가 수업에 능동적으로 참여할 수 있는 학습 내용을 재구성해보자.

2. 학습 내용을 삶으로 초대하다, GRASPS

평가 역시 깊이 있는 수업 프레임워크에서 제안하는 GRASPS 평가를 활용했다. 학습으로서의 평가 설계의 일환으로 학생이 학습 내용을 삶에서 체감할 수 있도록 교육과정-수

업-평가가 유기적으로 연결되는 GRASPS 각각에 맞는 평가 시나리오를 구성하였다. 수업의 주제는 함께하지만, 평가는 각 학년의 성취기준에 맞추어 일부 변형하여 적용한 것이다.

	당신이 꿈꾸는 정의로운 세상은 무엇인가요?
총괄 평가 과제 (GRASPS)	우리는 종종 괜찮음에 대해 생각한다. 나이가 어려 미숙하다는 이유로 의견을 무시당해도 괜찮은가? 국가의 발전을 위해 시민의 삶이 희생되어도 괜찮은가? 생각을 거듭하다 보면 무엇이 옳고 그른가에 대해 고민하게 된다. 정의에 대한 고민은 그렇게 시작된다. 우리 주변과 생활, 과거를 돌아보며 헌법에 새긴 정의로운 가치를 지키기 위한 국가와 시민의 노력을 떠올려보자. 지금부터 정의의 수호자가 되어 국가와 시민의 노력을 도울 수 있는 방법을 생각해내고, 그것이 사회에 어떤 영향을 미칠지 말하라. 또한 그를 통해 어떤 정의로운 세상으로 나아갈 것인지 자신의 실천 다짐과 함께 설명하라.
총괄 평가 기준	☑ 헌법을 지키기 위한 국가와 시민의 노력이 드러나도록 표현하였는가? ☑ 내가 선택한 방법이 어떤 영향을 미치는지 구체적인 사례를 들어 설명할 수 있는가? ☑ 자신이 중요시하는 가치와 생각해낸 방법을 연결 지어 정의로운 세상을 말할 수 있는가? ☑ 자신이 생각하는 정의로운 세상을 효과적으로 발표하고, 이를 실천하기 위한 태도를 다짐할 수 있는가?

[연구 보고서 내 평가(GRASPS) 예시]

수업 진행 과정과 활동 구성에 집중하다 보면 평가에 소홀해 지는 경우가 많다. 하지만 평가도 수업의 과정임을 잊지 말고 반드시 의미 있게 구성해야 한다. 프로젝트 과정에서 교사로서 학생에게 가르치고 싶은 가치를 고민했다면 평가 과정에서는 고안한 프로젝트 수업이 해당 가치를 길러주었는지 확인하고 다시 이를 환류하여 더 나은 수업에 대한 고민까지 이어질 수 있도록 해야한다. 대회를 기회 삼아 깊이있는 수업을 위한 평가 설계에도 도전해보자.

3. 쉽게 보기 어려운 독특한 수업 형태, '학년군을 연계한 공동수업'

혁신적인 수업 방식도 연구의 킥이었다. 연구를 3개의 프로젝트로 구성했는데 3개의 프로젝트 전체 과정에서 5학년과 6학년이 긴밀하게 소통하며 수업이 진행되었다. 보통 학년이 다른 공동 연구의 경우, 같은 연구 목표를 설정하고 각 교육과정에 맞춰 따로 연구를 진행한 뒤 함께 결괏값을 도출하는 방식으로 이루어진다. 하지만 연구를 구성하고 진행할 때 본 공동 연구자들이 수업 형태에서 의견을 같이 한 부분이 바로 '연구 과정에서도 두 학년이 서로 유기적으로 연결되어야 한다.'는 것이었다. 첫 번째 프로젝트에서는 5학년과 6학년이 함께 모여 회의하고 하나의 결과물을 제작하였다. 두 번째 프로젝트에서는 5학년과 6학년 학급 간 소통을 통해 서로의 결과물이 각반의 다음 수업 재료로써 활용될 수 있도록 구성하였다. 5학년 수업에서 제작한 결과물이 6학년 수업에서 수업 자료로 활용되고, 그 수업을 통해 만들어진 결과물이 다시 5학년 수업의 자료가 되는 식이었다. 마지막 프로젝트에서는 각 학년에 맞춰 진행한 프로젝트의 결과물을 함께 나누며 배움을 확장했다. 이런 식으로 내용적인 측면뿐만 아니라 형식적인 측면에서의 혁신 방안도 고민해 보는 것을 추천한다.

3

탄탄한 연구 계획하기

Chapter 1에서 연구대회의 흐름을 알아보고, Chapter 2에서 연구 영역과 주제에 대한 고민을 충분히 했다면, 이제 나만의 연구에 대해 체계적인 계획을 세울 때가 되었다.

3월은 연구대회 참가자에게 있어 가장 중요한 분기점이다. 새 학기 준비와 학급 운영으로 누구나 바쁘지만, 바로 이 시점에 제출하는 연구 계획서가 앞으로 수 개월간의 연구 방향을 좌우하는 나침반 역할을 한다. 많은 교사들이 계획서를 '형식적인 제출 문서'로 여겨 대충 채워 넣는 경우가 있지만, 막상 보고서를 쓰기 시작하면 자신이 무엇을 하려 했는지조차 불분명해져 수정을 반복하거나 방향을 잃고 헤매기 쉽다. 반면, 계획서 단계에서 중심 주제와 흐름을 명확히 잡아두면 이후 실천과 기록, 보고서 작성까지도 훨씬 수월하고 효율적으로 진행할 수 있다.

이번 챕터에서는 단순히 '연구 계획서를 어떻게 쓸까?'를 넘어, 연구를 어떻게 설계하고 계획해야 이후 연구 보고서까지 자연스럽게 연결될 수 있을지 전체적인 흐름을 안내하고자 한다. 지금 시점에 어떤 점을 고민하고, 어떤 틀을 잡아야 할지 하나씩 짚어보며, 계획 단계가 곧 연구의 절반을 완성하는 과정임을 함께 확인해 보자.

1 첫인상 3초, 연구 제목 짓기의 비법

연구대회를 처음 준비하는 사람에게 '연구 제목 짓기'는 정말 막막하게 느껴지는 일이다. 기존 수상작들을 하나씩 살펴보면 "어쩜 이렇게 제목을 잘 뽑았지?" 하고 감탄만 나올 뿐, 막상 내 연구 제목을 정하려고 하면 어디서부터 시작해야 할지 전혀 감이 오지 않는다.

물론 수상작들의 멋진 제목을 그대로 쓸 수는 없지만, 그 안에서 공통된 규칙이나 패턴을 발견한다면 훨씬 수월하게 방향을 잡을 수 있다. 과거 수상작들을 찬찬히 들여다보면, 멋진 제목 뒤에 숨겨진 '작명 공식' 같은 게 있다는 걸 알게 된다.

이 장에서는 초보 연구자들이 꼭 알아두면 좋은, 연구 제목 짓기의 기본 규칙을 함께 살펴보려고 한다. 막막하기만 했던 제목 정하기가 한결 수월해질 것이다.

2가지 요소로 구성하기

연구의 '핵심 전략'과 연구로 달성하고자 하는 '목표'로 구성된 경우이다.

❶ 연구의 핵심 전략 + ❷ 연구로 달성하고자 하는 목표

❶번 연구 핵심 전략에는 프로젝트의 단계, 프로젝트의 종류, 차시별 수업 단계, 수업 전략, 연구의 핵심 내용 등이 들어갈 수 있다. ❷번 연구를 통해 달성하고자 하는 목표에는 '특정 교과의 모든 핵심 역량을 고루 길러내는 것' 또는 여러 핵심 역량 중 연구자가 특히 중요

하다고 생각하는 '일부 핵심 역량을 길러내는 것', 특정 이론과 연계하여 '연구자가 새롭게 만들어낸 목표를 실현하는 것' 등을 넣을 수 있다.

보통 이 두 요소를 조합하여 제목을 만들 때에는 '❶을 통해 ❷기르기', '❶로 ❷키우기'처럼 구조화된 한 문장으로 구성하는 경우가 많다.

'이런 방식으로 제목을 지으면 너무 단순한 거 아닐까?' 하는 생각이 들 수도 있지만, 2024년도 수업혁신사례연구대회 전국대회 1등급 수상작들의 제목을 살펴보면 꼭 그렇지만은 않다는 것을 알 수 있다.

	2가지 요소로 구성하기 예시
사례 1	❶ '인문학의 미래(M.I.R.E.)' 프로젝트로 ❷ 미래 시민 역량 키우기 (4가지 프로젝트)　　　　　　(국어과 6가지 핵심역량 전체) 연구자가 진행하는 프로젝트가 총 4개였기 때문에 각 프로젝트의 이름에서 한 글자씩을 따서 ❶번에 있는 미래(M.I.R.E.)라는 단어를 만들었고, 국어과 핵심 역량 6가지를 전체 향상시킨다는 목표를 ❷번에 나타냈다.
사례 2	❶ HI-COSE 프로그램으로 ❷ ON 시민 되기 (프로젝트 4단계)　　(사회과 4가지 역량이 갖춰진 인간) 연구자가 프로젝트를 운영할 때 각 프로젝트가 4단계로 진행되기 때문에 각 한 글자씩 따서 ❶번에 있는 COSE라는 단어를 만들었고, 사회과 핵심 역량 4가지와 21세기 역량을 통해 달성하고자 하는 목표를 'ON 시민 역량'으로 설정하고 ❷번에 나타냈다.
사례 3	❶ 디지털 기반 찐친(Chin親)프로젝트로 ❷ 지속 가능한 세계시민역량 기르기 (교과 융합 단계 및 수업 4단계)　　　　　(목표로 하는 3가지 역량) 연구자의 각 프로젝트가 4단계로 진행되기 때문에 각 앞 글자를 딴 '진짜친구'라는 단어를 줄여 ❶번의 찐친(Chin親)의 단어를 만들었고, 이를 차시별 수업 단계로 활용하기도 했으며, 기르고자 하는 세계 시민 역량을 ❷번에 제시했다.
사례 4	❶ 헌법의 세상에서 정의 L.A.W.운 ❷ 세 삶 만나기 (프로젝트 및 수업 3단계)　(세 가지 단계적 성장) 연구자가 프로젝트 별로 가지고 있는 핵심질문을 해결해나가는 탐구의 과정 및 수업의 단계로 ❶번에 있는 L.A.W.라는 단어를 만들었고, 사회과 핵심 역량이 향상된 삶을 각각 다지는 삶, 자라는 삶, 피어내는 삶이라고 지칭하고 목표로 삼아 ❷번에 제시했다.

3가지 요소로 구성하기

'2가지 요소로 구성하기'에서의 ❶번을 ❶, ❷번으로 좀 더 구체화한 버전이다.

> ❶ 수업 전략 ❷ 프로젝트 단계 + ❸ 달성하고자 하는 목표

'❶, ❷번을 통해 ❸번을 달성하는' 형태의 제목으로, 여기서 ❶, ❷번은 각각 프로젝트의 단계, 프로젝트의 종류, 차시별 수업 단계, 수업 전략, 연구의 핵심 내용 등에서 두 요소를 선택해 조합하면 된다. ❶, ❷번의 순서는 바뀌어도 상관없다. 또한 ❸번은 '2가지 요소로 구성하기'에서의 목표 내용을 동일하게 활용할 수 있다.

3가지 요소로 구성하기 예시	
사례 1	❶ STORY로 ❷ LEAD하면 ❸ 수학 리더 역량이 자라요 (수업 5단계) (수업 전략) (수학과 핵심역량과 2022 핵심역량의 융합) 그림책을 활용한 수업이었기에 수업 단계의 앞 글자를 따서 ❶번 'STORY'가 되도록 정했고, 4가지 프로젝트(수업 전략)에서 한 글자씩 따서 ❷번에 'LEAD'를 만들었다. 또한 연구수학과 핵심 역량 5가지 전체를 향상시킨다는 목표를 ❸번에 제시했다.
사례 2	❶ 행복한(HAPPY), ❷ 꿈(DREAM) 프로젝트를 통해 ❸ 국어과 역량 성장시키기 (프로젝트 및 수업 5단계) (5가지 프로젝트) (국어과 핵심역량 전체) '행복'을 위한 프로젝트 및 수업 5단계의 각 앞 글자를 따서 ❶번 'HAPPY'로 나타냈고, 진로 연계형 5가지 프로젝트의 앞 글자를 모아 ❷번에 'DREAM'으로 표현했다. 또한 연구로 성장시키고자 하는 목표를 ❸번에 제시했다.
사례 3	❶ WE CAN ❷ 해!내!다! 프로젝트로 ❸ DOIT 역량 기르기 (프로젝트 단계) (3가지 프로젝트) (사회과 핵심역량 중 4가지) 프로젝트 5단계의 앞 글자를 따서 ❶번 'WE CAN'으로 나타냈고, 프로젝트 3가지를 ❷번에 '해!내!다!'로 표현했다. 또한 연구로 함양하고자 하는 사회과 핵심역량 중 4가지를 ❸번에 제시했다.
사례 4	❶ MATH - ❷ FARM 수업으로 ❸ G.SMART(그린스마트) 수학역량 움틔우기 (수업 전략) (수업 4단계) (수학과 핵심역량 6가지) AI·에듀테크 기반 필수 수업요소 4가지의 첫 글자를 따서 ❶번 'MATH'로 나타냈고, 수업의 4단계를 ❷번에 'FARM'으로 표현했다. 또한 연구로 함양하고자 하는 역량 6가지를 ❸번 'G.SMART'로 제시했다.
변형	❸ NEW 세계시민이 되어 ❶ BETTER ❷ WORLD로 나아가기 (목표로 하는 인간상) (학습 영역) (프로젝트 및 수업 5단계) * 목표가 문장의 앞에 위치하도록 구성할 수도 있다. 세계시민교육 프로젝트의 네 가지 학습 영역을 BE, T, TE, R로 나누어 ❶번에 'BETTER'로 나타냈고, 프로젝트 및 수업의 5단계를 ❷번의 'WORLD'로 표현했다. 또한 연구를 통해 함양하고자 하는 역량을 ❸번에 'NEW'로 정하고 달성하고자 하는 목표를 'NEW 세계시민'이라고 제시했다.

4가지 이상의 요소로 구성하기

'2가지 요소로 구성하기'에서의 ❶번이 ❶~❸번 또는 그 이상의 요소로 세분화된 확장형 제목이다.

❶ 수업 전략 ❷ 프로젝트 단계 ❸ 수업 단계 + ❹ 달성하고자 하는 목표

연구자라면 누구나 욕심이 생기기 마련이다. 제목에 담고 싶은 핵심이 많아지는 것도 자연스러운 일이다. 세분화된 내용을 조화롭게 구성할 수 있고, 그것을 보고서 안에 잘 녹여낼 자신이 있다면 4가지 이상의 요소로 구성해 보는 것도 좋다.

	4가지 요소로 구성하기 예시
사례 1	❶ HAN ❷ SPOON ❸ 더하기 프로젝트로 미래를 준비하는 과학 ❹ ReCIPE 역량 완성하기 (3가지 프로젝트) (수업 5단계)　(전략)　　　　　　　　　　　　(과학과 5가지 핵심역량) 프로젝트 3가지를 ❶번 'HAN'으로 나타냈고, 수업의 5단계를 ❷번 'SPOON'으로 표현했으며, 에듀테크와 교과 융합이라는 2가지의 전략을 더한다는 의미로 ❸번 '더하기'를 제시했다. 또한 연구를 통해 함양하고자 하는 역량 5가지를 Re, C, I, P, E로 ❹번에 나타냈다.
사례 2	❶ VIRTUE가 ❷ GLOW하는 ❸ 수학 REGAIN 프로젝트로 ❹ 수학 핵심 역량 신장하기 　(수업 5단계)　 (수업 전략)　　　(프로젝트 3단계)　　　(수학과 핵심역량 전체) 수업의 5단계를 VI, R, T, U, E로 나누어 ❶번 'VIRTUE'로 나타냈고, 수업 전략 4가지를 ❷번에 'GLOW'로 표현했으며, 프로젝트의 3단계를 RE, GAIN, REGAIN으로 나누고 ❸번에 제시했다. 또한 연구의 목표를 ❹번에 나타냈다.
사례 3	앎과 삶을 연결하는 ❶ K-ECO ❷ PLUG 프로젝트로 ❸ 지구용사의 ❹ 생태시민성 빛내기 　　　　　(프로젝트 앞 글자) (프로젝트 4단계)　 (수업 4단계) 　(연구자가 지정한 목표) 프로젝트 4가지를 ❶번 'K-ECO'로 나타냈고, 프로젝트의 4단계를 ❷번 'PLUG'로 표현했으며, 수업의 4단계를 ❸번 '지구용사'로 제시했다. 또한 연구의 목표를 생태중심적 실천을 지속하는 지구용사가 생태시민이 되어 생태시민성을 빛내는 것으로 삼고 ❹번에 '생태시민성 빛내기'로 나타냈다.
사례 4	❶ 수UP을 깨우는 ❷질문기반 W.A.K.E.전략으로 수학 ❸ 주.인.공. ❹ 되기! 　(수업 전략)　　　　(수업 4단계)　　　　　(3가지 프로젝트)　(목표) 수학 역량 신장(UP)을 위한 3가지 전략을 ❶번에 나타냈고, 수업의 4단계를 ❷번 'W.A.K.E'로 표현했으며, 프로젝트 3가지를 ❸번 '주.인.공'으로 제시했다. 또한 연구의 목표를 '수학 주.인.공'으로 설정하고 ❹번에 나타냈다.

사실 연구 주제를 짓는 데에 명확한 규칙은 없다. 또한 위 내용으로 모든 연구의 제목 만들기를 일반화할 수는 없다. 다만 연구의 핵심 전략과 연구의 목표가 반드시 포함되어야 한다는 점은 잊지 말자. 그리고 연구 제목이 '단순한가, 복잡한가'보다는 제목에 담긴 핵심 내용이 실제 연구 과정에 잘 반영되어 있는지, 그리고 심사위원이 보기에 용어가 명확하게 이해되는지가 더 중요하다는 것을 꼭 기억하자. 그럼 어깨에 짊어졌던 부담감을 내려놓고, 위 내용을 참고하여 내 연구의 핵심이 잘 드러나는 나만의 연구 제목을 만들어 보자.

2 연구 계획서, 이렇게 쓰자!

　수업혁신사례연구대회에 참가하고자 지원하는 교사들은 연구 계획서를 3~4월 중에 제출해야 한다. 일부 지역은 5월 초까지 제출하는 곳도 있긴 하지만, 3~4월에 계획서를 작성해 두어야 하는 것은 다름없다. 그런데 새 학년도가 시작되는 3~4월은 어느 학교나 학급 운영과 학교 업무로 바쁘게 돌아가고 있을 것이다.

　따라서 미리 겨울방학부터 준비해 둔 경우가 아니라면, 촘촘하고 수준 높은 계획서를 작성할 여유를 갖기란 쉽지 않다. 그나마 다행인 점은 연구 계획서의 내용이 보고서를 작성할 때 어느 정도 수정 가능하다는 사실이다.

　사실, 겨울방학부터 계획서를 꼼꼼하게 준비한 사람이 얼마나 될까? 오히려 그런 사람은 소수일지도 모른다. 그러니 이번 장에서는 가능한 빠르고 손쉽게 연구 계획서를 완성하는 방법을 함께 살펴보려 한다.

> **교사의 꿀팁**　일부 지역은 1학기 중 연구 제목을 바꿀 수 있는 기회를 주기도 하지만 지역에 따라 연구 계획서에 쓴 연구 제목을 바꿀 수 없는 곳도 있으니 시도별 계획을 꼼꼼히 확인하자. 또한 1인 연구에서 공동연구로 변경하거나 공동연구에서 1인 연구로 변경하는 것은 불가하니 주의하자!

　연구 계획서 제출에 대한 내용은 지역에 따라 조금씩 다르다. 어떤 지역은 계획서 대신 연구 주제만 간단히 제출하기도 하고, 또 어떤 지역은 신청서와 계획서를 함께 제출하기도 한다. 계획서의 분량 역시 지역에 따라 차이가 있어 3쪽 이내, 5쪽 이내, 혹은 4~6쪽 이내 등으로 다양하게 제시된다.

　이 부분에서는 본 책 저자들의 계획서를 분석하여 계획서에 어떤 내용들이 포함됐는지 소개하려고 한다. 하지만 계획서의 내용과 순서는 연구자마다 다를 수 있으므로 반드시 똑같아야 하는 것은 아님을 알아두자. 중요한 건 '어떻게 하면 연구에 대한 나의 구상을 효과적으로 담을 수 있을까?' 하는 점이다.

혜온쌤 차례 (3쪽 버전)	찐쌤 차례 (4.5쪽 버전)	비니쌤 차례 (5쪽 버전)

Ⅰ 연구의 시작 (1쪽)
1. 연구의 필요성 –0.5쪽
2. 연구의 목적 –0.5쪽
 	
Ⅱ 연구의 준비 (1쪽)
1. 연구의 대상 및 기간
2. 연구의 절차
3. 이론적 배경
 	
Ⅲ 연구의 실행 (1쪽)
1. 연구의 방향
2. 연구의 기대효과
	Ⅰ 준비하기 (1쪽)
	1. 연구 필요성
	2. 연구 목표
	
	Ⅱ 계획하기 (1쪽)
	1. 대상과 기간
	2. 학생 실태 분석
	3. 교과 핵심 역량
	
	Ⅲ 실천하기 (2쪽)
	1. 프로젝트1
	2. 프로젝트2
	3. 프로젝트3
	4. 프로젝트4
	
	Ⅳ 기대효과 (0.5쪽)
		Ⅰ 연구의 필요성 및 목적 (3쪽)
		1. 연구의 필요성 –2쪽
		2. 연구의 목적 –0.4쪽
		3. 용어의 정의 –0.6쪽
		
		Ⅱ 연구 설계하기 (1쪽)
		1. 연구 설계
		  가. 주제
		  나. 기간 및 대상
		2. 연구의 절차
		
		Ⅲ 연구의 실행 (0.5쪽)
		1. 여건 조성
		  가. 물리적 여건 조성
		  나. 심리적 여건 조성
		2. 프로그램 개발
		3. 프로그램 적용 및 일반화
		
		Ⅳ 기대효과 (0.5쪽)

[저자 3명의 계획서 개요 비교]

대주제	소주제	작성 내용
Ⅰ 연구의 시작 (1쪽)	1. 연구의 필요성	– 실태 분석을 하는 부분으로 학습자, 사회, 교육과정의 실태를 분석하여 정리
	2. 연구의 목적	– 핵심 전략이나 프로젝트 정리 – 달성하고자 하는 목표를 제시
Ⅱ 연구의 준비 (1쪽)	1. 연구의 대상 및 기간	– 연구 대상과 인원수를 기재 – 연구 기간 2000. 3. ~ 2000. 2.로 기입
	2. 연구의 절차	– 연구의 단계를 월별로 진행하는 기간을 표로 정리하여 시각적으로 제시
	3. 이론적 배경	– 연구 주제를 설정하게 된 이론적 배경을 간단하게 정리
Ⅲ 연구의 실행 (1쪽)	1. 연구의 방향	– 나의 연구대회 핵심 전략이나 프로젝트에 대한 용어 정리
	2. 연구의 기대효과	– 연구를 통해 기대되는 효과 서술

[3쪽 버전 계획서 형식 예시]

대주제	소주제	작성 내용
Ⅰ 연구의 시작 (1쪽)	1. 연구의 필요성	- 실태 분석을 하는 부분으로 학습자, 사회, 교육과정의 실태를 분석하여 정리
	2. 연구의 목적	- 핵심 전략이나 프로젝트 정리 - 달성하고자 하는 목표를 제시
Ⅱ 계획하기 (1쪽)	1. 대상과 기간	- 연구 대상과 인원수를 기재 - 연구 기간 2000. 3. ~ 2000. 2.로 기입 - 월별 연구 진행을 표로 시각적 제시
	2. 학습자 실태	- 학습자의 실태에 대한 분석을 제시
	3. 교과 핵심 역량	- 연구로 달성하고자 하는 핵심 역량 제시
Ⅲ 실천하기 (2쪽)	1. 프로젝트 1	- 연구자에 따라 프로젝트를 3~5개 정도 설정하여 제시 - 프로젝트별 목표, 교육과정 재구성, 프로젝트 단계 등을 간략하게 정리하여 제시
	2. 프로젝트 2	
	3. 프로젝트 3	
	4. 프로젝트 4	
Ⅳ 기대효과 (0.5쪽)		- 연구를 통해 기대되는 효과 서술

[4.5쪽 버전 계획서 형식 예시]

대주제	소주제	작성 내용
Ⅰ 연구의 필요성 및 목적(3쪽)	1. 연구의 필요성	- 실태 분석을 하는 부분으로 학습자, 사회, 교육과정의 실태를 분석하여 정리
	2. 연구의 목적	- 연구의 목표 설정 - 연구의 핵심 질문 제시
	3. 용어의 정의	- 관련 용어 설명 - 핵심역량 설명
Ⅱ 연구 설계하기 (1쪽)	1. 연구 설계	- 연구 주제 및 연구 핵심 용어 정리 - 연구 대상과 인원수를 기재 - 연구 기간 2000. 3. ~ 2000. 2.로 기입
	2. 연구의 절차	- 월별 연구 진행을 표로 시각적 제시
Ⅲ 연구의 실행 (0.5쪽)	1. 여건 조성	- 교실의 물리적 여건, 학습자의 심리적 여건 조성 제시
	2. 프로그램 개발	- 연구를 위해 필요한 프로그램 제시
	3. 프로그램 적용 및 일반화	- 적용 및 일반화 방법 제시
Ⅳ 기대효과 (0.5쪽)		- 연구를 통해 기대되는 효과 서술

[5쪽 버전 계획서 형식 예시]

> **교사의 꿀팁** 계획서 양식 예시

I 연구의 시작
1. 연구의 필요성

학습자의 요구	사회적 요구	교육과정의 요구
- - -	- - -	- - -
⬇	⬇	⬇
- - -	- - -	- - -
⬇	⬇	⬇

(학습 전략 또는 프로젝트)(으)로 (향상시키려는 핵심 역량)을 향상시킨다.

2. 연구의 목적

본 연구는 학생, 사회, 교육과정의 요구를 반영하여 (학습 전략)(으)로 (프로젝트)을 진행하여 (향상시키려는 핵심 역량)을 향상시키는 데 그 목적이 있다.
  첫째,
  둘째,
  셋째,

II 연구의 준비
1. 연구의 대상 및 기간

- 연구 대상:
- 연구 기간:

2. 연구의 절차

단계	추진 내용 및 방법	운영기간(○표를 알맞게 배치하세요)									
		3	4	5	6	7	8	9	10	11	12	1	2
계획	선행 사례 탐색	○	○										
	학생 실태 분석	○	○										
	교육과정 분석	○	○										
준비	실천 주제 선정	○	○										
	운영 과제 수립	○	○										
	연구 계획서 작성	○	○										
실행	실천과제 1 실천			○	○	○	○	○	○	○	○	○	○
	실천과제 2 실천			○	○	○	○	○	○	○	○	○	○
	실천과제 3 실천			○	○	○	○	○	○	○	○	○	○
반성 및 실천	결과 분석 및 정리					○	○	○					
	보고서 작성					○	○	○					
	실천 반성 및 개선점 보완							○	○	○	○	○	○

3. 이론적 배경

이론	이론
이론	이론

III 연구의 실행
1. 연구 방향
2. 연구의 기대 효과

3. 설득력 있는 보고서의 시작, 연구의 필요성과 목적

논문이든, 어떤 연구대회 보고서든 가장 앞부분에 나오는 것이 '연구의 필요성과 목적'이다. 이 부분은 보고서의 가장 기본이 되는 내용이자, 읽는 이에게 '이 연구가 왜 필요한가?'를 설명해 주는 아주 중요한 부분이다.

연구 보고서의 시작은 단순한 도입을 넘어, 이 연구가 왜 필요한지에 대한 설득을 담고 있어야 한다. 심사위원뿐 아니라 연구자 본인도 납득할 수 있는 타당한 필요성과 목적 제시는 연구 전 과정의 방향을 잡아주는 핵심이 된다. 불필요한 수업 연구는 없겠지만, 수업의 필요성과 목적이 분명하다면 연구자 역시 주저함 없이 연구를 진행할 수 있을 것이다. 또한, 그러한 명확한 목적의식은 보고서를 읽는 이에게도 진정성 있게 전해지며, 끝까지 공감하며 집중하게 만드는 힘이 된다.

연구의 필요성과 목적 설정, 그 내용에 관하여

연구의 필요성과 목적을 설정하는 방법은 크게 두 가지로 나눌 수 있다. 1) 교과교육을 선택한 경우와 2) 창체 또는 융합교육을 선택한 경우가 그것이다.

1) 교과교육을 선택한 경우

연구의 필요성을 설정하는 방법은 크게 두 가지로 나눌 수 있다. 교과를 선택한 교사라면 평소에 해당 교과를 가르치며 겪었던 어려움이나 재구성의 필요성 등을 생각한다면 좋을 것이다.

필자의 경우, 첫 번째 연구 과목은 4학년 수학이었다. 당시 4학년 수학의 '자료와 가능성' 영역을 연구 주제로 삼았다. 그 전해에는 과학 전담을 맡아, 학생들과 '온도의 변화'에 대한 그래프를 함께 그리는 수업을 진행한 적이 있다. 당시 수업 과정에서 학구가 좋은 지역임에도 불구하고 많은 학생들이 꺾은선 그래프를 그리는 데 어려움을 겪고 있다는 사실을 알게 되었다.

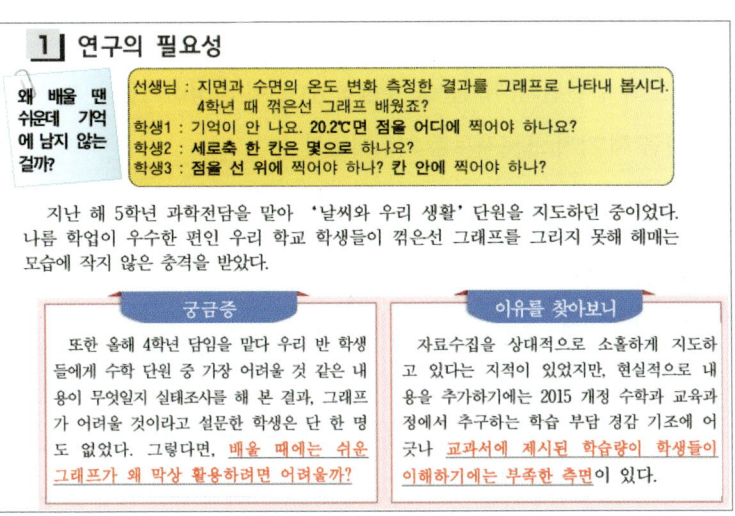

[교과교육 연구의 필요성의 예]
출처: L.E.D 블렌디드 통계 학습을 통한 수학 교과 역량 함양하기(2020 경기도 교실수업개선실천사례연구발표대회 1등급)

그래프는 배우는 당시에는 학생들이 가장 쉽다고 느끼는 단원 중 하나다. 하지만 그래프 단원을 배운 지 1년도 채 지나지 않은 학생들이 간단한 그래프조차 제대로 그리지 못하는 모습을 보고 의문이 생겼다. 그리고 그 다음 해에 4학년 담임을 맡으며 막대그래프와 꺾은선 그래프를 연구 단원으로 삼아 연구를 하였다.

필자가 교육과정을 재구성해야겠다고 생각한 이유는 교과서의 내용이 실생활과 너무 동떨어져 있고, 분량도 충분하지 않다는 점 때문이었다. 이를 보완하기 위해 다양한 교과와 연계하고 실생활과 관련이 깊은 수업 제재를 마련하여 수업에 적용하였다. 그 결과 학생들에게 다양한 실생활의 소재들을 그래프로 표현할 수 있는 역량을 키워줄 수 있었고, 경기도 교실수업개선실천사례연구발표대회(현 수업혁신사례연구대회) 1등급을 받을 수 있었다.

연구의 필요성을 설정할 때는, 교사 개인의 수업 경험에서 느낀 문제의식도 중요하지만, 논문이나 교육 서적 등 다양한 자료를 참고하며 미처 생각하지 못했던 필요성을 발견할 수도 있다. 주변의 동료 교사들과 이야기를 나누며 생각을 정리하는 것도 큰 도움이 된다. 이러한 과정을 통해 교사라면 누구나 공감할 수 있는 연구의 필요성을 설정할 수 있을 것이다.

2) 창체 또는 융합교육을 선택한 경우

창체 또는 융합교육을 선택하는 경우에는 연구하고자 하는 주제를 명확히 설정하는 것이 중요하다. 이를 바탕으로 프로젝트 학습을 구상하고, 관련 교과를 융합하여 프로젝트 일련의 과정을 설계할 수 있다.

필자는 '마을공동체에 기여하는 기여 프로젝트'를 하고자 국어, 도덕, 사회, 미술 등 관련 교과에서 프로젝트와 관련된 성취기준을 추출하였다. 이후 성취기준을 재구조화하거나 새롭게 개발하여 다음 세 가지 프로젝트를 기획하였다.

- 마을 도서관 도서 기부 캠페인
- 경로당 마을 그림책 낭독회
- 버스정류장 배움 전시회

이때 학습자 주도, 학습자 맞춤형 프로젝트임을 강조하기 위해 프로젝트마다 핵심 질문을 설정하고, 학생들이 주도하여 기획하고 실행할 수 있도록 수업을 구성하였다.

단일 교과를 깊이 있게 연구하는 것도 의미 있지만, 여러 교과를 융합한 수업과 프로젝트를 연구하고자 한다면 융합교육에 도전해보는 것도 좋은 방법이다.

다. 교육과정 분석 및 성취기준 재구성(Read&ask Opnion Add AI&tech Delivery)

프로젝트		수업 재구성 내용	교과 단원	성취기준	함께살 5C역량
마을 도서관 도서 기부 캠페인	R	다양한 책 탐색하고 친구들에게 추천하기	국어 1단원	[4국02-05]읽기 경험과 느낌을 다른 사람과 나누는 태도를 지닌다.	의사소통
	O	마을 도서관 도서 기부 캠페인 기획하기	도덕 4단원	[4도02-04]협동의 의미와 중요성을 알고, 경청·도덕적 대화하기·도덕적 민감성을 통해 협동할 수 있는 능력을 기른다.	공동체
	A	디지털 드로잉으로 도서 기부 홍보지 만들기	미술 1단원	[4미02-04]표현 방법과 과정에 관심을 가지고 계획할 수 있다.	창의적 사고
	D	마을 도서관에 기부받은 도서 전달하기	도덕 3단원	[4도04-02]참된 아름다움을 올바르게 이해하고 느껴 생활 속에서 이를 실천한다.	기여
		마을 도서관 도서 기부 캠페인 돌아보기	국어 6단원	[4국01-06][4국01-02]예의를 지키며 듣고 말하는 태도로, 회의에서 의견을 적극적으로 교환한다.	

[융합교육 프로젝트 수업 재구성의 예]
출처: 나란히 배움길 기여 프로젝트로 함께삶5C역량 기르기(2024 수업혁신사례연구대회 전국 1등급)

연구의 필요성을 설정한 후에는 연구의 목적을 분명히 하는 것이 중요하다. 연구의 필요성은 자연스럽게 연구의 목적과 연결된다. 연구의 필요성으로 인해 연구를 통해 달성하고자 하는 목표(Goal)가 바로 연구 목적이다. 연구의 목적을 설정할 때는, 내가 학생들에게 길러주고 싶은 역량이 무엇인지 먼저 고민해보는 것이 중요하다.

연구의 목적은 내가 연구를 진행함에 있어 연구의 종착점이 된다. 또한 연구의 목적을 설정한 후에는 사전·사후 검증을 통해 그 목적이 실제로 달성되었는지 확인하는 과정이 필요하다.

이처럼 연구의 필요성과 목적을 설정하는 것은 나무가 좋은 땅에 뿌리를 내리는 것과 같은 굉장히 중요한 역할이다. 선생님의 연구가 흔들림 없이 잘 자라나도록, 좋은 땅에 튼튼하게 뿌리를 내리길 바란다.

연구의 필요성과 목적, 효과적으로 전달하는 형식 갖추기

심사위원들은 하루에 여러 편의 연구 보고서를 보게 된다. 타인이 작성한 압축된 연구 보고서를 집중하여 읽는 일은 생각보다 고단한 일이다. 그렇기에 연구 보고서의 첫인상인 연구의 필요성과 연구의 목적을 눈에 잘 들어오게 어필하는 것은 무엇보다 중요하다.

다음 중 연구의 필요성을 가장 효과적으로 전달하는 방법은 무엇일까?

> 1. 줄글 형태로 제시
> 2. 글상자와 표로 제시
> 3. 만화 형태로 제시

정답은 바로 1번을 제외한 2번, 3번이다. 물론 2번, 3번 외에도 그림이나 그래프 등의 다양한 방법으로(띄어쓰기)제시할 수도 있다.

연구의 필요성을 서술할 때는 줄글 형태로 제시하기보다는 글상자와 표를 이용하여 단락 형태로 필요성을 제시하는 것이 더욱 효과적이다. 글상자나 표를 이용하여 내용을 제시하면 줄글 형태로 제시할 때 보다 훨씬 가시적이고 체계적으로 보여질 수 있다. 또한 구조화된 정보를 전달할 수 있고 가독성이 좋다는 것도 장점이다. 글상자를 활용한 보고서 디자인 방법은 Chapter 5.4에서 자세히 다루니 살펴보고 따라 해보도록 하자.

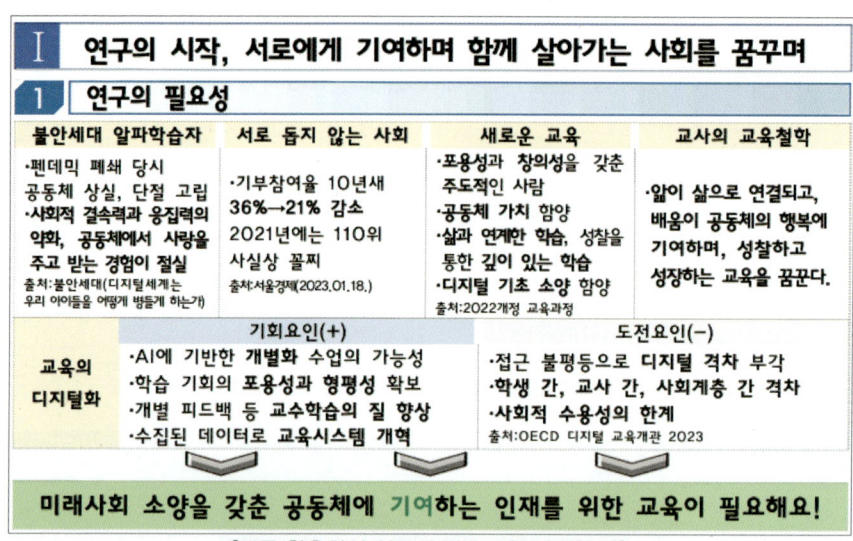

[표를 활용하여 연구의 필요성을 제시한 예]
출처: 나란히 배움길 기여 프로젝트로 함께삶5C역량 기르기(2024 수업혁신사례연구대회 전국 1등급)

만화를 활용하면 어떨까? 만화를 활용하면 흥미를 유도할 수 있고, 캐릭터의 표정이나 말풍선을 통해 전하고자 하는 메시지를 빠르고 쉽게 전달할 수 있다. 만화만으로는 설명이 부족하다고 생각이 된다면 상단에 만화를 넣고 하단에는 만화에 대한 설명을 간단하게 제시할 수도 있다. 요약서에는 만화를, 본문에는 글상자와 표를 이용하여 제시하는 방법도 있다.

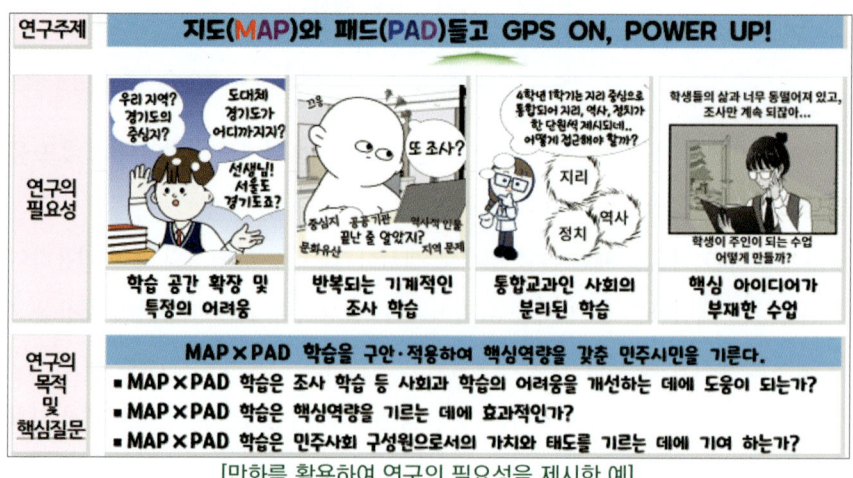

[만화를 활용하여 연구의 필요성을 제시한 예]
출처: 지도(MAP)와 패드(PAD)들고 GPS ON, POWER UP!(2024 수업혁신사례연구대회 전국 1등급)

내 연구의 첫인상을 결정하는 연구의 필요성을 어떤 형식으로 제시할지 연구의 컨셉과 주제에 적합하게 선정하여 제시해 보자.

4 보고서가 살아나는 수업 단계 설계법

대회에서 좋은 결과를 얻기 위해서는 짜임새 있고, 일관된 흐름의 보고서를 작성하는 것이 매우 중요하다. 이를 위해 수업을 개별적으로 서술하기보다는, 전체적인 흐름을 미리 기획하고, 그 안에서 혁신 수업을 설계하고 적용하는 방식이 훨씬 효과적이다.

그렇다면 보고서에 일관성을 불어넣을 일정한 단계를 기획하는 방법은 무엇일까?

핵심 전략은 두 가지다.

'프로젝트의 단계 기획하기, 수업 모형 개발하기'

입상작의 대부분은 '프로젝트의 흐름'을 명확히 개발하고, 이를 각 프로젝트에 일관되게 적용한다. 이러한 방식은 긴 호흡으로 진행되는 프로젝트를 보다 구조적이고 짜임새 있게 운영할 수 있도록 도와줄 뿐만 아니라, 프로젝트에 보고서 작성자의 색깔을 자연스럽게 녹여낼 수 있다.

또한, 보고서 전반에 일관된 방식으로 적용할 수 있는 '수업 모형'을 개발하는 것도 매우 효과적인 전략이다. '수업 모형'은 교사가 수업을 어떤 구조와 흐름으로 이끌어나갈지를 보여주는 설계도와 같다. 과목별로 사용되는 탐구학습 모형, 협동학습 모형 등을 떠올려보면 이해가 쉬울 것이다. 이처럼 '수업 모형'을 직접 개발하거나 기존 모형을 변형하여 적용하면, 보고서 전체에 통일성과 완성도를 더할 수 있을 뿐 아니라, 나만의 수업 철학과 스타일을 더욱 선명하게 드러낼 수 있는 장점이 있다.

프로젝트 흐름 기획하기

이제 필자의 보고서를 중심으로, 어떻게 프로젝트 흐름과 '수업 모형'을 구상하고 적용하였는지 구체적으로 살펴보자.

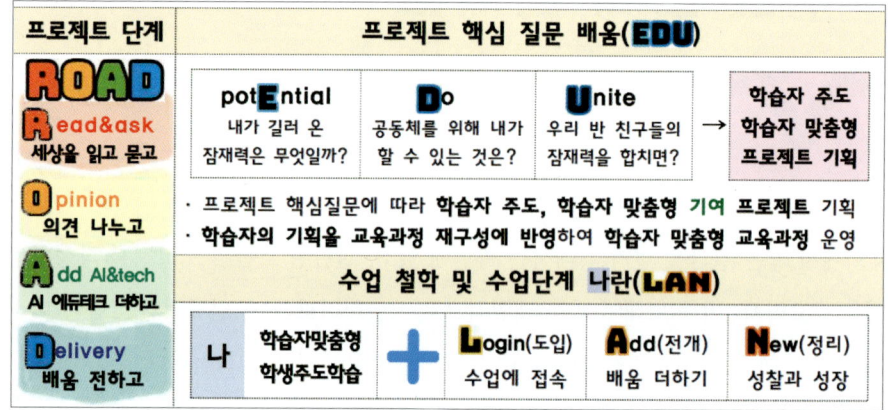

['프로젝트의 흐름' 및 수업 단계]
출처: 나란히 배움길 기여 프로젝트로 함께삶5C역량 기르기(2024 수업혁신사례연구대회 전국 1등급)

필자는 '프로젝트의 흐름'을 4단계로 기획하였다.

1) Read & Ask: 세상을 읽고, 묻고

프로젝트 흐름을 기획하면서 가장 먼저 떠올린 것은 자신 있는 수업 기법이었다. 필자는 평소 읽기와 쓰기 수업에 대한 관심과 자신감이 있었으며, 질문 중심 수업이나 토의·토론 수업 역시 자주 실천해 온 분야였다. 특히 그 해의 교육 트렌드 중 하나였던 IB 개념기반 탐구학습과도 연결되는 방식으로, 이 단계에 'Read&Ask : 세상을 읽고, 묻고'라는 명칭을 부여하였다. 이를 통해 질문 중심 수업 기법을 적극적으로 활용하고 있다는 점을 자연스럽게 드러내고자 하였다.

2) Opinion(의견 나누고)

읽기와 탐색을 통해 생각을 넓힌 학생들이 이제는 주도적으로 프로젝트의 방향을 기획할 수 있도록 수업을 구성하였다. 이 단계에서는 토의·토론 기반 학습을 중심으로 하여, 학생들이 프로젝트 주제를 논의하거나 세부 실행 계획을 스스로 정하는 활동이 주로 이루어졌다.

실제 수업 장면에서도 학생들이 자율적으로 의견을 조율하며 프로젝트를 기획하는 모습이 이 단계에 집중적으로 담겼다.

3) Add Ai&tech(AI 에듀테크 더하기)

세 번째 단계인 'Add AI&tech: AI·에듀테크 더하고'에서는 에듀테크와 생성형 AI의 활용을 심화하였다. 물론 프로젝트 전반에 디지털 도구가 활용되었지만, 이 단계에서는 보다 집중적이고 능동적인 활용이 이루어지도록 수업을 구성하였다. 학생들은 AI나 에듀테크 도구를 활용하여 기획물, 시각자료, 설명 콘텐츠 등을 직접 제작하며, 표현하고 창작하는 경험을 쌓을 수 있었다.

4) Delivery(배움 전하고)

보고서의 핵심 키워드가 '기여'인 만큼, 학생들이 직접 만든 결과물을 마을 공동체에 전하는 활동으로 마무리하였다. 세상을 탐색하고, 자신의 요구를 반영하여 기획하고, AI와 에듀테크를 활용해 완성한 결과물을 공동체에 전달함으로써 '기여 역량'이 실질적으로 구현되는 장면을 설계한 것이다. 당초 '기여하기(Contribute)'를 영어 명칭으로 사용하려 하였으나, 단어 선택의 자연스러움과 전달력을 고려하여 'Delivery'라는 이름으로 최종 결정하였다.

이와 같이 구안한 4단계 흐름은 세 개의 프로젝트에 동일하게 적용되었다. 일관된 흐름을 바탕으로 각 프로젝트를 설계하고 실천함으로써, 보고서 전체에서 수업의 기획 의도와 실행 전략이 명확하게 드러날 수 있도록 하였다. 결과적으로, 보고서 전반에 통일성과 완성도를 높이는 데 큰 역할을 하였다.

수업 모형 개발하기

필자는 '수업 모형'을 꼭 직접 개발해야 하는 것일지 고민했었다. 이미 보고서 전반에서 '역량', '프로젝트 흐름', '프로젝트 핵심 질문' 등 다양한 개념어를 사용하고 있었기 때문에, 여기에 수업 모형까지 더해질 경우 용어가 지나치게 많아져 보고서가 복잡하고 산만하게 보이지는 않을까 하는 우려가 있었기 때문이다. 그러나 교사들이 흔히 사용하는 '도입-전개-정리'의 일반적인 수업 단계만으로는, 필자의 수업 철학과 프로젝트 중심 수업의 구조를 충분히 담아내기 어렵다는 판단이 들었다. 이에 따라 수업 단계를 새롭게 재구성하고, 이를 고유한 '수업 모형'으로 정립하여 보고서에 반영하게 되었다.

필자가 개발한 수업 모형 속 수업 단계는 다음과 같다.

1) 도입: Login – 수업에 접속

필자는 수업을 시작할 때, 학생들이 능동적으로 배움에 몰입할 수 있는 분위기를 조성하는 것을 중요하게 생각한다. 이에 따라 수업의 시작을 'Dive' 또는 'Login'이라는 단어로 표현할 수 있을지 고민하였고, 결국 학생들이 수업이라는 세계에 접속한다는 의미를 담아 'Login'이라는 용어를 도입 단계에 적용하게 되었다.

2) 전개: Add – 배움 더하기

이 단계는 학생들 간의 상호작용과 마을 공동체와의 교류를 통해 배움이 자연스럽게 확장되는 장면을 떠올리며 구성하였다. 'Add'는 단순한 활동의 추가가 아닌, 배움의 축적과 확장을 상징한다. 학생들은 이 단계에서 자신의 배움을 더 깊이 있게 발전시키고, 공동체와 연결하는 경험을 하게 된다.

3) 정리: New – 성찰과 성장

마지막 단계에서는 학생들이 자신을 성찰하고, 배움을 통해 변화하고 성장하는 과정을 강조하고자 하였다. 이에 따라 'New'라는 단어를 사용하였으며, 이는 학생이 새롭게 변화된 자신을 마주하게 되는 순간을 의미한다. '성찰과 성장'이라는 개념은 평가 계획에도 일관되게 반영하여, 매 수업의 마무리 단계마다 스스로를 돌아보고 변화를 인식하는 구조를 설계하였다.

이처럼 구성한 Login-Add-New 수업 모형은 모든 수업에 일관되게 적용되었으며, 그 결과 보고서 전체가 필자의 수업 철학과 교육 방향성이 고스란히 담긴 의미 있는 기록이 될 수 있었다고 생각한다.

아래 다른 보고서들의 프로젝트 흐름 및 수업 단계도 함께 참고하여 나의 연구에는 어떤 것이 적합할지 고민해보자.

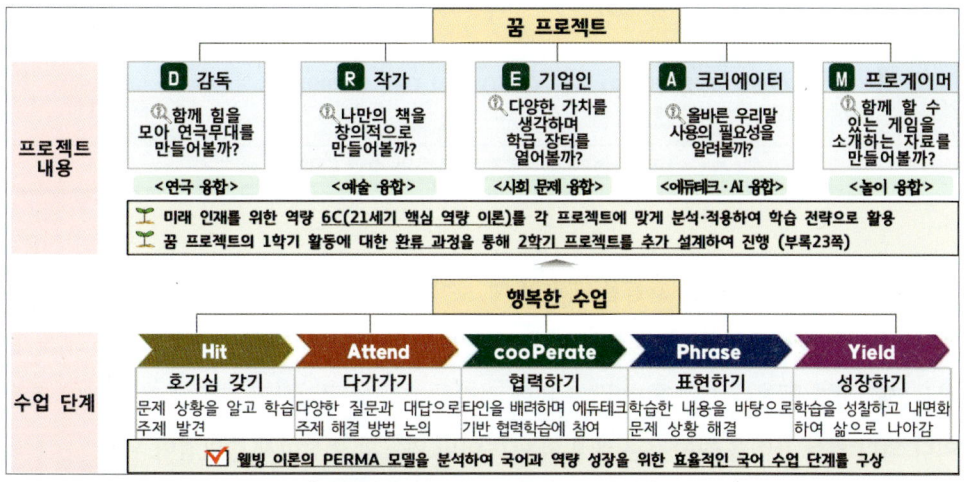

[혜온쌤의 프로젝트 흐름과 수업 단계]
출처: 행복한(HAPPY) 꿈(DREAM) 프로젝트를 통해 국어과 역량 신장시키기(2024 수업혁신사례연구대회 전국 1등급)

[찐쌤의 수업 단계]
출처: STORY로 LEAD하면 수학 리더 역량이 자라요(2024. 수업혁신사례연구대회 전국 1등급)

교육과정 기반 프로젝트 설계		성취기준	[6사02-03] [6사02-04] [6사05-01] [6사05-02]	
		핵심아이디어	우리나라의 최고법인 헌법은 기본권을 규정하고 있으며, 역사를 통해 발전되어왔다.	
		핵심개념 Lens (일반화)	성찰 (헌법은 인권을 보장한다.)	
수업 흐름		L 심어봐요, 헌법 뼈대	A 연결해요, 헌법 세상	W 퍼뜨려요, 헌법 지식
l earn	5	〈헌법과 친해져요〉 · 헌법 알아보기 애니메이티드 드로잉 메디방	〈이야기에서 헌법을 발견해요〉 · 이야기 바꿔쓰기 과제평가	〈계획을 세워요〉 · 헌법 지침서 계획하기 · 내용 제시 및 분류하기
	6	〈역사 속 헌법을 만나요〉 · 현대사 영화 시청·조사하기 4.19도서관 5.18기록관	〈역사 속 헌법을 바꿔요〉 · 영화 내용 바꿔쓰기 토닝 패들렛	· 최종 목차 선정하기 · 역할 분담, 일정, 목표 계획하기 관찰평가
a rgue	5	〈헌법의 기본권을 알아봐요〉 · 기본권 조사·발표하기 캔바	〈전문가가 되어요〉 · 월드카페 토의하기 토닝 동료평가	〈헌법 지침서를 완성해요〉 · 헌법 지침서 제작하기 · 자료 공유를 통해 공동작업하기
	6	〈헌법의 변천사를 알아봐요〉 · 민주주의 발전과정 토의하기 동료평가	〈전문가가 되어요〉 · 월드카페 토의하기 패들렛 동료평가	캔바 패들렛 키워런 메디방 토닝 북크리에이터
w iden	5	〈헌법의 역할을 정리해요〉 · 헌법의 역할 알아보기 캔바 자기평가	〈헌법 지식을 정리해요〉 · 이야기 발표하기 캔바 산출물평가	〈헌법 지침서 출판 기념회를 해요〉 · 헌법 지침서 출판 기념회 하기 · 헌법의 가치 공유하기
	6	〈헌법의 역사를 정리해요〉 · 현대사 정리하기 패들렛 자기평가	〈민주주의 역사 신문을 완성해요〉 · 민주주의 역사 신문 만들기 산출물평가	· 프로젝트 소감 발표하기 북크리에이터 자기평가

[밍쌤, 견쌤의 프로젝트 흐름과 수업 단계]
출처: 헌법의 세상에서 정의L.A.W.운 세 삶 만나기(2024. 수업혁신사례연구대회 전국 1등급)

수업 모형이나 프로젝트 흐름을 개발할 때, 굳이 '앞 글자를 따서 멋진 약어를 만들겠다'는 부담을 가질 필요는 없다. 중요한 것은 자신이 평소 실천하고 있는 수업 기법과 교육 철학을 진지하게 들여다보는 것이며, 그 위에 적절한 흐름을 구성하고, 자연스러운 단어 조합이나 의미 있는 표현을 찾아가는 과정 자체가 이미 연구의 핵심이자 출발점이 된다.

용어를 반드시 개발하지 않아도 괜찮다. 오히려 자신의 수업 흐름과 경험을 충분히 브레인스토밍하면서 그 속에서 자연스럽게 도출되는 구조야말로 가장 유의미하고 설득력 있는 수업 모형이 될 수 있다.

5
연구의 핵심, 실천과제 설정

연구 보고서에서 실천과제는 연구자의 고민과 아이디어가 구체적으로 드러나는 부분이다. 실천과제를 어떻게 설정하느냐에 따라 연구의 성패가 갈린다고 해도 과언이 아니다. 연구자는 이 과정을 통해 자신이 해결하고 싶은 문제를 명확히 하고, 실제 수업 현장에서 어떤 변화를 만들어낼지 보다 구체적으로 그려볼 수 있다.

보통 실천과제는 3개 내외로 구성하는데, 연구의 범위와 성격에 따라 4개 이상 설정하는 경우도 있다. 중요한 것은 과제의 수가 아니라, 각 과제가 얼마나 명확하고 구체적인가에 있다. 이 장에서는 효과적인 실천과제 설정 방법과 다양한 사례를 살펴보면서, 내 연구에 딱 맞는 최적의 실천과제를 설계하는 방법을 알아보자.

송쌤의 사례

송쌤의 경우, 연구과제 1은 프로젝트 수업 기반 조성, 연구과제 2는 프로젝트 수업 개발 및 적용으로 프로젝트 1과 2의 운영 과정을 담았고, 연구과제 3에서는 '프로젝트 수업 일반화'라는 제목 아래 프로젝트 3의 운영 과정을 구성하였다.

```
Ⅲ  지구촌 찐친, 세계시민 성장 이야기
    연구과제1. 찐친 프로젝트 수업 기반 조성 ·········· 4
    연구과제2. 찐친 프로젝트 수업 개발 적용 ·········· 5
        Project 1 태어나보니 어쩌다 세계시민 ············ 6
        Project 2 세계시민으로 성장하기 ················10
    연구과제3. 찐친 프로젝트 수업 일반화 ············14
        Project 3 세계시민 역량 펼치기 ·················14
```

[송쌤의 실천과제]
출처: 디지털 기반 찐친(Chin親) 프로젝트로 지속가능한 세계시민역량기르기(2024. 수업혁신사례연구대회 전국 1등급)

이렇게 실천과제를 나눈 이유는 연구의 흐름과 보고서 구성을 일관성 있게 정렬하고, 학생들의 학습 경험이 단계적으로 심화되는 과정을 구조적으로 보여주기 위함이다.

송쌤의 연구는 '지구촌 문제에 대한 인식과 공감 → 행동 변화 → 공동체와의 지속적 실천 및 생활화'라는 학습 흐름을 중심으로 설계되었다. 이에 따라 프로젝트 1에서는 기후 위기와 환경 문제에 대한 인식을 바탕으로 문제의식을 키우는 활동을, 프로젝트 2에서는 공감적 글쓰기와 미디어 표현 등 다양한 방식의 성찰 활동을 진행하였다. 프로젝트 3에서는 학교와 지역사회를 대상으로 한 실천 활동을 통해, 앞선 학습이 생활 속 실천으로 이어지도록 구성하였다.

실천과제 3을 '프로젝트 수업 일반화'로 명명한 이유는, 이 단계가 단순한 결과 정리에 그치지 않고, 앞선 프로젝트에서 형성된 문제 인식과 성찰이 학생들의 자발적인 실천으로 확장되고, 생활 속에서 반복되며 지속되는 흐름을 담고 있기 때문이다.

'일반화'란, 수업을 통해 길러진 역량이나 태도가 특정 상황에만 머무르지 않고, 학생 개인의 일상이나 공동체 속으로 확산되어 지속적으로 실현되는 상태를 의미한다. 이러한 관점에서 보면, 프로젝트 3은 학생들의 실천이 개인을 넘어 학교와 지역사회로 연결되며, 실천 역량이 생활화되는 '일반화의 과정'으로 해석할 수 있다.

실천과제를 이와 같이 구성함으로써, 보고서 전체가 하나의 흐름 속에서 유기적으로 읽히고, 각 단계의 수업 설계가 어떤 교육적 의도에 따라 이루어졌는지를 자연스럽게 드러낼 수 있었다.

이러한 구성 방식은 모든 연구에 동일하게 적용할 수는 없지만, 수업의 흐름과 보고서 구성을 긴밀히 연결하고자 하는 교사, 혹은 학생 주도 프로젝트를 '인식과 공감 → 행동 변화 → 공동체 실천 및 생활화'의 단계로 설계하고자 하는 교사라면 하나의 참고 방향이 될 수 있다. 특히 실천 중심의 시민성 교육이나 환경·세계시민 교육처럼 '배움 이후의 실행'이 중요한 주제를 다룰 때, 이런 방식이 수업과 보고서 모두에서 자연스럽게 메시지를 담아내는 데 도움이 될 수 있다.

지니쌤의 사례

지니쌤의 경우, 실천과제 1은 기여 프로젝트 환경 조성, 실천과제 2는 기여 프로젝트 함께 기획 및 교사 교육과정 설계, 실천과제 3은 기여 프로젝트 실행으로 3개의 프로젝트 운영 과정을 담았다.

실천과제 3에 프로젝트 3개를 실행한 과정을 모두 넣기 위해 실천과제 1은 2쪽, 실천과제 2는 3쪽, 실천과제 3은 8쪽의 분량을 할애하였다.

```
Ⅳ 연구의 실천
  실천과제 1. 기여 프로젝트 환경 조성 ·················································· 5
  실천과제 2. 기여 프로젝트 함께 기획 및 교사 교육과정 설계 ················· 7
  실천과제 3. 기여 프로젝트 실행 ·························································· 10
    가. 프로젝트#1. 마을 도서관 도서 기부 캠페인 ··································· 10
    나. 프로젝트#2. 경로당 마을 그림책 낭독회 ······································ 12
    다. 프로젝트#3. 정류장 배움 전시회 ················································· 15
```

[지니쌤의 실천과제]
출처: 나란히 배움길 기여 프로젝트로 함께삶5C역량 기르기(2024 수업혁신사례연구대회 전국 1등급)

프로젝트가 세 개로 구성되어 있었기에, 처음에는 실천과제 1, 2, 3에 각각 프로젝트 1, 2, 3을 배치하는 방식도 고민하였다. 그러나 최종적으로는, '기여 프로젝트'를 운영하기 위해 어떠한 기반을 조성하였는지, 또 '교육과정-수업-평가-기록'의 전 과정을 어떻게 유기적으로 설계하였는지를 충실히 보여주기 위해 지금과 같은 단계적 구성 방식으로 보고서를 설계하게 되었다.

먼저 **실천과제 1**로 설정한 '기여 프로젝트 환경 조성'을 살펴보자. 기여 프로젝트를 본격적으로 실행하기에 앞서 기여 프로젝트를 본격적으로 실행하기에 앞서, '기여'라는 개념이 학급 내에서 자연스럽게 논의되고 공유될 수 있도록 다양한 사전 활동과 대화 중심 수업을 설계하였다. 또한 프로젝트를 효과적으로 추진하기 위해 학생들의 기초 학습 능력을 충분히 신장시킬 수 있는 사전 학습과 환경 조성에 집중하였다. 이는 프로젝트가 일회성 활동이 아닌, 학급 문화와 연결된 깊이 있는 실천이 되도록 하는 토대가 되었다.

실천과제 2, '기여 프로젝트 함께 기획 및 교사 교육과정 설계'에서는 이 단계에서는 학생들과 함께 프로젝트의 핵심 질문을 설정하였으며, 이를 바탕으로 교사가 교육과정을 재구성하고, 수업과 평가를 어떻게 설계해 나갔는지를 중심으로 서술하였다. 특히 이 과정은 교사의 교육 전문성과 철학이 가장 두드러지게 드러나는 영역이라고 판단하여, 관련 도서와 연구 자료를 폭넓게 탐독하고, 이론적 근거를 바탕으로 내용의 깊이를 더하고자 노력하였다.

마지막 실천과제 3, '기여 프로젝트 실행' 단계에서는 실제 기여 프로젝트를 어떻게 운영했는지, 수업의 흐름과 구체적인 실천 사례를 중심으로 상세히 서술하였다. 세 과제 중 가장 많은 분량을 차지하며, 활동 사진과 실제 수업 장면을 풍부하게 포함하였기 때문에 작성에 가장 오랜 시간이 소요되기도 했다. 그만큼 현장에서 바로 적용 가능한 수업 사례로 구성하고자 하였으며, 혁신성과 일반화 가능성을 모두 고려하여 구성하였다.

모든 내용을 마무리하고 나서 되돌아보니, 단순히 프로젝트 활동을 나열하기보다, 실천의 기반부터 탄탄하게 구성한 점에서 큰 만족감을 느낄 수 있었다. 실천과제는 단순한 보고 항목이 아니라, 연구자의 철학과 실천이 구체적으로 드러나는 무대이기도 하다. 따라서 독자에게 보고서의 흐름을 명확히 전달하고, 자신의 전문성을 설득력 있게 보여줄 수 있도록 전략적인 실천과제 구성을 고민해보길 적극 추천한다.

찐쌤의 사례

찐쌤의 보고서에서는 총 4개의 실천과제를 설정하였다. 보고서에서 제시한 4가지 수업 전략에 따라 각각 하나의 프로젝트를 구성하고, 프로젝트 하나당 실천과제 하나로 연결하여 보고서에 담았다. 이와 같이 구성하면, 각 프로젝트의 특색과 전략이 분명하게 드러나고, 보고서 분량 면에서도 실천과제당 2쪽씩, 총 8쪽에 걸쳐 균형감 있게 운영 내용을 제시할 수 있다.

> Ⅳ STORY로 LEAD하는 수학 수업의 실행
> 1. Literature로 STORY하기 ················ 7
> 2. Eco로 STORY하기 ················ 9
> 3. Art로 STORY하기 ················ 11
> 4. Digtal로 STORY하기 ················ 13

[찐쌤의 실천과제]
출처: STORY로 LEAD하면 수학 리더 역량이 자라요(2024. 수업혁신사례연구대회 전국 1등급)

실천과제 구성 방식은 보고서에서 강조하고 싶은 핵심이 무엇인지에 따라 달라질 수 있다. 따라서 보고서를 작성하기 전, 여러 우수 사례를 참고하며 다양한 포맷을 비교해보는 과정이 필요하다. 특히 다음과 같은 기준으로 '등대 보고서'를 찾아 참고하면 도움이 된다.

등대 보고서의 기준

- 나와 연구 주제가 유사한 보고서
- 가독성이 뛰어나고 구조가 명확한 보고서
- 메시지가 분명하게 전달되는 보고서

 밍쌤, 견쌤의 사례

공동연구를 진행한 밍쌤, 견쌤의 보고서에서는, 실천과제 1~3을 각각 프로젝트 1~3의 운영 과정으로 구성하였다. 이와 같은 구성에서는 프로젝트 기반 조성에 관한 내용을 보고서의 연구 설계 부분에 포함하게 된다. 실천과제 1~3을 프로젝트 1~3으로 설정하는 경우의 장점은 보고서의 목차와 연계가 자연스러워, 전체 분량이 균형감 있게 구성되고, 각 프로젝트의 진행 과정과 수업 내용을 더욱 구체적이고 풍부하게 서술할 수 있다.

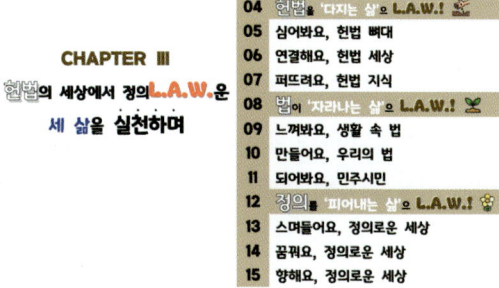

[밍쌤, 견쌤의 사례의 실천과제]
출처: 헌법의 세상에서 정의L.A.W.운 세 삶 만나기(2024. 수업혁신사례연구대회 전국 1등급)

연구에 대한 계획이 어느 정도 구체적으로 세워졌다면 학생들을 대상으로 사전 설문을 실시하여야 한다. 연구대회에 참가한 선생님들이라면 사전 입상 보고서 분석을 통해 연구 과정에서 설문을 진행해야 한다는 것을 모두 알고는 있을 것이다. 하지만 도대체 문항을 어떻게 구성해야 하는지 알지 못해 답답해하는 경우가 많다. 이번 챕터에서는 사전 설문을 왜 해야 하는지, 어떻게 설문 문항을 구성할 수 있는지에 대해 함께 살펴보도록 하자.

6 사전 설문 도구 구성

사전 설문을 실시해야 하는 이유

사전 설문을 실시하면 학생 실태 및 요구를 파악할 수 있다. 수업을 혁신하려면, 먼저 학생들이 어떤 상태에 있는지 정확히 아는 것부터 시작해야 한다. 사전 설문을 통해 해당 교과에 대한 인식, 선호하는 학습 방법, 관심도, 곤란도, 사전지식 수준 등을 명확히 파악할 수 있다. 이를 통해 교사들은 학생들에게 더 효과적인 맞춤형 수업 설계를 할 수 있다.

또한 사전 설문을 실시하여 사전-사후 비교를 통해 연구의 효과성을 입증할 수 있으며, 이는 연구의 타당성과 신뢰성을 확보하게 해준다.

마지막으로 학생들에게 설문을 통해 의견을 묻는 과정 자체가 수업에 대한 주인의식과 참여 의식을 고취시킬 수 있다. 촘촘한 설문을 통해 알게 모르게 학생들의 수업에 대한 기대감을 높이고 앞으로 이루어질 수업에 대한 간접적 홍보 효과도 얻을 수 있다. 또한 학생들의 의견을 수렴하여 수업에 녹이면서 학생 주도성을 키우고 학생들이 수업 설계에 참여하였기 때문에 참여도나 몰입도도 높일 수 있는 장점이 있다.

사전 설문 문항 구성 방법

설문 문항을 만들 때는 학생들의 나이나 인지 수준을 고려해 이해하기 쉬운 말로 구성하며 문항 개수도 조절해야 한다. 학생 연령을 고려했을 때 문항 개수가 너무 많다면 집중도가 떨어져 신뢰도가 낮아질 수 있기 때문에 문항 개수를 조절하거나 꼭 필요한 설문이라면 2~3회로 나눠서 진행하는 것을 추천한다.

예를 들어 필자의 경우 하단의 예시처럼 3월에 전체 연구를 위한 설문 한 번, 1학기와 2학기에 각각 해당 단원에 들어가기 전에 한 번씩 나누어 설문조사를 실시하였다. 설문조사를 실시할 때는 구글 온라인 설문을 활용하였는데 온라인으로 설문을 하면 설문 결과를 쉽게 알 수 있어 좋다. 하지만 연구 대상이 저학년이라면 학기초에 디지털 도구 활용 능력이 떨어지기 때문에 종이로 설문하는 것도 고려해봐야 할 것이다.

또한, 양적 문항(5점 척도)과 질적 문항(서술형)을 적절히 혼합하여 다양한 데이터를 수집하는 것이 좋다. 단순히 2022 개정 교육과정 핵심역량이나 해당 교과의 역량만을 조사하기보다는 연구 주제에 대한 흥미도, 실생활과의 연관성, 학생들이 인식하는 난이도, 선호하는 수업방식, 선수학습 정도 등을 확인한다면 연구 방향을 세부적으로 결정하고 맞춤형 수업 설계를 할 때 큰 도움이 될 것이다.

아래 예시는 필자가 2021년 과학과 연구를 진행할 때 사전 실태분석과 사전 설문조사 문항 중 일부이다.

5 실태분석

연구 전, 단원 시작 전 다음과 같이 실태조사를 하여 연구 방향을 설정하였다.

대상(인원수)	조사내용	방법	시기
6학년 학생 전원 (205명)	▶ 과학과 교과 역량에 대한 진단 ▶ 우주 분야에 대한 흥미도 ▶ 우주 분야 단원과 실생활과의 연관성 ▶ 과학 단원별 난이도 인식 정도 ▶ 선호하는 과학 수업 방식 ▶ 선수학습 정도 및 오개념 확인 등	구글 온라인 설문 『2015 개정 과학과 교육과정에 기초한 과학과 핵심역량 조사 문항』(2018)	■ 2021. 3월(사전) ■ 2021. 6월(사전) ■ 2021. 8월(사전)

[사전 실태분석의 예]
출처: STAR-UP 블렌디드 학습을 통한 과학과 교과 역량 높이기(2021 수업혁신사례연구대회 경기도 2등급) 이하 같음

〈6학년 과학 '지구와 우주' 영역 연구 사전 설문 문항 예시〉

1. 다음 1학기에 배울 단원 중 내가 가장 흥미를 갖고 있는 단원은 어떤 것인가요?(복수 선택 가능)
 1) 과학자처럼 탐구해 볼까요?
 2) 지구와 달의 운동
 3) 여러 가지 기체
 4) 식물의 구조와 기능
 5) 빛과 렌즈

2. 다음 1학기에 배울 단원 중 내가 가장 어려울 것 같은 단원은 어떤 것인가요?(복수 선택 가능)
  ※ 보기 1번과 같음

3. 다음 1학기에 배울 단원 중 가장 우리 생활과 연관이 높을 것 같은 단원은 어떤 것인가요?(복수 선택 가능) ※ 보기 1번과 같음

4. 지구와 달의 운동 단원은 실생활과 얼마나 관련이 있다고 생각하나요? (관련이 없다: 1 ~ 관련이 많다:5 선택)

5. 나는 우주분야에 흥미와 관심이 많다. (매우 관심 없음:1 ~ 매우 관심 있음:5 선택)

6. 내가 관심을 갖고 있는 우주분야와 알고 있는 사실에 대하여 자유롭고 간단하게 써 봅시다. (화성, 달, 탐사선, 우주음식, 블랙홀 등등)

7. 알고 있는 별이나 별자리 이름을 모두 써 봅시다. (시험이 아니므로 검색하지 말고 생각나는 만큼만 씁니다.)

8. 5학년 때 태양계의 구성원, 행성의 크기와 특징, 북극성을 찾는 방법, 별자리 등에 대해서 배웠습니다. 얼마나 기억나는지 선택해봅시다. (전혀 기억나지 않음:1 ~ 모두 자신있게 설명할 수 있음:5 선택)

9. 과학의 네 가지 분야 중 미래사회에서 가장 필요한 분야는 어느 것이라고 생각하나요?
 1) 생물 (식물의 구조와 기능, 다양한 생물과 우리 생활 등)
 2) 지구와 우주 (태양계와 별, 날씨와 우리 생활, 지구와 달의 운동 등)
 3) 물질 (산과 염기, 여러 가지 기체 등)
 4) 운동과 에너지 (빛과 렌즈, 온도와 열 등)

9-1. "9"에서 그렇게 답한 이유는 무엇인가요?

> 10. 내가 가장 좋아하는 과학 수업 방식은 어떤 것 인가요?(복수 선택 가능)
> 1) 선생님께 설명으로 듣기
> 2) 영상을 통해 학습하기
> 3) 실험, 실습하기
> 4) 조사를 통해 학습하기
> 5) 토의, 토론하기
> 6) 기타
>
> 11. 6학년 과학수업에서 바라는 것을 자유롭게 쓰세요.
>
> 12. 마지막 문제 입니다. 나는 평소에 밤하늘을 얼마나 자주 올려다 보나요?
> 1) 전혀 보지 않는다.
> 2) 가끔 한 번씩 본다.
> 3) 일주일에 3~4번 보는 편이다.
> 4) 일주일에 1~2번 보는 편이다.
> 5) 거의 매일 보는 편이다.

다음 쪽의 자료는 위의 사전 설문 문항을 이용하여 학생 출발점을 진단한 내용이다. 어떠한가? 이렇게 구체적인 사전 설문 분석이 있다면, 연구에 대한 신뢰도가 한층 높아지지 않을까? 아래와 같이 사전 설문 결과를 분석하여 내 연구에 반영할 사항을 구체적으로 도출해 낼 수 있다. 예를 들어 학생들이 각 단원에 대해 가지고 있는 사전적 느낌과 생각을 조사하여 실생활과 연관이 낮다고 판단한 단원에 대해 앎과 삶을 연결 짓는 경험을 제공하고자 수업을 설계하였다. 또한 흥미도가 낮다고 결과가 나온 단원은 특별히 학생들의 흥미를 유발할 수 있는 학습과제 개발에 신경을 썼다.

이처럼 사전 설문 문항을 분석하여 수업의 구체적인 방향과 방법을 결정하고 수업을 설계한다면 학습자 맞춤형 수업에 한 걸음 더 가까이 다가갈 수 있을 것이다.

나. 과학 관련 학생 출발점 진단

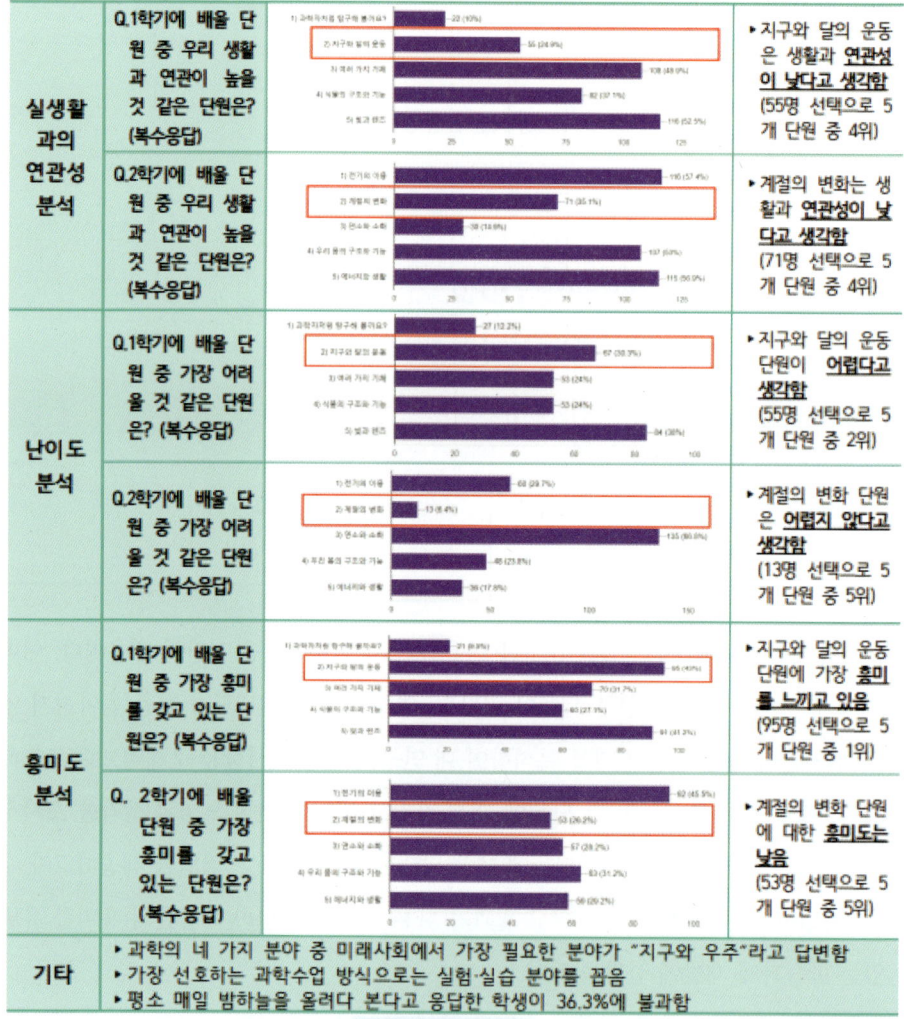

[6학년 과학 지구와 우주 영역 연구의 사전 실태 분석 결과 예시]

사전 설문 도구를 구하는 방법

마지막으로 사전 실태 분석을 왜 해야 하고 어떤 방식으로 해야 할지 감이 잡혔다면 많은 사람들이 궁금해하는 2022 개정 교육과정 핵심 역량이나 교과 역량 사전 설문 도구를 구하는 방법에 대하여 함께 알아보자.

1) 학술논문 데이터베이스 활용

RISS, Kiss, DBpia 등에서 석박사 학위논문이나 학술지 논문에서 관련 자료를 찾아볼 수 있다.

2) 한국교육과정평가원(KICE), 한국교육학술정보원(KERIS) 자료 활용

한국교육과정평가원 홈페이지 [자료마당], 한국교육학술정보원 홈페이지 [지식정보] 또는 통합검색 등을 통해 관련 자료를 찾아볼 수 있다.

3) 사전 연구된 수업혁신사례연구대회 보고서 설문 도구 출처 확인하여 활용하기

1)~2)의 방법에서 사전 설문 도구를 얻기 힘들다면 기연구된 입상 보고서에서 내가 연구하고자 하는 교과나 주제와 같은 보고서를 찾아 설문 도구 출처를 확인하여 사전 설문 도구를 구할 수 있다.

직접 설문 도구를 개발하는 방법

- 2022 개정 교육과정 문서에 제시된 역량 요소를 분석하여 문항을 직접 개발하거나, 생성형 AI를 활용하여 문항을 개발할 수도 있다.
- 교사용 지도서에서 문항 아이디어를 얻을 수 있다.

위의 1)~3)의 방법에서 내 연구에 꼭 맞는 설문 도구를 구한다면 아주 좋겠지만 내가 필요로 하는 역량에 관한 설문 도구가 모두 개발되어 있는 것은 아니다. 있다 해도 여러 연구 보고서와 논문이 우리의 원활한 연구를 위해 역량별로 정리되어 있는 것이 아니니 이를 검색해 필요한 설문 도구를 찾는 것도 쉽지 않은 일이다. 만약 적합한 기존 도구를 찾기 어렵다면, 2022 개정 교육과정 문서를 바탕으로 각 역량 요소별 측정 문항을 직접 개발하는 것도 좋은 방법이다. 직접 개발할 경우 교사용 지도서에서 문항 아이디어를 얻거나, 생성형 AI를 활용할 수도 있다.

> **교사의 꿀팁** ▶ 생성형 AI도 거짓말을 한다고?!
>
> 생성형 AI를 사용할 경우, 생성형 AI가 제공하는 대답이 현실과는 다르거나 관련이 없는 결과, 즉, 오류나 틀린 정보를 답변하는 환각(할루시네이션) 현상이 일어나기도 하므로 생성형 AI의 답변을 그대로 믿기보다는 참고만 하고 문항 타당도 검증을 위해 동료 교사나 교육과정 전문가의 검토를 받는 것이 좋다.

생성형 AI를 활용하여 설문 문항을 구성할 때 프롬프트를 어떤 식으로 작성해야 할지 궁금하다면 아래 '생성형 AI를 활용하여 설문 문항 형성하기 예시'를 참고해보자.

생성형 AI를 활용하여 설문 문항 형성하기 예시 ❷

> **[질문 프롬프트]**
> 초등학생 2022 개정 교육과정 사회과 역량(창의적 사고력, 비판적 사고력, 문제 해결력 및 의사 결정력, 의사소통 및 협업 능력, 정보 활용 능력)에 관한 설문 문항을 범주화해서 만들어줘.

[답변]

초등학생 사회과 역량 측정을 위한 설문 문항

〈설문 작성 안내〉
- 각 문항을 읽고 자신의 생각과 가장 가까운 번호에 표시해 주세요.
1: 전혀 그렇지 않다 2: 그렇지 않다 3: 보통이다 4: 그렇다 5: 매우 그렇다

1. 창의적 사고력
- 나는 사회 문제에 대해 다양한 해결 방법을 생각해낼 수 있다.
- 나는 수업 시간에 배운 내용을 새로운 상황에 적용할 수 있다.
- 나는 사회 현상에 대해 남들과 다른 독특한 생각을 할 수 있다.
- 나는 하나의 사건이나 문제를 여러 가지 관점에서 바라볼 수 있다.
- 나는 사회 수업에서 배운 내용을 나만의 방식으로 정리하고 표현할 수 있다.

2. 비판적 사고력
- 나는 주어진 정보가 정확한지 의심하고 확인하는 습관이 있다.
- 나는 어떤 주장에 대해 근거가 충분한지 살펴본다.
- 나는 다른 사람의 의견을 들을 때 장점과 단점을 구분할 수 있다.
- 나는 사회 문제에 대해 여러 입장을 비교하고 분석할 수 있다.
- 나는 교과서나 뉴스에서 제시하는 내용을 그대로 받아들이지 않고 질문을 던진다.

❷ Claude (2025.04.08.). "질문(프롬프트) – 상단 본문에 제시됨"

3. 문제 해결력 및 의사 결정력
- 나는 문제 상황에서 해결해야 할 핵심 사항을 찾아낼 수 있다.
- 나는 문제를 해결하기 위한 계획을 세울 수 있다.
- 나는 여러 대안 중에서 가장 좋은 방법을 선택할 수 있다.
- 나는 결정을 내릴 때 그 결과를 미리 예상해 본다.
- 나는 우리 지역이나 사회의 문제에 관심을 갖고 해결 방안을 생각한다.

4. 의사소통 및 협업 능력
- 나는 내 생각과 의견을 다른 사람이 이해하기 쉽게 표현할 수 있다.
- 나는 다른 사람의 의견을 주의 깊게 듣고 존중한다.
- 나는 모둠 활동에서 맡은 역할을 책임감 있게 수행한다.
- 나는 친구들과 함께 활동할 때 서로 도우며 협력한다.
- 나는 의견이 다를 때 대화와 타협을 통해 해결하려고 노력한다.

5. 정보 활용 능력
- 나는 필요한 정보를 찾기 위해 다양한 자료(책, 인터넷, 신문 등)를 활용할 수 있다.
- 나는 찾은 정보가 믿을 만한지 판단할 수 있다.
- 나는 수집한 정보를 주제에 맞게 분류하고 정리할 수 있다.
- 나는 그래프, 도표, 지도 등을 보고 필요한 정보를 찾아낼 수 있다.
- 나는 정보를 활용하여 나만의 결과물(보고서, 발표 자료 등)을 만들 수 있다.

※ 위 설문 문항은 2022 개정 교육과정의 사회과 핵심역량을 바탕으로 재구성하였으며, 실제 연구 활용 시 학년 수준과 연구 목적에 맞게 수정하여 사용하시기 바랍니다.

위의 내용은 정답이 아니라 예시일 뿐이므로, 이를 참고하여 내 연구에 꼭 맞는 사전 설문 문항을 구성하여 보자. 연구를 통해 기르고자 목표로 삼은 역량은 사전·사후 설문을 통해 비교하여 해당 역량이 얼마나 신장되었는지 파악해야 한다. 이에 관한 구체적인 통계 분석 방법은 Chapter 5.5에서 자세히 다룰 예정이다.

적극적이고 구체적인 사전 실태분석을 통해 내 연구의 신뢰도를 높이고 나의 학습자에게 꼭 맞는 연구를 설계해보자.

7 연구를 위한 수업은 다르다

흔히 '연구대회를 위한 수업'이라고 하면 반드시 새롭고 창의적이어야 한다고 생각하기 쉽다. 마치 지금까지 한 번도 본 적 없는 새로운 활동들을 모두 창조해야 할 것만 같은 부담감을 느낄 수도 있다. 하지만 그 생각은 일부만 맞고, 일부는 틀렸다.

일단 프로젝트에 있는 모든 활동을 새롭게 만들어야 한다는 부담은 내려놓아도 좋다. 기존에 해오던 수업 활동들도 목표에 맞게 방향을 조금씩만 바꾸면 충분히 잘 활용할 수 있기 때문이다.

다만 나만의 프로젝트를 설계하기 위해 교육과정을 창의적으로 재구성하는 것에는 시간과 노력을 기울여야 한다. 나만의 연구 주제와 과정은 기존 교육과정의 일반적인 흐름과는 다를 수 있기 때문이다.

교육과정은 어떻게 재구성할까?

수업혁신사례연구대회에 참가하는 교사들은 연구 주제에 따라 보통 3~5개의 프로젝트를 진행하게 된다. 프로젝트는 목표 달성을 위해 여러 교과목과 창의적 체험활동 시간을 융합하여 새롭게 재구성하는데 연구자마다 그 방법이 다르다. 아래 네 가지 방법 중에서 자신에게 맞는 방법을 선택해 교육과정을 재구성해보자.

1) '성취기준'부터 정하기

프로젝트 주제에 어울리는 성취기준을 먼저 선정한 뒤, 이를 분석하며 프로젝트의 활동들을 구성하는 방법

2) '활동'부터 정하기

프로젝트 목표 달성을 위해 필요한 활동을 먼저 구상한 후, 각 활동에 적합한 성취기준을 찾아 구성하는 방법

3) '교과서'부터 살펴보기

교과서의 단원과 학습 내용을 살펴보고, 영역별로 연결해 프로젝트와 주제를 구성하는 방법

4) '큰 틀'만 정하기

프로젝트 주제에 대한 성취기준과 활동 중 핵심적인 부분만 우선 선정하고, 프로젝트 진행 중 학생들의 반응과 의견에 따라 성취기준과 활동을 추가해나가는 방법

재구성한 교육과정은 보고서에 어떻게 표현할까?

재구성한 교육과정을 연구 보고서에 싣는 방법도 각양각색이다. 본 책의 저자들이 작성한 보고서를 분석해보면, 6편 중 5편은 한 페이지에 모든 프로젝트의 교육과정 재구성 내용을 한 번에 정리해 실었다. 반면 1편은 각 프로젝트를 시작하는 페이지마다 해당 프로젝트별로 재구성한 교육과정을 따로 실었다. 이제 실제 저자들의 연구 보고서 속 교육과정 재구성 페이지를 살펴보며, 다양한 표현 방법의 차이를 비교해보자.

> **교사의 꿀팁** — 교육과정 재구성 부분에 들어가면 좋은 정보
> - 프로젝트 이름, 관련 성취기준, 관련 교과 또는 단원, 기르고자 하는 핵심 역량, 활동 내용, 평가 방법, 시수 등
> - 연구자마다 구성이 다르므로 위 내용이 모두 들어가지는 않아도 된다.

송쌤(융합)

포함된 내용: 융합 주제, 프로젝트 이름, 성취기준, IB개념, 프로젝트 내용, 목표 역량, 관련 교과, 시수, 평가 방법

융합 주제	초학문 주제	성취기준	IB 개념	찐친 프로젝트 탐구목록	세계시민 역량	편제	평가
Project 1. 태어나 보니 어쩌다 세계시민							
야, 너도 될 수 있어 기후 난민	우리는 누구 인가?	[6국01-07] [6도03-01]	원인/연결 인권	• 기후 난민 원인 파악 • 기후 위기 심각성 공감	사회·정서 공감	국1 도1	결과물 관찰
누가 적게 쓰나?		[6실03-04] [6국01-02]	연결 불평등	• 나라별 E 불평등과 기후 위기 관련성 토의	인지 갈등 해결	실1 국1	결과물 관찰
환경보호 끝판왕		[6실05-04] [6국01-05]	형태/관점 아이디어	[해외학교 공동수업] • 환경 보호 제품 설계	인지 창의적 사고	실2 국1	동료 평가
내가 K-툰베리		[6국03-04] [6미01-04]	기능 행동	• 환경 운동가가 되어 운수회사에 정책 제안	인지 문제해결력	국1 미2	결과물 관찰

출처: 디지털 기반 찐친(Chin親) 프로젝트로 지속가능한 세계시민역량기르기(2024. 수업혁신사례연구대회 전국 1등급)

지니쌤(융합)

포함된 내용: 프로젝트 이름, 프로젝트 내용, 관련 교과, 관련 단원, 성취기준, 목표 역량

프로젝트		수업 재구성 내용	교과 단원	성취기준	함께살 5C역량
마을 도서관 도서 기부 캠페인	R	다양한 책 탐색하고 친구들에게 추천하기	국어 1단원	[4국02-05]읽기 경험과 느낌을 다른 사람과 나누는 태도를 지닌다.	의사소통
	O	마을 도서관 도서 기부 캠페인 기획하기	도덕 4단원	[4도02-04]협동의 의미와 중요성을 알고, 경청·도덕적 대화하기·도덕적 민감성을 통해 협동할 수 있는 능력을 기른다.	공동체
	A	디지털 드로잉으로 도서 기부 홍보지 만들기	미술 1단원	[4미02-04]표현 방법과 과정에 관심을 가지고 계획할 수 있다.	창의적 사고
	D	마을 도서관에 기부받은 도서 전달하기	도덕 3단원	[4도04-02]참된 아름다움을 올바르게 이해하고 느껴 생활 속에서 이를 실천한다.	기여
		마을 도서관 도서 기부 캠페인 돌아보기	국어 6단원	[4국01-06][4국01-02]예의를 지키며 듣고 말하는 태도로, 회의에서 의견을 적극적으로 교환한다.	

출처: 나란히 배움길 기여 프로젝트로 함께살5C역량 기르기(2024. 수업혁신사례연구대회 전국 1등급)

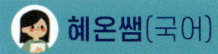
혜온쌤(국어)

포함된 내용: 프로젝트 이름, 활용 핵심 전략, 관련 단원, 성취기준, 프로젝트 내용, 평가 내용 및 방법, 피드백 방법

행복한 꿈 프로젝트를 위한 교육과정-수업-평가 일체화 계획

꿈 프로젝트	단원	성취기준 재구조화	내용	평가내용 및 방법	피드백
D 감독 되어보기 연극 융합	5. 속담을 활용해요 9. 마음을 나누는 글을 써요 연극 단원	[6국04-04] 관용 표현을 이해하고 적절하게 활용한다. [6국03-01] 쓰기는 절차에 따라 의미를 구성하고 표현하는 과정임을 이해하고 글을 쓴다. [6국04-01] 언어는 생각을 표현하며 다른 사람과 관계를 맺는 수단임을 이해하고 국어 생활을 한다. 핵심	• 일상생활에서 속담을 사용했던 경험 떠올리기 • 상황에 알맞은 속담을 활용하여 역할극하기 • 이야기를 극본으로 바꾸어 쓰기 • 극본 낭독회 개최하기 낭독회 점검하고 소감 발표하기	[지식] 생각을 효과적으로 표현하기 위한 다양한 속담을 알고 있는가? → 관찰 [기능] 모둠원과 협력하여 주제에 맞게 극본을 작성할 수 있는가? → 지필 [태도] 모둠원들과 협력하여 극본 낭독회를 진행할 수 있는가? 핵심 → 관찰상호	◆일상에서 활용하는 속담들의 뜻을 이해하도록 돕는다. ◆이야기를 극본으로 쓰는 과정을 돕는다. ◆진지하게 극본 낭독회에 참여할 수 있도록 안내한다.

출처: 행복한(HAPPY) 꿈(DREAM) 프로젝트를 통해 국어과 역량 성장시키기(2024. 수업혁신사례연구대회 전국 1등급)

비니쌤(사회)

포함된 내용: 관련 단원, 프로젝트 이름, 프로젝트 활용, 관련 교과, 성취 기준

단원	프로젝트	주요 학습 내용 또는 활동	비고	교과 융합
2. 우리가 알아보는 지역의 역사 ①우리 지역의 역사적 인물	3. 학생 주도 역사적 인물 프로젝트	■ 읽고 질문 만들기 활동하기 ■ 학생 주도 프로젝트 디자인하기 ■ AI 역사 인물 인터뷰 ■ AI 역사 인물 역할극 ■ AI 역사 인물 웹툰(동화책)/뮤직비디오(모둠 선택학습) ■ 역사적 인물 화폐/전단지/신문기사(개별 선택학습) ■ 참된 아름다움 지닌 역사적 인물을 기억하며		국어[4국04-01] 도덕[4도02-04] 음악[4음02-02] 도덕[4도04-02]

출처: 지도(MAP)와 패드(PAD)들고 GPS ON, POWER UP!(2024. 수업혁신사례연구대회 전국 1등급)

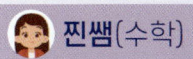
찐쌤(수학)

포함된 내용: 수업 전략, 관련 단원, 활동 주제, 프로젝트 내용, 관련 교과, 학교 교육과정과의 연계, 시수, 에듀테크 활용

수업 전략	단원	배움 주제	배움단계 S	T	O	R	Y	융합 교과	차시	에듀 테크
Eco (환경)	3. 덧셈과 뺄셈	덧셈 해보기	『고래야 사랑해』로 배움열기	고래먹이 덧셈식으로 말하기	여러 가지 방법으로 덧셈하기	덧셈 놀이하기	띵커벨로 배움정리하기	창체 (환경교육주간)	3차시	ThinkerBell
	3. 덧셈과 뺄셈	뺄셈 해보기	『토종민물고기이야기』로 배움열기	외래종 수를 뺄셈식으로 말하기	여러 가지 방법으로 뺄셈하기	뺄셈 놀이하기	퀴즈앤으로 배움정리하기	국어,창체 (생태전환체험학습)	7차시	QuizN 클래스툴

출처: STORY로 LEAD하면 수학 리더 역량이 자라요(2024. 수업혁신사례연구대회 전국 1등급)

 **밍쌤&견쌤(사회)**

포함된 내용: 성취기준, 핵심 개념, 프로젝트 활동 및 내용, 평가 방법, 에듀테크 활용, 목표 역량

교육과정 기반 프로젝트 설계		성취기준	[6사02-03] [6사02-04] [6사05-01] [6사05-02]		
		핵심아이디어	우리나라의 최고법인 헌법은 기본권을 규정하고 있으며, 역사를 통해 발전되어왔다.		
		핵심개념 Lens (일반화)	성찰 (헌법은 인권을 보장한다.)		
수업 흐름		L 심어봐요, 헌법 뼈대	A 연결해요, 헌법 세상	W 퍼뜨려요, 헌법 지식
L earn	5	〈헌법과 친해져요〉 · 헌법 알아보기 애니메이티드 드로잉 메디방 과제평가	〈이야기에서 헌법을 발견해요〉 · 이야기 바꿔쓰기 과제평가	〈계획을 세워요〉 · 헌법 지침서 계획하기 · 내용 제시 및 분류하기 · 최종 목차 선정하기 · 역할 분담, 일정, 목표 계획하기
	6	〈역사 속 헌법을 만나요〉 · 현대사 영화 시청 · 조사하기 4.19도서관 5.18기록관	〈역사 속 헌법을 바꿔요〉 · 영화 내용 바꿔쓰기 토닥 패들렛	관찰평가
A rgue	5	〈헌법의 기본권을 알아봐요〉 · 기본권 조사 · 발표하기 캔바	〈전문가가 되어요〉 · 월드카페 토의하기 토닥 동료평가	〈헌법 지침서를 완성해요〉 · 헌법 지침서 제작하기 · 자료 공유를 통해 공동작업하기 캔바 패들렛 키워리 메디방 토닥 북크리에이터 동료평가
	6	〈헌법의 변천사를 알아봐요〉 · 민주주의의 발전과정 토의하기 동료평가	〈전문가가 되어요〉 · 월드카페 토의하기 패들렛 동료평가	
W iden	5	〈헌법의 역할을 정리해요〉 · 헌법의 역할 알아보기 캔바 자기평가	〈헌법 지식을 정리해요〉 · 이야기 발표회하기 캔바 산출물평가	〈헌법 지침서 출판 기념회를 해요〉 · 헌법 지침서 출판 기념회 하기 · 헌법의 가치 공유하기 · 프로젝트 소감 발표하기
	6	〈헌법의 역사를 정리해요〉 · 현대사 정리하기 패들렛 자기평가	〈민주주의 역사 신문을 완성해요〉 · 민주주의 역사 신문 만들기 산출물평가	북크리에이터 자기평가
주요 활동		발표 자료 제작에 필요한 자료들 조사하기	헌법의 가치를 알리는 헌법 지침서 만들기	이야기나 장면에서 보완이 필요한 부분 토의하기	'만약 헌법이 잘 지켜졌다면?' 상상하여 글쓰기	헌법 지침서 제작 시 부서별로 협력 소통하기
역량		정보 활용 능력	문제해결 및 의사결정력	비판적 사고력	창의적 사고력	의사소통 및 협업능력

출처: 헌법의 세상에서 정의L.A.W.운 세 삶 만나기(2024. 수업혁신사례연구대회 전국 1등급)

Q&A 교육과정 재구성에 대한 잠깐 Q&A

1. 재구성할 때 교과서에 있는 모든 단원을 다 포함시켜야 하나요?
- No. 꼭 모든 내용을 담을 필요는 없고, 프로젝트와 관련 있는 단원만 활용해도 됩니다.

2. 단원 안에서도 필요 없는 차시를 빼도 되나요?
- Yes. 단원과 마찬가지로 프로젝트와 관련하여 필요한 차시들만 골라서 활용할 수 있습니다.

3. 프로젝트를 처음 구성할 때 꼭 학생 의견을 반영해야 하나요?
- 그럴 수 있다면 좋겠지만 현실적으로 처음부터 아이들에게 프로젝트를 구성하라고 하는 것은 어렵기 때문에 처음에는 보통 교사가 주도적으로 구성하게 됩니다. 학생들의 의견은 프로젝트를 진행하면서 반영해나가면 됩니다.

4. 프로젝트를 구성할 때 2학기 내용까지 고려하나요?
- 시·도대회는 2학기가 되기 전에 보고서를 제출해야 하므로 보통 2학기 교육과정까지 프로젝트로 구성하지는 않습니다. 다만 전국대회 제출일은 2학기이므로 전국대회 제출 전 보완작업 시 2학기 교육과정 관련 내용을 추가하면 좋습니다.

5. 프로젝트가 실패하면 어쩌죠?
- 프로젝트의 결과가 완벽하기는 어렵습니다. 부족한 부분을 반성하고 보완해가는 과정이 보고서에 드러난다면 오히려 더 좋은 점수를 얻을 수도 있습니다.

8 연구사례 A부터 Z까지

소인수 학급의 연구

　대한민국 대부분의 지역에서는 학생 감소로 인해 학교 운영 전반에 걸쳐 많은 어려움을 겪고 있다. 특히 농어촌 지역이나 도서 벽지에 위치한 소규모 학교들은 신입생 부족으로 학급 편성이 어려울 정도이며, 폐교 위기에 놓인 학교도 적지 않다. 소규모 학급은 너무나도 보편화된 형태가 되었고, 많은 교사들은 복식학급 또는 학교 통폐합까지도 가까이에서 경험하고 있다. 이렇게 저출산으로 인한 소인수 학급이 늘어나고 있는 상황에서 연구대회는 어떻게 운영 할까?

　필자는 특히 소규모 학교일수록 수업 혁신이 더욱 활발하게 일어나야 한다고 생각한다. 충분한 경쟁력을 갖춘 수업을 통해 농어촌에서도 학생들이 자신의 꿈과 끼를 펼칠 수 있도록 돕는 것이 교사의 역할이라고 믿는다.

　실제로 필자는 단 2명의 학생을 대상으로 수업혁신사례연구대회를 운영했다. 사실 연구를 시작하기까지 많은 망설임이 있었고, 연구 중에도 '이게 가능할까?' 하는 의문이 들었다. 결과가 나오기 전까지는 학생 수가 너무 적다는 점이 가장 걱정스러운 부분이기도했다.

　그러나 결과는 성공적이었다. 해외연수 중 교육부로부터 운영 사례를 공유해 달라는 요청을 받기도 했다.

　그렇다면, 단 두 명의 학생으로 진행한 연구가 주목받을 수 있었던 이유는 무엇이었을까?

1. 자세한 개별 분석과 시사점 도출

　비록 두 명뿐이었지만, 두 학생의 실태를 수학 교과의 내용 요소에 맞게 분석하고 시사점을 도출했다. 아래 사진처럼 연구 교과와 연계한 개인별 상세 분석을 통해 본 연구의 필요성을 더욱 강조할 수 있다.

내용	지식·이해	과정·기능					가치·태도
		문제해결	추론	의사소통	연결	정보처리	
학생1 노력이	수와 연산, 변화와 관계, 도형과 측정, 자료와 가능성 모든 영역에 기초 지식이 부족함						한글을 몰라 수학 교과에서도 관심과 흥미를 보이지 않으며 집중력이 매우 낮고 산만함
학생2 반짝이	수와 연산 영역의 기초 지식을 지니고 있으나 도형과 측정, 자료와 가능성 영역은 다소 어려워함						잘 모르는 영역에 대한 거부감이 심하고, 쉽게 포기하거나 집중력을 잃는 모습을 보임
분석 및 시사점	두 학생의 학습 격차가 매우 크므로 기초교육과 함께 흥미를 자극하는 교육이 필요함	개념 원리 이해 해결 전략 탐색 부분에서 두 학생의 격차가 심함	노력이는 추론적 사고의 경험이나 시도가 거의 없는 상태임	생각을 표현하고 의사소통하는 부분은 타영역 대비 높은편임	생활과 수학의 연결 필요성과 유용성을 모두 인식하고 있음	스마트기기를 일찍 접한 반짝이가 교구 활용 조작이 능숙함	두 학생 모두 학습 집중력이 매우 짧고 학습 흥미도가 높지 않은 편임

[소인수 학급 학생 분석 사례 예시]

출처: STORY로 LEAD하면 수학 리더 역량이 자라요(2024. 수업혁신사례연구대회 전국 1등급) 이하 동일

2. 학생 검증도 한명 한명 꼼꼼하게

연구의 효과를 입증하기 위해서는 두 명의 학생이라도 양적, 질적 검증을 모두 실시했다. 먼저 두 명의 양적 실태 분석을 위해 논문자료나 수학 교사용 지도서의 내용을 활용했고, 연구 대상인 저학년 학생들이 이해하기 쉬운 언어로 재구성하여 설문을 만들었다.

수학 역량	수학 역량 검사 질문 (5점척도)	사전	사후	차이	평균 점수 변화
문제 해결	수학 문제를 보면 구하려고 하는 것이 무엇인지 알 수 있나요?	3	4	▲1	
	수학 문제를 풀 때 왜 그렇게 풀어야 하는지 이해할 수 있나요?	1.5	3.5	▲2	
	수학 문제를 풀면서 순서에 따라 풀이하고, 풀이 과정을 돌아보나요?	0.5	3.5	▲3	
	적극적이고 자신감 있게 문제해결에 참여하고, 끈기있게 도전하나요?	2.5	4.5	▲2	

[소인수 학급 양적 검증 도구 예]

질적 검사는 학생 관찰 및 면담, 학부모 상담을 활용했다. 특히 한글 미해득 학생의 경우에는 질적 평가에 더욱 신경을 썼다.

	내용요소	개인별 변화		결과분석 및 해석
		노력이	반짝이	
질적 평가	지식·이해	수학과 모든 영역의 기초 지식과 소양이 전혀 없었으나 지식·이해 범주의 역량이 눈에 띄게 향상됨	단순 연산능력만 강점이 있었으나 도형과 측정 분야도 자신감 있게 잘할 수 있게 되었고, 지식과 이해의 폭이 넓어짐	학생 모두 문제를 이해하고, 수학적 개념을 파악하는 능력이 크게 향상 되었음
	가치·태도	수학을 비롯한 전교과에 흥미가 없었으나 집중력과 흥미를 이끌어내는 수업을 통해 수학 수업을 제일 즐거워함	집중력이 낮고, 싫어하는 영역에 대한 거부감이 심했으나, 수업 참여도와 배려하며 의사소통하는 태도가 향상됨	눈에 띄게 집중과 참여도, 자신감이 향상되었으며 주체적으로 학습하는 모습으로 성장함

[소인수 학급 질적 검증 결과 예]

3. 소인수 학급의 어려움과 가능성

　연구 대상이 단 두 명이었기에, 학습 결과물을 수합하는 데 어려움도 많았다. 원하는 결과물을 얻지 못한 수업도 있었고, 학생의 건강 상태나 가정사로 인해 한 명이라도 결석하면 수업 계획을 수정해야 하는 경우가 종종 발생했다. 특히 한글을 아직 모르는 학생에게는 모든 내용을 하나하나 직접 설명해 주어야 했다.

　그럼에도 불구하고 두 명이었기에 오히려 더 유연하고 밀도 있는 수업을 운영할 수 있었다. 구체적인 설명을 반복해서 해줄 수 있었고, 개별 맞춤형 수업을 설계하기에 최적의 환경이었다. 무엇보다 교사와 학생 간의 라포가 깊게 형성될 수 있었고, 그 덕분에 학생의 특성과 상황을 세심하게 파악하여 학생 중심 수업을 실현할 수 있었다.

　수업 동영상을 촬영할 때도 예외는 없었다. 일부 엄선된 학생만 카메라에 담는 것이 아니라, 두 명 모두의 모습이 그대로 영상에 담겨야 했다. 때문에 잠시 집중을 잃고 다른 이야기를 하는 장면, 차시 예고 전 자리에 앉지 못한 모습까지도 모두 영상에 남았다. 하지만 이러한 '민낯'은 전혀 문제가 되지 않았다. 동영상 심사는 학생들의 능력이 얼마나 뛰어난지를 평가하는 것이 아니라 교사가 수업을 어떻게 설계하고 실천하는지를 심사하는 것이기 때문이다.

　따라서 학생 수가 적다고, 학생의 능력이 우수하지 않다고 주저할 필요가 없다. 오히려 소인수 학급의 특성을 살린 수업혁신연구야말로 새로운 길을 제시할 수 있다.

　소인수 학급의 특성을 살린 수업혁신연구! 망설이지 말고 도전해보자!

저학년도 가능하다

　학급 담임 배정 이후 연구대회에 나가기로 마음을 먹었다면 저학년 담임교사들은 '저학년도 가능할까?'라는 의문을 가질 수 있다. 결론부터 말하자면 "충분히 가능하다!"

　필자는 1학년 담임으로 수업 연구대회에 참가해 좋은 결과를 얻었다. 한글도 모른 채 입학한 1학년 학생들을 데리고 연구를 운영하였는데, 학습 훈련을 하는데 시간이 다소 필요했지만 그만큼 보람과 만족감이 컸다.

　갓 입학한 1학년 학생들의 경우 기초 학습 편차가 매우 크다. 자신의 이름조차 쓸 줄 모르는 아이가 있는가 하면, 겹받침을 사용해 글을 쓰는 아이도 있다. 또한 0부터 9까지의 숫자도 읽고 쓸 줄 모르는 아이가 있는가 하면, 벌써 구구단을 외우는 아이가 있기도 하다. 이렇게 학습 편차가 크지만 이를 잘 활용하면 오히려 전화위복이 될 수 있다.

1. 학습 편차를 극복할 수 있는 과목으로 선정하자

저학년 담임교사의 경우 수업혁신사례연구대회는 학습 편차를 극복할 수 있는 과목으로 선정하는 것이 중요하다. 필자의 경우 숫자로 표현하는 것이 한글로 표현하는 것보다 수월할 것으로 판단하여 수학 교과를 선택해 연구를 진행했다. 자음과 모음은 읽을 줄 몰라도 숫자는 어느정도 읽을 수 있었기 때문이다.

다만 수학 과목으로 수업 연구를 진행하면서도 기초학력 편차를 줄이기 위해 꾸준히 한글 지도와 연산 지도도 병행했다. 한글을 모르는 상태에서는 학습을 공유하거나 생각을 표현하는데 제약이 너무나도 많았기 때문이다.

2. 꾸준히 디지털 활용 능력을 키워주자

정보를 검색하거나 어플을 쉽게 이용하는 학생이 있는가 하면, 사진을 어떻게 찍는지, 소리는 어떻게 키우고 줄여야 하는지를 모르는 학생도 있었다. 디지털기기 사용 능력에도 편차가 컸기에 쉽게 이용 가능한 디지털 도구들을 꾸준히 사용하며 익히도록 했다.

한글을 모르는 상태에서 디지털기기를 사용하는 것에도 제약이 많았다. 수업 결과물을 공유하는 것은 물론, 퀴즈 문제조차 이해하지 못하는 경우가 많았다. 이러한 문제를 해결하기 위해서는 수업 연구와 병행하여 한글 해득을 위한 꾸준한 지도가 반드시 필요하다.

3. 학급 규칙 세우기는 필수!

놀이 중심의 교육과정이었던 유치원과 달리 정해진 시간 동안 자리에 앉아 수업에 참여하는 것은 저학년 학생들에게 매우 어려운 일이다. 수업 중 자리를 이탈하지 않기, 수업 시간에 집중하기, 말 차례 지켜 말하기 등의 기본적인 규칙을 꾸준히 훈련해야 한다. 연구대회를 위해 수업 동영상도 촬영해야 하므로 특히 1학년 학생들의 경우에는 학급 규칙을 세워 정돈된 수업 시간이 운영될 수 있도록 학급 규칙에 대해 지속적으로 언급하고 지키기 위한 연습을 해야한다.

4. 솔직한 감정 표현이 매력적인 저학년의 연구

어느 정도 학습 훈련이 되었다면 저학년 학생 연구의 장점이 빛을 발하게 된다. 이는 바로 '수업의 재미'이다. 발랄하고 솔직하게 감정을 표현하고, 교사의 말에 집중하며, 수업이 끝나면 아쉬워하기도 한다. 이는 아이들이 무언가를 잘 할 수 있게 되면서 스스로 느끼게 되는 감정일 것이다. 이러한 저학년 학생들의 맑고 순수한 모습, 눈에 띄게 성장하는 모습에 힘을 얻어 연구를 끝까지 끌고 나갈 수 있었던 것 같다.

학습 훈련이 어느 정도 된 2학년 학생들은 더 수월할 것이며, 더욱 정선되고 수준 높은 수업 결과물도 기대할 수 있을 것이다.

5. 일찍 수업이 끝난다는 장점을 활용해보자

저학년은 전담 수업이 없는 경우가 많지만, 4교시나 5교시에 수업이 끝나는 경우가 많기 때문에 수업 연구를 하기에도, 수업 자료를 만들기에도 시간적 여유가 있다. 이러한 정규 수업 이후의 시간을 밀도있게 활용한다면 저학년 연구가 더 매력적으로 느껴질 수 있다.

아직 모르는 게 많기 때문에, 그만큼 더 배울 것도 많은 저학년! 반짝이는 눈동자로 우리 선생님이 최고라 말하는 저학년의 연구! 매일 눈부시게 성장하는 모습이 기특한 저학년의 연구! 저학년이라고 주저할 이유가 없다.

전담 교사 수업 연구의 특별함

연구대회에 도전하고자 마음을 먹기 전 많은 교사들이 전담도 연구대회에서 좋은 결과를 거둘 수 있을지 궁금해한다. 전담의 연구는 과연 담임의 연구보다 유리할까? 불리할까?

필자는 세 번의 수업 연구대회 입상 경력 중 두 번은 담임으로, 한 번은 전담으로 연구를 진행하였다. 전담으로 연구를 진행할 때는 6학년 과학 전담으로 일곱 반을 맡아 수업하였는데 결론부터 이야기하자면 전담으로서의 연구는 의외로 유리한 점이 많았다.

"신에게는 아직 여섯 번의 기회가 남아 있습니다."

그렇다. 전담에게는 똑같은 수업을 할 기회가 여러 번 있다. 담임으로 수업할 때는 영상으로 제출하고 싶은 매력적인 차시를 만나도 한 번의 기회가 물거품이 되면 다시 해당 차시를 수업하는 기회를 얻을 수 없다. 그렇지만 전담은 첫 번째 시도에서 나의 의도대로 수업이 흘러가지 않더라도 다음 날 다른 학급에서 재촬영을 할 수 있는 기회를 얻을 수 있다.

우수한 학생 결과물을 선택할 때도 전담은 훨씬 많은 수의 표본 중 선택을 할 수 있어 유리하다. 내가 일곱 반을 수업한다면 200개가 넘는 학습지나 공책을 얻을 수 있기 때문이다.

30명 정도의 한 학급에서 평균 3~4개의 우수한 결과물을 얻을 수 있다면 일곱 반을 수업하는 전담에게는 20여개의 우수한 결과물을 얻고 선택할 수 있는 기회가 있다는 것이다.

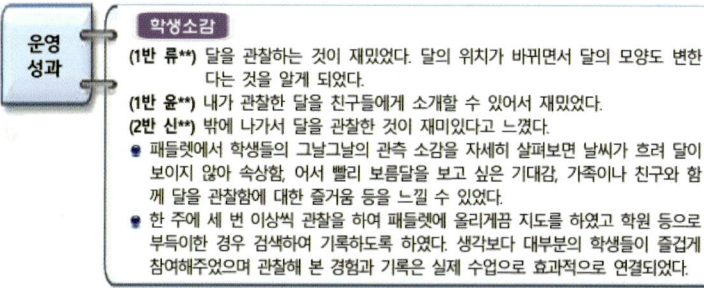

[전담으로 연구할 때의 연구 결과 처리의 예]

사전, 사후 통계 분석을 할 때에도 표본의 수가 더 많아서 더욱 신뢰도 높은 분석값을 얻을 수 있으며, 나의 연구를 많은 학생들에게 적용해 볼 수 있는 기회가 생긴다는 것은 연구에 있어서 아주 매력적인 부분이 아닐 수 없다.

연구 방법	▸ 연구대상: 6학년 학생 205명 (여 97명, 남108명) ▸ 연구기간: 2021년 3월 2일 ~ 2022년 02월 28일 ▸ 연구방법: 양적 검증(과학적 교과 역량, 선호도, 흥미도, 이해도 등), 질적 검증(학습 결과, 배움공책, 발표, 설문, 학부모 수업 참관록 등)

[전담으로 연구할 때의 연구 검증 처리의 예]
(보고서 출처: STAR-UP 블렌디드 학습을 통한 과학과 교과 역량 높이기 – 저자의 보고서)

만일 소규모 학급의 전담이라면 여러 학년의 여러 과목을 가르치게 된다. 이 경우, 다양한 과목을 가르치기 때문에 전담이지만 교과 융합이 가능하며 여러 학년, 여러 과목 중 연구주제를 골라 선택할 수 있다는 장점도 있다. 공동연구처럼 여러 학년에 걸쳐 연구를 진행한다면 더욱 창의적인 연구도 이루어질 수 있을 것이다.

그렇다면 전담이라서 불리한 점은 어떤 것이 있을까? 전담교사는 주어진 전담 시간에 반드시 수업을 해야 하며 학생들의 컨디션이나 상태를 고려하여 교시를 변경하는 등의 융통성을 발휘하기가 힘들다. 실례로 2교시에 공개수업을 하고자 한 반을 선택하였는데 1교시에 교실에서 다툼이 일어나 담임교사에게 꾸중을 듣고 축 가라앉은 채 수업을 진행해 공개수업을 망친 경험도 있다.

또한 학생들에게 연구대회를 위한 초상권 동의서를 수합하거나 과제물이나 준비물을 알림장에 제시할 때 담임교사의 협조가 필요하며, 한 과목만 가르치는 전담의 경우 교과융합 연구를 진행할 수 없다는 점 등도 단점이 될 것이다.

어떠한가? 전담의 연구는 유리한가? 불리한가? 위 내용에서 알 수 있듯이 전담의 연구는 담임의 연구와 출발선이 별반 다르지 않다. 담임이든 전담이든 영리하게 장점은 살리고, 단점을 미리 알고 대비한다면 우수한 연구 결과를 얻을 수 있다고 생각한다. 중등교사는 초등에서 바라보기에 모두가 전담 체제이지만 많은 교사들이 매해 수없이 훌륭한 연구 결과를 내놓는다는 사실을 잊지 말자.

공동연구의 모든 것

연구대회를 처음 나가보는 선생님이라면, 단언컨대 공동연구를 추천한다. 어떤 걸 해야 할지 모르고 막막할 때 같은 목표를 향해 함께 고민하는 동료가 있다는 사실만으로도 든든하고 힘이 된다.

필자의 경우 같은 학교 발령 동기와 함께 공동연구로 연구대회에 참여하였다.

1. 공동연구자, 어떻게 구하고 함께할까?

공동연구자 두 명이 모두 처음부터 연구대회에 관심이 있었던 것은 아니었다. 그저 호기심에서 출발했다. 심지어 발령동기이긴 하지만, 친한 사이도 아니었다. 필자는 공동연구자를 구하기 전까지도 정작 연구대회가 정확하게 무엇을 하는 것인지 제대로 알지 못했다. '그저 어떠한 연구를 하는 것이구나~' 라는 가벼운 마음만 있었다. 그러던 중, 주변에서 연구대회에 참여해 보는 것이 어떠냐 추천을 받았고, 마찬가지로 필자도 발령동기에게 함께하자는 가벼운 권유를 했다. 그렇게 지금의 공동 연구자와 함께하게 되었다. 그래서일까, 연구대회가 처음이었던 서로는 준비하는 과정에서 허둥지둥 대며 정해진 대회 규정을 놓치기도 하였고, 두 명이다 보니 서로 시간을 맞추어 회의를 해야 하는데 각자의 스케줄 때문에 만남이 어렵기도 하였다. 당연히 서로의 생각이 다르기에 의견이 합치되는 데에도 많은 시간이 걸렸다.

그러나 이러한 시행착오의 과정 모두가 결과적으로 긍정적인 영향을 가져왔다. 서로의 생각에 따라 치열한 토론을 하다 보니 결론적으로는 연구 진행의 방향성이나 철학이 서로 비슷해져서 합이 잘 맞았고, 의견의 합치까지 가기 위해 다양한 관점에서 수많은 아이디어를 검토하면서 보고서의 만족도가 높아졌다. 무엇보다 서로가 부족한 부분을 잘 보완해 주며, 결국 전국 1등급을 공동연구로 수상했다. 혹자의 경우에는 공동연구의 경우, 연구대회 입상실적이 2인 기준 7할, 3인 5할, 4인 이상 3할로 평정되기 때문에 부정적으로 바라보는 시선이 있다. 그러나 앞에서 다룬 바와 같이 공동연구는 그 자체로 다양한 장점이 있으니 본인의 상황에 맞게 연구하기를 추천한다.

그간의 경험으로 미루어보았을 때 나에게 맞는 좋은 공동 연구자를 구하는 방법은 아래 3단계 진단을 통해 살펴볼 수 있다.

1) 1단계, '나의 성향 점검하기'

내 성향이 어떤 성향인지 객관화할 필요가 있다. 주도적으로 나서서 무언가 이끌어 가기는 어렵지만, 옆에서 도움을 주는 것이 익숙한 성향인가? 편하게 상호작용하며 적극적으로 의견을 나누는 것이 중요하다고 생각하는 성향인가? 내 성향에 따라 나이 차이가 있지만 경력이 많은 선생님과 함께 할 수도, 또래이지만 경력이 부족한 선생님과 함께할 수도 있다. 함께하는 공동연구자가 누구든, 가장 중요한 것은 내가 지금 함께하려는 사람이 나의 성향과 맞는지를 고민해 보는 것이 중요하다. 단순히 같이 나누어 보고서를 쓰면 그만 아닐까 생각할 수도 있지만, 함께 합을 맞추어 아이디어를 고민하는 것과 칼같이 분량을 나누어 따로 쓰는 것에는 공동연구로서 질적으로 큰 차이가 있다.

2) 2단계, '내 롤모델 찾기'

평소에 함께 업무를 하거나 대화를 주고받으면서, 혹은 옆에서 지켜보면서 등 본인이 훌륭하다고 생각했던 선생님과 함께 연구를 하는 것도 좋다. 본인이 훌륭하다 생각했다면 분명 그렇게 생각한 나름의 이유가 있을 것이고, 그 말은 곧 좋은 연구를 해낼만한 사람이라는 뜻이기도 하다. 또한, 일반적으로 내가 롤모델로 여기는 사람이라면 나와 생각이 다를 때 무조건 비판적으로 바라보지 않고 때로는 내가 설득될 수도 있기 때문에 융통성 있는 연구가 가능하다. 공동연구에서 가장 중요한 것은 의견의 합치이다. 내가 조금이라도 존경하는 사람과 함께한다면 어느 정도 의견의 방향이 일치하는데 도움이 되지 않을까?

3) 3단계, '학교 내외로 열심히 활동하는 사람과 함께하기'

K-에듀파인에서 우리 학교 문서등록대장을 살펴보자. 그중에서 학교 내외적으로 무엇이든 열심히 하는 선생님들을 찾자. 기본적으로 학교 업무를 많이 하는 선생님들은 보고서를 작성하고, 연구를 구상 및 계획하는 것에 익숙하다. 학교 외부에서 열심히 활동하는 선생님들께서도 견문이 넓으시기에 보고서 작성이나 연구에 대해 질적으로 깊이 있는 결과물을 함께 만들어 낼 수 있다는 생각이 든다.

나는 개인 연구파? 공동 연구파?

〈개인 연구파〉
- ☐ 페이스메이커 없이도 추진력 있게 연구를 진행할 수 있다.
- ☐ 다른 사람과 의견을 맞춰나가는 과정이 고단하다.
- ☐ 연구점수를 빨리 따야 한다.

〈공동 연구파〉
- ☐ 혼자서는 시작해 볼 용기가 안 난다.
- ☐ 첫 연구대회는 가볍게 시작해 보고 싶고 마음이 맞는 동료가 주변에 있다.
- ☐ 연구점수가 급하지 않고 동료와 연구대회 과정 자체를 즐겨보고 싶다.

[개인연구? 공동연구? 체크리스트]

2. 공동연구의 주제는 어떻게 설정해야 할까?

공동연구에서 주제는 공동연구의 필요성을 드러내기에 최적의 도구이다. 공동연구는 개인연구와 달리 연구 형태의 필요성부터 납득시켜야 한다. 즉 공동연구 진행의 명확한 사유가 필수적이다. 그러므로 공동연구의 주제를 설정할 때는 개인연구처럼 연구자의 흥미와 관심을 담아내되, 두 학급을 이어주는 연결 고리를 고려해야 한다. 연결 고리는 두 학급이 어떤 상황인지에 따라 달라진다.

1) 같은 학교 같은 학년의 경우

두 학급이 같은 학년이라면 해당 연구 주제를 한 학급이 아닌 두 학급이 해야만 하는 이유가 있어야 한다. 공동연구자가 같은 학교의 같은 학년인 경우가 가장 개인연구와 차별점을 두기 어렵기 때문에 주제 선정에도 공을 많이 들여야 한다. 다인수로 하는 것이 소인수에 비해 뚜렷하게 의미 있는 주제여야 한다.

예를 들어, 수학 교과에서 통계 단원을 진행할 때 표본이 크면 연구하는 것이 유의미할 수 있다. 사회 교과에서 프로젝트에 많은 역할이 필요하여 한 학급으로는 충당이 안 되는 경우도 있을 수 있다. 하지만 예시에서도 느껴지듯이, 근거가 약하다. 특색 있는 다인수 프로젝트를 구성할만한 주제를 찾아내어 진행하는 것이 좋다.

2) 다른 학교 같은 학년의 경우

공동연구자가 다른 학교 같은 학년이라면 주제 선정의 주안점은 달라진다. 두 학교가 해당 주제를 공유하며 소통할 필요가 있는 주제를 생각해보아야 한다. 예를 들어, 도시 학교와 시골 학교가 공동의 주제로 연구하여 다른 결과를 얻어낼 수 있다거나 다인수의 학급과 소인수의 학급이 소통을 통해 서로 도움을 줄 수 있는 주제를 선정한다.

3) 두 학급이 다른 학년인 경우

두 학급이 다른 학년이라면 큰 주제를 바탕으로 두 학년이 한 학년은 할 수 없는 의미 있는 연구를 진행하거나 같은 큰 주제를 서로 다른 학년에 적용했을 때의 효과성을 살펴보는 방향으로 설정한다. 각 학년 과목의 내용 요소를 살펴 엮어낼 수 있는 주제를 찾는 것이 먼저다. 서로 다른 내용 요소를 어떻게 같은 주제로 묶을 것인가에 대한 고민이 필요하다. 가장 쉬운 방법은 같은 과목을 택하여 영역으로 묶는 것이다. 세부적인 내용 요소는 다르더라도 연구에서 설정한 전략을 동일하게 적용할 수 있다. 예를 들어 과학 교과를 선택하여 물리, 화학, 생명, 지구과학에 해당하는 내용을 프로젝트로 묶을 수 있다. 도덕 교과라면 자신과의 관계, 타인과의 관계, 사회·공동체와의 관계, 자연과의 관계에 해당하는 내용으로 각 학년에서 서로 다른 프로젝트를 구성하여 소통하는 방향으로 설정할 수 있다.

다른 방법은 내용에 연계성이 있는 내용 요소를 찾아 큰 주제로 묶는 것이다. 공동연구를 진행한 필자가 활용한 방법이다. 필자는 주제를 5학년과 6학년의 사회 교과 연계성을 토대로 생각해냈다. 5학년은 '인권 존중과 정의로운 사회'라는 대단원을, 6학년은 '우리나라의 정치발전'이라는 대단원을 활용하여 공통의 주제는 헌법으로 설정했다. 5학년의 내용은 헌법의 개념에서 시작하여 법, 인권으로 확장되는 것으로 보았고 6학년은 우리나라의 정치사를 헌법의 변화와 적용으로 풀어냈다.

이렇듯 주제를 설정하는 방법은 여러 가지지만 공통적으로 공동연구는 개인연구보다 규모가 커질 수 밖에 없다. 확장성을 잘 고민하고 선택한다면 좋은 공동연구 주제를 설정할 수 있을 것이다.

> **셋. 5,6학년 연계 교육을 통한 점진적 학습과 지식의 확장** — 공동연구의 필요성 및 목적
>
> 5~6학년군 사회과 교육과정은 핵심 개념이나 원리를 반복하여 학습 내용의 질과 범위를 넓혀 나가는 **나선형 구조**로 구성된다. 이에 따라 5학년과 6학년 사회 교육과정에서 '헌법'을 주제로 하나의 프로젝트를 구성하여 새로운 개념을 익히고, 삶에 적용하며 지식을 확장 시키고자 한다. 두 학년에 걸친 공동연구가 의미 있게 이루어지기 위해서는 단순히 같은 주제나 형식을 가지고 따로 수업하기보다 실제로 함께 수업해야 한다. 즉, **각 학년의 수준 차이를 고려하며 각각의 성취기준에 도달하면서도, 두 학년이 만나야만 의미가 깊어지는 활동을 구성**하였다. 이러한 구성은 학년 간 연계성을 고려한 수업 설계로 수업 내용에 대한 학생들의 심리적 거리를 좁히는 것은 물론, 학생들이 **학습한 내용을 이해하고, 심화하고, 적용하는 과정에 일관성을 부여하는 점진적 학습**을 가능하게 할 것이다.

[다른 학년 연구에서의 공동연구의 필요성 및 목적의 예]

수업성찰

> **5학년**: "5,6학년 합동 수업에서 후배인 5학년 학생들이 6학년 위축될까 걱정되어 미리 친해질 수 있는 놀이 중심 오리엔테이션 시간을 가졌다. 결과적으로 두 학년 간의 **심리적 거리감이 해소**되어 합동 수업에서 협업이 성공적으로 이루어질 수 있었다."
>
> **6학년**: "5학년과의 수업이 잘 될 수 있을지 걱정했던 것이 무색할 만큼 훌륭하게 후배를 이끌어 문제 상황을 해결해내는 우리 반 학생들의 모습이 인상적이었다. 후배와의 수업을 처음 해보면서 책임감이 생겼고, 5학년의 수업을 알고 있기에 효율적 소통에 도움이 되었다. **가르치며 배우는 효과**도 학생들이 스스로 체감할 수 있을 정도로 뛰어났다."

왜, 혁신인가?

💡 **수업 혁신 아이디어**
"5-6학년 공동 산출물 제작"
☑ 동일 주제 다양한 내용 숙지 가능
☑ 두 학년 교류로 문제 해결 학생 주도성↑

🅰 **일반화 및 적용**
☑ 한 가지 주제 다양한 수준이 포함된 수업
☑ 두 학년 간 소통할 수 있는 형태의 수업
☑ 각각의 지식이 모여 시너지를 내는 수업

💡 **TIP** 부서를 나누어 운영하면 상호작용이 활발해지고 서로 도움을 주고 받으며 의사소통 및 협업 능력이 상승한다.

[다른 학년 공동연구에서의 수업 성찰 및 수업 혁신 아이디어]
출처: 2024 수업혁신사례연구대회 보고서-헌법의 세상에서 정의 L.A.W.운 세 삶 만나기

# 4

행복한 연구 진행하기

앞선 챕터에서 연구 주제를 정하고 연구 계획을 세우는 방법을 살펴봤다면, 이제는 본격적인 연구의 첫걸음을 내디딜 차례다. 이번 챕터에서는 최종 보고서 작성을 위한 실제 연구 수행 방법에 대해 이야기하고자 한다.

여기까지 도달했다면, 여러분은 이미 연구의 절반을 완수한 셈이다. '시작이 반이다.'라는 말처럼, 계획서를 제출했다면 이미 중요한 출발선을 넘은 것이다. 이제는 중도에 지치거나 포기하지 않고, 마지막까지 꾸준히 나아가기 위한 전략이 필요하다. 최종 보고서를 무사히 완성하려면, 단순히 열정만으로 밀어붙이기보다는 '영리하고 똑똑한 연구 진행 방식'을 익히는 것이 중요하다. 시행착오를 줄이고, 효율적으로 시간과 에너지를 분배하며, 수업도 놓치지 않고 병행할 수 있을지에 대한 고민이 필요한 시점이다.

이 책의 저자 7인은 각자 다른 환경과 조건 속에서 연구를 진행하며 직접 부딪히고 경험한 실전 노하우를 아낌없이 공유하려 한다. 본격적인 연구를 시작하기 전 준비해야 할 사항부터, 사진은 어떻게 찍는 것이 효과적인지, 수업 자료는 어떻게 아카이빙 할지, 수업은 어떻게 구성해야 더 살아나는지, 그리고 연구 결과를 어떻게 확산시킬 것인지, 피로감 없이 지속 가능하게 운영하는 방법은 무엇인지까지.

현장형 조언과 생생한 팁을 이 한 챕터에 모두 담았다. 이제 남은 것은 흡수하고, 응용하고, 실행하는 일이다. 7인의 노하우를 따라가며 선생님만의 연구 여정을 설계해보자.

1 본격적인 연구 시작 전, 무엇을 준비해야 할까?

연구대회를 위한 학습 훈련은 어떻게 할까?

학기 초 학습 훈련은 수업 연구대회에 참가하지 않는 교사라도 매해 반드시 거치는 과정이다. 하지만 연구대회를 준비하는 교사라면 본인의 연구 목적에 맞춰 더욱 체계적이고 꼼꼼하게 학습 훈련을 해야 한다.

예를 들어, 연구에 AI 디지털교과서를 활용하고자 한다면 학기 초부터 이를 적극적으로 활용하여 훈련해야 하며, 글쓰기를 주제로 연구를 진행한다면 글쓰기 훈련에 더 집중해야 한다. 토의·토론에 관한 연구라면 발표 훈련에 집중해야 하는 것은 당연하다. 그렇다면 모든 교사가 기본적으로 신경 써야 하는 학습 훈련에는 어떤 것들이 있는지 알아보자.

❶ 공책 작성법　❷ 학습지 보관 방법　❸ 모둠 활동　❹ 발표　❺ 디지털 도구 활용

1) 생각을 담는 공책 작성 훈련

수업에서 공책을 효과적으로 활용하고자 하는 교사라면 3월 초부터 공책 사용 방법을 명확히 정하고, 모든 학생이 같은 형식과 방법으로 공책을 작성할 수 있도록 지도하는 게 좋다. 필자의 경우 배움공책 사용을 매우 중요하게 생각하여 학기 초부터 이를 강조하고 꾸준히 훈련한다. 반복 훈련을 통해 학생들이 생각과 배움 과정을 공책에 효과적으로 기록할 수 있도록 돕는다.

학생들이 공책 작성을 꼼꼼히 하더라도 각자의 방식이 다르면 교사가 지도하기 힘들고 보고서에 실을 때 산만해 보이기 마련이다. 따라서 우리 반만의 공책 작성법을 명확히 정하고, 모든 학생이 같은 형식으로 작성할 수 있도록 꾸준히 연습해야 한다. 학습지를 클리어

파일에 따로 보관해도 좋지만 이를 축소 복사하여 공책에 붙이면 학습 결과물 보관도 더 효과적이고 날짜별로 자신이 학습한 흐름을 쉽게 확인할 수 있어 더욱 효과적이다.

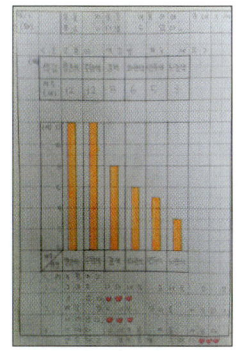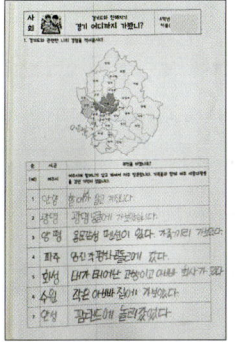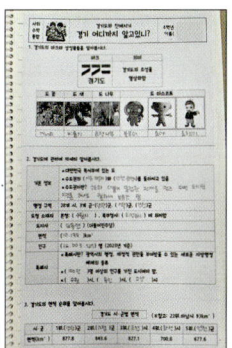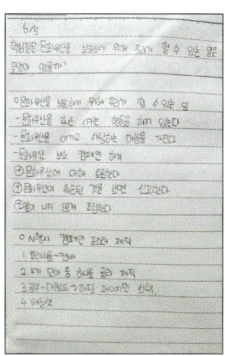

[배움공책 작성의 예]

2) 학습지는 이렇게 보관해요!

학생들과 프로젝트 학습을 진행하다 보면 학습지가 금세 쌓이기 마련이다. 그런데 학습지 보관을 학생들에게 전적으로 맡기면, 바닥에 찢겨 있거나 종이 수거함에서 발견되는 안타까운 상황을 자주 경험하게 된다.

그래서 필자는 A4 클리어 파일이나 노란색 서류철 사용을 적극 추천한다. 프로젝트를 진행하다 보면 이전에 사용한 학습지를 다시 찾아 활용해야 할 때가 종종 있다. 파일에 날짜별로 차곡차곡 모아두면 포트폴리오 형식이 되어, 프로젝트 전체 과정을 성찰하거나 평가할 때 매우 유용하다.

3) 모두가 배움의 주인공이 되는 모둠 활동

다인수 학급에서 모든 학생이 배움의 주인공이 되고, 능동적으로 참여하게 만드는 핵심 수업 스킬은 무엇일까? 바로 '모둠 활동'이다. 하지만 모둠 활동은 마음만 먹는다고 곧바로 잘 진행되는 건 아니다. 많은 교사들이 경험했듯, 모둠 활동 하나를 하더라도 학생들과 미리 정해야 할 규칙이 많다. 훈련이 부족하면 모둠 활동이 시작되자마자 교실이 시끌벅적해지고 교사의 스트레스는 늘어난다. 그러므로 학기 초에는 다음과 같은 항목들을 중심으로 약속을 정하고 반복 연습하는 것이 좋다.

- 모둠 배치 방법
- 모둠 내 역할 정하기
- 모둠 규칙 만들기
- 갈등 상황의 해결 방법
- 정해진 시간 안에 활동 마무리하기

필자는 프로젝트 진행 시 모둠 구성을 특히 신경 쓴다. 한 모둠에 학업 능력이 뛰어난 학생이 집중되지 않도록 골고루 배치하는 것이 중요하기 때문이다. 학기 초 진로적성검사(성격검사)를 활용해 학생 유형에 따라 고르게 섞어서 모둠을 구성하는 것도 추천한다. 중요한 프로젝트나 수업 촬영을 앞둔 때는 교사가 모둠과 자리를 정하는 것이 효과적이다. 대개 교사의 의도를 설명하면 학생들이 잘 따라주지만, 학생들의 반발이 예상된다면 자리 배치 프로그램을 이용해 랜덤하게 배정하는 것처럼 연출하는 것도 좋은 방법이다.

4) 효과적인 발표 훈련으로 의사소통역량 UP!

다음으로 꼭 필요한 것이 발표 훈련이다. 우리 반이 주로 활용하는 발표 방식을 정하거나 학생들이 발표하는 학생에게 집중할 수 있도록 발표 구호를 정하여 사용하는 것도 효과적이다. 학기 초에 다양한 발표 방식을 연습해두면 수업의 특성에 맞게 골라 쓸 수 있어 매우 유용하다. 또한 청중 수에 맞는 목소리 크기 조절도 훈련이 필요하다. 상황에 따라 적절한 목소리 크기로 발표할 수 있도록 지도해, 효과적인 발표 수업을 만들어보자.

5) 원활한 디지털 도구 활용을 위한 준비

마지막으로 디지털 도구 활용에 관해 이야기해 보자. 요즘 디지털 도구는 연구에 거의 필수적이지만, 학년 수준에 맞는 기초 훈련이 반드시 선행되어야 한다. 고학년 학생은 처음 접하는 디지털 기기도 쉽게 익히지만, 저학년과 중학년 학생은 학기 초부터 기초 훈련이 필요하다.

필자는 4학년 담임으로 연구대회에 참가하며 다양한 디지털 도구를 활용하기 위해 가장 먼저 타자 연습의 중요성을 실감했다. 키보드 자리를 몰라 독수리 타법으로 타자를 입력하다 보면 시간 안에 연구자가 의도하는 수업이 이루어지기 힘들다. 디지털 도구 활용 수업을 진행하다 보면 내가 국어 수업을 하는 건지 실과 컴퓨터 수업을 하는 건지 헷갈렸던 경험이 한 번쯤은 있을 것이다. 학생이 머릿속으로는 아이디어가 떠올랐는데 이를 타자로 옮기는 데에 시간이 걸려 수업이 늘어진다면 낭패가 아닐 수 없다.

이를 방지하기 위해 필자는 3월 초부터 키보드 배열이 인쇄된 타자 연습 학습지를 배부했다. 스마트기기를 꺼내지 않더라도 언제 어디서나 학습지만으로 타자를 익히고 손가락 연습을 할 수 있도록 구성한 것이다. 어느 정도 자리가 익숙해진 학생은 눈을 감고 책상 위에서 애국가를 타자로 쳐보도록 했다. 자판을 완벽하게 외운 학생들은 창의적 체험활동 시간을 활용해 한컴 타자 단문과 장문 연습을 하도록 했고 타자 테스트를 주기적으로 시행하여 타자수가 많이 늘어난 학생들은 크게 칭찬해주었다. 아무리 느려도 100타 미만의 학생은 없게끔 반복하여 연습했다.

타자가 익숙해진 후에는 기본적인 단축키를 익히도록 했다. 복사하기(Ctrl+c), 붙여넣기(Ctrl+v), 전체 선택(Ctrl+a), 취소(Ctrl+z), 새로고침(F5) 등의 단축키는 대부분 프로그램에서 적용된다. 또한 새로운 디지털 도구를 학습할 때는 활용 방법을 판서하거나 학습지로 배부하여 학생들이 스스로 활동할 수 있도록 도왔다.

이런 기초 훈련은 저학년 학생이 한글을 반복하여 배우듯, 교사와 학생 모두 스트레스 없이 디지털 도구를 활용하려면 꼭 필요하다.

연구에 다양한 디지털 도구를 활용하고자 한다면 연구 교과 시수만으로는 부족하다. 따라서 타 교과를 활용하여 훈련하는 것이 좋다. 예를 들어 연구 교과인 사회 시간에 패들렛을 활용하고자 한다면 미술 시간에 먼저 활용해보며 익숙하게 활용할 수 있도록 훈련하는 식으로 시수를 확보할 수 있다.

저학년의 경우에도 디지털 도구를 활용할 수 있을까? 저학년의 경우 중·고 학년처럼 문단 이상의 타자를 쳐야 하는 디지털 도구를 활용하는 것은 힘들다고 생각된다. 클릭이나 터치 방식의 쉬운 디지털 도구를 선택해 꾸준히 익히도록 하자.

마지막으로, 디지털 도구를 활용한 수업에서는 디지털 시민교육도 함께 이루어져야 한다.

미디어 중독 예방, 개인정보 보호, 온라인 예절 등의 내용을 미리 교육하여, 디지털 도구를 올바르고 안전하게 사용할 수 있도록 지도하자.

학습지를 활용한 타자 연습

한컴 타자로 타자 연습

수업 중 디지털 도구 활용 모습

[디지털 도구 활용을 위한 학습 훈련 모습]

초상권 동의, 수월하게 받는 방법

수업혁신사례연구대회를 준비하는 많은 선생님들이 걱정하는 부분 중 하나가 초상권 동의에 관한 문제이다. 또한 초상권 동의를 해주지 않는 학생이 있을 경우 어떻게 대응해야 하는지에 대해 고민하는 경우가 많다.

그렇다. 수업혁신사례연구대회에 참가하는 모든 교사는 학생의 초상권에 대한 동의를 반드시 받아야 한다. 각 교육청에서 배포된 운영 계획 요강 서식에는 '초상권 수집·이용·제공 동의서'가 포함되어 있으며, 이 동의서를 통해 동의를 받은 후 스캔하여 출품 서류와 함께 제출해야 한다.

동의하지 않는 학생이 있을 경우, 해당 학생의 정보는 일절 공개할 수 없다. 수업 영상에서도 해당 학생이 촬영되지 않도록 카메라 각도를 조정하거나, 촬영된 경우에는 모자이크 처리 등의 조치를 취해야 한다. 대회 운영 계획에서도 명시되어 있듯, 해당 학생의 정보는 학생의 수업활동 사진, 동영상, 수업 산출물(과제) 등을 모두 포함하여 학생의 활동 사진에도 반드시 모자이크 처리를 해야 하며, 해당 학생의 수업 산출물도 활용할 수 없다.

[초상권 동의서 서식]

> **초상권 동의서를 제출하지 않는 경우** 학생 산출물, 수업 활동 사진, 수업 영상에서 모자이크 처리 등을 통해 특정 학생이 노출되지 않도록 유의 / 학생 산출물, 수업 활동 사진에서 특정 학생이 노출되나, 초상권 동의서를 제출하지 않은 경우 서류 미비로 간주

[2025년 경기도교육청 수업혁신사례연구대회 운영 계획]

필자의 경우에도 29명의 학생 중 한 학생이 초상권의 제3자 제공 항목에 '동의하지 않습니다.'에 체크하여 제출하는 바람에 다소 난감한 상황이 있었다. 처음에는 '뭐, 그 학생만 영상에서 안 보이게 모자이크 처리하면 되겠지.'라고 생각했다. 하지만 막상 영상을 편집하려고 하니 준비한 수업이 전시회 구조의 수업이었던 탓에, 계속해서 움직이는 학생을 따라가

며 모자이크 처리하는 것이 생각보다 훨씬 어렵다는 것을 깨달았다.

그래서 해당 학생을 따로 불러 왜 동의하지 않았는지 이유를 물어보니, 특별한 이유는 없다고 했다. 이에 혹시 동의해줄 수 있는지 다시 물었더니, 학생은 아주 흔쾌히 수락해주었고, 덕분에 큰 번거로움을 덜 수 있었다. 동영상 편집에 능숙한 교사가 아니라면, 처음부터 모든 학생에게 초상권 동의를 받는 것이 훨씬 수월하다는 점을 강조하고 싶다.

필자는 연구를 시작할 때 학생들에게 더 나은 수업을 위해 선생님도 공부하고 있고, 대회에 도전해보려 한다고 설명했다. 학생들은 연구가 진행되는 동안 다양한 프로젝트 활동을 통해 전개되는 수업에 더욱 흥미를 느꼈고, 매우 긍정적인 반응을 보였다. 보고서를 제출한 이후에도 결과에 관심을 가지며 "선생님, 결과 나왔어요?"라고 자주 물었고, 최종 입상자 명단이 발표되자 함께 기뻐하며 축하해주었다. 학부모님들 역시 격려와 응원의 메시지를 보내주셨다.

생각보다 학생들은 교사의 연구 활동에 대해 매우 호의적이며, 관심도 크다. 너무 걱정하지 말고, 아래 안내문 예시를 참고하여 초상권 동의를 받아 연구를 원활히 진행해보길 바란다.

[초상권 동의를 위한 안내문 예시]

② 사진은 어떻게 찍어야 할까?

사진은 연구가 실제로 진행되었음을 보여주는 핵심 증거물이다. 보고서에 사진이 제대로 담기지 않으면 연구 과정의 신뢰도와 현장감이 떨어지기 마련이다. 그러므로 연구 과정 내내 신경 써서 사진을 찍고 정리해 두었다가, 보고서 작성 시 적재적소에 활용해야 한다.

그렇다면 연구대회 보고서에서 활용하기 좋은 사진은 어떻게 찍어야 할까?

보고서에 들어가는 사진은 학생들의 활동 모습과 그 결과물이 중심이다. 학생들의 활동 모습과 결과물은 언제 어떻게 보고서에서 사용될지 알 수 없기 때문에 연구 과정 중에도 가장 꼼꼼히 기록해야 한다. 이외에도 교실의 전경이나 교사의 활동 모습 등도 함께 담아두면 유용하다. 사진의 유형에 따라 보고서에서 어떻게 활용하는지, 또 그 효과를 최대화하려면 어떻게 찍어야 하는지 함께 살펴보자.

학생 활동 사진, 이렇게 찍자

먼저 학생들의 활동 모습 사진은 주로 모둠 활동이나 체험형 활동에서 적극적인 참여 장면을 강조할 때 사용한다. 모둠 활동의 경우, 학생들이 상호작용하는 장면을 찍어 수업에 주도적으로 참여하는 모습을 보여준다. 예를 들어, 아이들이 서로를 바라보며 적극적으로 토론하거나 협력해서 문제를 해결하는 생생한 장면을 담으면 좋다. 체험형 활동에는 만들기 활동이나 외부 체험 활동, 캠페인 활동 등이 있다. 이때는 교과서 이외의 학습 자료를 사용하는 장면이나 교실 밖의 장소에서 배움이 일어나는 순간, 학생들이 직접 참여하는 모습이 잘 드러날 때를 중심으로 촬영하면 더욱 효과적이다.

활용하기 좋은 사진 vs 활용하기 어려운 사진

학생들의 활동 모습을 찍을 때는 인물만 강조되는 사진이 되지 않도록 주의해야 한다. 무심코 찍다 보면 얼굴만 크게 나온 사진이 많아진다. 활동지는 흐릿하고 학생 얼굴만 선명한 사진, 어떤 활동인지 전혀 알 수 없는 활짝 웃고만 있는 학생 사진, 뭘 하고 있는지 전혀 파악이 안 되는 생각에 잠긴 사진 등은 보고서에 활용하기 어렵다. 사진을 찍을 때는 누가 봐도 활동의 모습과 내용이 명확하게 드러나도록 해야 한다. 학습 자료, 주변 배경, 학생의 손 동작 등이 함께 드러나야 수업 장면의 맥락을 살릴 수 있다. 또한 개인정보 보호를 위해 학생들의 얼굴 정면보다는 뒷모습이나 얼굴이 잘 보이지 않는 옆모습을 찍는 것이 좋다.

내용이 잘 드러나지 않는 인물 위주 사진

내용이 잘 드러나는 활동 위주 사진

[인물 위주 사진과 활동 위주 사진]

활동 결과물 사진, 이렇게 남기자

활동 결과물 사진은 주로 학생들이 직접 작성한 자료나 체험 활동의 결과물, 에듀테크 활용을 통한 온라인 결과물 등을 담는다. 활동 결과물 사진은 활동 내용과 배움의 성과를 한 번에 잘 보여줄 수 있어 연구의 유용성을 강조하는 데 중요한 역할을 한다. 따라서 보고서에 담을 사진을 공들여 남겨두는 것이 중요하다.

학생들이 작성한 자료에는 활동지, 공책 필기, 동료 평가나 자기 평가 자료 등이 있다. 사진을 찍을 때는 연구대회 제출본이 흑백 출력이라는 점을 꼭 염두에 두자. 컬러로 볼 때는 선명했던 글씨나 형광펜이 흑백으로 출력하면 잘 보이지 않는 경우가 많다. 따라서 평소 학생들이 또박또박 글씨를 쓰도록 지도하고, 흐리게 보일 가능성이 있으면 두껍고 진한 네임펜 등을 활용해 가독성을 높이도록 한다.

체험형 활동의 결과물은 만들기 결과물, 학생들이 제작한 영상의 화면 캡처, 미술 활동 결과물 등이 있다. 이때는 단순히 예쁘거나 보기 좋은 사진보다는 연구 차시의 주제가 명확히 드러나는 결과물을 선택해 촬영하는 것이 바람직하다.

에듀테크 도구를 활용했다면 기본 화면보다는 도구를 활용해 학생들이 만들어 낸 결과물을 캡처하여 첨부해야 효과적이다. 특히 에듀테크의 특징과 장점이 잘 드러난 결과물을 선택하면 보고서의 완성도를 더욱 높일 수 있다.

교실 전체를 활용한 독특한 형태의 활동을 할 때는 수업 진행 모습을 전체적으로 드러나게 찍는 것이 좋다. 예를 들어, 반 전체 학생들이 참여하는 토의 모습, 교실 내 부스를 운영한 수업, 교실 전체에 작품 전시를 구성한 모습을 광각으로 담으면 효과적이다. 이처럼 평소와 다른 책상 배치나 자리 이동을 통한 혁신적인 교실 모습을 찍으면 혁신적인 교실 문화를 시각적으로 강조할 수 있다.

| 교실 내 부스 운영 수업 모습 | 찬반 토론 활동 수업 모습 |

[다양한 형태의 활동 사진]

마지막으로 교사의 활동 모습도 빠뜨리지 말고 찍자. 교사의 활동 모습 사진은 연구를 위해 노력한 과정과 열정을 보여준다. 예를 들어 다음과 같은 장면이 포함될 수 있다.

> -수업을 준비하며 참여한 전문적 학습공동체 활동
> -연수에 참여하며 역량을 강화하는 모습
> -수업 지도안에 대해 동료 교사에게 피드백을 받는 장면
> -일지를 작성하며 자기 성찰 및 피드백을 실천하는 장면

[교사의 활동 모습 사진 예]

간혹 학생들의 모습만 촬영하고 교사의 활동을 기록하지 않는 경우가 있다. 하지만 수업혁신사례연구대회에서는 교사의 노력을 담는 것 역시 매우 중요하므로 교사 활동 기록을 절대 놓치지 말고 촬영하자.

③ 수업 자료 아카이빙, 이렇게!

수업혁신사례연구대회.

'이건 MBTI 파워 J만이 살아남는 대회'라고 농담처럼 말하기도 한다. 하지만 걱정하지 말자. 필자는 파워 P 중에서도 가장 P다운 사람이었지만, 연구대회를 우수한 성적으로 마쳤다. 그 비결은 바로 수업 자료 아카이빙의 적극적인 활용이었다.

물론 처음부터 자료 아카이빙을 생활화한 것은 아니다. 당장 프로젝트를 진행하고 보고서를 작성하는 일만으로도 충분히 바쁘기 때문에, 매일 꾸준히 자료를 누적하고 정리하는 게 결코 쉬운 일은 아니다. 그러나 어느 순간 필자는 같은 말을 반복하고 있다는 사실을 깨달았다. 연구대회를 준비하며 가장 많이 했던 바로 그 말,

"그 파일 어디 갔지?", "그 사진 어디에 뒀더라?"

이 질문을 반복할수록 시간은 낭비되고 스트레스는 쌓였다.

그때부터 본격적으로 자료 아카이빙을 시작했고, 연구대회를 준비하는 과정에서의 스트레스와 시간 낭비가 확연히 줄었다.

아카이빙, 어떤 도구를 써야 할까?

자료 아카이빙에 사용할 수 있는 도구는 정말 다양하다. 구글 드라이브, 노션, 패들렛, 띵커벨 보드 등 여러 가지가 있다. 필자는 그중에서도 구글 드라이브를 주로 활용했다. 그 이유는 직관적이고 단순하면서 최소한의 기능만 갖춘 도구를 사용하고 싶었기 때문이다. 연

구대회 준비만으로도 벅찬데, 새로운 도구까지 익히는 건 부담이 크다. 보통 노션을 많이 활용하는데, 이미 노션을 잘 다룰 줄 아는 사람이라면 노션을 추천한다. 하지만 그렇지 않다면 구글 드라이브가 가장 무난하고 안정적인 선택이 될 것이다.

구글 드라이브의 가장 큰 장점은 단순함이다. 파일 제목을 붙이고, 상위 폴더 안에 하위 폴더를 자유롭게 생성할 수 있다. 영상이든 사진이든 한글 파일이든 종류도 상관없고, 전체 용량만 초과하지 않는다면 개별 용량 걱정 없이 자유롭게 저장 가능하다. 한마디로 쉽게 아카이빙할 수 있는 만능 도구다.

> **교사의 꿀팁**   구글 드라이브, 더 똑똑하게 사용하는 방법
> - 학교 계정으로 구글 드라이브를 사용하면 일반 무료 계정에 비해 더 많은 저장 용량을 제공해 자료 보관이 더욱 편리하다.
> - 학교를 옮길 때는 '콘텐츠 전송 메뉴'를 통해 새 학교의 교육용 계정 또는 개인 구글 계정으로 자료를 쉽게 옮길 수 있다.

아카이빙을 추천하는 자료

❶ 보고서 ❷ 사진 ❸ 지도안 ❹ 디자인 소스 ❺ 폰트 ❻ 수업 동영상 ❼ 대회 요강 및 점수표

특히 보고서의 경우, 최종 완성본만 보관하지 말고, 디자인이나 내용에서 큰 변화가 있을 때마다 중간 버전을 함께 저장해 두는 걸 추천한다. 보고서를 쓰다 보면 이전 디자인이나 내용이 더 나았던 것 같아 이전 버전을 다시 찾아보고 싶을 때가 있다. 그럴 때 자료가 없다면 난감하다. 사진은 말할 것도 없다. 프로젝트 진행 중에는 최대한 많이 찍고, 찍은 당일 바로 구글 드라이브에 저장하는 습관을 들이자. 하루만 백업이 밀려도 자료 정리는 순식간에 복잡해진다. 정리의 핵심은 그때 그때 저장하는 것임을 기억하자.

구글 드라이브 폴더 구조는 이렇게 짜자

마지막으로, 구글 드라이브에서 자료 아카이빙하는 방법을 소개한다. 다른 도구들도 기능은 조금씩 다르지만, 구성 형태는 비슷하기 때문에 기본 원칙은 동일하게 적용할 수 있다. 상위 폴더에는 위 표에서 언급한 ❶~❼번의 자료 이름을 붙이는 게 좋다. 그리고 하위 폴더에는 프로젝트 차시별로 이름을 붙여 구성한다 예를 들어, '❷ 사진' 폴더를 구성한다면
- 상위 폴더: ❷ 사진
- 하위 폴더: 1차시(생태 조사하기), 2차시(마을 캠페인), 3차시(학급 전시회)

이렇게 체계적으로 폴더를 구성해두면 필요한 자료를 쉽게 찾을 수 있다.

> **교사의 꿀팁**
> • 상위 폴더는 '수업 동영상', '지도안' 등 자료 형태별로 설정하기
> • 상위 폴더의 하위 폴더는 '대주제 프로젝트명'으로 설정하기
> • '대주제 프로젝트명' 폴더의 하위 폴더는 '소주제 프로젝트명'으로 설정하기

아래는 구글 드라이브와 노션을 활용한 아카이빙 예시다. 참고해서 어떤 도구든 본인에게 잘 맞는 걸 골라 꾸준히 아카이빙을 실천하길 추천한다. 예시를 참고하여 수업 자료 아카이빙을 시작해 보자. 자료 정리의 스트레스가 줄고, 연구의 효율성과 완성도는 높아질 것이다.

구글 드라이브를 활용한 아카이빙에서는 '영상', '수업자료' 등 자료의 형태 이름을 가장 상위 폴더명으로 설정하였다.

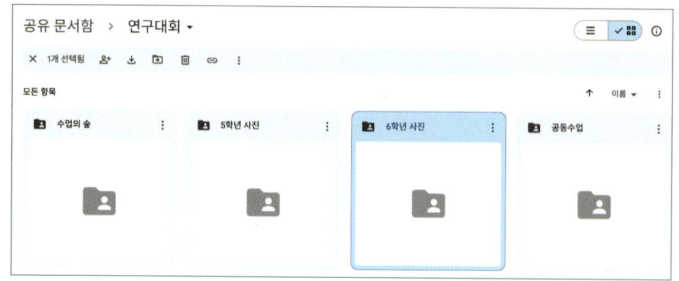

[구글 드라이브를 활용한 아카이빙-상위 폴더명]

자료 형태의 하위 폴더명은 대주제 프로젝트명으로 설정하였다. 예를 들어 '6학년 사진' 폴더에 들어가면 '다지는 삶', '자라나는 삶' 등의 각 대주제 프로젝트 폴더가 다시 각각 있는 것이다.

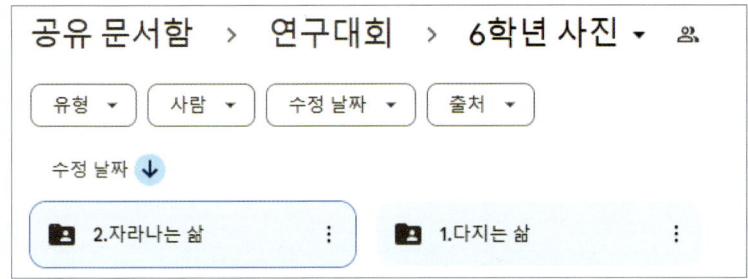

[구글 드라이브를 활용한 아카이빙-하위 폴더명 1]

대주제 프로젝트의 하위 폴더명은 소주제 프로젝트명으로 설정하였다. 예를 들어 '자라나는 삶' 폴더에 들어가면 'L', 'A', 'W'의 소주제 프로젝트 폴더가 각각 있다. 각 이때 'L', 'A', 'W'의 폴더 안에는 '자라나는 삶' 프로젝트에서 찍은 6학년 학생들의 사진을 보관해 둔다.

[구글 드라이브를 활용한 아카이빙-하위 폴더명 2]

노션을 활용한 아카이빙에서는 연구대회 탭을 만들어 각 영역별로 '토글 목록' 방식을 이용해 위계별로 유목화할 수 있다.

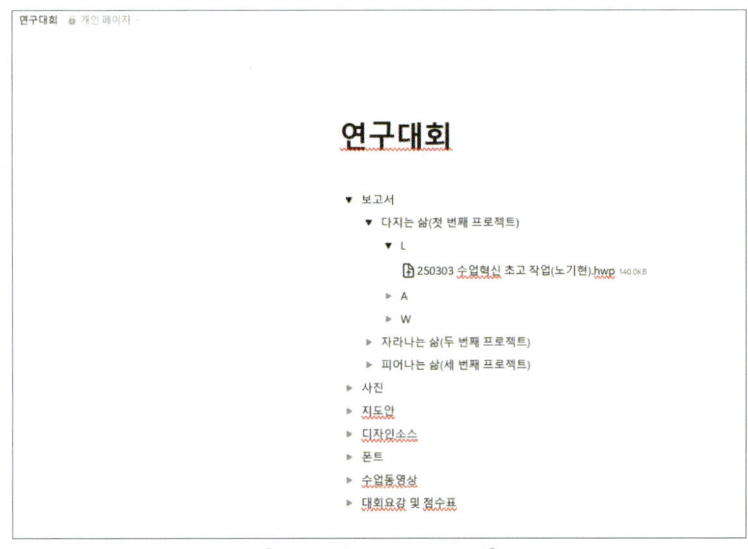

[노션을 활용한 아카이빙]

Chapter 04 행복한 연구 진행하기 145

4 내 수업 더 돋보이는 방법

　수업혁신사례연구대회에 출품하는 여러 보고서 중 내 수업을 심사위원에게 더 돋보이게 만드는 방법은 무엇이 있을까? 물론 이 책에서 귀에 박히는 연구 제목 짓기, 심사위원 눈길을 사로잡는 연구 주제 정하기 등도 알아봤지만 이번 장에서는 연구 보고서의 메인이라고 할 수 있는 수업 전개 부분에서 내 수업을 더 돋보이게 만드는 전략을 함께 고민해보고자 한다.

　혹자는 "수업이면 다 똑같은 수업이지, 돋보이는 수업이라는 건 뭐람~?" 이라고 생각할 수 있다. 정말 그럴까? '돋보이는 수업'이란 무엇인지 그 정의부터 내려보도록 하자. 이 글을 읽고 있는 선생님께서 교내 동료장학에 참여하여 다른 선생님의 수업을 참관했다고 가정해보자. 그 중 어떤 수업이 가장 기억에 남고, 인상 깊었다고 말할 수 있을까? 잠시 생각해보자.
　필자의 견해로는 '돋보이는 수업'이란 '학생 참여가 뛰어나며 교사와 학생, 학생과 학생 간의 상호작용이 뛰어난 수업'이라고 말할 수 있을 것 같다. 물론 수업의 학습목표에 도달하는 것은 기본 전제일 것이다.
　필자가 잘 활용하는 세 가지 생성형 AI에게 '돋보이는 수업'이란 무엇인지 물어보았다. 이들이 내놓은 답변을 통해, 다양한 관점에서 '돋보이는 수업'의 조건을 탐색해보자.

1. A 생성형 AI[3]
   학생과 교사 모두에게 긍정적인 인상을 남기고, 교육적인 효과가 높게 드러나는 수업
   1) 학생 참여 중심 수업(토론, 협동학습, 탐구활동, 프로젝트 등 활동이 살아있고 질문이 활발한 수업)
   2) 명확한 학습 목표와 흐름(도입-전개-정리의 맥락이 매끄러운 수업)
   3) 교사의 전문성과 개성이 드러나는 수업(학생 눈높이에 맞는 수업 설계)
   4) 학생의 배움이 보이는 수업(단순 지식 전달이 아닌 사고력, 표현력, 협업 능력 신장)
   5) 수업 이후에도 여운이 남는 수업(배운 것을 삶에 연결)

2. B 생성형 AI[4]
   학생들의 참여와 흥미를 유도하며, 학습 효과를 극대화하는 수업
   1) 학생 중심 학습(주도적 참여 환경, 학생 스스로 질문을 만들고 그에 대한 답을 찾는 수업)
   2) 실생활과의 연계
   3) 프로젝트 기반 학습, 게임 기반 학습 등의 수업 설계
   4) 다양한 평가 방법을 활용하여 성찰의 기회를 제공하는 수업
   5) 다양한 비주얼 자료를 활용하여 학생들의 집중력과 이해도를 향상시키는 수업

3. C 생성형 AI[5]
   일반적인 수업과 차별화되어 교육적 가치와 효과성이 뚜렷하게 드러나는 수업
   1) 교육적 의도가 명확한 수업(교육적 철학과 목표가 뚜렷한 수업)
   2) 문제 해결 중심의 수업(기존 교육 현장의 어려움과 한계를 인식하고 이를 극복하기 위한 대안을 제시하는 수업)
   3) 학생의 변화가 가시적인 수업(유의미한 성장을 이끌어낸 증거가 명확히 제시되는 수업)
   4) 교육과정 재구성이 창의적인 수업(학생 특성과 맥락에 맞게 재구성하여 의미 있는 학습 경험 제공)
   5) 방법론이 체계적인 수업(전국 1등급 방법이나 평가 방식이 체계적이고 일관성 있게 적용되어 일반화가 가능한 모델이 되는 수업)
   6) 현대 사회 요구를 반영한 수업(디지털 역량, 비판적 사고력, 창의성, 협업 능력 등 미래 사회에 필요한 역량을 키워줄 수 있는 수업)
   7) 교육적 효과와 효율성이 균형 잡힌 수업(화려한 활동이나 도구 활용만을 강조하는 것이 아니라, 투입 대비 교육적 효과가 최적화된 수업)
   8) 확산 가능성이 높은 수업(다른 교사들이 자신의 상황에 맞게 응용할 수 있는 보편적 가치와 적용 가능성을 가진 수업)

['돋보이는 수업'에 대한 세 가지 생성형 AI의 답변]

세 가지 생성형 AI의 답변을 함께 살펴보자. 아마 이 글을 읽고 있는 선생님께서 생각한 돋보이는 수업의 조건이 대부분 위의 답변에 포함되어 있을 것이다. 위에 제시된 답변에 나만의 색깔을 담아 내 수업을 더 돋보이게 하는 전략을 짜 보자.

---

[3] ChatGPT 4.0 (2025.04.08.). "돋보이는 수업이라는 건 구체적으로 어떤 수업을 의미하는 걸까?"
[4] wrtn. (2025.04.08.). "돋보이는 수업이라는 건 구체적으로 어떤 수업을 의미하는 걸까?"
[5] Claude (2025.04.08.). "돋보이는 수업이라는 건 구체적으로 어떤 수업을 의미하는 걸까?"

수업을 돋보이게 하는 방법을 알았다고 해서 위의 모든 요소를 한꺼번에 담는다면 어떻게 될까? 마치 여러 음식을 한 그릇에 담아 국적 불명의 요리가 되어버리는 상황이 벌어질지도 모른다. 중요한 건 욕심이 아니라 전략이다.

비니쌤의 이야기

필자는 지역의 문제를 해결하는 프로젝트에서 학생들의 배움이 삶과 연계되도록 설계하고자 했다. 그 핵심 장치 중 하나로, 교내외에서 학생 주도의 캠페인 활동을 실시했다. 학생들의 아이디어로 학교 근처 학군 5개 단지 61개 동 122개 라인 게시판에 학생들이 직접 관리사무소를 방문하여 허락을 받고 캠페인 전단지를 게시했다. 자발적으로 참여한 만큼 학생들 스스로도 굉장히 뿌듯했고 기억에 많이 남는 시간이었다고 소감을 남겼다.

또한 국어시간과 연계하여 작성한 제안서를 국민신문고 민원에 접수하여 답변을 받아 학생들에게 소개해주었다. 이는 학생들에게 수업이 끝난 후에도 깊은 여운을 남기게 했다. 그 밖에도 우리 마을 뿐 아니라 4학년 사회과 범위인 경기도 내 현안 문제인 지역 불균형에 대해서도 토론을 실시하여 민주시민으로서 지역 문제에 관심을 가질 수 있도록 수업을 설계하였다.

[돋보이는 수업을 위한 전략 예시]
출처: 지도(MAP)와 패드(PAD)들고 GPS ON, POWER UP!(2024 수업혁신사례연구대회 전국 1등급)

이처럼 내 연구 주제에 알맞은 전략을 선택하여 적용한다면 학습 효과가 드러나는 '돋보이는 수업'을 만들 수 있을 것이다. 위의 인공지능이 답한 여러 답변 가운데 내 수업에 찰떡같이 적용할 수 있는 부분은 어떤 것이 있을지 고민하여 보고 내 연구 주제에 적합한 전략을 선택하여 연구의 흐름에 알맞게 적용해 보자.

5 연구를 효과적으로 확산하기

수업혁신사례연구대회는 그 이름 그대로, 수업의 본질에 집중하는 대회다. 실제 2025년 수업혁신사례연구대회 운영 계획에 있는 심사 기준표를 살펴보면 형식적인 내용보다, 교사로서 수업을 성장하기 위해 어떤 노력을 들였는지에 대해 더 중요하게 다루고 있다는 점을 확인할 수 있다.

특히, 단순히 개인적으로 연구를 하고 끝내는 것이 아니라 동료 교원과의 적극적인 나눔을 통해 수업을 개선하고, 다른 선생님들과 수업을 공유하며 확산 및 일반화하는 과정을 중요시하고 있다는 점을 확인할 수 있다. 생각만 해도 머리 아픈 '연구의 확산'. 하지만 걱정하지 않아도 된다. 이 챕터만 읽어도 완벽 준비할 수 있도록 소개하고자 한다.

2025 수업혁신사례연구대회 운영계획 심사 기준표 中, 연구 확산 관련 배점	
수업혁신에 대한 노력 반영 (40)	• AI 디지털교과서,* AI·에듀테크 활용 등 미래형 교육환경의 변화 반영, 교-수-평-기 일체화 노력 등 수업 혁신 노력이 드러나는가? 　* 2025학년도 적용: 초등학교 3·4학년 영어, 수학, 학교자율시간(정보) / 중학교 1학년 영어, 수학, 정보 / 고등학교 1학년 영어, 수학, 정보 　※ AI 디지털교과서 활용 수업의 경우 서책형 교과서와의 병행, 최소성취보장 지도 등 다양한 유형의 운영 사례 제시 가능 • 동료 교원과의 수업 나눔(함께학교 内 '수업의 숲'* 서비스 활용 등), 전문적학습공동체 등 수업 개선 노력을 지속적으로 하였는가? 　* (경로) 함께학교(https://www.togetherschool.go.kr) – 교원연구실 – 수업의 숲 • 연구 과제의 수행 과정 등을 감안할 때, 수업방식 등의 변화를 통한 수업 혁신 노력이 드러나는가?
피드백(5)	• 실천 상의 문제점 발견 및 환류를 통해 연구 과제 해결을 위한 방법을 지속적으로 보완해가며 수행하였는가?
확산 가능성(5)	• 전국 1등급 개선 방법 및 방향이 학교교육과정과 밀접하게 연계되어 학교교육활동 활성화에 기여하는가? • 교수·학습 개선안이 체계적이고 구체적으로 제시되어 있어 교육 현장에 적용하기 용이한가?

'수업의 숲'을 활용한 수업 공유

1) '수업의 숲'이 뭐길래

'수업의 숲'이란, 학생·학부모·교사가 서로의 생각을 나누는 소통 플랫폼 '함께학교'에서 서비스하고 있는 수업 공유 플랫폼이다. 초등에서는 인디스쿨, 중등에서는 교과별로 수업을 공유하는 다양한 카페와 같은 역할을 한다고 생각하면 편하다. 이곳에서는 교사들이 직접 만든 수업 혁신 사례를 공유할 수 있다. 수업 콘텐츠, 지도안, 영상 등을 자유롭게 활용하고 나눌 수 있는 것이다. 최근에 개설된 플랫폼으로, 아직 실제 교육 현장에서 활용하기에는 그 사례가 부족해 교육부에서는 더 많은 관심을 가지고 수업 사례를 발굴하고자 노력하는 것으로 보인다.

출처 : 함께학교 플랫폼

2) 수업의 숲 활용 가이드라인

'수업의 숲'은 활용 가이드라인을 엄격하게 제시하고 있으며, 해당 가이드라인을 준수하여 수업을 공유할 수 있도록 제시하고 있다.

우수 수업 콘텐츠 공유 활성화를 위한
수업의 숲 활용 가이드라인 수정본(요약)

개념	교사들이 직접 제작한 수업 콘텐츠와 수업나눔 영상을 자유롭게 활용하고 나누는 공간
	◆ [업로드] 선생님 누구나 본인이 직접 제작한 **수업 콘텐츠**를 제공 　☞ 수업혁신연구비① + 명예(교사 크리에이터)② + 연수실적(수업나눔 영상 1건당 1시간)③ ◆ [다운로드] 선생님 누구나 자신의 **수업에 필요한 콘텐츠**를 활용 　☞ 수업 고민 해결① + 연수실적(수업 숏폼 영상 실재생시간)②

주요 내용	[1] 수업 콘텐츠의 개념 및 유형	• [개념] 교사가 1차시 이상의 교수·학습 과정을 설계하고 교실에서 수업, 평가를 실행하는 과정에서 활용할 수 있는 일체의 자료 • [유형] ① 수업 흐름 설명서(필수) + ② 수업 꾸러미(필수) + ③ 수업나눔 영상(선택)
	[2] 수업 콘텐츠의 제작 및 업로드	• [제작 원칙] 교사 개인의 저작물, 교육과정 부합성, 객관성, 윤리성, 관계 법령 등 준수 　* AIDT 활용 수업 콘텐츠는 이벤트 기간(~'25.6월) 동안 한시적으로 최대 3명까지 공동 개발 가능 　※ AIDT 활용 수업 콘텐츠의 경우 AIDT 기능의 적절한 활용이 포함되어야 함 • [규격] ① 수업 1차시 이상 ② 수업 흐름 설명서 + 수업 꾸러미 반드시 포함 • [준수사항] 관계 법령을 토대로 저작권, 초상권, 개인정보 등 필수 준수사항 점검·확인 • [기타] 수업 콘텐츠 제작 및 업로드는 겸직 허가, 외부 강의 신고대상에 해당되지 않음
	[3] 수업 콘텐츠의 다운로드 및 활용	• [범위] 교사의 교육활동에 한정하며 실제 본인의 수업에 필요한 자료에 한하여 다운로드하여 활용 • [방법] 원본 그대로 활용하거나 학급·학생 여건에 따라 일부 변형하여 사용할 수 있음
	[4] 인센티브 지급 및 연수실적 인정	인센티브: • [유형] 수업혁신연구비(연간 최대 500만원) 지급, 명예 뱃지 • [대상] 수업 콘텐츠 업로더 교사 중 마일리지를 받은 자 • [기준] ① 수업 콘텐츠 업로드 1건당 기본 마일리지 지급(~'25.6월), ② 수업 콘텐츠의 유효기간(1년)이 남아있고, 다운로드 횟수가 일정 기준을 달성한 경우 추가 마일리지 지급 연수실적: • [대상] 수업나눔 영상(15분 내외)을 업로드한 교사, 시청한 교사 • [기준] 연간 30시간 이내의 범위로 업로더 교사는 1건당 1시간 인정, 시청한 교사는 영상의 실재생시간만큼 인정

운영 절차	① [업로더 교사 → 운영지원단] 본인이 제작한 수업 콘텐츠와 영상 게시 신청 ② [운영지원단 → 수업의 숲] 콘텐츠의 교육과정 부합 여부, 윤리성, 저작권 등 검토 후 게시 ③ [수업의 숲 → 다운로더 교사] 학교급, 교과별 특성에 맞는 다양한 수업자료 제공 ※ 선생님은 필요한 자료를 내려받아 수업 활용 ④ [다운로더 교사 → 업로더 교사] 콘텐츠 후기 작성, 개선 요구 등 ⑤ [수업의 숲 → 업로더 교사] 다운로드 실적에 따라 수업혁신연구비를 지급하고, 실물·디지털 뱃지 부여

지원 체계	◆ [운영위원회] 수업의 숲 서비스 활성화 방안 논의 및 사안 발생 시 심의 ◆ [운영지원단] 업로드 신청된 수업 콘텐츠의 검토 및 모니터링 등

출처: 함께학교-수업의 숲, '수업의 숲 활용 가이드라인 요약본'

3) '수업의 숲' 사례 나눔 방법

'수업의 숲'에 사례를 나누기 위해서는 반드시 ❶수업 흐름 설명서 ❷수업 꾸러미가 기본적으로 포함되어야 한다. 선택적으로 ❸수업 영상 또한 업로드할 수 있다. 기본적으로 수업의 숲에 공유하는 수업 사례는 "누가 읽어도 이해하기 쉽게 작성되어 있는가?"를 반드시 고려하여 작성하여야 한다. 아무리 좋은 수업 사례라고 하더라도 불친절하게 만들어진 ❶수업 흐름 설명서와 ❷수업 꾸러미는 다른 사람이 활용할 수 없다. 만약, 어느 정도로 작성해야 할지 느낌이 오지 않는다면 다운로드 수가 많은 다른 사람들의 수업 나눔을 참고하자.

4) '수업의 숲' 인센티브

인센티브 지급 대상 및 기준

- (유형) 수업혁신연구비, 명예 뱃지
- (지급 대상) 수업 콘텐츠 업로더 교사 중 마일리지를 받은 자
- (마일리지 지급 기준) ①수업 콘텐츠 업로드 1건당 기본 마일리지 지급, ②수업 콘텐츠의 마일리지 발생 유효기간이 경과하지 않고 다운로드 횟수가 일정 기준을 달성한 경우 추가 마일리지 지급

※ 공동 개발한 AIDT 활용 수업 콘텐츠의 경우 참여 교사 수만큼 마일리지 분할 지급 / (예시) (예시) A 콘텐츠에서 총 5마일리지가 발생할 경우 공동 개발 교원 3명이 각각 1.6마일리지 취득(마일리지 정산 시 소수점 이하 버림 처리)

* 일반 수업 콘텐츠: 1건당 1마일리지, AIDT 수업 콘텐츠: 1건당 3마일리지

※ 기본 마일리지 지급 이벤트는 예산 상황 등에 따라 조기 종료 가능

- (추가 마일리지) 학교급·교과·콘텐츠별로 설정된 다운로드 횟수를 달성할 경우 마일리지 발생·누적
- (인센티브 지급 방식) 수업혁신연구비는 정산일(매년 6월 말 예정) 기준 마일리지에 따라 지급하되 최대 지급 상한액*(12개월 기준 500만원)을 초과할 수 없으며, 명예 뱃지는 누적된 마일리지를 토대로 지급

※ 정산일 기준, 정산받을 마일리지가 최대 지급 상한액을 초과하더라도 수업혁신연구비는 최대 지급 상한액만큼 지급 가능하며, 최대 지급 상한액을 초과하는 마일리지는 소멸(차기 정산 시기로 마일리지 이월 불가)

- (수업혁신연구비) 1마일리지당 1만원의 수업혁신연구비를 지급하며 도서 구입, 연수비, 국내·외 선진지 방문, 문화 □체육활동 등 교사의 역량 제고를 위한 용도로 자율적으로 사용

※ 건강관리, 자기계발, 여가활동 등으로 수업혁신연구비를 자유롭게 사용하되, 사행성 경비(복권, 도박 등) 목적으로 사용 불가(추후 사행성 경비 지출 등이 확인될 경우 해당 비용만큼 회수 예정)

◁ 추가 마일리지 발생을 위한 다운로드 기준 ▷

콘텐츠	학교급	교과	다운로드 기준
일반 수업	유아	놀이, 활동	다운로드 50회당 1마일리지
	초등	교과(전과목), 창체 등	다운로드 50회당 1마일리지
	중등	국어과, 수학과, 영어과, 사회과(역사 포함), 과학과, 창체, 융합	다운로드 30회당 1마일리지
		그 외 교과(체육과, 음악과, 미술과, 기술·가정, 제2외국어, 전문교과 등)	다운로드 15회당 1마일리지
AIDT 활용 수업	초등	수학, 영어, 학교자율시간(정보)	다운로드 15회당 1마일리지
	중등	수학, 영어	다운로드 10회당 1마일리지
		정보	다운로드 5회당 1마일리지

출처: 함께학교-수업의 숲, '수업의 숲 활용 가이드라인' 이하 같음

【 수업혁신연구비 정산 기준일 및 청구 방법 】

구분	주요 내용
정산 기준일	■ 매년 6월 말을 기준으로 플랫폼에 업로드된 자료의 마일리지 정산 ※ 정산 시기는 운영 상황, 예산 상황 등을 고려하여 변경 가능
先 집행 後 청구	■ 정산된 마일리지만큼 연구비를 우선 집행하고 교육부(위탁기관)에서 안내한 기간 안에 영수증을 첨부하여 청구해야 함

※ 수업혁신연구비 지급 청구 시 영수증 금액을 합산한 액수가 교육부(위탁기관)에서 안내한 수업혁신연구비를 초과한 경우도 당초 확정한 연구비 내에서만 지급하며, 청구 기간 내 연구비 지급을 신청하지 않거나 청구한 영수증의 금액이 적을 경우 이월되지 않고 추가 지급할 수 없음. 또한 사행성 경비 사용액에 대해서는 연구비 지급이 불가함

◁ 수업혁신연구비(인센티브) 사용 절차 ▷

[인센티브 지급액 안내] 함께학교 등을 통해 교사별 마일리지(지급액) 안내(→교사) ※ 정산: '24.9.~'25.6.	[수업혁신연구비 先 집행] 학원 수강, 도서 구입 교원 연수비 등으로 본인이 우선 집행(본인 명의 카드, 현금 등 활용)	[영수증 청구] 학원수강비 결제 등 영수증 스캔본을 함께학교에 첨부하고 지급 청구(→EBS)	[청구액 송금] 영수증 등을 확인한 후 교사 본인 계좌로 청구액 지급(→교사)
위탁기관(EBS) [매년 7월초]	교사 [매년 7월~11월말]	교사 [매년 7월~11월말]	위탁기관(EBS) [매년 12월]

[수업혁신연구비 사용 예시]
① EBS, 35만원의 인센티브 지급액('24.9월 ~ '25.6월 정산일 기준)을 함께학교, 공문 등으로 통보(→A교사)
② A교사, 도서 구입(5만원), 학원 수강(10만원), 연수비(20만원)를 본인 비용(현금, 카드 등)으로 수업혁신연구비 우선 지출
③ A교사, 수업혁신연구비로 지출한 카드 영수증, 현금영수증 스캔본을 함께학교 플랫폼을 통해 제출하고 지급 청구(→EBS)
④ EBS, 영수증 집행 금액, 사용의 적정성 등을 확인한 후 교사 본인 계좌로 청구액 지급

- (명예 뱃지) 누적 마일리지가 뱃지별 최소 마일리지 기준에 도달할 경우 해당 교사에게 실물 뱃지와 디지털 뱃지를 수여함

◁ 명예 뱃지 취득을 위한 마일리지 기준 ▷

등급	GOLD	SILVER	BRONZE
최소 마일리지 기준	300마일리지	200마일리지	100마일리지

※ 디지털 뱃지는 '수업의 숲' 닉네임에 표기되고, 실물 뱃지는 해당 교사의 학교로 발송

[수업혁신연구비(인센티브) 사용 절차]

5) 수업혁신사례연구대회에 '수업의 숲' 활용 방법

심사 기준표에 '수업의 숲' 서비스 활용이 언급되어 있지만, 사실 정확하게 그 문구를 살펴보면 '동료 교원과의 수업 나눔(함께학교 內 '수업의 숲' 서비스 활용 등), 전문적학습공동체 등 수업 개선 노력을 지속적으로 하였는가?'라고 언급되어 있다.

수업혁신에 대한 노력 반영 (40)	• AI 디지털교서,* AI·에듀테크 활용 등 미래형 교육환경의 변화 반영, 교-수-평-기 일체화 노력 등 수업 혁신 노력이 드러나는가? * 2025학년도 적용: 초등학교 3·4학년 영어, 수학, 학교자율시간(정보) / 중학교 1학년 영어, 수학, 정보 / 고등학교 1학년 영어, 수학, 정보 ※ AI 디지털교과서 활용 수업의 경우 서책형 교과서와의 병행, 최소성취보장 지도 등 다양한 유형의 운영 사례 제시 가능 • 동료 교원과의 수업 나눔(함께학교 內 '수업의 숲'* 서비스 활용 등), 전문적학습공동체 등 수업 개선 노력을 지속적으로 하였는가? * (경로) 함께학교(https://www.togetherschool.go.kr) – 교원연구실 – 수업의 숲 • 연구 과제의 수행 과정 등을 감안할 때, 수업방식 등의 변화를 통한 수업 혁신 노력이 드러나는가?

[2025 수업혁신사례연구대회 심사 기준표 일부]

필자는 심사위원이 아니기에 해당 문구에 대한 뜻이 정확히 '이것'이다. 라고 언급할 수는 없지만, '동료 교원과의 수업 나눔'의 예시로 '함께학교 내의 수업의 숲 서비스 활용'을 언급한 것임은 이견이 없을 것이다. 심사위원단이 구성이 되면 해당 채점 기준을 바탕으로 자세한 채점 기준을 선정하겠지만, 현재로서는 단순히 해당 문구만 보고 '수업의 숲'에 컨텐츠 몇 개를 올리면 몇 점에 해당하는지 등의 정량적 평가를 할 수는 없을뿐더러, 그럴만한 근거도 충분하지 않다.

다만, 해당 심사 기준표의 핵심은 '수업의 숲'을 활용했는지 여부보다도 '동료 교원과의 수업 나눔을 통해 수업 개선 노력을 지속적으로 해왔는가'에 초점을 두고 있다는 점이다. 따라서 2025학년도 수업혁신사례연구대회에 출품을 준비하는 선생님이라면, '수업의 숲' 활용을 염두에 둘 수는 있되, 그것만이 정답이라고 생각할 필요는 없다. 중요한 것은 어떤 도구를 썼는가가 아니라, 수업을 나누고 함께 성장하는 과정을 어떻게 만들어갔는지에 있다.

만약, 필자가 다시 올해 출품하게 된다면 수업의 숲을 포함한 다양한 수업 나눔과 전문적 학습 공동체 활동으로 수업 개선 '노력'을 '지속적'으로 하였음을 더욱 강조할 것이다.

'공개수업'으로 수업 공유하기

필자는 수업혁신에 대한 노력 및 피드백과 관련된 점수를 고려하여 학교 내·외 다양한 공개수업에 적극 참여하였다. 일상적인 수업에서는 학생 외에 수업에 대한 피드백을 받을 수 있는 여건이 현실적으로 부족했기 때문이다.

교장·교감선생님을 포함한 교내·외 다양한 선생님들께 수차례 자발적 수업 공개를 하였으며, 감사하게도 선생님들께서 시간을 내어서 수업을 보러 와 주셨다. 이때, 수업혁신사례연구대회에 출품하시는 선생님들께 공개수업에서 중요한 것은 단순한 수업 공개가 아니다. 반드시 간단한 소감을 포함한 피드백을 서면으로 받아두는 것이 중요하다. 해당 내용들은 보고서에서 수업일지 등을 통해 자연스럽게 수업 혁신에 대한 노력과 피드백 반영의 사례로 표현할 수 있다.

피드백(5)	• 실천 상의 문제점 발견 및 환류를 통해 연구 과제 해결을 위한 방법을 지속적으로 보완해가며 수행하였는가?

[2025 수업혁신사례연구대회 심사 기준표 일부]

공개수업에 참관한 선생님들께서 남겨주신 피드백을 바탕으로 성찰 기록을 남겨두는 것이 좋다. 수업 후 본인이 설계한 수업에서 아쉬웠던 점과 좋았던 점을 기록하고, 수업에 참관한 선생님들의 피드백을 바탕으로 향후 수업 계획에 대한 변화된 전략을 함께 기록해 두는 것이다.

전문적 학습공동체를 통한 연구 확산

마지막으로, 필자는 다양한 전문적 학습공동체 활동을 하며 수업 개선을 위해 지속적으로 노력하였다. 전문적 학습공동체에 함께하는 선생님들은 대체로 연구자와 관심 주제가 유사하고, 수업 자체에 깊은 관심을 가진 분들이 많다. 이러한 특성을 고려하면, 각자의 연구 과정에서 마주하는 고민을 함께 나누고, 그 과정에서 수업에 대한 통찰과 실질적인 성장을 도모할 수 있다.

필자는 위에서 살펴본 세 가지 확산의 과정을 보고서에 아래와 같이 포함하여 작성하였다. 꼭 보고서만을 위한 게 아니더라도, 다양한 확산은 자신의 수업 전문성을 신장시키는데 큰 도움이 될 것이다.

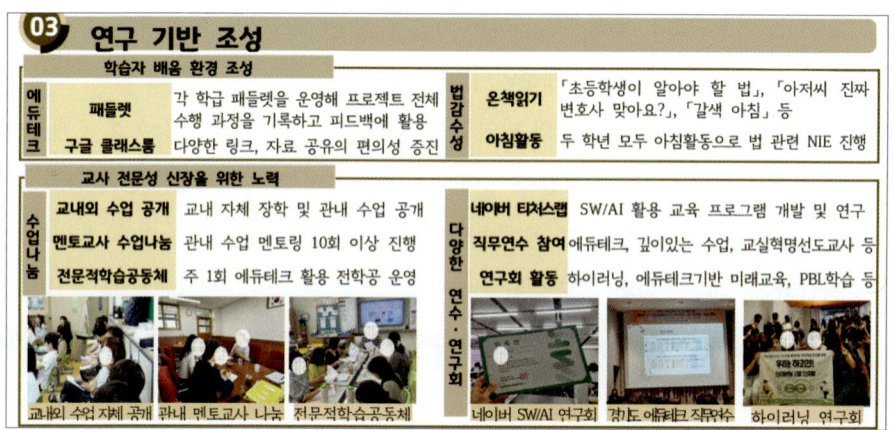

[수업 확산을 보고서에 담아낸 예시]
출처: 헌법의 세상에서 정의L.A.W.운 세 삶 만나기(2024 수업혁신사례연구대회 전국 1등급)

6 연구 피로감 없이 지속하는 법

"당장 그만두고 싶다." 필자가 연구대회를 준비하는 내내 끊임없이 되뇌었던 말이다. 처음 해보는 연구대회는 필자에게 학교생활뿐만 아니라 일상생활에도 큰 영향을 주었다. 운동을 좋아하던 필자가 운동을 가지 못할 정도로 여유가 없었다. 피로감이 지속적으로 누적되어 일상생활에 생각보다 큰 영향을 준 것이다.

그런데 되돌아보면, 사실 이렇게까지 피로감을 느낄 이유는 전혀 없었다. 처음 해보는 연구대회였기에 서툴렀고, 준비가 제대로 되어있지 않아서 남들보다 더 힘들었던 것은 아닐까 하는 생각이 많이 든다.

이 책을 읽는 선생님들께서는 필자와 같은 고생을 하지 않기를 바라는 마음을 담아 〈연구 피로감 없이 지속하는 법〉을 나누고자 한다.

보고서 작성 계획을 세우고 꾸준히 실천하기

연구의 피로감을 없애는 가장 핵심적인 방법은 바로 계획을 세우고 꾸준히 실천하는 것이다. 굉장히 당연한 말이고 흔한 말 같지만, 수업혁신사례연구대회에서 가장 핵심적인 요소라고 할 수 있다.

2024년, 필자는 계획과 꾸준한 실천의 부재로 정신적·신체적으로 많이 지쳤던 기억이 난다. 수업 실천과 동시에 보고서의 전반적인 구성에 대해서도 함께 준비해 두는 것이 좋았겠지만, 막막하기만 하여 계속 미루기만 했다. 그렇게 마지막까지 미루다 결국 마감 시간에 압박을 받으며 보고서 작성과 영상 촬영을 급하게 마무리하여 시·도대회에 제출했다.

1학기 초입에 수업혁신사례연구대회 계획서를 제출하기 때문에, '1학기 말'이라는 보고서 제출 시기가 한참 많이 남은 것처럼 느껴진다. 하지만 학교라는 공간의 특성상 시간이 매우 빠르게 지나가므로, 반드시 프로젝트 수업 차시를 계획해서 실천하는 것 외에도 보고서 작성에 대한 계획을 틈틈이 세워 두는 것을 추천한다.

특히, 보고서 틀(디자인)에 대한 디자인은 미리 계획을 세워두고 실천하는 것이 좋다. 보고서 틀(디자인)이 빠르게 결정될수록 보고서 작성에 어려움이 많이 줄어들기 때문이다. 보고서 틀(디자인) 작성이 늦어지면, 그만큼 어떤 내용을 채워나갈 것인지에 대한 방향성이 정해지지 않으므로 보고서 작성에 많은 시간이 드는 것이다. 필자의 경우에도 거의 제출 직전까지 보고서 틀이 정해지지 않아서 연구 후반부로 가면서 보고서를 작성할 시간이 부족했고, 자연스럽게 연구에 대한 피로감이 많이 누적되었다.

피로감이 쌓인다는 것은 다르게 말하면 연구의 지속성에 대한 원동력이 떨어지고, 연구의 질적인 부분이 떨어진다는 말이다. 수업실천뿐만 아니라, 보고서 작성에 대해서도 미리 생각해 두고 계획하자. 그리고 시작하자. 조금씩 꾸준히 한 걸음씩 나아간다면, 연구의 피로감 없이 우수한 결과로 일 년을 마무리할 수 있을 것이다.

내 마음이 편안한 힐링 장소 만들기

필자는 수업혁신사례연구대회를 준비하면서 학교, 집 외에 스스로에게 힐링이 되는 장소를 정해서 자주 그곳으로 가서 연구를 준비했다. 필자에게 가장 큰 힘이 되는 장소는 '편안한 카페'였다. 연구대회를 준비하는 2024년 한 해 동안 주변에 웬만한 카페는 다 가봤다 할 수 있을 정도로 다양한 카페에서 나름의 재미를 찾았다.

학교라는 공간은 근무환경이기에, 오랜 시간 앉아서 연구를 하면 생각보다 피로가 더 많이 쌓이고 좋은 아이디어가 생기지 않았다. 집도 마찬가지였다. 앉으면 눕고 싶고, 누우면 자고 싶은 것이 사람의 본능이라 했던가. 집에 가서 제대로 된 준비를 해본 기억이 없다.

하지만 카페는 달랐다. 지치고 힘든 와중에도 편안한 음악을 듣고, 맛있는 음료를 마시며 나름의 피곤함을 달래며 연구를 지속했다. 카페라는 하나의 장소가 연구를 끝까지 마무리할 수 있는 데에 큰 도움을 준 것이다.

이 글을 읽는 선생님들도 '내가 어떤 장소에 가면 행복한가'에 대해 한번 생각해 보길 바란다. 그리고 힘들거나 지칠 때, 혹은 주기적으로 그 장소에 가서 기력을 채우는 것을 추천한다. 분명, 연구의 피로감을 줄이고 성공적으로 연구대회를 마무리하는 데에 큰 도움이 될 것이다.

나에게 줄 달콤한 보상 마련하기

금강산도 식후경이라 했던가? 잘못된 말이다. 식후경에 금강산을 오르면 몸이 무거워서 배가 부르고, 다음 보상이 없어서 쉽게 지쳐버리고 만다. 연구대회에서는 '식'을 아껴두고, 연구대회가 끝나자마자 스스로에게 줄 수 있는 달콤한 보상을 준비하는 것이 필요하다.

필자의 경우, 연구대회가 진행되는 한창에 여행 계획을 세웠다. 이 연구가 끝나고 나면 오랜 시간 여행 갈 생각으로 한 해를 버텼다. 별것 아닌 것 같지만, 큰 산을 넘기고 나면 나에게 보상이 기다리고 있다는 사실 그 하나만으로도 생각보다 큰 도움이 된다.

수업혁신사례연구대회는 수업에 대한 이론적 배경부터 실천, 그리고 평가와 보고서 작성, 심지어 동영상 촬영까지 있는 피로도가 높은 연구대회이다. 이를 실천하는 과정에서는 당연히 피로가 쌓일 수밖에 없다. 그러나 필자는 '여행'이라는 큰 선물이 기다리고 있다는 생각으로 매 순간을 기대와 설렘을 바탕으로 연구의 과정에서 지치지 않고 이겨낼 수 있었다.

고생한 우리에게 줄 선물을 미리 고민해보고, 연구가 끝나면 고생한 스스로에게 당당하게 선물을 주자. 생각보다 큰 동력이 될 것이고, 고생한 우리는 그 선물을 받을만한 가치가 충분하다.

5

1등급 보고서 작성하기

아무리 내용이 탄탄한 연구라도, 보고서에 제대로 담아내지 못하면 수업혁신사례연구대회에서 좋은 결과를 기대하기 어렵다. 게다가 보고서는 1차 심사 대상이기 때문에 통과하지 못하면 수업 동영상을 보여줄 기회조차 얻지 못하게 된다. 한 학기의 노력이 가득 담긴 연구를 온전히 보여주지 못하고 떨어지면 너무 안타깝지 않겠는가?

그만큼 이 대회에서 보고서의 중요성이란 아무리 강조해도 부족하며 모두가 인지하고 있을 것이다. 그저 보고서 작성의 법칙을 모를 뿐. 연구 내용을 제대로 담는다는 것, 심사 기준에 맞는 보고서를 작성한다는 것은 무엇일까? 필자는 직접 보고서를 작성하고 수많은 다른 연구자의 보고서를 분석하며 수상하는 보고서의 공통점을 알게 되었다. 그럼 지금부터, 그 공통점들을 따라 올바른 보고서 작성의 법칙을 살펴보자. 강조한 내용을 잘 지켜 보고서를 작성한다면 적어도 보고서 작성 때문에 1등급을 놓치는 일은 없을 것이다.

1 일관성 있는 보고서

수많은 입상 보고서를 분석한 자의 시선에서 보고서 구성 시 가장 중요한 점이 무엇이냐 묻는다면, 필자는 망설임 없이 '보고서의 일관성'이라고 답할 것이다. 보고서의 모든 요소는 일관성 있게 하나의 결론을 향해 서술되어야 한다. 서론, 본론, 결론의 전체적인 흐름은 물론이고 실태 조사, 에듀테크 활용, 연구의 차별점처럼 세세한 구성도 하나의 목표를 이루기 위한 과정이 되어야 한다는 뜻이다. 만약 연구자 외 제3자가 보고서를 읽다 중간에 연구의 목적이 뭐였는지 되돌아가 확인하게 만든다면, 그 보고서는 이미 길을 잃은 셈이다. 끝까지 연구의 방향을 놓치지 말고 일관성을 유지하자. 지금부터 보고서의 일관성을 유지하는 서술 방식을 자세히 살펴보자.

서론, 본론, 결론의 흐름 유지하기

일관성 있는 보고서에서 가장 확실히 지켜야 할 것은 서론, 본론, 결론의 전체적인 흐름을 유지하는 것이다. '내가 제시한 문제는 어떻게든 해결한다.'의 법칙을 기억하자. 보고서는 서론의 문제 제기를 시작으로 본론에서는 문제 해결을 위한 과정을 보여주고 결론에서는 문제 해결 여부를 서술한다. 만약 서론에서 문제 세 가지를 제시했다면 본론에서는 세 가지 문제를 해결하는 과정이 모두 드러나는 프로젝트를 실행해야 한다. 그리고 마지막으로 결론에서 각각의 세 가지 문제가 어떻게 해결되었는지 수치와 관찰을 통해 서술하며 연구의 효과성을 드러내는 흐름이다. 즉, 본론과 결론의 뿌리는 서론에 두어야 한다. 본론의 프로젝트 방향이 서론에서 제기한 문제 상황이나 목적과 동떨어졌다거나 일부를 누락했다면 수정이 필요하다. 마찬가지로 결론에서 서론에 제시한 문제와는 다른 결과를 서술한다면 그 결과가 아무리 교육적으로 훌륭한 결과더라도 의미를 잃게 된다. 그렇다면 좀 더 자세하게 보고서의 흐름을 유지하기 위한 서론, 본론, 결론의 서술 방식을 살펴보자.

먼저 서론은 문제 인식과 연구의 필요성, 목적, 실태 조사가 가장 큰 축을 이룬다. 문제 인식에서는 현재 교육 현장에서 나타나는 주요 쟁점을 객관적인 시선으로 조명한다. 이어서, 목적에서 이와 같은 교육 현실을 해결하기 위한 연구의 설계 이유를 드러낸다. 또한 실태 조사에서는 문제 상황에 대한 연구 시작 전 당시 학생의 능력을 보여주며 연구 목적의 실현이 필요한 상황임을 강조한다. 예를 들어 과목에 대한 학생들의 거부감이 크다는 것을 서론의 문제 인식과 연구의 필요성에서 짚었다면, 연구의 목적에서는 과목에 대한 거부감 해소를 위한 프로젝트의 설계를 소개한다. 마지막으로 실태 조사에서는 과목에 대한 흥미가 낮은 학생들의 모습을 보여주며 연구 목적 실현의 타당성을 보여주는 것이다.

본론은 서론에서 제기한 여러 문제를 해결하는 과정이다. 그렇다면 본론에서는 서론에서 제시한 여러 문제를 각각의 소 프로젝트마다 모두 해결하는 방식이어야 할까? 필자는 앞서 보고서에서는 문제 상황이 단 하나도 누락되지 않도록 주의하라 언급한 바 있다. 이는 꼭 모든 프로젝트에 모든 문제 해결이 들어가야 한다는 뜻은 아니다. 예를 들어, 서론에서 세 가지 문제를 제시했다면 한 프로젝트에 세 가지의 해결 방법을 모두 포함시켜도 되지만 한 프로젝트에서 한 문제씩 해결하는 장면을 보여주어도 된다는 뜻이다.

마지막으로 일관된 결론이란 어떤 것일까? 그것은 바로 서론에서 제기한 문제에 대한 해답이 결론에서 분명하게 제시되는 것이다. 그런데 만약 연구 결과, 서론에서 제기하지 않은 문제점에 대한 결과가 도출되었는데 이것이 교육적으로 너무도 훌륭하고 의미 있는 결과라면 어떻게 해야 할까? 결론부터 말하자면 서론을 수정하면 된다. 해당 결과에 대한 문제 인식을 처음부터 하지 못했을 뿐, 교육적으로 훌륭하고 의미 있는 결과라면 보고서 제출 전까지 언제든 채워 넣으면 되는 것이다. 그렇다면 보고서상 순서를 뒤집어 결론에서부터 서론을 이끌어 내어 작성하는 방식으로 일관성을 확보한다.

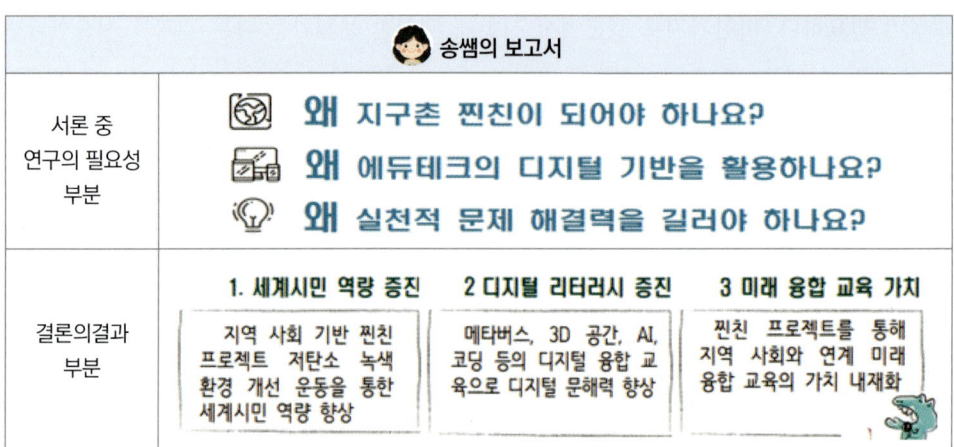

출처: 디지털 기반 찐친(Chin親)프로젝트로 지속 가능한 세계시민역량 기르기 (2024 수업혁신사례연구대회 전국 1등급)

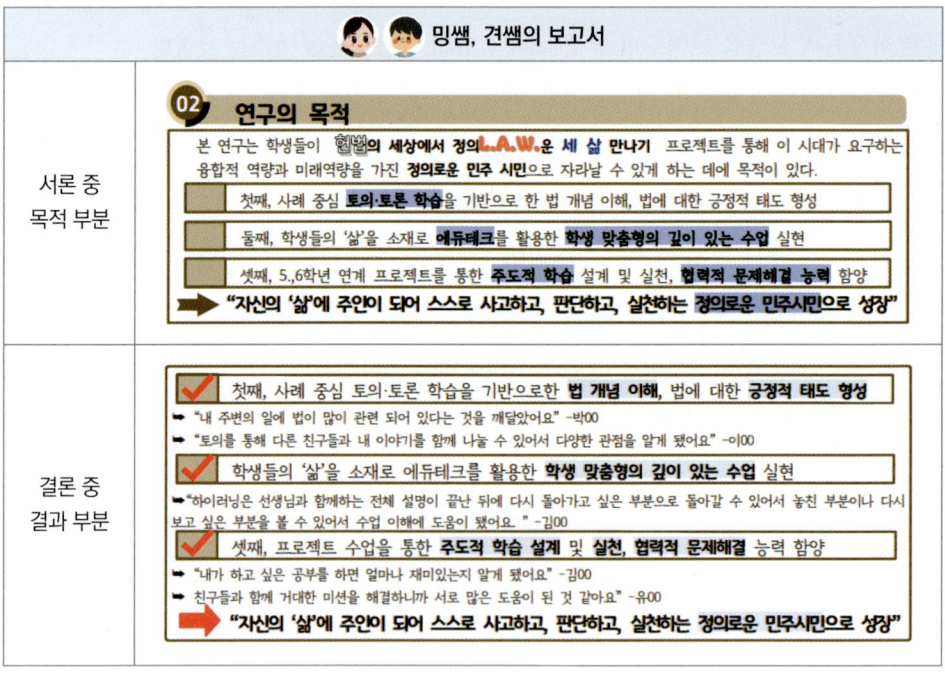

출처: 헌법의 세상에서 정의 L.A.W.운 세 삶 만나기 (2024 수업혁신사례연구대회 전국 1등급)

관련성이 낮은 연구 내용은 과감히 삭제하기

긴 호흡의 연구를 진행하다 보면 연구의 모든 내용을 보고서에 담고 싶은 마음이 든다. 한 수업, 한 수업이 소중해지고 연구자에게 의미 있기 때문이다. 하지만 보고서 페이지는 제한되어 있다. 모든 내용을 담으려고 욕심을 내면 핵심이 흐려지고 일관성도 떨어진다. 아쉽지만, 주제에서 벗어난 내용은 과감히 빼자. 관련성이 낮은 연구 내용은 전체 보고서의 흐름과 일관성을 해친다.

삭제 대상은 프로젝트의 내용일 수도, 결론일 수도 있다. 연구자에게는 너무나 의미 있는 수업 과정이 보고서에는 오히려 방해가 될 수도 있다는 점을 기억하자. 일관성을 유지하기 위해서는 객관적인 판단과 이성적인 결단이 필요하다. 내용을 쓰고 아래의 체크리스트 문항을 보고 적절성을 판단해보자. 체크리스트에서 하나라도 '그렇다'에 체크를 했다면 삭제를 추천한다.

확인 내용	그렇다	아니다
내용이 보고서의 주제와 목적에 적합한가?	☐	☐
내용이 이전에 설명한 내용과 논리적으로 연결되는가?	☐	☐
내용이 보고서의 핵심 테마나 컨셉에 부합하는가?	☐	☐

[관련성 체크리스트]

테마와 컨셉을 유지·강조하기

일관성 있는 보고서를 작성하려면, 처음에 설정한 테마와 컨셉을 끝까지 유지하며 일관되게 강조하는 것이 중요하다. 보고서의 테마와 컨셉은 다채롭게 구성되는데 '민주시민 기르기'가 될 수도 있고 '문해력', '사회성', '정의'가 될 수도 있다. 또는 연구자가 새롭게 만들어 도입한 역량이나 개념이 될 수도 있다. 설정한 테마와 컨셉은 보고서 전체에 걸쳐 반복적으로 강조해, 읽는 이가 단번에 보고서의 정체성을 느낄 수 있도록 해야 한다. 즉, 연구의 필요성에서 활동, 결과까지 절대 테마와 컨셉에서 벗어나지 않게 하자. 본론의 프로젝트 활동을 설명할 때에도, 전체 테마나 컨셉과 연결 지어 그 의미를 짚어주는 것이 중요하다.

또한 테마와 컨셉에 맞춰 색상이나 아이콘 등의 시각 요소를 구성하는 것도 보고서의 일관성을 높이는 데 효과적이다. 필자는 '정의'를 컨셉으로 헌법 프로젝트를 진행할 때 법전 느낌을 주기 위해 보고서의 색으로 갈색을 사용했고, 법전 아이콘도 함께 넣었다. 이렇게 보고서의 핵심 테마나 컨셉에 맞춰 디자인 요소를 구성하면 보고서의 일관성이 한층 더 살아난다.

2 보고서에 꼭 들어가야 할 내용은?

연구 보고서는 어떻게 구성해야 좋을까? 꼭 들어가야 할 핵심 내용은 무엇일까? 핵심 내용마다 적당한 분량은 어느 정도일까? 처음 준비하는 사람들에게는 모든 것이 낯설고 막막하게 느껴질 수 있다. 내용을 구성하는데 있어 가장 먼저 참고해야 하는것은 '운영 계획'이다. 보고서의 작성 및 제출 방법을 꼼꼼하게 확인한 후 어느 부분에 무엇을 넣을지 고민해야 한다. 아래 내용을 살펴보면서 보고서에 꼭 들어가야 할 내용들을 하나하나 살펴보며 나만의 보고서를 구성해보자.

연구대회 서류 작성 요령 확인

수업혁신사례연구대회 보고서는 표지-요약서-본문 및 부록으로 구성된다. 교육부에서 제시한 2025학년도 수업혁신사례연구대회 운영 계획에 나타나 있는 연구 보고서 출품 서류 작성 요령을 먼저 살펴보면서 중요한 내용들을 기억하자. 운영 계획은 무엇보다 중요한 지침이므로 여기서 제시된 사항들을 놓치지 않도록 여러번 확인하며 내용을 구성해야한다.

- 연구 보고서

구분	작성 및 제출방법	비고
분량	▸ 총 25쪽 이내 ※ 표지, 목차 분량 제외 　• 요약서 : 1쪽 이내 　• 본문 및 부록(전국 1등급과정안, 수업일지 등) : 24쪽 이내 　• 요약서, 목차, 본문, 부록(전국 1등급과정안, 수업일지 등) 순서로 한 권으로 제본 / 1개 파일로 저장 ※ 공동연구의 경우 보고서에 '공동연구의 필요성 및 목적'이 반드시 포함되도록 작성(미포함 시 2점 감점 처리)	※ 부록은 별책이나 바인더 형태로 제출 금지 ※ 부록 미제출자는 전국대회 추천대상에서 제외
규격	▸ 여백: 상/하/머리말/꼬리말 15, 좌/우 25, 제본 10 ▸ 본문: 들여쓰기 10, 휴먼명조 12포인트, 줄간격 160%, 문단 위 5, 문단 아래 0 ▸ 목차와 표는 연구자 임의로 작성 가능	
표지작성 및 출력	▸ A4 용지 좌철, 양면 인쇄 및 흑백 출력, 표지(무코팅), 속지 (흰색 바탕에 흑백 인쇄) ▸ 보고서 표지는 반드시 서식 준수 ▸ USB 제출 시 라벨 서식 준수	※ 소속학교 및 지역, 연구자명 등 연구자를 드러내는 일체 사항을 표지 및 본문, 부록에 일체 표기하지 말 것, 기재 시 감점

- 부록

구분	작성 및 제출방법	비고
전국 1등급과정안	▸ 연구주제와 관련하여 자유롭게 작성하되 2회분 수록 ▸ 1회는 1차시 기준이나, 융합형 교육, 프로젝트형 수업 등 필요 시 복수 차시도 가능	※ 교사 및 학생활동에 대해 상세하게 제시 ※ 블록타임 수업으로 진행하여 동영상 제출한 경우 전차시 전국 1등급과정안 수록
수업일지	▸ 서식 자유 ▸ 수업개선을 실천한 진지한 성찰, 노력 등이 드러나도록 작성	

[2025학년도 수업혁신사례연구대회 운영 계획]

연구 보고서의 분량은 표지와 목차를 제외하고 총 25쪽 이내로 작성해야 한다. 25쪽 안에 요약서, 본문, 부록을 담아내야 하며, 공동연구의 경우 보고서에 공동연구의 필요성 및 목적이 반드시 포함되어야 한다.

연구 보고서의 개요

연구 보고서에 꼭 들어가야 하는 내용과 적당한 분량 예시는 아래의 표와 같다.

순서	연구 보고서 내용		분량
1	표지		1쪽 (총 분량에서 제외)
2	요약서		1쪽
3	목차		1쪽 (총 분량에서 제외)
4	서론	연구의 필요성/연구의 목적	4~5쪽
		선행 연구의 분석/용어의 정의	
		실태분석/과제설정	
		환경 조성	
5	본론	실천 과제에 따른 세부 연구 내용	8~12쪽
6	결론	결과 분석	참고문헌
		연구 성과	
		후속 연구를 위한 제언/ 연구 결론	
		참고문헌	
7	부록	전국 1등급과정안	5~8쪽
		수업일지	
		수업 결과물	

[연구 보고서 개요]

내용별 분량에는 '몇 쪽이 가장 적절하다'는 답은 없다. 본인의 연구 내용에 맞게 자신이 좀 더 힘을 주고 싶은 부분에 좀 더 많은 분량을 할애하는 것이 가장 좋다.

이번에는 분량이 정해져 있는 요약서 1쪽을 제외한 서론, 본론, 결론, 부록의 분량을 7명의 연구자는 어떻게 배분했는지 살펴보자.

작성자 \ 부분	서론	본론	결론	부록
비니쌤	5	11	2	6
송쌤	3	14	2	5
지니쌤	4	13	3	4
혜온쌤	3	14	2	5
찐쌤	5	8	3	8
밍쌤, 견쌤	3	12	3	6
평균	3.88	12	2.5	5.67

[7인 7색 연구 보고서 분량]

위의 표에서도 알 수 있듯이 연구 보고서의 분량은 연구자마다 다를 수 있으며, 연구 내용에 따라 강조하고 싶은 부분에 분량을 더 할애하는 것이 가장 바람직하다. 그렇다면 요약서, 서론, 본론, 결론, 부록에는 어떤 내용들을 담아야 할까? 각 구성별 세부 내용들을 살펴보자.

세부 내용

1) 연구를 한눈에 보여주는 요약서

요약서는 심사위원이 표지를 넘기자마자 마주하게 되는 보고서의 첫 장이다. 그렇기에 요약서에서 큰 인상을 심어주는 것이 중요하다. 딱 한쪽 분량이지만 요약서에서 연구의 온 과정을 한눈에 보여주는 것이 중요한데, 연구자의 노력과 연구 내용이 잘 드러나도록 구성하여 좋은 첫인상을 심어주자.

요약서에는 연구의 필요성, 연구의 목적, 연구의 실행 내용, 결과를 담는 것이 좋다. 요약서 역시 연구자의 취향에 맞게 내용을 구성하는 필요한 부분이며, 무엇보다 자신의 연구 내용이 잘 드러나게 눈에 띄도록 담는 것이 중요하다. 매력적인 요약서로 본문을 꼭 읽고 싶어지도록 만들어 보자!

〈요약서〉	(연구 제목)
1. 연구의 필요성	
2. 연구의 목적 및 방향/방법	
3. 연구의 설계/전개	
4. 연구의 결론/결과	

[요약서 작성 흐름 예시]

요약서 작성의 구체적인 내용은 Chapter 3.8을 참고하자.

2) 연구의 흐름이 보이는 목차

목차라고 하면 처음 드는 생각은 '어디에 어떤 내용이 있는지 찾을 수 있게 해주는 부분'이라고만 생각하기 쉽다. 틀린 말은 아니지만 연구 보고서의 목차는 요약서에서 말한 내용을 본문에서 어떻게 녹여냈는가를 한눈에 보여주는 부분이기도 하다. 제목들을 통해 연구의 흐름을 읽게 해주고, 분량을 파악할 수 있게 해준다. 아래 7인 7색 연구 목차를 통해 자세히 살펴보자.

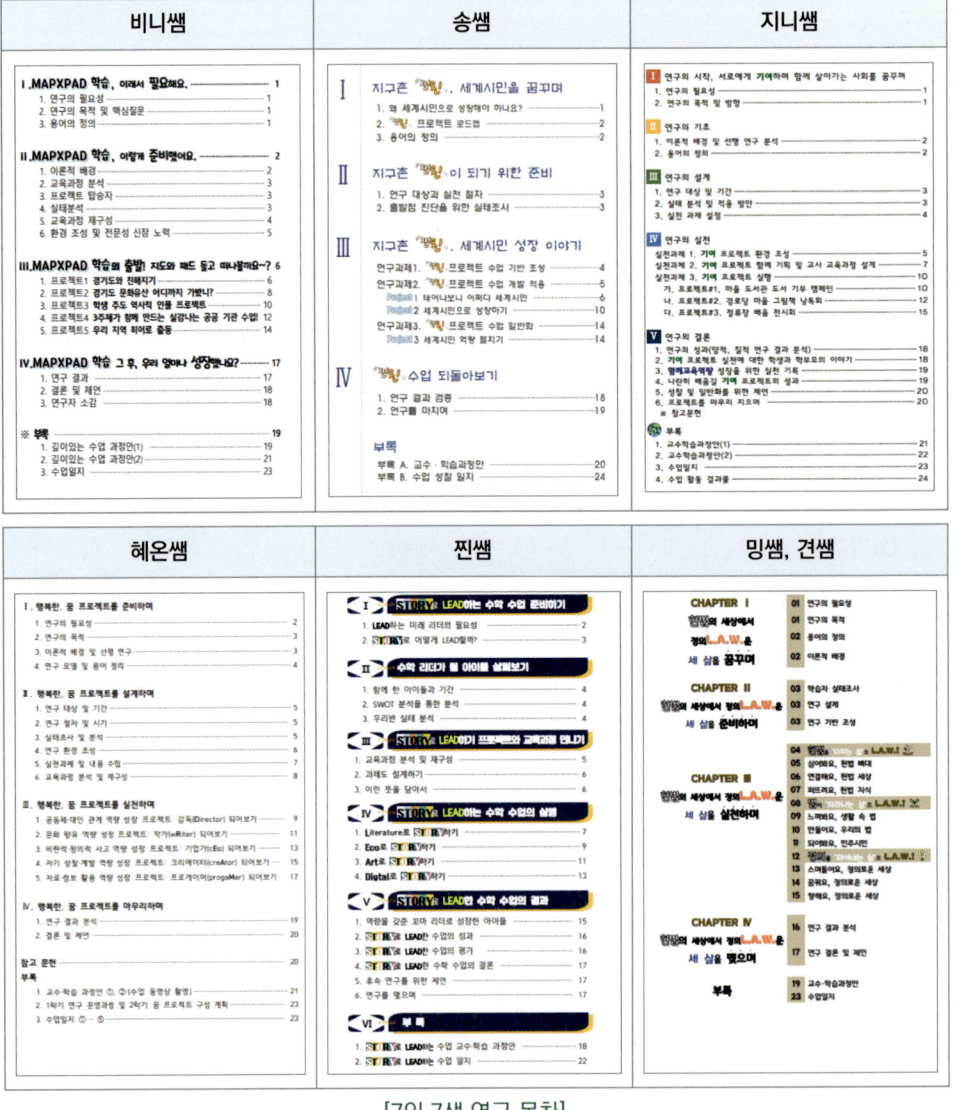

[7인 7색 연구 목차]

7인 모두 디자인이나 구성이 다르지만 크게 보면 필요성, 준비, 실천, 결론의 순서로 목차가 구성되었음을 알 수 있다. 목차를 작성할 때 본문의 쪽수와 정확히 일치하는지 두 번, 세 번 꼭 확인하는 것도 잊지 말자.

3) 내 연구를 소개합니다! 서론

서론에서는 시대 사회적 요구나 교육과정에서의 요구 등을 반영하여 자신이 설정한 연구의 필요성을 제시한다. 연구의 목적, 선행 연구의 분석을 통해 연구의 방향을 제시하고, 자신의 연구에서 사용한 주요 용어를 풀어서 설명한다. 수업 전략이나 단계를 의미하는 핵심 용어를 자세히 설명해 주는 것이 필요한데 연구 제목이나 프로젝트명에 나타난 의미를 확실하게 인식시켜야 하기 때문이다. 또한 이 연구를 위한 환경 조성 사례와 교사의 전문성 신장을 위한 노력도 포함할 수 있다. 수업혁신사례연구대회를 준비하면서 들었던 대면·비대면 연수나 전문적학습공동체에 참여한 내용도 포함하면 좋다. 또한 구체적인 학생 실태 조사를 통해 출발점을 진단하고 교육과정 분석 내용을 실어 연구의 방향을 제시한다.

(연구 제목)

Ⅰ. 연구의 필요성 및 목적
1. 연구의 필요성
2. 연구의 목적

Ⅱ. 연구의 기초
1. 이론적 배경/ 선행 연구의 분석
2. 용어의 정리

Ⅲ. 연구의 설계
1. 연구 대상 및 기간

연구대상	00초등학교 O학년(남 O명, 여 O명)
연구기간	2025년 3월 ~ 2026년 2월

2. 실태 조사 및 분석
 가. 양적분석
 나. 질적 분석
3. 연구 환경 조성
 가. 환경 준비하기
 나. 교사의 전문성 신장
4. 실천 과제 설계/ 교육과정 분석 및 재구성

[서론 양식 예시]

(1) 연구의 필요성 및 목적

자신의 연구가 왜 필요한지 충분히 어필할 수 있어야 한다. 그러기 위해서는 우리 시대 사회의 문제점을 정확하게 짚고, 그에 맞는 연구 방향을 언급해야 한다. 또한 현재 중요한 교육 트렌드나 교육부의 주요 사업, 교육과정과 교육 수요자들의 요구들을 제시함으로써 자신의 연구가 필요함을 드러내는 것이 좋다.

[연구의 필요성, 목적 및 방향]
출처: 나란히 배움길 기여 프로젝트로 함께삶5C역량 기르기(2024 수업혁신사례연구대회 전국 1등급)

(2) 연구의 기초

자신의 연구 주제와 관련된 교육과정과 기존 선행 연구들을 분석하여 연구 전체에 반영한 내용이나, 프로젝트를 구성하는데 기반이 되는 내용들을 서술한다. 탄탄한 선행 연구의 분석은 자신의 연구에 신뢰도를 가져다준다.

용어의 정리 부분에서는 자신이 연구를 하면서 사용한 핵심 용어들을 설명한다. 연구를 통해 길러주고자 한 역량이나 프로젝트명, 또는 수업의 단계를 설명하는 부분이라고 볼 수 있다. 보고서 제목에 영어 이니셜이나 줄임말을 사용했다면 그것을 풀어서 자세히 설명해보자. 심사자가 연구자의 의도를 충분히 이해할 수 있도록 표현하는 것이 필요하다.

3 이론적 배경 및 선행 연구

OECD 교육 2030(The Future of Education and Skills: OECD Education 2030)
- OECD 교육 2030 프로젝트에서는 학생들이 성인이 될 2030년도에 필요할 것으로 예상되는 미래 핵심 역량을 규명하고, 학교 교육을 통해서 학생들의 미래 역량을 키우기 위한 교육과정의 개선 방향을 탐색함.
- OECD 학습개념틀(학습나침반 2030)에서는 교육적 지향점으로 ① 개인과 사회의 웰빙(well-being) ② 공공성을 위한 교육 ③ 행위 주체성을 위한 교육 ④ 전인교육 ⑤ 성장을 중심에 둔 교육 ⑥ 실생활의 이슈와 함께 하는 교육 등을 주장함.

→ 학습자의 웰빙을 위한 교육의 필요성 → 학습자 중심의 실생활 속 수업 활동 구성
→ 사회 문제에 대한 올바른 판단을 요구 → 교육을 통한 성장 과정을 고려한 수업 구성

로베르타 골린코프의 『21세기 핵심 역량 이론(21st Century Skills)』
- 2016년 세계경제포럼에서 4C를 글로벌화와 디지털화가 가속화되고 있는 4차 산업혁명 시대에 필요한 21세기 미래 인재의 핵심 역량으로 정의함.
- 로베르타 골린코프는 두 가지 역량을 추가하여 그의 저서 『최고의 교육』에서 AI시대에 학교에서 추구해야 할 미래 인재의 역량을 6C로 정의함.
- 6C: 협력(Collaboration), 의사소통(Communication), 콘텐츠(Content), 비판적 사고(Critical Thinking), 창조적 혁신(Creative Innovation), 자신감(Confidence)

→ 미래 시대에 갖추어야 할 역량인 6C를 분석 및 수업에 적용하여 학생들의 성장을 지원할 필요가 있음.
→ 국어과 핵심 역량과 함께 프로젝트에 효율적으로 적용할 방법을 탐구해야 함.

마틴 셀리그먼의 『웰빙 이론(Well-Being Theory)』
- 마틴 셀리그먼은 긍정심리학(Positive Psychology)의 창시자로 행복하고 긍정적인 감정과 사고가 개인의 삶의 질을 높이고, 성취와 회복력을 키운다고 주창함. 또한 '행복'은 다양한 요소들이 조화를 이룰 때 자연스럽게 발생하며, 이는 사람들의 삶의 질과 전반적인 '웰빙'에 핵심적인 역할을 한다고 주장함.
- 마틴 셀리그먼은 개인의 성장과 사회적 발전에 '행복'이 중요한 역할을 하므로 '교육'이 학생들이 행복한 삶을 살 수 있도록 돕는 데 중요한 역할을 해야 한다고 강조함. 또한 지속적인 행복을 일컫는 단어로 '웰빙'을 표방하며, '웰빙'을 이루는 중요 요소로 PERMA 모델을 제안함.
- <PERMA 모델>
  ① P (Positive Emotion, 긍정적 감정): 긍정적인 감정을 경험하는 것
  ② E (Engagement, 참여): 자신의 관심에 맞는 활동에 완전히 몰입하고 참여하는 것
  ③ R (Relationships, 관계): 타인과 긍정적이고 의미있는 관계를 구축하는 것
  ④ M (Meaning, 의미): 삶의 의미와 목적을 찾는 것
  ⑤ A (Accomplishment, 성취): 단기 및 장기 목표를 설정하여 달성하는 것

→ 지속인 행복(웰빙)을 위한 다섯 가지 요소인 PERMA 모델을 분석하여 수업 활동에 적용해야 함.
→ 학습자가 행복한 상태여야 학습이 원활하게 이루어지며 **행복한 시민으로 성장할 수 있음**을 인지하고 수업을 구성

[이론적 배경 및 선행 연구]
출처: 행복한(HAPPY), 꿈(DREAM) 프로젝트를 통해 국어과 역량 성장시키기(2024. 수업혁신사례연구대회 전국 1등급)

3. 용어의 정의

찐찐친구 (Chin親)	Ⓐ 의미 : '진짜 친구'를 줄인 말로 지구촌 '찐친'이 되어 세계인의 공동 문제를 논의하고 해결 방법을 실천한다는 의미 → 교과 융합 단계와 수업단계 Ⓑ 교과 융합 단계	

진	**진**정성 있는 탐구	창의적인 아이디어 조사 ·탐구하기
짜	**짜**임새 있게 설계	체험을 통한 아이디어 구체화하기
친	**친**환경적 IB 사고 확장	IB 사고로 성찰하고, 지속 가능한 해결책 모색하기
구	**구**체적 실행	지역 사회 기반의 프로젝트 활동 펼치기

Ⓒ 수업단계

① Chinchin	② 문제 토의 親	③ 해결 탐구 親	④ 실천하는 찐찐친
주제와 관련한 탐색 활동하기	문제점을 발견해 토의하기	탐구하여 해결방안 찾기	해결방안 실천하기

지속 가능한
Ⓐ 의미 : 환경적 보호, 사회적 공정성, 경제적 안정성을 함께 고려해, 미래 세대까지 균형 있게 발전을 추구한다는 의미 → 본 프로젝트의 방향성
Ⓑ 프로젝트 방향: 기후 위기에 대응하는 지속 가능한 습관 형성과 지속 가능한 미래 만들기

세계시민 역량

인지적 역량	✚	사회·정서적 역량	✚	행동적 역량
세계 문제를 깊이 이해하고 사고함		협력, 공감, 문화적 이해를 통한 상호작용		실천적 행동과 사회적 책임 이행

[용어의 정의]
출처: 디지털 기반 찐친(Chin親)프로젝트로 지속 가능한 세계시민역량 기르기 (2024 수업혁신사례연구대회 전국 1등급)

(3) 연구의 설계

연구 대상 및 기간, 연구 환경 조성, 실천 과제 설계 등을 포함할 수 있다. 연구 대상 및 기간에서는 함께한 학생들에 대한 기본 정보(몇 학년, 몇 명)와 연구 기간을 넣는다. 여기서 주의해야 할 점은 소속학교 및 지역 등 자신을 드러낼 수 있는 내용이 들어가면 절대 안된다는 점이다.

1 연구 대상 및 기간

1) 연구 교과: 국어
2) 연구 대상: ○○○○초등학교 6학년 ○반 25명
3) 연구 기간: 2024년 3월 ~ 2025년 2월 (1년)

2 연구 절차 및 시기

단계	추진 내용 및 방법	운영 기간									
		3	4	5	6	7	8	9	10	11	12	1	2
준비	실태 분석 및 관련 이론 탐색	○	○										
	연구주제 및 실천과제 설정	○	○										
	교육과정 분석 및 재구성	○	○										
실행	행복한 꿈 프로젝트 인프라 구축	○	○	○									
	프로그램 구안 및 적용			○	○	○	○	○	○	○	○	○	○
	프로그램 활동 공유			○	○	○	○	○	○	○	○	○	○
정리	연구 보고서 작성 및 제출					○	○	○	○	○	○	○	○
	연구 결과 분석·보완·일반화					○	○	○	○	○	○	○	○

[연구의 대상 및 기간, 연구 절차 및 시기]
출처: 행복한(HAPPY), 꿈(DREAM) 프로젝트를 통해 국어과 역량 성장시키기(2024. 수업혁신사례연구대회 전국 1등급)

(4) 실태 조사 및 분석

학생들의 실태를 양적, 질적 검사 도구를 활용해 조사하고 이를 분석한 내용들을 포함한다. 전문성있는 검사 도구를 활용한 구체적인 실태분석은 연구의 질을 높이고, 연구의 필요성을 타당하게 만든다. 연구 환경 조성 부분에서는 연구를 위해 준비한 수업 환경 조성, 교사와 학생, 교사와 학 부모 소통을 위한 환경, 수업을 위한 디지털 도구나 수업 자료 조성 내용을 넣는 것이 좋다. 또한 교사의 전문성 신장을 위한 노력도 다양하게 넣어 연구를 위한 다양한 분야의 환경 조성 사례를 드러내는 것이 좋다. 실천 과제 설계는 용어의 설명을 좀 더 구체화하여 표현하는 부분으로 연구자의 의도에 따라 생략할 수 있다.

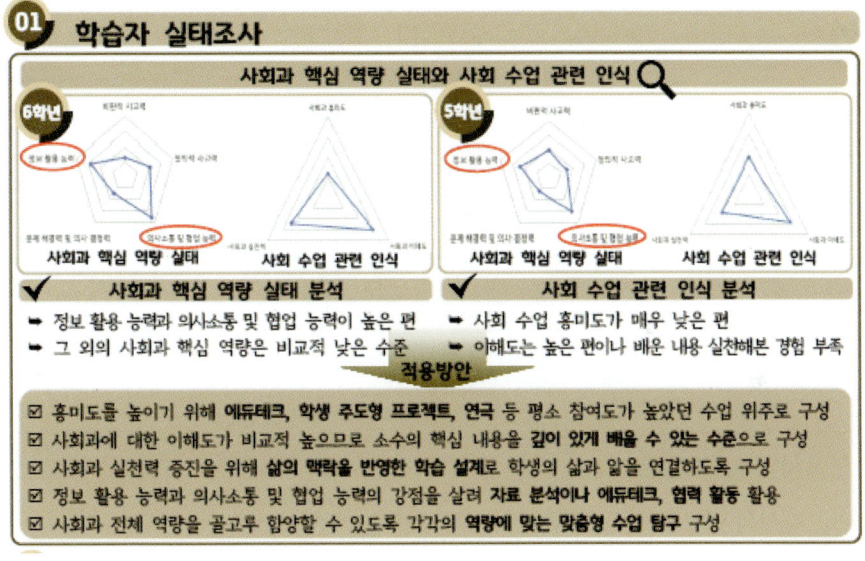

[학습자 실태 조사]
출처: 헌법의 세상에서 정의 L.A.W.운 세 삶 만나기 (2024 수업혁신사례연구대회 전국 1등급)

(5) 교육과정 분석 및 재구성

프로젝트 수업을 교육과정과 어떻게 연결하고 재구성했는지 보여주는 부분으로 성취기준에 따라 수업을 어떻게 구성했는지 보여준다. 주요 활동들을 표현하기도 하고, 성취기준을 재구조화하거나 프로젝트별로 교과를 어떻게 융합했는지 보여줄 수도 있다.

교육과정 분석 및 재구성

수업전략	단원	배움주제	배움단계 S	T	O	R	Y	융합교과	차시	에듀테크
Literature (문학)	1. 9까지의 수	'0' 알아보기	『괜찮아야씨』로 배움열기	0의 필요성 이해하기	0을 읽고 쓰기, 머리카락 만들어보기	괜찮아 아저씨 역할극하기	똑똑수학탐험대로 배움정리하기	통합교과 (사람들)	2차시	수학탐험대
	4. 비교하기	길이 비교하기	『나도길다』 이야기로 배움열기	길이 비교방법 말하기	두 가지, 세 가지 물건 길이 비교하기	비교하기 놀이하기	띵커벨로 배움정리하기	수학단독	1차시	ThinkerBell
Eco (환경)	3. 덧셈과 뺄셈	덧셈 해보기	『고래야 사랑해』로 배움열기	고래먹이 덧셈으로 말하기	여러 가지 방법으로 덧셈하기	덧셈 놀이하기	띵커벨로 배움정리하기	창체 (환경교육주간)	3차시	ThinkerBell
	3. 덧셈과 뺄셈	뺄셈 해보기	『토종민물고기이야기』로 배움열기	외래종 수를 뺄셈식으로 말하기	여러 가지 방법으로 뺄셈하기	뺄셈 놀이하기	퀴즈앤으로 배움정리하기	국어,창체 (생태전환 체험학습)	7차시	QuizN 쿨스쿨
Art (예술)	5. 50까지의 수	십 몇 알아보기	『팥빙수의전설』이야기로 배움열기	10보다 큰수 인식하고 말하기	십 몇을 10묶음과 낱개로 나타내기	대형빙수 계획서 만들기놀이	클래스툴에서 배움공유하기	통합교과 (탐험)	3차시	QuizN 쿨스쿨
	4. 비교하기	넓이 비교하기	『쭉쭉로봇과 뒤뚱로봇』으로 배움열기	넓이 비교하는 방법 말하기	두 가지, 세 가지 물건 넓이 비교하기	가우디바이브놀이로 몬드리안 따라잡기	똑똑수학탐험대로 배움정리하기	창체 (문화예술 교육주간)	2차시	수학탐험대
Digital (디지털)	2. 여러 가지 모양	입체도형 탐험선 만들기	『봉봉마녀의 마법호텔』으로 배움열기	그림책 속 입체도형으로 이야기 나누기	블록과 스마트교구로 탐험선 만들기	재활용품으로 나만의 탐험선 만들기	클래스툴에서 배움공유하기	통합교과 (탐험)	2차시	A C
	1. 9까지의 수	수 그림책 만들기	『잘잘잘123』으로 배움열기	주변에서 볼 수 있는 수 이야기하기	정해진 수의 구체물로 모양만들기	디지털도구로 나만의 그림책만들기	그림책 발표회&퀴즈로 정리하기	국어	2차시	C C

| 에듀테크 활용 STORY | 하나를 써도 제대로 쓰자! 1학년이라는 학년 특성을 고려하여 너무 다양한 종류의 에듀테크 투입은 지양 | 한글 미해독 학생을 위한 배려 한글 활용이 기본 전제인 에듀테크를 위해 번호로 말하기, 학생의 말을 교사가 입력하기, 직관적인 도구 활용 | 주객전도는 NO! 에듀테크는 계획한 수업의 완성도를 높이는 도구로 활용 |

[교육과정 분석 및 재구성]
출처: STORY로 LEAD하면 수학 리더 역량이 자라요 (2024 수업혁신사례연구대회 전국 1등급)

4) 보고서의 심장! 본론

본론은 자신의 연구를 자세히 보여주는 부분이다. 가장 중요한 만큼 가장 공들여야 하는 부분이기도 하다. 본론에서는 자신의 연구 주제와 핵심 내용을 효과적으로 드러낼 수 있는 디자인이 중요하다. 따라서 준비한 내용을 균형있게 담아낼 수 있는 본론의 디자인을 개발하고 활용해야 한다. 보고서 디자인 부분은 뒤에서 다시 다루도록 하겠다. 또한 본론 부분은 연구자의 연구 주제나 수업 단계, 프로젝트에 따라 디자인의 자율성이 매우 강하기 때문에 예시 양식을 따로 넣지는 않겠다. 수업의 내용이 잘 드러나는 본문, 수업의 흐름이 잘 드러나는 본문, 연구자가 의도한 바가 잘 표현되는 본문을 구성해야 한다. 이를 통해 어떤 교사라도 그 본문 부분을 읽어보고 수업을 따라 하거나 재구성하는 데 이용할 수 있어야 한다. 수업의 확산 가능성 즉, 일반화 가능성이 중요한 연구대회인 만큼 심사 기준에도 포함되어 있으니 연구자의 의도를 명확하고 자세하게 드러내 보자.

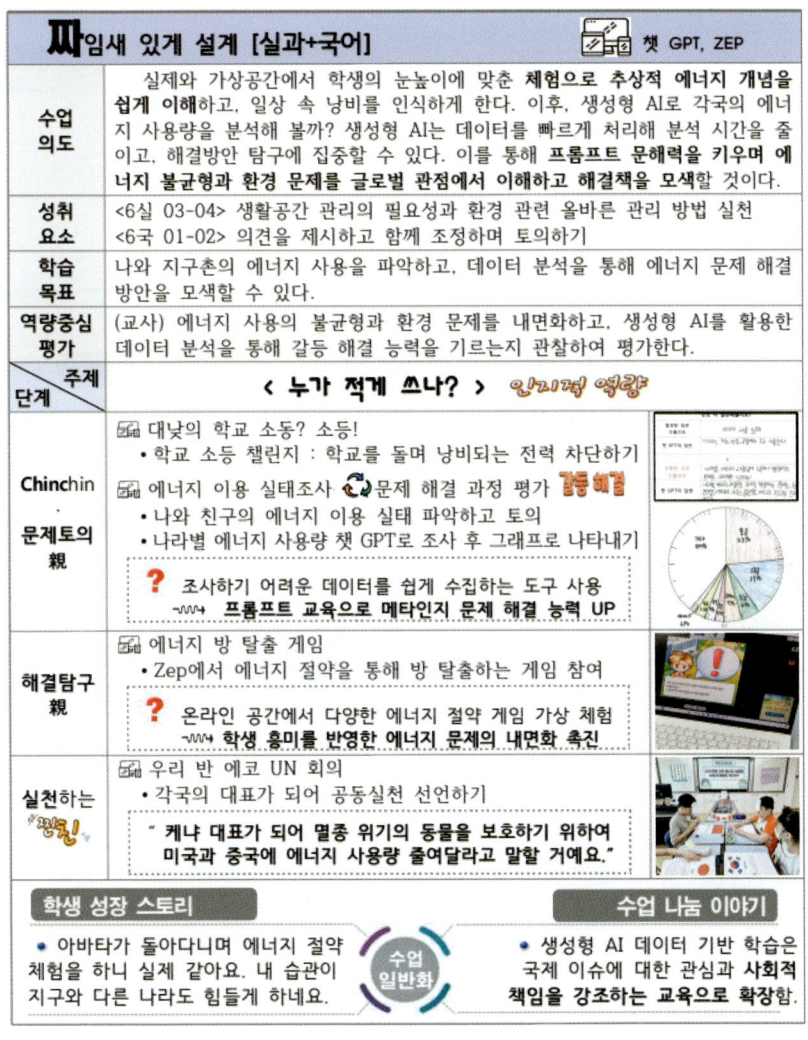

[본론-프로젝트 적용 내용]
출처: 디지털 기반 찐친(Chin親)프로젝트로 지속 가능한 세계시민역량 기르기 (2024 수업혁신사례연구대회 전국 1등급)

5) 화룡점정! 결론

결론은 보고서의 완성도를 높이는 부분으로 연구자의 연구는 어떤 결과를 가져왔는지, 그 결과가 주는 의미는 무엇인지를 분석한다. 이를 통해 자신의 연구 보고서가 시대 사회적 필요성에 의해 진행되었고, 그 실행을 통해 유의미한 결과를 가져왔음을 보여줌으로써 확산의 당위성을 나타낸다고 할 수 있다. 또한 결론에서 연구 보고서의 처음-시작-끝 일관성이 잘 드러나도록 구성한다면 더욱 체계적이고 타당한 보고서로 만들 수 있다.

Ⅰ. 연구 결과 분석/성과
1. 검증 방법
2. 결과 분석(양적, 질적 검증 결과 분석)

Ⅱ. 연구의 결론

Ⅲ. 제언

참고문헌(부록에 실을 수 있음)

[연구 결론 예시]

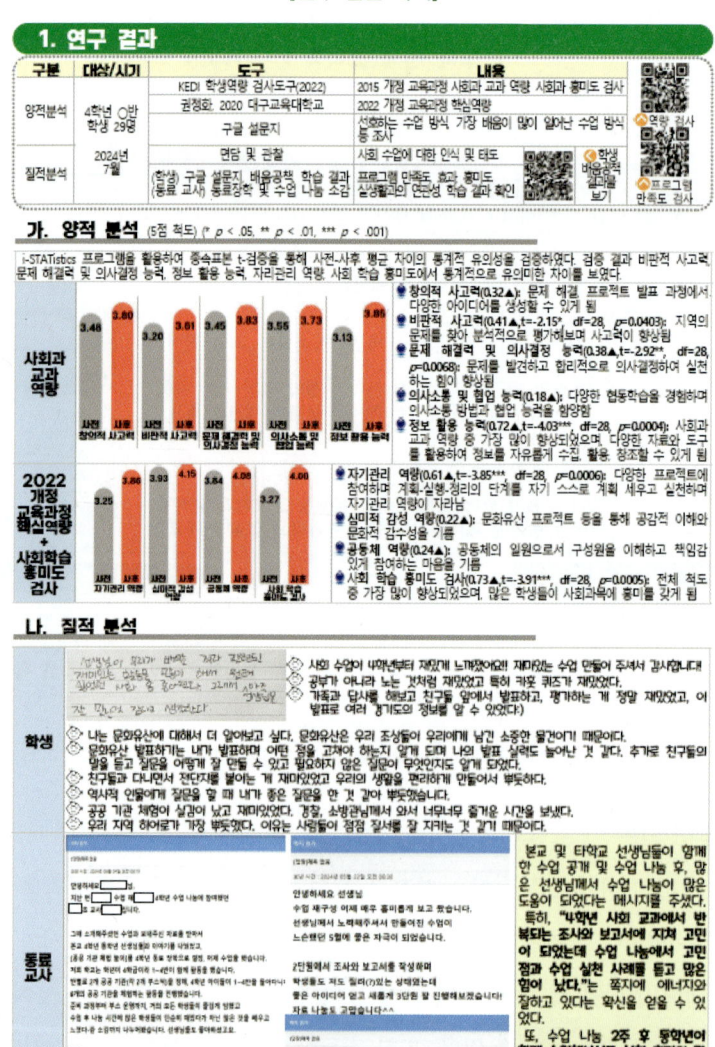

[연구 결과]
출처: 지도(MAP)와 패드(PAD)들고 GPS ON, POWER UP! (2024 수업혁신사례연구대회 전국 1등급)

결론 부분에는 서론 부분에서 시행한 검사 도구를 사후 검사로 활용함으로써 양적, 질적 변화를 분석한다. 구체적인 분석을 통해 학생들의 역량이 얼마만큼, 어떻게 변화되었는지 언급하는 것이 좋다. 연구의 결론 부분에서는 연구자의 연구를 통해 변화시키고 향상시킨 내용들을 정리하여 담아낸다. 제언에서는 연구를 마무리하며 하고 싶은 말이나 후속 연구를 위한 메시지 전달, 또는 궁금해할 것 같은 내용들을 담아 완성도를 높인다. 연구자들에 따라 연구 소감이나 연구에 대한 평가 내용을 실어내기도 한다.

할 말이 모두 들어갔다면 연구에 활용한 참고문헌을 넣는데 참고문헌은 연구 보고서의 신뢰성을 높여주고 저작권을 지키기 위해서도 중요하다. 참고문헌을 표기할 때에는 통일된 방식으로 넣도록 하자. 필자는 APA(American Psychological Association)스타일을 사용했다.

> 저자명(발간연도), 제목, 출판사, 페이지

[APA스타일로 참고문헌 적는 법]

6) 여기서 등급이 달라질 수 있다! 부록

수업혁신사례연구대회 보고서의 부록은 사실 참고 자료나 일반적인 책의 부록 정도 느낌이 아니다. 연구자의 수업을 확산하는 데 필요한 교수학습과정안과, 수업 혁신을 위한 노력이 반영된 수업 일지가 들어가야 하기 때문이다. 이는 심사 기준에도 포함되어 있기 때문에 결론까지 다 썼다고 끝났다고 생각할 것이 아니라 좀 더 힘주어 연구자의 연구 노력과 과정, 성과를 잘 드러낼 수 있도록 구성해야 한다.

교수학습과정안은 2회분을 수록하는데 2회분 중 하나는 동영상으로 제출한 수업의 과정안이 포함되도록 한다. 즉, 동영상으로 촬영한 수업의 과정안 하나와 연구의 색깔이 잘 드러나는 과정안 하나로 선택하는 것이 좋다. 교수학습과정안 1회분은 1차시를 기준으로 하지만 복수 차시도 가능하다. 프로젝트로 수업을 구성하는 경우 블록 타임으로 수업을 구성할 수도 있는데, 블록타임으로 수업 동영상을 촬영했다면 블록타임 수업 전체에 대한 교수학습과정안이 필요하다.

수업 일지는 '수업 혁신'을 위한 교사의 노력과 성찰이 잘 드러나도록 작성한다. 수업일지를 몇 개 써야 하는지, 한 장에 몇 개의 일지가 들어가야 하는지는 연구자의 재량이다. 전국대회를 준비하면서 컨설팅을 받을 때 부록 부분을 열심히 고치고 나서 시·도대회 결과보다 더 좋은 등급을 받았다는 이야기를 듣기도 했다. 등급이 달라질 수도 있는 부록 부분! 연구자의 고민과 개선 노력 등이 잘 드러나도록 초심을 잃지 말고 끝까지 힘내서 작성해 보자.

1	교수학습과정안	- 2회분 수록(1회는 1차시 기준이나 복수 차시 가능) - 블록타임 수업 동영상 제출 시에는 전차시 교수학습과정안 필요 - 서식 자유
2	수업일지	- 수업 개선을 위한 성찰, 노력이 드러나도록 작성 - 서식 자유

[부록에 꼭 들어가야 하는 두 가지]

부록과 관련된 내용은 Chapter 5.7에서 더 자세히 다루고 있으니, 해당 부분을 참고해보자.

③ 나만의 보고서? 놉, 친절한 보고서!

보고서는 연구자가 연구한 내용을 이해하기 쉽게 풀어내는 것이 중요하다. 화려하기만 하고 복잡한 보고서는 절대 좋은 보고서가 될 수 없다. 심사위원이 한눈에 이해할 수 있게 구성하자. 한눈에 들어오는 보고서, 흐름이 읽히는 보고서, 연구 주제와 내용이 잘 드러나는 보고서가 좋은 보고서이다. 이렇게 좋은 보고서를 작성하기 위해서는 한눈에 들어오는 디자인, 구체적인 설명, 그리고 일관성이 반드시 필요하다. 자신만 해석할 수 있는 보고서가 아니라 친절하게 안내되어 궁금증이 생기지 않는 보고서를 작성해 보자.

흐름이 읽히는 보고서

연구자가 선정한 수업 단계나 수업 차시별로 내용을 잘 정리하면 수업 흐름이 읽히는 보고서가 된다. 예시처럼 차시와 수업 단계를 표로 정리하면 더욱 명확하게 전달할 수 있다.

차시	수업단계	수업(배움) 내용
1	1단계	
2	2, 3단계	
3	4단계	

[흐름이 읽히는 보고서 양식(예시1)]

수업 내용 \ 수업 단계	1단계	2단계	3단계	4단계
5학년 수업(배움)내용				
6학년 수업(배움)내용				

[흐름이 읽히는 보고서 양식(예시2)]

필자는 부록에 담기는 교수학습과정안과는 별개로 본문도 수업의 흐름을 파악할 수 있는 교수학습과정안 형태의 디자인을 활용하였다. 차시별, 수업 단계별 내용을 담아 수업의 흐름이 잘 드러나도록 했다.

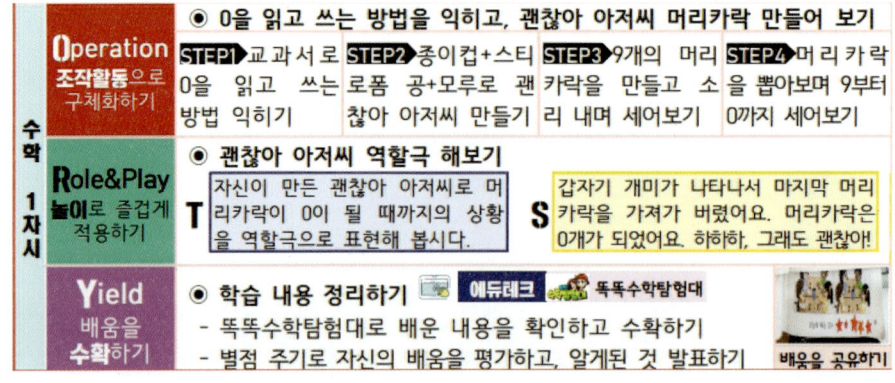

[흐름이 읽히는 보고서 디자인(예시)]

출처: STORY로 LEAD하면 수학 리더 역량이 자라요 (2024 수업혁신사례연구대회 전국 1등급) 이하 같음

친절한 안내가 있는 보고서

보고서 본문에 수업 팁이나 놀이 방법, 주의 사항 등을 자세히 안내하면 읽는 사람이 보고서를 보면서 '이렇게 하는 거구나!' 라는 확신을 갖게 된다. 수업을 진행하며 겪었던 문제점과 해결 방법을 TIP 형식으로 넣으면 더욱 친절해진다.

필자는 수업을 진행하면서 겪었던 문제점을 다른 교사가 반복하지 않을 수 있도록 보고서 본문에 'TIP'을 제시했다. 같은 학년의 수업이라면 똑같은 문제점을 겪을 가능성이 높다고 판단되는 부분들에 대해서만 안내를 넣어 참고할 수 있도록 했다.

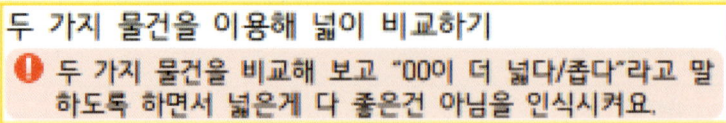

[TIP으로 친절하게 안내하기]

기존의 보드게임을 이용해 필자가 개발한 놀이의 경우도 놀이 방법을 본문에 실어 안내했다. 필자의 보고서를 처음 읽는 누구라도 놀이 방법을 이해하고 적용하는데 어려움이 없도록 순서대로 안내하고자 했다.

● 고래 먹이 덧셈 놀이하기

<놀이 방법>
1. 아이씨텐 보드게임 칩에 클립 달기, 자석 낚시 도구 준비하기
2. 물고기모양만 보이도록 배치하고 5초간 두 번 낚시 하기
3. 첫 번째 잡은 물고기 수와 두 번째 잡은 물고기의 수 더하고 식으로 나타내기
4. (레벨업) 한번에 하나만 잡도록 하여 두 번 실시하고 각 칩에 써있는 숫자 더하기

[놀이 방법 설명하기]

QR로 더 자세히 설명하는 보고서

학생들의 활동지나 활동 자료 모음, 수업 준비를 위한 자료 등 더 많은 자료를 보여주고 싶다면 QR코드를 적극 활용하자. 특히 동영상 학습 결과물이나 학생들의 활동 결과를 많이 보여 주고 싶다면 적극 이용하자.

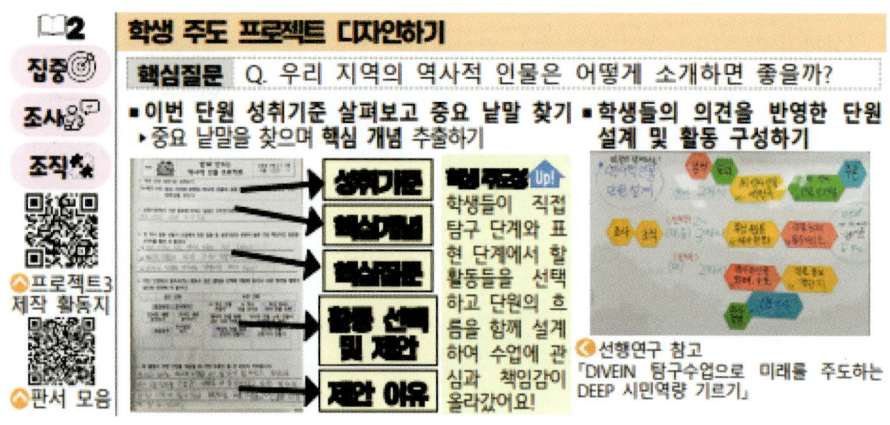

[QR로 더 보여주기]
출처: 지도(MAP)와 패드(PAD)들고 GPS ON, POWER UP!(2024 수업혁신사례연구대회 전국 1등급)

QR코드를 이용해 보고서에 담지 못한 많은 부분을 보여줄 수 있는 것은 분명 큰 장점일 것이다. 하지만 QR코드를 많이 넣는다고 해서 추가 점수를 받을 수 있는 것이 아니므로 적재적소에 활용하길 권한다.

4 눈에 띄는 보고서 디자인 팁

연구자가 연구한 내용을 효과적으로 전달하기 위해 가장 신경 써야 할 요소 중 하나가 바로 보고서의 디자인이다. 디자인이라고 하면 보고서의 기본 틀부터 아이콘, 구성 방식, 글꼴에 색상까지 많은 요소들이 포함된다. 연구대회를 처음 시작하는 연구자에게는 디자인에 대한 고민과 걱정이 꽤나 클 것이다. 보고서에 대한 질문 중 "디자인이 중요한가요?", "보고서는 화려할수록 좋은가요?"라는 질문이 꽤 많았던 것을 보면 연구 보고서의 디자인을 많은 교사들이 부담스러워한다는 것을 알 수 있다. 이미 여러 번 연구대회를 나갔던 필자 역시 매번 디자인을 고민하고 여러 가지 방법을 시도한다. 어떻게 하면 눈에 띄는 보고서 디자인을 만들 수 있을까?

우수 사례 분석하기

우수 사례 분석은 주제 잡기, 보고서 감 잡기 등 내용에만 국한되는 내용이 아니다. 수업혁신사례연구대회를 기본으로 시간적 여유가 된다면 다른 대회의 우수 사례까지 분석해 보는 것이 좋다. 다양한 보고서를 보다 보면 자신의 연구 주제를 잘 표현할 수 있을 것 같은 보고서가 발견될 것이다. 참고 할만한 우수 사례를 인쇄하거나 잘 저장해 두고 나만의 스타일로 다시 다듬는 작업을 해보자.

우수 보고서 한편만 따라 하는 것은 자신의 연구 내용을 잘 드러내는 데 한계가 있을 수 있다. 본론의 내용은 A보고서 디자인, 성찰일지 부분은 B보고서 디자인, 교육과정 재구성은 C보고서 디자인 등 다양한 보고서를 참고하여 자신만의 스타일로 재구성해 보기를 추천한다.

우수 사례 디자인 참고에서 중요한 것은 꼭 자신의 스타일로 변신시켜야 한다는 것이다. 수업혁신사례연구대회 입상작으로 선정되면 연구대회 네트워크(에듀넷)에 보고서가 공개되는데, 2주 이상 기간 동안 입상 예정작을 공개하고 이의신청을 받는다. 표절을 비롯한 연구 윤리 위반 행위에 대해서 강조하고 있고, 점검하고 있으니 우수 사례 디자인을 참고하는 경우 꼭 자신의 색깔을 입혀보자.

최적 글꼴 찾기

보고서 전반에 사용되는 글꼴은 반드시 일관되게 사용하는 것이 좋다. 그 이유는 첫 번째도 가독성, 두 번째도 가독성이다. 즉, 자신이 표현하고자 하는 내용이 잘 드러나는 글꼴을 선정해야 한다는 것이다. 수업혁신사례연구대회 보고서는 글꼴 사용이 비교적 자유롭다. 본문은 휴먼명조 12포인트를 사용하라고 명시되어 있으나 목차와 표는 연구자 임의로 작성할 수 있다. 하지만 여기서도 저작권은 중요하다. 연구의 내용이 잘 드러나는 글꼴을 선택하되, 저작권을 침해하지 않는 글꼴이어야 한다. 아래 예시를 통해 가독성이 좋은 글꼴을 선택하는 것이 왜 중요한지 확인해 보자.

[글꼴 수정 전 예]

[글꼴 수정 후 예]

출처: STORY로 LEAD하면 수학 리더 역량이 자라요 (2024 수업혁신사례연구대회 전국 1등급) 이하 같음

똑같은 디자인, 똑같은 내용이지만 글꼴에 따라 분위기가 달라진다. 또한 글꼴마다 한 글자가 차지하는 크기 자체가 다를 수 있다는 것도 기억해야 한다. 정해진 공간을 멋지게 꾸며줄 수 있는 글꼴을 찾아 잘 활용해 보자.

또한 자신의 프로젝트 이름이나 수업 단계의 경우 본문의 글꼴과 똑같게 하기보다는 본문 속에서도 강조될 수 있는 글꼴을 선택하는 것이 좋다. 눈에 띄게 만들어 강조하면 가독성이 높아지고 의미도 효과적으로 전달될 수 있다.

흑백인 듯 흑백 아닌 흑백보고서

수업혁신사례 보고서는 흑백 인쇄 제출이다. 아무리 눈부시고 화려한 보고서를 만들었더라도 제출을 위해 흑백으로 인쇄하면 흑과 백으로 나타날 뿐이다. 그렇다면 처음부터 흑백으로 작업해야 할까?

흑백으로 출력하더라도 여러 가지 검정색, 여러 가지 회색이 있을 수 있다. 무슨 뚱딴지 같은 소리인가 싶을 수도 있겠지만, 사실이다. 같은 색이라도 밝고 어두움이나, 맑고 탁함 정도에 따라 흑백 인쇄 시 그 차이가 드러난다. 즉, 결국 '명도와 채도를 잘 활용하여 작업하면 흑백 인쇄도 많은 색깔을 이용할 수 있다'는 의미이다.

아래의 사진으로 확인해 보자.

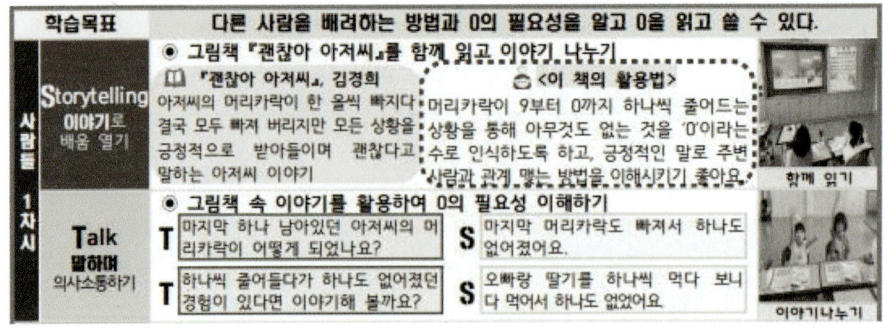

[명도 차이가 드러나는 흑백보고서]

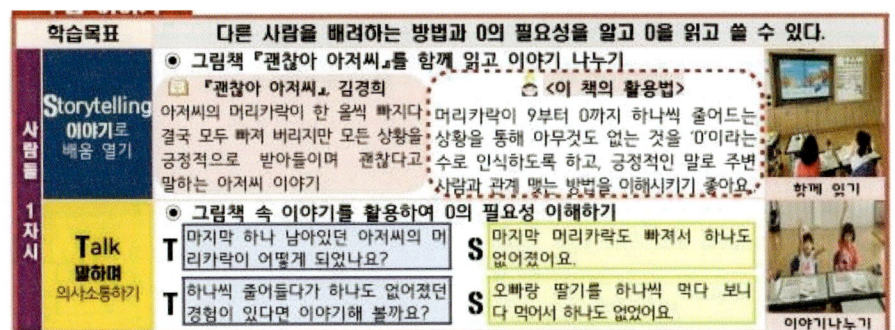

[컬러로 작업한 원본 보고서]

사진에서 확인할 수 있지만 회색도 아주 진한 회색, 조금 진한 회색, 연한 회색 등 그 차이가 느껴진다. 이를 위해서 보고서를 작성할 때는 컬러로 작업하되 명도와 채도의 차이를 적절히 이용하여 색깔을 선정하자.

아래 사진처럼 한글 프로그램 작업 시, 색을 넣을 표를 선택한 뒤 단계별로 나뉘어져 있는 색상표를 이용하면 쉽게 이용할 수 있다.

[한글 파일 셀 테두리/배경 속성 화면]

하지만 너무 많은 색을 사용하는 것은 오히려 집중도를 방해할 수 있으니 이것 역시 '적당히'가 중요하다. 연구자가 강조하고 싶은 내용이 잘 드러나도록 색을 잘 활용해 보자.

또한 디자인을 어느 정도 완성했다면 흑백으로 인쇄해서 자신이 구성한 디자인이 어떻게 출력되는지 확인하는 과정이 꼭 필요하다. 심사위원들은 흑백으로 인쇄된 보고서를 읽고 심사하므로, 흑백으로도 강조하고 싶은 부분이 잘 드러나는지 연구자가 먼저 확인해야 한다. 보고서를 다 쓰고 인쇄하여 확인하게 되면 고치고 싶어도 고치는 것이 너무나 큰 일이 되어버린다. 그래서 결국 디자인 자체를 바꾸는 것을 포기하게 되는 경우도 생긴다. 제대로 내용을 입력하기 전에 꼭 인쇄하여 확인하자.

글상자로 내 보고서 꾸미기

우수 입상 보고서를 살펴보다 보면 '도대체 저런 디자인은 어떻게 하는 거지?' 궁금했던 적이 있을 것이다. 각자 사용한 디자인 도구는 다를 수 있지만 도형이나 그림 위에 글씨를 쓰는 원리는 모두 똑같다. 내가 사용하고자 하는 도형이나 그림을 가져오고 한글의 글상자 기능을 이용하여 준비된 도형이나 그림 위에 글씨를 써서 보고서를 꾸밀 수 있다.

01 한글(입력-그림-그리기마당), 한쇼(기본도형), 다양한 웹 디자인 도구에서 원하는 도형이나 그림을 선택하여 한글로 가져온다.

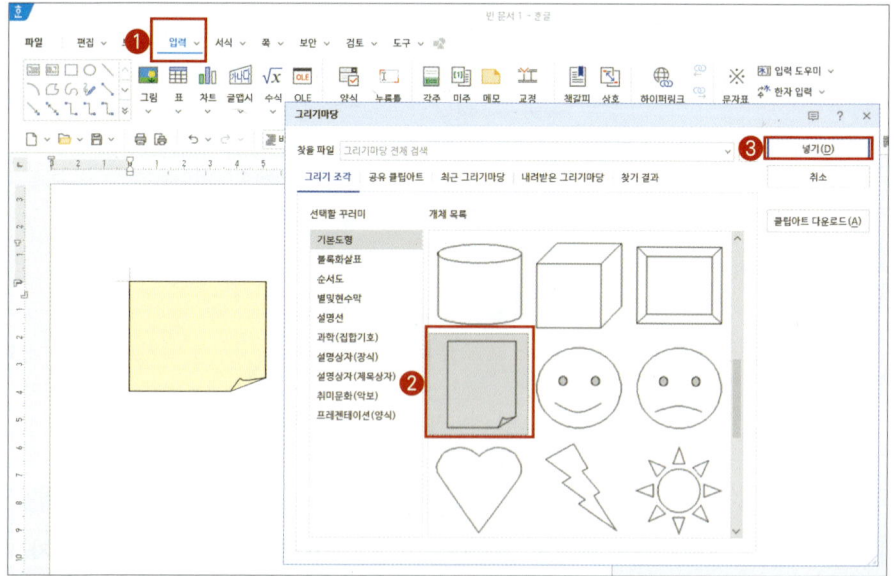

[한글-그림-그리기마당 화면]

02 글상자 버튼을 클릭한 후, 도형 위 원하는 위치를 클릭하여 글상자를 넣고 알맞은 크기로 조정한다.

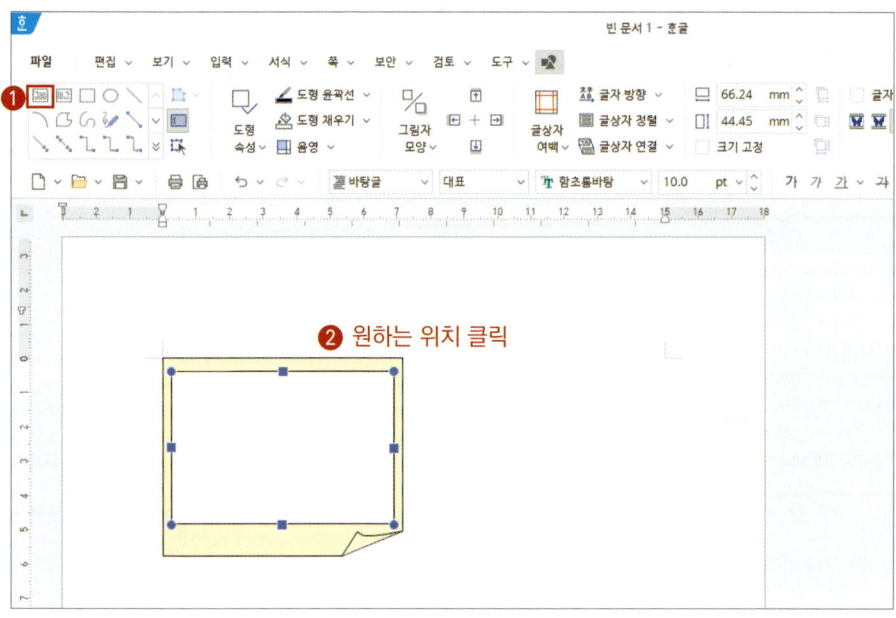

[글상자 넣기 화면]

03 글상자를 더블클릭하여 [채우기]-[색 채우기 없음], [선]-[종류]-[없음]을 설정한다.

04 글상자 내에 글씨를 쓴다.

05 도형과 글상자를 Shift를 누른 채 클릭하여 복수 선택한다.

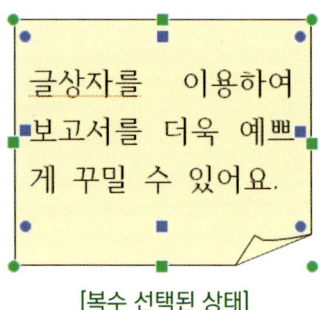

[복수 선택된 상태]

06 상단 기본 메뉴에서 [그룹]-[개체 묶기] 버튼을 클릭하여 그룹 짓는다.

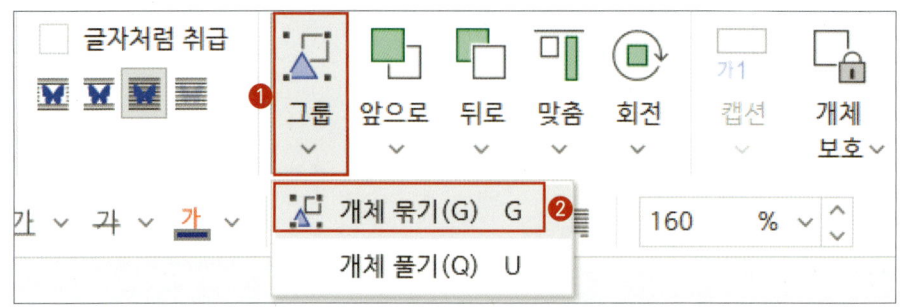

[개체 묶기 버튼 화면]

07 글상자와 합쳐진 도형을 클릭하여 [글자처럼 취급] 버튼을 클릭하여 마무리한다.

모든 개체는 "글자처럼 취급"을 해줘야 글 내에서 편집 시 돌아다니지 않아 편집이 수월해진다. 내 보고서를 더욱 다채롭게 꾸미고 싶다면 위의 설명을 참고하여 다양한 도형이나 그림에 글상자를 입혀 편집해보자.

찐쌤의 미니 특강 _ 보고서 용량 관리하기

　보고서를 열심히 써내려 가다 보면 어느 날 갑자기 내 컴퓨터가 이상해진다. '몇 글자 못 썼는데 자꾸 자동 저장 때문에 멈추네', '보고서 열어 보는데 왜 이렇게 오래 걸리지?' 하고 있는 자신의 모습을 발견할 것이다. 갑자기 한글 프로그램이 이상하다고 느껴지는 순간! 이건 프로그램의 문제가 아니라 보고서 용량의 문제였음을 결국은 깨닫게 될 것이다. 하지만 이러한 문제를 마주하고, 이를 해결하는데 쏟게 될 에너지를 줄여보고자 간단한 팁을 몇 가지 안내하고자 한다.

1. 사진은 나중에 작업하기

　보고서 용량의 대부분은 사진에 달려있다. 고화질일수록 엄청난 용량을 차지한다. 보고서의 완성도가 높아질수록, 사진을 많이 채워 넣을수록 보고서 용량이 커지게 된다. 이에 필자는 사진을 보고서 작업의 후반부에 넣었다. 하지만 사진이 들어가야 할 자리를 만들어 두고 어떤 사진이 들어갈지도 생각해 두었다. 아래의 예처럼 표로 사진 공간을 만들어 두고 작업해야 한다.

수학 그림책 문고	수학 교구 섹션	개인별 태블릿	온라인 클래스 개설	배움 정리 공책

　이렇게 나중에 사진을 넣는 방법을 사용하기 위해서는 사진을 잘 정리해 두어야 한다. 그렇지 않으면 나중에 사진을 찾는 데 더 오랜 시간을 쓰게 된다. 아래 예시처럼 폴더를 세분화하고 그 안에서 찾기 쉽도록 사진 명을 붙여 관리하자.

2. 사진 용량 줄이기

사진의 용량을 줄이는 방법에는 여러 가지가 있겠지만 필자는 알씨 프로그램과 카카오톡 나에게 메시지 보내기를 많이 이용했다.

알씨 프로그램에서 사진 크기 줄이기 기능을 기본적으로 이용하였고, 갑자기 보충해야 하는 사진이 있을때는 카카오톡 나에게 메시지 보내기 기능을 이용해 자동으로 용량을 줄여 전송받아 PC로 사용했다. 휴대전화에 있는 원본 사진을 컴퓨터로 빨리 전송하고 싶을 때에는 안드로이드 휴대전화의 경우 Quick Share 기능을 이용하면 편리하다. 안드로이드 사진 공유- Quick Share- QR 또는 링크를 눌러 링크를 나에게 메시지 보낸 후, 카카오톡 PC버전을 이용해 다운로드하면 케이블 연결 없이 원본의 사진을 PC로 가져와 바로 이용할 수 있다. 아래 사진은 알씨 프로그램 사용 장면이다.

01 사진 오른쪽 버튼으로 '알씨-이미지 크기 변경하기'를 클릭한다.

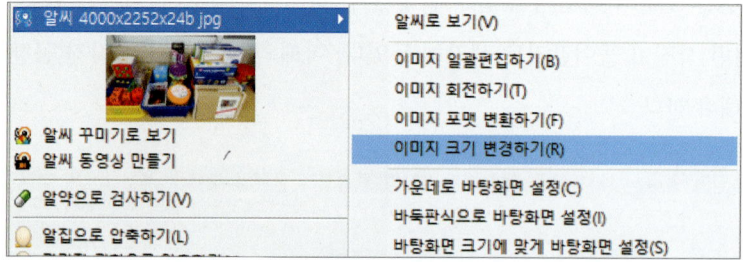

02 '용량으로 조절하기'를 선택하고 원하는 용량을 입력 후, 원하는 폴더를 지정하여 저장한다.

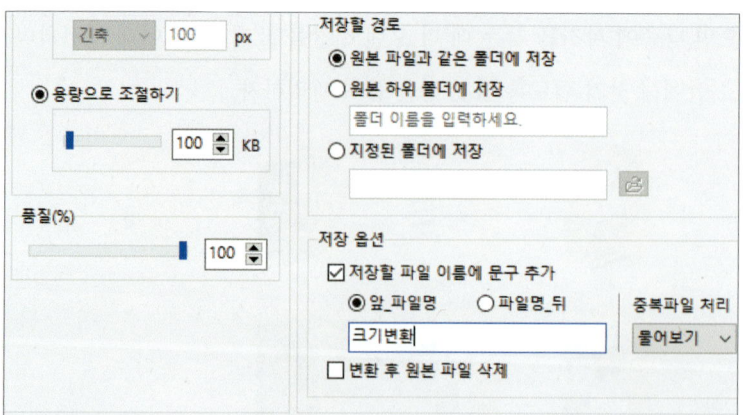

사진의 크기가 작아질수록 사진이 깨지거나 해상도가 많이 떨어져 보고서에서도 깨진 해상도로 인쇄되니 주의하자. 또한 사진 여러 장을 한 번에 드래그하여 이미지 크기 변경하기를 선택하면 한 번에 여러 장을 작업할 수 있으니 잘 활용해보자.

3. 자동 저장 시간 늘리기

컴퓨터가 갑자기 꺼지거나 오류가 생겨 한글 파일이 사라졌을 때 작성 중이던 보고서를 저장해 두지 않았다면? 상상하는 것만으로도 정말 끔찍한 일이지만 보고서를 써 보았던 많은 교사가 겪어본 적이 있을 만큼 흔한 일이기도 하다. 덜컥 내려앉은 마음을 부여잡고 문서를 더블 클릭하는 순간 자동 저장 기능 덕분에 어느 정도는 살아있는 보고서를 만나게 된다. 이만큼이라도 남아 있는 게 어디냐며, 다 날아가지 않은 것만으로도 감사함을 느끼며 날아간 부분을 다시 작성한다.

가끔 너무나 감사한 자동 저장 기능이지만, 사진이 채워지고 용량이 늘어날수록 그 기능이 원망스러워진다. 몇 글자 적다 보면 자동 저장으로 버퍼링이 생기고, 잠깐 생각하느라 멈췄다가 타이핑을 시작하려고 하면 자동 저장 시간으로 인해 조금 기다려야 하는 순간이 생긴다. 필자는 후반부에 자동 저장 기능을 타이핑하는 데 방해되지 않는 정도로 시간을 조정하고, 대신 단축키(Ctrl + s)를 이용해 자주 수동으로 저장했다. 자동 저장 기능 시간을 조정하는 방법은 아래와 같다.

01 한글 메뉴 중 도구- 환경 설정 버튼을 클릭한다.

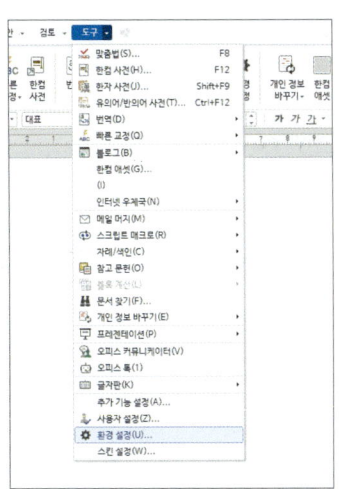

02 파일- 복구용 임시 파일 자동 저장에서 무조건 자동 저장 시간을 조정한다.

기본적으로 10분으로 설정된 시간을 자신에게 적합한 정도로 바꾸어 주면 된다. 하지만 꼭! 자주! 수동으로 저장해 주어야 함을 잊지 말자.

5 연구 결과를 빛내주는 통계

'정성에서 정량으로, 보고서에 힘을 싣다!'

"요즘 아이들, 확실히 달라졌어요."
"이 수업 방식이 통했는지, 반 분위기가 정말 달라졌더라고요."

현장에서 자주 들을 수 있는 말이다. 필자 역시 수업을 진행하며 그런 순간들을 종종 마주했다. 활동에 진심으로 몰입하는 학생들의 표정, 조별 발표 후 스스로를 돌아보는 반응들. 그 모든 장면들이 분명히 '변화'였고, '성장'이었다. 그런데 막상 연구 보고서를 쓰려고 앉으면, 고민이 시작된다.

'이 변화를 어떻게 글로 설명하지?'
'그냥 '좋아졌다'고만 쓰면 설득력이 약하지 않을까?'

그럴 때 필요한 게 바로 수치로 보여주는 근거, 즉 통계다. 물론 처음부터 복잡한 분석까지 할 필요는 없다. 하나의 변화, 하나의 질문에만 집중해도 괜찮다.

예를 들어, 이런 식이다.

- 이 프로젝트 수업이 학생들의 문제해결력을 키워줬을까?
- 수업 전과 후, 학생들의 협업 역량은 실제로 달라졌을까?

이런 질문에 정직하게 답해주는 통계가 있다. 그게 바로 대응표본 t검정이다.

대응표본 t검정이란?

처음 '대응표본 t검정'이라는 말을 들었을 때, 나도 조금 겁이 났다. 't검정'이라는 단어 자체가 주는 거리감이 있었다. 왠지 전문적인 연구자들만 다룰 것 같고, 통계에 익숙하지 않은 교사가 쉽게 접근하기엔 벅찰 것 같았다. 하지만 막상 그 개념을 들여다보고 나서야 알게 됐다. 이건 오히려 교사들이 현장에서 자주 마주하는 수업 상황과 굉장히 닮아있다는 것을.

대응표본 t검정은 이런 질문에서 출발한다.

"수업 전에 비해, 수업 후에 어떤 변화가 있었는가?" 그리고 그 변화가 단순한 느낌이나 인상이 아니라, 수치적으로도 유의미한 차이를 보였는지를 살펴보는 분석이다.

예를 들어보자. 내가 한 학기 동안 세계시민교육을 주제로 프로젝트 수업을 운영했다고 가정하자. 수업을 시작하기 전, 학생들에게 '지속가능한 삶의 실천의지'에 대한 설문을 진행했고, 모든 수업과 활동을 마친 후 동일한 문항으로 다시 설문을 했다. 이 두 시점의 데이터를 단순히 나란히 놓고 비교하면, '대략 높아졌다'는 정도밖에 이야기할 수 없다.

하지만 대응표본 t검정을 활용하면, 그 높아진 차이가 '통계적으로도 의미 있는 변화'인지를 명확하게 보여줄 수 있다. 말하자면, 그 차이가 '우연히 생긴 것'이 아니라 '수업의 영향'이라는 해석이 가능해지는 것이다.

특히 '수업혁신사례연구대회'에선 보고서 전체의 중심축이 교사의 수업 설계와 그 결과의 변화다. 이때 '학생들이 어떻게 달라졌는가?'는 핵심 질문이 된다. 그 변화가 구체적으로 서술되어 있으면 좋지만, 정량적 지표가 함께 제시되면 설득력이 훨씬 커진다.

예를 들어,

- 비판적 사고력 향상을 목표로 한 프로젝트 수업을 운영했다면, 수업 전후 학생들의 '자기평가 점수'나 '설문 응답'을 바탕으로 대응표본 t검정을 통해 실질적인 효과를 분석할 수 있다.
- 디지털 협업 플랫폼을 활용한 토의 활동을 했다면, 학생들의 '의사소통 역량' 또는 '협업 만족도'에 대해 사전·사후 조사를 실시해 그 차이를 확인해볼 수 있다.
- 사회과 수업에서 '기후 위기'나 '자원 분배'와 같은 주제를 다루며 문제해결력이나 세계시민 의식 향상을 이끌어냈다면, 대응표본 t검정은 그 결과를 수치화하고 논리적으로 증명하는 데 큰 도움이 된다.

이처럼 대응표본 t검정은 수업의 전과 후를 연결하는 '데이터 다리' 같은 역할을 한다. 교실 안에서 일어난 변화가 단순한 느낌을 넘어서, 통계적으로도 뒷받침된다는 사실은 보고서의 완성도를 높이는 데 결정적인 힘이 된다.

지금부터 실제 데이터를 어떻게 준비하고 통계 프로그램을 통해 대응표본 t검정을 어떻게 활용할 수 있는지 직접 실습해보자. '나는 통계를 한 번도 안 해봤는데..'라는 걱정은 잠시 접어두고, 지금부터 천천히 따라와도 충분하다.

어떤 통계 프로그램을 사용해야 할까?

처음 통계를 접할 때 가장 먼저 마주하게 되는 고민이 있다. '분석은 해야겠는데, 도대체 무슨 프로그램을 써야 하지?' 데이터는 손에 쥐었고, 분석할 마음도 단단히 먹었지만, 막상 프로그램 설치 단계에서부터 막막함이 밀려오기 시작한다.

'SPSS? Jamovi는 또 뭐지?'

이렇게 이름만 들어도 생소한 도구들이 잔뜩 등장하면서, 출발선에서 주저앉게 되는 일도 생각보다 많다. 통계 프로그램은 여러 가지가 있지만, 교육 현장에서 교사들이 가장 많이 사용하는 건 크게 두 가지다.

하나는 IBM SPSS라는 프로그램이고, 다른 하나는 Jamovi라는 이름의 오픈소스 통계 도구다. 이 두 가지는 접근성과 사용 난이도, 기능 측면에서 뚜렷한 차이를 보인다. 그래서 어떤 걸 선택하느냐에 따라 실제로 분석까지 이어질 수 있느냐, 아니면 중간에 포기하게 되느냐가 갈릴 수도 있다.

프로그램	장점	단점
IBM SPSS	- 고급 통계 분석에 적합한 전문가용 도구 - 다양한 분석 기법 지원 (회귀, 다층 모형 등) - 연구기관과 학술 연구에서 널리 사용됨	- 설치 파일 용량이 크고 복잡함 - 30일 무료 체험 후 유료 라이선스 필요 - 사용법이 다소 어렵고 진입장벽이 있음
Jamovi	- 영구적으로 무료 사용 가능 - 설치가 간편하고 가벼움 - t검정, 상관분석 등 기본 분석에 최적화 - 직관적인 인터페이스로 통계 초심자에게 적합	- 고급 분석(다층 모형, 구조방정식 등)은 제한적 - 복잡한 연구 설계에는 적합하지 않을 수 있음

[통계 프로그램의 장·단점]

Jamovi는 영구적으로 무료이며, 설치가 간편하고 분석까지 바로 이어질 수 있다. 게다가 직관적인 인터페이스 덕분에, 처음 통계를 접하는 교사도 따라 하기 어렵지 않다. 이번 실습에서는, 교육 현장의 실제 보고서에 가장 잘 맞고, 교사들이 부담 없이 접근할 수 있는 Jamovi를 사용해 대응표본 t검정을 해보려 한다.

대응표본 t검정 실습 (Jamovi로 실습)

[1단계] Jamovi 설치하기

01 크롬이나 엣지에서 'jamovi'를 검색하거나, 공식홈페이지(jamovi.org)에 접속한다.

02 하단 메뉴에서 Jamovi Desktop을 클릭한다.

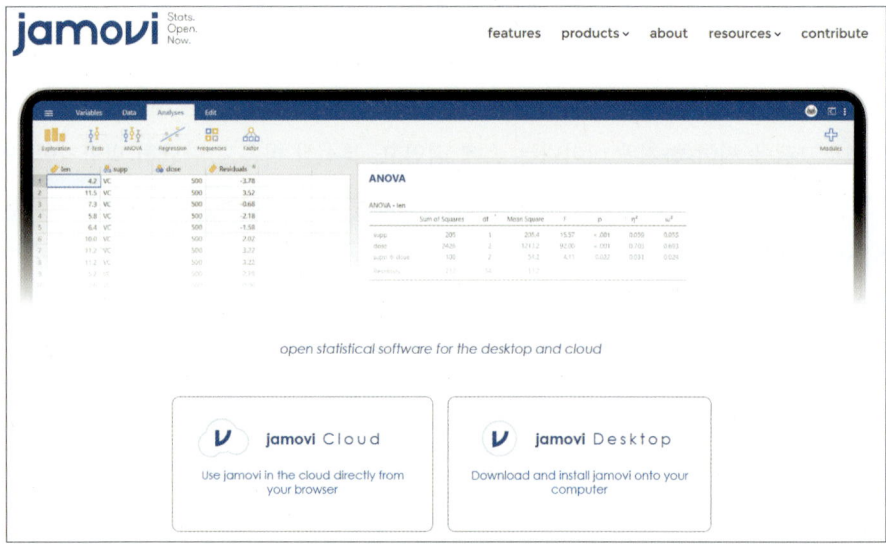

[Jamovi 홈페이지 메인 화면]

03 '2.6.26 solid'와 '2.6.44 current' 버전 중, '2.6.44 current' 버전을 다운로드하고 설치한다. 별도의 회원가입 없이 바로 사용할 수 있고, 설치도 빠르다.

'solid'는 안정성을 중시한 장기 지원 버전이고, 'current'는 일반 사용자에게 적합한 최신버전이다. 이 책에서는 최신 기능이 포함한 'current 버전'을 기준으로 실습을 안내한다.

[Jamovi 설치 화면]

[2단계] 데이터 준비하기

Jamovi로 분석하려면 먼저 데이터를 엑셀로 정리해야 하는데, 많은 교사들이 바로 이 단계에서 어려움을 겪는다.

"점수는 있는데, 이걸 어떻게 정리해야 하는지 모르겠어요."

"학생 설문 결과를 어떤 형태로 정리해야 하나요?"

그럴 땐 이렇게 생각하자. 한 명의 학생에게서, 두 번(사전/사후) 점수를 얻은 것이다. 그러니 엑셀에서 한 줄은 한 명의 학생, 두 개의 열에는 그 학생의 '사전 점수'와 '사후 점수'를 나란히 넣으면 된다.

실제 예시로 확인해보자. 어떤 수업에서 '행동적 역량' 향상을 목표로 활동을 운영했고, 그 효과를 확인하기 위해 7개 문항으로 된 사전 설문을 학생들에게 실시했다면, 설문 결과는 아래와 같이 나올 수 있다.

영역	학생\문항	1번	2번	3번	4번	5번	6번	7번	사전 평균값
행동적	1번	5	3	5	5	3	3	3	3.86
	2번	4	2	4	4	3	2	3	3.14
	3번	3	2	3	4	2	2	2	2.57
	4번	3	1	2	4	2	2	2	2.29
	5번	3	1	2	3	2	1	1	1.86
	6번	2	1	2	3	1	1	1	1.57
	7번	1	1	2	2	1	1	1	1.29

[행동적 역량의 사전 설문 조사 결과 예시]

이때 가장 중요한 포인트는 다음과 같다.

- 이 표에는 각 학생이 설문 문항에 어떻게 응답했는지가 정리되어 있다.
- 5점 만점 척도(리커트)를 기준으로, 7개 문항 점수가 나열돼 있다.
- 마지막 열에 있는 '사전 평균값'이 바로 우리가 통계 분석에 사용할 값이다.

그런데, 데이터를 정리하다 보면, 한 가지 헷갈리는 부분이 생긴다. 우리는 평소에 '반 전체 평균'을 내는 데 익숙한데, 대응표본 t검정에서는 그게 아니라 학생 '개별 평균'을 사용해야 한다.

왜 그럴까?

통계 분석은 집단 전체의 상태를 보는 게 아니라, 한 사람의 변화를 추적하는 작업이기 때문이다. 예를 들어, A학생이 수업 전에 몇 점이었고, 수업 후에 몇 점이 되었는지를 비교해야 그 학생이 얼마나 성장했는지, 어떤 변화가 있었는지를 정확히 알 수 있다. 그렇기 때문에 문항별로 전체 평균을 내는 대신, 한 명의 학생이 모든 문항에서 준 점수를 평균 내어 그 학생의 사전·사후 평균 점수를 각각 기록하는 방식이 필요하다.

[3단계] 엑셀로 데이터 정리하기

Jamovi에 데이터를 불러오기 위해, 아래와 같은 방식으로 엑셀을 작성한다.

A	B
사전검사 결과	사후검사 결과
3.86	4.14
3.14	3.93
2.57	3.8
2.29	3.57
1.86	3.07
1.57	3.64
1.29	3.37

[사전·사후 결과 평균값 엑셀 정리]

A열은 사전 점수, B열은 사후 점수이다. 수치는 소수점까지 포함해도 괜찮다. 작성 후에는 .xlsx 형식으로 저장한다.

[4단계] Jamovi에서 데이터 불러오기

01 Jamovi를 실행한다.

02 상단의 ≡ 버튼을 클릭한다.

03 Open → Browse → 대응표본 t검정을 실시할 데이터 엑셀 파일 선택 → 열기 버튼을 클릭한다.

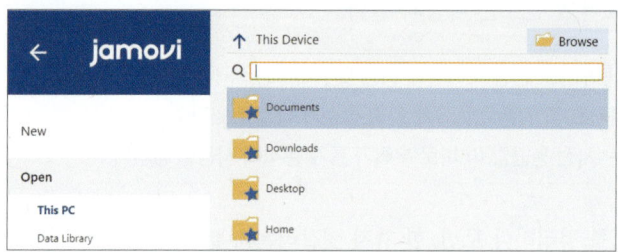

[Jamovi 파일 불러오기 화면 예시]

04 데이터 엑셀 파일을 선택하면, 화면 중앙에 데이터가 불러와진다.

[5단계] 데이터 유형 설정하기

Jamovi는 데이터를 불러오면 보통 자동으로 데이터 형식(Measure type)을 인식한다. 하지만 숫자인데 문자로 처리되거나, 분석에 맞지 않는 형식으로 설정되어 분석이 제대로 실행되지 않는 경우도 종종 있다. 그래서 본격적인 분석 전에 반드시 데이터 형식을 직접 확인하고, 필요하다면 수정해주는 것이 좋다. 데이터 형식을 설정하는 단계는 다음과 같다.

Jamovi 상단 메뉴에서 Data → Setup을 클릭하면 아래와 같은 화면이 열린다.

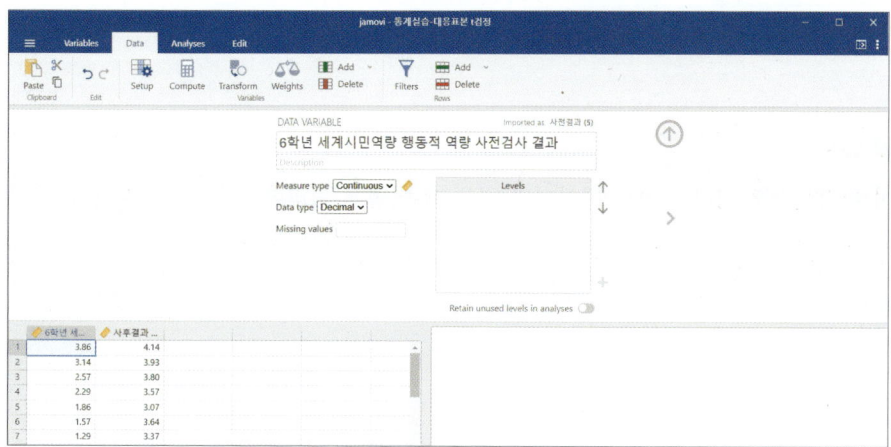

[jamovi setup 화면]

이 화면에서 설정할 수 있는 항목은 다음과 같다.

❶ 변수명 바꾸기 (Data variable)

왼쪽 열을 클릭하면, 오른쪽 상단에 변수명이 나타난다. 데이터 저장을 했을 때 단순히 사전/사후 검사라고 입력했다면 여기서 직접 수정이 가능하다.

❷ 측정 유형 (Measure type)

Measure type은 해당 열의 데이터가 어떤 종류의 변수인지를 설정하는 항목이다. 우리는 수치형 데이터를 분석할 것이기 때문에, 반드시 아래와 같이 설정해야 한다.

> • Continuous 선택 (→ 연속형 수치 자료)

Continuous로 설정하면 평균, 차이값, t검정 등의 수치 기반 분석이 가능해진다. 이게 아니라 Nominal(범주형), Ordinal(서열형)으로 되어 있으면 분석이 안 된다.

❸ 데이터 유형 (Data type)

Data type은 그 수치가 정수인지, 소수인지를 구분하는 항목이다.

> • 점수가 3.86, 2.29처럼 소수점이 있는 경우 → Decimal 선택
> • 점수가 3, 4, 5처럼 정수만 있는 경우 → Integer 선택

소수점이 포함된 경우에는 반드시 Decimal로 설정해야 분석 오류를 막을 수 있다. Jamovi는 Decimal과 Integer 둘 다 Continuous로 인식하지만, 정확한 계산을 위해 맞게 설정하는 것이 좋다.

❹ 결측값 처리 (Missing values)

이 항목은 빈칸이나 누락된 데이터가 있을 때 어떻게 처리할지를 지정하는 칸이다. 특별히 입력할 필요는 없지만, 특정 값을 누락 처리하고 싶다면(예: 0이나 공백 등), 해당 값을 여기에 입력해둘 수 있다.

❺ 범주 설정 (Levels)

이 항목은 명목형 변수(문자, 범주형)에 해당하는 항목들을 분류할 때 사용하는 기능이다.
→ 우리는 지금 수치형 데이터를 다루고 있으므로 이 칸은 비워두면 된다.

❻ 데이터 설정 완료 후 나가기

모든 설정을 마쳤다면, 화면 오른쪽 가장 윗부분에 있는 큼직한 화살표 아이콘 ⬆ 을 클릭하자.
  → 이 버튼을 클릭하면 데이터 설정 화면이 닫히고,
  → 이제 본격적인 분석을 시작할 수 있는 Analyses(분석) 화면으로 전환된다.

※ 참고로, 화면 오른쪽 중간에 있는 작고 회색의 위/아래 화살표(↑↓)는 범주 순서(Levels)를 조정할 때 사용하는 것이므로 지금은 건드릴 필요 없다.

[6단계] 대응표본 t검정 실행하기

이제 본격적인 분석 단계다. 지금까지 엑셀 정리와 변수 설정까지 모두 마쳤다면, 이제는 Jamovi 안에서 실제 분석을 실행해보는 시간이다.

❶ 상단 메뉴에서 Analyses 클릭

Jamovi 화면 맨 위 메뉴에서 Analyses 버튼을 클릭한다. 이제부터 분석 도구를 선택하는 화면이 열리며, 왼쪽 아래에 다양한 분석 항목이 표시된다.

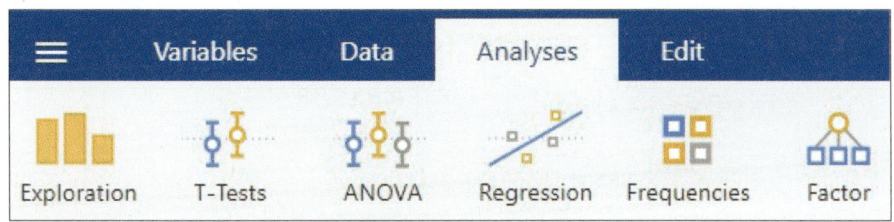

[Jamovi Analyses 화면]

❷ T-Tests → Paired Samples T-Test 클릭

분석 도구 중에서 T-Tests 항목을 클릭하면 여러 가지 분석 방식이 나온다. 그 중에서 Paired Samples T-Test을 버튼을 클릭한다.

> Paired Samples T-Test는 같은 집단에서 두 번(사전/사후) 측정한 데이터를 비교할 때 사용하는 분석이다. 지금처럼 학생의 사전 점수와 사후 점수를 비교할 때 딱 맞는 방식이다.

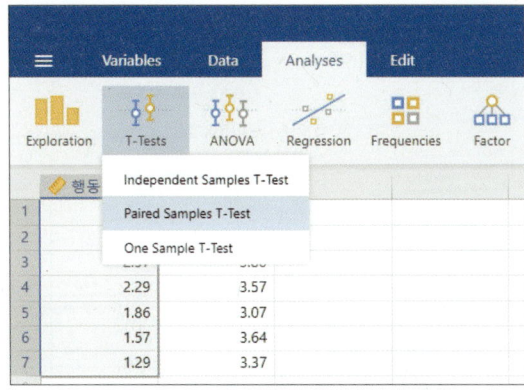

[Jamovi 대응표본 t검정 실행 메뉴]

❸ 왼쪽 변수 목록에서 [사전 점수 → 사후 점수] 순으로 선택

왼쪽에 불러온 변수 목록이 보인다. 여기서 사전 점수 열을 클릭한 다음, 그 아래에 있는 사후 점수 열을 클릭한다. 두 항목이 선택된 상태에서 가운데 화살표(→) 버튼을 클릭하면, 오른쪽 Paired Variables 창에 두 항목이 나란히 들어간다.

순서가 중요하다! 첫 번째가 사전 점수, 두 번째가 사후 점수가 되어야 분석 결과도 "사후 점수가 얼마나 더 높아졌는가?"라는 식으로 해석할 수 있다.

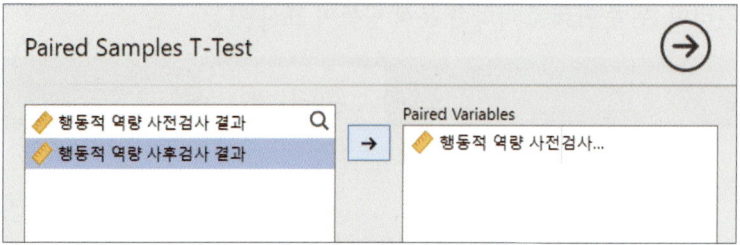

[대응표본 t검정: Paired Variables 설정]

❹ 기본 분석 옵션은 그대로 두고, 아래 항목 체크하기

왼쪽 메뉴 아래쪽에는 다양한 분석 설정이 있다. 그 중 우리가 분석에 활용할 항목들을 체크하자.

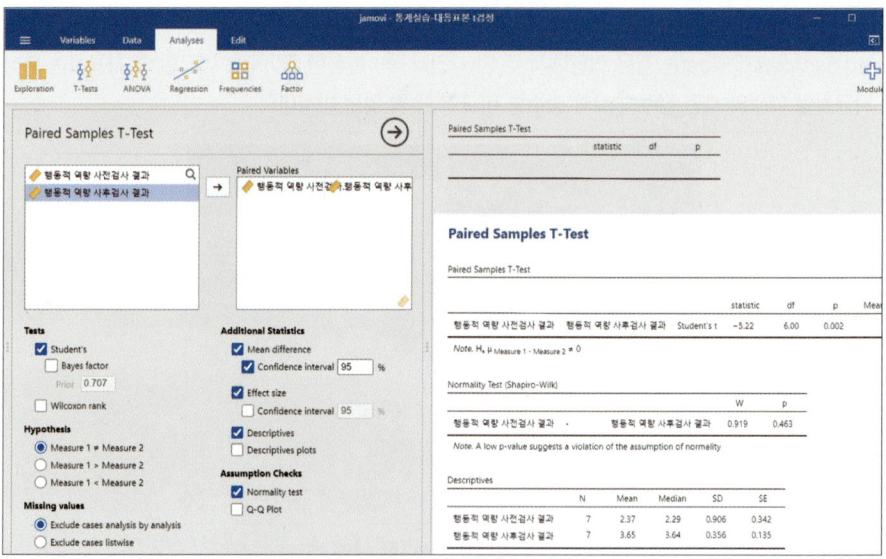

[대응표본 t검정에서 추가 분석 항목 설정 화면]

- 기본 설정 유지: Tests 섹션의 Student's 옵션과 Hypothesis 섹션의 Measure 1 ≠ Measure 2 옵션은 기본적으로 선택되어 있으며, 일반적인 대응표본 t-검정에서는 이 설정을 그대로 유지하는 것이 적절하다.
- 추가로 체크해야 할 옵션: Additional Statistics 섹션의 Mean difference, Confidence interval (95%), Effect size, Descriptives, Normality test 옵션은 분석 결과를 해석하고 보고서를 작성할 때 필수적인 정보를 제공한다. 따라서 이 항목들은 체크하는 것을 권장한다.

옵션 섹션	옵션 항목	설명	기본 설정	설정 권장 여부
Tests	Student's	대응표본 t-검정의 기본 방식으로, 두 시점의 평균 차이를 검정함	체크됨	그대로 두기
Hypothesis	Measure 1 ≠ Measure 2	두 시점의 측정값이 다를 수 있다는 양측 검정을 수행함	체크됨	그대로 두기
Additional Statistics	Mean difference	두 시점의 평균 차이를 수치로 제공함	체크 안 됨	체크 권장
	Confidence interval(95%)	평균 차이의 95% 신뢰구간을 제공함	체크 안 됨	체크 권장
	Effect size	효과 크기(Cohen's d)를 계산하여 제공함	체크 안 됨	체크 권장
	Descriptives	각 시점의 평균, 표준편차 등 기술통계를 제공함	체크 안 됨	체크 권장
	Normality test	데이터의 정규성을 검정하여, t-검정의 전제 조건을 확인함	체크 안 됨	체크 권장

[Jamovi의 대응표본 t-검정에서 보고서 작성에 유용한 옵션 설정]

❺ 오른쪽 화면에서 분석 결과를 확인하기

지금까지 설정을 잘 따라왔다면, 화면 오른쪽에는 Paired Samples T-Test 결과 창이 자동으로 생성되었을 것이다. 여기엔 사전·사후 점수의 평균 차이, t값, p값, 효과 크기 등 다양한 수치들이 표 형식으로 정리되어 나타난다.

Paired Samples T-Test

Paired Samples T-Test

			statistic	df	p	Mean difference	SE difference
행동적 역량 사전검사 결과	행동적 역량 사후검사 결과	Student's t	-5.22	6.00	0.002	-1.28	0.245

Note. H_a μ $_{Measure\ 1\ -\ Measure\ 2}$ ≠ 0

Normality Test (Shapiro-Wilk)

			W	p
행동적 역량 사전검사 결과	-	행동적 역량 사후검사 결과	0.919	0.463

Note. A low p-value suggests a violation of the assumption of normality

Descriptives

	N	Mean	Median	SD	SE
행동적 역량 사전검사 결과	7	2.37	2.29	0.906	0.342
행동적 역량 사후검사 결과	7	3.65	3.64	0.356	0.135

[대응표본 t검정 분석 결과 화면]

그런데 이쯤에서 멈칫하게 되는 순간이 온다.

"결과가 나오긴 했는데... 이 숫자들이 도대체 무슨 뜻이지?"

"p값이 작으면 좋은 건가? 효과 크기는 어디에 쓰는 거지?"

지금 우리가 보고 있는 수치들은 그저 숫자 덩어리가 아니다. 수업의 변화가 실제로 있었는지를 말해주는 중요한 단서이자, 보고서에 들어갈 핵심 근거 자료가 된다.

하지만 이 수치들을 제대로 이해하지 못하면, 분석을 아무리 열심히 해도 보고서에 활용할 수 없다. 이제부터는 t값, p값, 평균 차이, 신뢰구간, 효과 크기 같은 핵심 통계 용어들을 하나하나 짚어가며, 여러분의 분석 결과가 의미하는 바를 함께 해석해보자.

통계용어로 쉽게 알아서 해석하기

'숫자에 의미를 더하면, 보고서가 살아난다'

분석은 끝났다. 숫자도 다 나왔다.

그런데 그 숫자가 무엇을 말해주고 있는지 모르겠다면? 지금부터는 드디어 마지막 핵심! 분석 결과를 읽을 수 있게 되는 순간, 비로소 보고서에 쓸 수 있는 '증거'가 생긴다. 이제 숫자를 해석할 수 있게 도와주는 챕터, 바로 시작해보자.

다음은 Jamovi에서 대응표본 t검정을 실행한 결과로 위에서 본 'Paired Samples T-Test' 화면이다.

항목	t값 (statistic)	자유도 (df)	유의 확률 (p)	평균차 (Mean)	표준 오차 (SE)	사전 평균	사후 평균	효과 크기 (Effect size)
수치	-5.22	6.00	0.002	-1.28	0.245	2.37	3.65	-1.97

[행동적 역량 사전-사후 검사 대응표본 t검정 결과]

❶ p값: 이 변화, 우연이었을까?

- p값 = 0.002

p값은 변화가 우연일 가능성을 말해주는 수치다. 즉, 수업 전후 점수 차이가 단순한 '우연'이 아니라, 수업이라는 변인이 실제로 영향을 주었는가를 확인하는 기준이다.

기준은 이렇다: $p < .05$ → 통계적으로 유의미한 차이가 있다.

지금은 $p = .002$ → 아주 유의미함!

그러므로 보고서에 다음과 같이 쓸 수 있다:

"$p < .05$ 수준에서 통계적으로 유의미한 변화가 나타났다."

만약, p값이 .05보다 크다면?

> • p값 = 0.078
> • 평균값 변화: 2.37 → 2.93

변화가 통계적으로 우연일 가능성을 완전히 배제할 수 없다는 뜻이다. 즉, 수업의 효과가 분명히 있었다고 단정하기는 어려운 결과다. 하지만 이때, 평균값은 상승했다면, 일부 학생에게 긍정적 영향이 있었을 가능성을 시사하는 '경향 중심' 해석은 가능하다.

그러므로 보고서에 다음과 같이 쓸 수 있다:

"p 〉.05로, 통계적으로 유의미한 차이는 확인되지 않았으나, 사전 평균은 2.37에서 2.93으로 증가해, 변화의 경향은 긍정적이었다."

❷ 평균 차이 (Mean Difference): 얼마나 달라졌나?

> • 평균 차이 = −1.28
> • 사전 평균 = 2.37 / 사후 평균 = 3.65

기호는 '사전 − 사후' 기준이라 음수로 나오지만, 우리가 집중할 건 점수가 평균적으로 1.28점 상승했다는 것!

그러므로 보고서에 다음과 같이 쓸 수 있다:

"학생들의 행동적 역량 점수가 평균 1.28점 상승하였다."

❸ t값: 변화가 분명한가?

> • t값 = −5.22

t값은 두 평균 사이의 차이가 얼마나 분명한지를 나타내는 지표다. 값이 0에서 멀어질수록, 즉 크면 클수록 차이는 뚜렷하다. −5.22는 매우 강력한 수치!

그러므로 보고서에 다음과 같이 쓸 수 있다:

"두 시점 간 평균 차이에 대해 t검정을 실시한 결과, t값이 −5.22로 나타나 유의미하고 명확한 변화가 있었음을 확인하였다."

❹ 정규성 검정 (Normality Test): 이 분석, 활용해도 되는 건가?

> • p = 0.463 (Shapiro-Wilk)

t검정을 쓰기 위해선 데이터가 정규성을 만족해야 한다. 이 값이 0.05보다 크면 분석을 계속해도 된다는 뜻. 즉, p = .463 → 정규성 통과하므로 분석 결과를 신뢰할 수 있다.

❺ 효과 크기 (Effect Size): 변화의 '영향력'은 어느 정도였을까?

- 효과 크기 = -1.97

이 수치는 변화의 크기를 단순한 평균 차이 그 이상으로 해석할 수 있게 도와준다. 쉽게 말해, t값이 '변화가 있다'고 말해준다면, 효과 크기는 '그 변화가 얼마나 컸는가'를 말해주는 수치다. 효과 크기는 절댓값 기준으로 해석한다. 즉, 부호(±)는 방향일 뿐, 크기 자체가 해석의 핵심이다.

효과 크기	0.2	0.5	0.8 이상	1.5 이상
해석	작음	중간	큼	매우 큼

[효과 크기(Effect SIze) 해석 기준]

-1.97은 절댓값 기준으로 매우 큰 효과! 단지 유의미한 변화가 있었던 것을 넘어, 수업이 학생들에게 매우 강력한 영향을 주었음을 보여준다.

그러므로 보고서에 다음과 같이 쓸 수 있다:

"효과 크기(d = 1.97)는 절댓값 기준으로 매우 큰 수준이며, 본 수업이 학생들의 역량 향상에 실질적이고 강력한 영향을 미쳤음을 시사한다."

❻ N과 df: 이 분석, 몇 명이 참여했고, 자유도는 얼마였을까?

- N = 7
- df = 6

N은 분석에 참여한 학생 수를 의미한다. 대응표본 t검정에서는 각 학생의 사전·사후 점수를 짝지어 비교하기 때문에, 전체 학생 수(N)가 그대로 분석 대상이 된다.

df는 자유도(degrees of freedom)로, N - 1로 계산된다. 이는 통계 분석에서 t값과 p값을 구하는 기준값이며, 분석의 신뢰도를 뒷받침하는 핵심 수치다.

그러므로 보고서에 다음과 같이 쓸 수 있다:

"본 연구는 총 7명의 학생을 대상으로 하였으며, 대응표본 t검정 결과 자유도(df)는 6으로 산출되었다."

실제 보고서에 통계, 이렇게 넣었다

[사례 1]

> 송쌤의 연구 보고서 : 디지털 기반 찐친(Chin親) 프로젝트로 지속가능한 세계시민역량 기르기

❶ 양적 검증 목적

학생들의 세계시민역량과 디지털 리터러시가 프로젝트 활동을 통해 유의미하게 향상되었는지를 검증

❷ 검사 도구

- 세계시민역량 검사: 인지적 역량 / 사회·정서적 역량 / 행동적 역량
- 디지털 리터러시 검사: 디지털 활용 능력 / 디지털 의사소통 능력 / 디지털 윤리

❸ 검사 방식

사전-사후 동일 도구 사용, 대응표본 t검정 실시 (N=7, df=6)

❹ 대응표본 t검정 결과

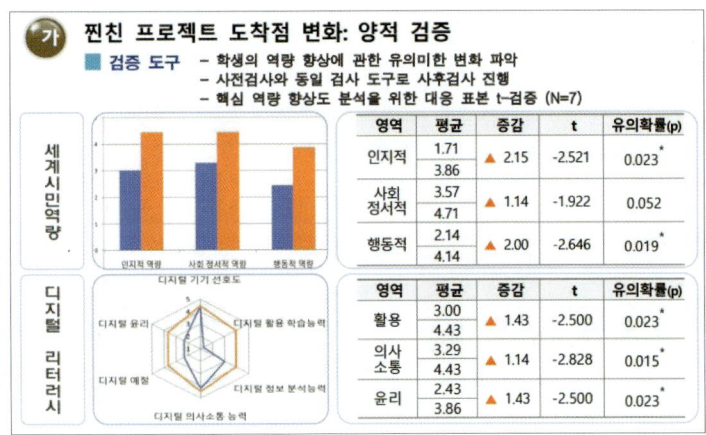

출처: 디지털 기반 찐친(Chin親) 프로젝트로 지속가능한 세계시민역량 기르기 (2024 수업혁신사례연구대회 전국 1등급)

❺ 통계 활용 한끗 포인트

- 세계시민역량 및 디지털 리터러시 변화 확인 → 평균 차이, t값, p값으로 유의미한 수치 효과 입증
- 사전(파란색) 대비 사후(주황색) 그래프 상승 폭이 뚜렷 → 프로젝트 기반 수업의 역량 향상 효과를 시각적으로 강하게 전달

[사례 2]

> 비니쌤의 연구 보고서 : 지도(MAP)와 패드(PAD)들고 GPS ON, POWER UP!

❶ 양적 검증 목적
다양한 프로젝트 기반 수업이 학생들의 사회과 교과역량과 학습 흥미도에 미친 영향을 검증

❷ 검사 도구
- 사회과 교과역량 검사 (창의적 사고력, 비판적 사고력, 문제해결력, 정보 활용 능력 등)
- 2022 개정 교육과정 핵심역량 및 사회학습 흥미도 검사

❸ 검사 방식
사전-사후 동일 도구 사용, 대응표본 t검정 실시 (N=29, df=28)

❹ 대응표본 t검정 결과

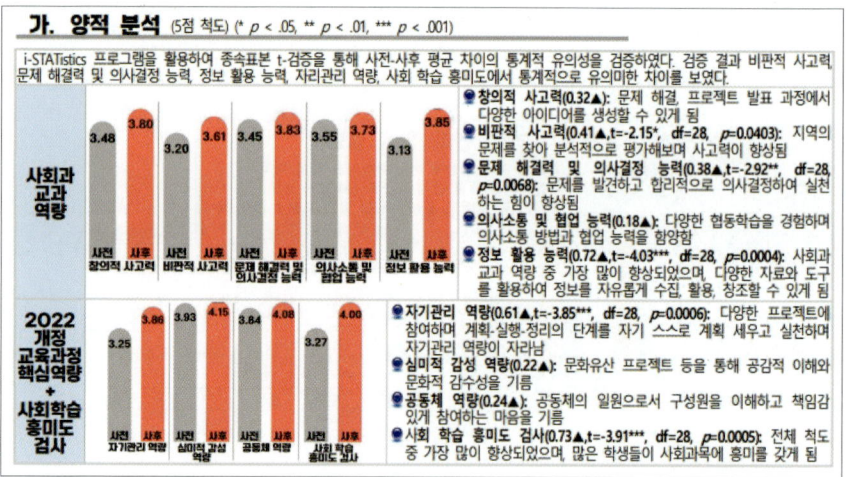

출처: 지도(MAP)와 패드(PAD)들고 GPS ON, POWER UP! (2024 수업혁신사례연구대회 전국 1등급)

❺ 통계 활용 한끗 포인트
- 흥미도와 자기관리 역량, 정보 활용 능력에서 매우 유의미한 변화 → 수업 효과를 p값 수치와 함께 강조
- 보고서 내 막대그래프를 통해 사전 대비 사후 점수의 뚜렷한 상승 시각화 → 이해도+설득력 모두 챙김

6
마지막까지 설득력 있게
: 결론 작성법

연구의 마무리이자 꽃이라 할 수 있는 '연구의 결론' 파트에는 어떤 내용이 들어가야 할까? 다양한 보고서들을 살펴보며 연구의 결론 파트를 어떻게 서술하였는지 참고하고, 나만의 결론 구성을 **조합해보는 것을 추천한다.** 많이 살펴볼수록 더 좋은 나만의 형식을 찾을 수 있을 것이다.

연구의 결론 파트에는 아래와 같은 항목들이 들어갈 수 있다.

> - 양적연구, 질적연구 분석 결과(연구 대상 실태 분석과 연계)
> - 연구의 성과
> - 연구의 결론
> - 제언
> - 마무리(연구자 소감)
> - 참고문헌 등

한마디로 말하자면, 연구의 결론에서는 본 연구가 얼마나 충실히 이루어졌으며, 목표를 얼마나 효과적으로 달성했는지를 명확하게 보여주는 것이 중요하다. 이를 위해 양적·질적 분석 결과를 근거로 들어 제시하고, 연구가 더 심화되거나 일반화되기 위해 앞으로 어떤 노력이 필요한지에 대한 제언도 함께 포함하면 좋다. 또한 연구 과정을 되돌아보며 진솔한 소회를 담는 것도 독자의 공감을 이끌 수 있는 좋은 방법이다. 결론은 일반적으로 2~3쪽 정도의 분량을 사용하는 것이 적절하며, 각 항목의 분량은 연구자가 무엇을 강조하고 싶은지에 따라 자유롭게 조절할 수 있다.

필자의 보고서를 예로 들면, 결론 파트에 총 3쪽 분량을 할애하였다. 작성 순서는 다음과 같았다. 다른 보고서들과 함께 결론 부분들을 살펴보자.

양적·질적 연구 결과 분석 → 일반화 실천 기록 → 연구의 성과 → 연구 성찰 → 제언 → 소감 → 참고문헌

먼저, 양적 연구 결과를 통계표와 함께 분석하고, 질적 연구 결과에 대한 분석으로 학생과 학부모의 소감문을 사진 자료로 제시한 후, 간단한 설명을 덧붙이는 방식으로 구성할 수 있다. 이러한 방식은 연구의 실효성을 직관적으로 전달하고, 수치와 경험이 균형 있게 어우러진 결론을 구성하는 데 효과적이다.

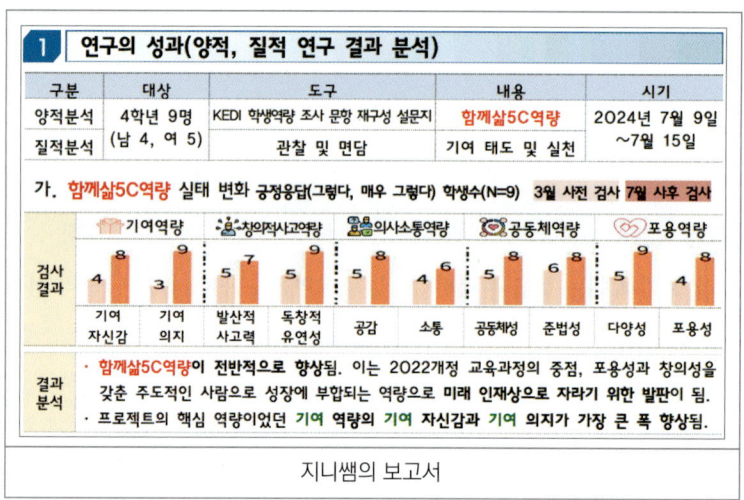

지니쌤의 보고서

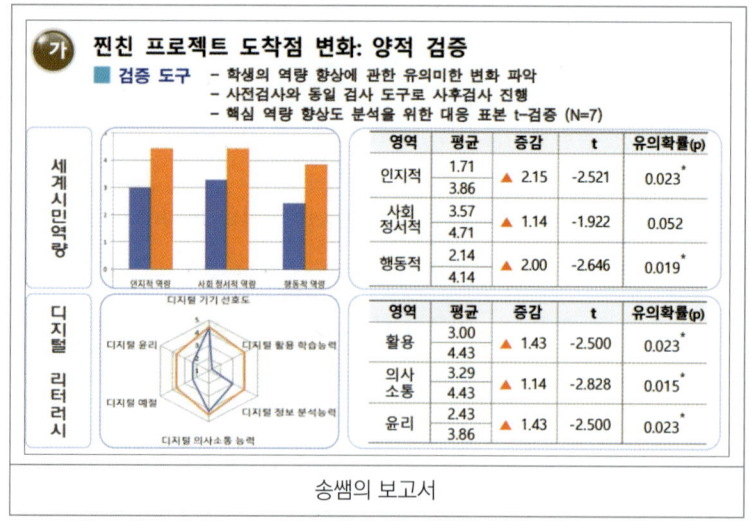

송쌤의 보고서

[양적 연구 결과 분석]
출처: 나란히 배움길 기여 프로젝트로 함께삶5C역량 기르기(2024. 수업혁신사례연구대회 전국 1등급)
출처: 디지털 기반 찐친(Chin親) 프로젝트로 지속가능한 세계시민역량기르기(2024. 수업혁신사례연구대회 전국 1등급)

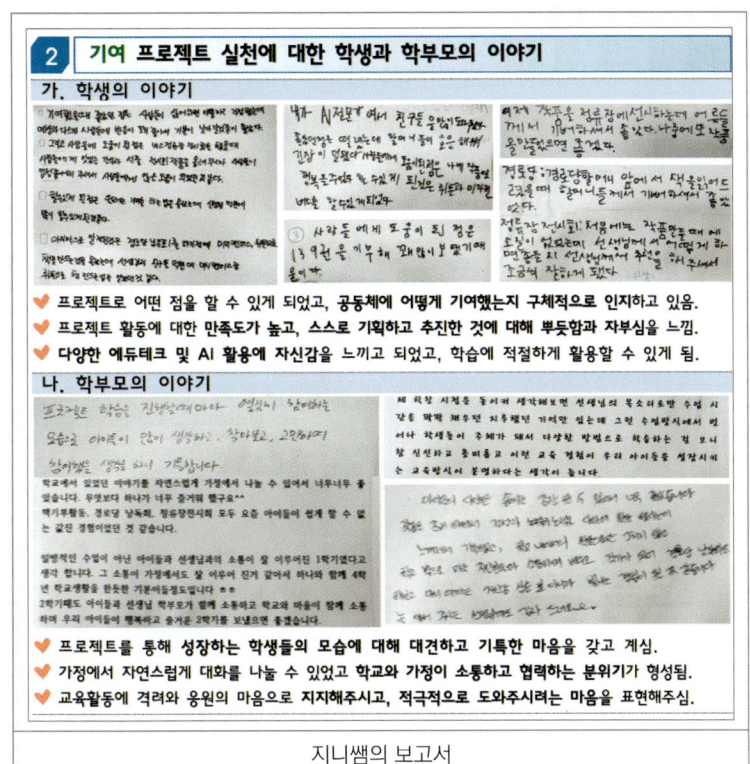

지니쌤의 보고서

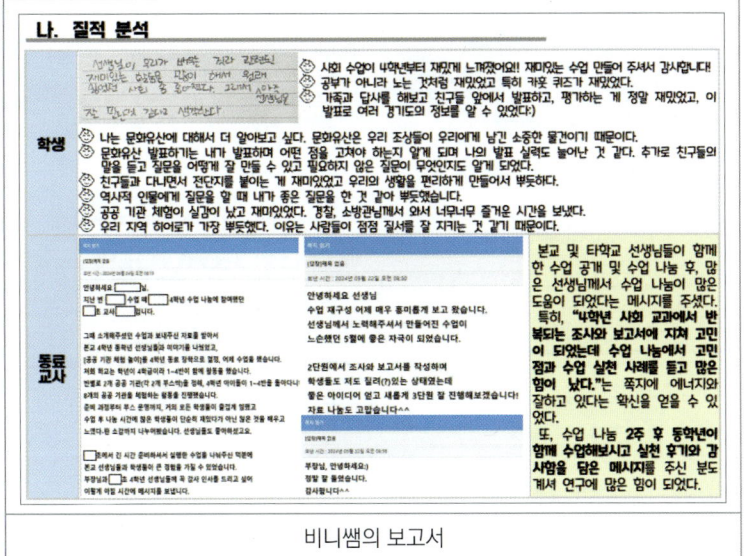

비니쌤의 보고서

[질적 연구 결과 분석]

출처: 나란히 배움길 기여 프로젝트로 함께삶5C역량 기르기(2024. 수업혁신사례연구대회 전국 1등급)
출처: 지도(MAP)와 패드(PAD)들고 GPS ON, POWER UP!(2024. 수업혁신사례연구대회 전국 1등급)

또한 평소 필자는 수업 전·중·후 협의나 사례 나눔을 통해 교사들이 함께 성장하는 과정을 매우 중요하게 생각해 왔다. 따라서 다른 보고서보다 특히 일반화 노력에 대한 서술에 더 많은 분량을 할애하였다. 구체적으로는, '일반화'에 대한 필자의 시각을 구조화하여 세 가지 용어로 정리하고, 각 용어에 따라 어떤 실천을 해왔는지를 사례 중심으로 자세히 기록하였다.

일반화 유형	실천 예시
전문적 수업 나눔	- 학습공동체 강사 활동 - 연수 기획 및 강의 등
일상적 대면 수업 나눔	- 수업 전중후 협의 - 공개수업 협의 등
일상적 SNS 비대면 수업 나눔	- SNS 수업 나눔 - SNS 수업 전중후 협의 등

[일반화 유형 유목화 예시]

이를 통해 수업혁신은 교실 안에서만 일어나는 게 아니라, 교육 공동체 내에서 함께 성장하고 나누는 과정임을 강조하고자 했다. 필자와 같이 자신이 중요하게 생각한 부분을 결론에 강조하여도 좋다.

[일반화 유형 제시 예시]

출처: 나란히 배움길 기여 프로젝트로 함께삶5C역량 기르기(2024. 수업혁신사례연구대회 전국 1등급)

또한 연구의 결론 부분에는 전체적인 프로젝트의 결과에 대해 유목화하여 정리하고, 교사의 성찰과 앞으로의 지속 가능한 일반화된 교육을 위한 제언도 함께 제시한다.

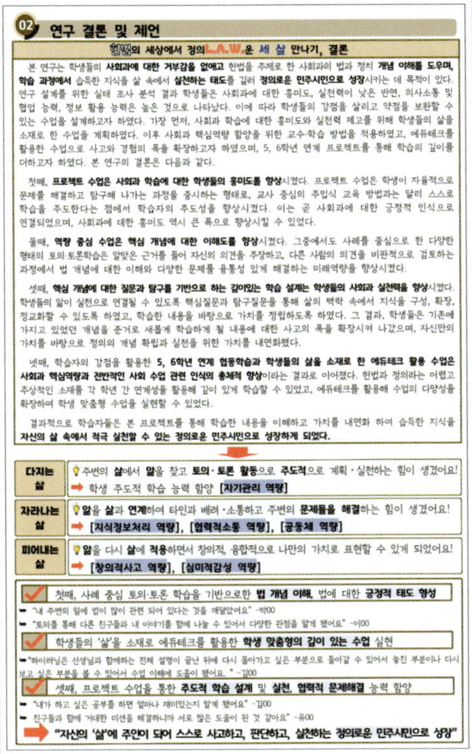

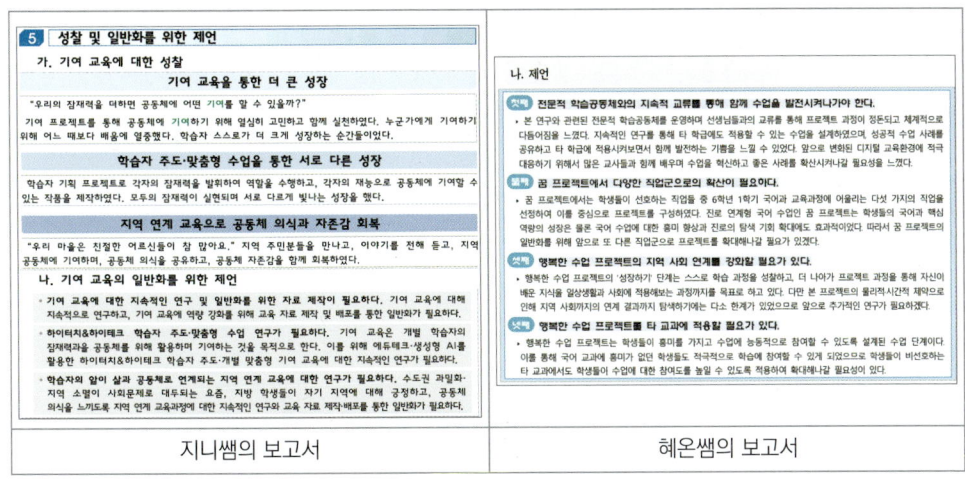

[성찰 및 일반화를 위한 제언]
출처: 헌법의 세상에서 정의L.A.W.운 세 삶 만나기(2024. 수업혁신사례연구대회 전국 1등급)
출처: 디지털 기반 찐친(Chin親) 프로젝트로 지속가능한 세계시민역량기르기(2024. 수업혁신사례연구대회 전국 1등급)

[성찰 및 일반화를 위한 제언]
출처: 나란히 배움길 기여 프로젝트로 함께삶5C역량 기르기(2024. 수업혁신사례연구대회 전국 1등급)
출처: 행복한(HAPPY) 꿈(DREAM) 프로젝트를 통해 국어과 역량 성장시키기(2024. 수업혁신사례연구대회 전국 1등급)

Chapter 05 1등급 보고서 작성하기   215

마지막으로 연구의 이론적 근거와 신뢰도를 높이기 위해 연구를 진행하면서 참고했던 문헌들을 참고문헌 항목에 충실하게 기록해야 한다. 단, 보고서에서 분량을 더 확보하기 위해 참고문헌은 표 안에 넣어 글자 크기를 조금 줄여서 기재하는 것도 가능하다.

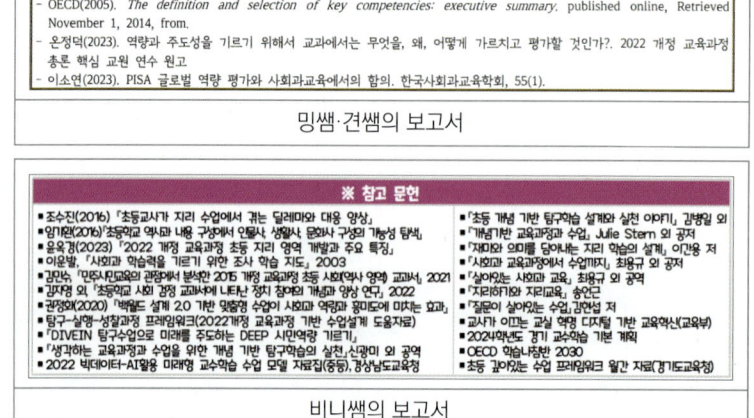

[참고문헌]
출처: 헌법의 세상에서 정의L.A.W.운 세 삶 만나기(2024. 수업혁신사례연구대회 전국 1등급)
출처: 지도(MAP)와 패드(PAD)들고 GPS ON, POWER UP!(2024. 수업혁신사례연구대회 전국 1등급)

연구의 결론을 작성할 때는 연구에 대한 자부심을 담아 긍정적인 표현을 적극적으로 활용하는 것이 좋다. 연구자가 자신감을 가져야 연구가 더 가치 있게 느껴지기 때문이다. 결론만큼은 겸손보다는 당당하게 자신의 연구를 어필하자!

7 부록에는 어떤 내용이 들어갈까?

　부록은 보고서의 가장 마지막 부분으로 크게 수업일지, 교수학습과정안 그리고 기타 자료로 이루어진다. 이 중 수업일지와 교수학습과정안은 운영 계획에도 명시된 필수 사항이며 기타 자료는 선택 사항으로 연구자가 자유롭게 구성한다. 간혹 부록은 딸린 자료라는 생각에 부록의 중요성을 간과하는 연구자도 있다. 그러나 부록 역시 보고서의 중요한 부분이며, 각 페이지가 연구의 완성도를 높이는 데 큰 역할을 한다.

　전체 보고서의 분량이 많지 않은 만큼 모든 페이지를 최대한 공들여 작성해야 하고 각 페이지가 어떻게 보고서를 완벽하게 완성하는 데 도움이 될지 고민을 거듭해야 한다. 부록도 예외는 아니다. 부록이라고 중요도를 낮게 보지 말고 최대한 연구의 장점을 부각할 수 있도록 활용하자.

수업일지 (필수)

　수업일지는 연구자마다 다양한 방식으로 작성할 수 있다. 출품서류 작성 요령에 따르면 수업일지는 수업 개선을 실천한 진지한 성찰이나 노력 등이 드러나게 작성해야 한다. 수업일지라는 용어를 잘못 해석하면 수업의 과정을 자세히 서술하고 느낀 점을 간단히 덧붙이는 형식으로 작성하는 실수를 범할 수 있다. 본문에 이미 담은 내용을 요약하는 형식으로 작성하게 되는 것이다. 하지만 요약은 요약서로 충분하다. 부록의 수업일지는 단순히 수업 요약 및 수업 후의 소감이 되어서는 안 된다.

수업일지의 작성 방향은 크게 진행한 연구에 대한 자랑과 방어 두 가지라고 생각하면 명확해진다. 보고서의 본문에서 미처 드러내지 못한 장점은 극대화하여 어필하고, 비판받을 수 있는 점은 진행 과정 중에 미리 개선하거나 성찰하며 내가 극복을 위해 노력했음을 서술하자. 두 가지 방향의 서술이 정확하게 이루어진다면 연구의 정당성이 높아진다. 각각의 방향성을 갖고 구체적으로 어떻게 서술해야 하는지 조금 더 살펴보자.

1) 나의 연구 자랑하기

❶ 연구자의 의도 드러내기

자랑의 측면에서는, 수업일지를 통해 본문에는 지면의 한계로 담기 어려웠던 연구자의 의도를 보다 명확하게 드러낼 수 있다. 주제와 테마에 맞춰 프로젝트 수업을 구성한 연구자의 의도를 강조하며, 수업을 통해 그 목적이 어떻게 실현되었는지를 구체적으로 드러낸다. 성찰의 형태를 띄되 내 프로젝트가 일관적으로 잘 구성된 수업의 결정체임을 서술해두는 것이다. 내용을 다시 보여주는 것에 중점을 두지 않고 수업을 통해 내가 이루고자 했던 것과 실제 이룬 것 위주로 서술한다. 즉, 수업 과정에 대한 긍정적인 피드백을 달아둔다고 생각하면 된다. 전체 연구의 흐름을 짚으며 모든 과정의 목적 달성에 각각의 수업이 의미 있는 수업이었음을 나타낸다.

예시
• 학생들마다 작품 완성 속도가 다르니 계속해서 역할을 부여하는 것과 스스로 책임감을 갖고 전시회를 추진하는 것이 중요하다고 생각했다. (지니쌤) • 중심지 단원을 연구하다가 학생들이 경기도의 지리를 잘 모르는데 여기저기를 함께 가볼 수 없는 실정에 가상현실 상에서 탐방을 해보면 좋지 않을까?라는 생각을 하게 되어 ZEP으로 중심지 지도 탐방하기 수업을 설계하게 되었다. (비니쌤)

❷ 연구자의 역량 신장 노력 드러내기

수업일지에는 연구자의 역량 신장 노력을 드러낼 수도 있다. 해당 수업의 과정을 원활하게 진행하기 위해서 공부한 내용, 수강한 연수, 진행한 멘토링, 조언 등의 과정을 강조하는 것이다. 본문을 구성할 때는 보통 수업 과정과 학생들의 성장을 위주로 구성하기 때문에 교사 역량 신장을 위한 노력을 드러낼 수 있는 부분이 잘 없다. 수업일지에서 교사의 노력과 그에 따른 성장을 마음껏 자랑해보자.

> **예시**
> - 동료 선생님들께 에듀테크로 전시회를 관람할 수 있는 방법에 대해 여쭤봤고, 구글 아트앤컬처를 추천해주셔서 수업에 활용했다. (지니쌤)
> - 그대로 도서관에 있는 개념기반 교육과정, 핵심 질문, PBL, 학습자 주도성과 관련된 거의 모든 책들을 빌려와 읽기 시작했다. (견쌤)

❸ 일반화 가능성 시사하기

요즘 모든 수업 연구대회에서 중요하게 생각하는 부분이 바로 일반화 가능성이다. 본론에서 일반화 가능성이 충분히 드러나지 않았다면 수업일지를 통해 보충할 수 있다. 내 수업의 내용을 바탕으로 연구자가 가지고 있던 문제의식과 같은 한계를 느끼고 있는 학급이나 동학년, 동교과 등에 적용할 수 있는 방안을 제시하는 것이다. 내 수업의 특징과 문제 해결 우수성을 드러내면서도 대회에서 강조하는 일반화 가능성을 드러내기에 딱이다.

> **예시**
> - 1학년도 가능할까? 싶었지만 가능했다. 신기해하면서도 적극적인 태도로 참여했다. 활용법도 단순하여 다인수학급에서도 충분히 활용 가능하다. (찐쌤)
> - 3학년 우리 마을, 5학년 우리나라의 범위를 모르는 학생은 없지만 경기도의 범위는 학생들에게 난개념이기 때문에 꼭 이 활동을 해보라고 권해주고 싶다. (비니쌤)

2) 나의 연구 방어하기

❶ 한계점을 반영하여 개선하는 모습 보이기

방어의 측면에서는 연구를 진행하며 맞닥뜨린 한계점에서 시작한다. 연구에서 어려웠던 부분이나 실패했던 부분을 진솔하게 작성하고 이를 개선하여 환류하며 노력했던 내용을 적는 것이다. 물론 이 한계점이 프로젝트의 목적 달성에 치명적이어서는 안 된다. 연구를 실제로 진행하면서 쉽게 실수할 수 있는 부분이면서 충분히 노력을 통해 극복할 수 있는 사안이어야 한다. 보고서의 프로젝트가 여러 개라면 첫 번째 프로젝트에서 성찰한 문제점을 두 번째 프로젝트에서 보완하여 진행하였음을 서술하는 방법도 있다.

> **예시**
> - 결과물의 활용이 아쉬웠던 지난 프로젝트의 결과를 보완하기 위해 학생이 만든 역할극을 다시 수업의 자료로 삼아 준법 태도를 이끌어냈다. (밍쌤)
> - 챗봇의 활용이 저학년 학생들에게는 도전 과제가 될 수 있음. 챗봇 사용법에 대한 간단한 교육자료를 자기 주도적 학습 교재로 제공. (송쌤)

❷ 한계라고 느낀 부분 제언하기

현실적인 현장의 한계나 기술의 한계를 짚으며 교육 현장에 화두를 던지는 방식이다. 연구 내용에 대한 깊은 고민을 드러내면서 시스템의 한계점을 짚어주는 것이다.

예시
• 자주 사용하는 온라인 클래스에 저학년을 위한 학습 공유도구가 개발되면 좋을 것 같다. 표정 고르기나 별점 주기, 말로 했을 때 그림이나 글로 변환해주는 프로그램이 도입되길 바란다. (찐쌤)

교수학습과정안 (필수)

교수학습과정안은 일반적으로 사용하는 양식을 활용해도 되고 연구의 특색을 드러내도록 직접 구성하여 사용해도 된다. 출품서류 작성 요령에 따르면 교수학습과정안은 연구주제와 관련하여 2회분을 수록하며 교사 및 학생활동에 대해 상세하게 제시해야 한다. 1회는 1차시 기준이나, 융합형 교육, 프로젝트 수업 등 필요시 복수 차시의 과정안 작성이 가능하며 블록타임 수업으로 진행하여 동영상 제출한 경우에는 전차시 교수학습과정안 수록한다. 교수학습과정안을 작성할 때 고려해야 하는 점은 어떤 것들이 있을까?

1) 차시 선정하기

교수학습과정안은 어떤 차시를 선정하여 쓰는 것이 좋을까? 활동의 구성이 알차며 전체 보고서의 테마나 컨셉이 잘 담긴 차시를 선정한다. 본론에 담으면서도 그 의도가 제대로 드러나지 않는 것 같아 아쉬움이 남는 차시가 있다면 바로 그 차시를 선택하는 것도 하나의 방법이 될 수 있다. 지면의 한계로 본론에 자세히 싣지 못한 차시를 상세하게 과정안으로 나타낸다. 물론, 본론에 프로젝트 전체의 내용이 있기 때문에 어떤 부분이어도 상관 없다. 특히 AI 디지털교과서나 에듀테크의 활용이 잘 구성되어 있는 차시를 선정하여 작성해보자.

2) 활용 AI 디지털교과서와 에듀테크 강조하기

평소 작성하던 교수학습과정안과 다른 점이 있어야 한다면 AI 디지털교과서나 에듀테크를 기록하는 공간을 따로 마련해 두는 것이 좋다는 점이다. 추가로, 성취기준이나 목표처럼 맨 위에 디지털 도구 칸을 만들어 작성하고 과정에서도 기호 등을 통해 강조하면 된다.

학습단계 및 학습자료	**L**ogin 태블릿, 구글 아트앤컬쳐	**A**dd 프로젝트 돌아보기 프레젠테이션, 태블릿, 띵커벨보드	**N**ew 태블릿, 띵커벨보드

출처: 나란히 배움길 기여 프로젝트로 함께삶5C역량 기르기 (2024 수업혁신사례연구대회 전국 1등급)

	학생 참여 중심	협동 디지털 창작	AI·에듀테크 활용
수업전략	■ 환경 교육연극 활동에서의 느낀 점과 한계 토의 ■ 전교생이 함께 AI 환경 영화를 보고, 감상 나누기	■ 한 장면씩 맡아 AI 환경 영화 함께 제작 ■ 협동적 글쓰기로 환경 관련 시나리오를 책으로 엮기	■ (Haiper) 프롬프트 입력으로 쉽게 영화 제작 ■ (북크리에이터) 환경 관련 시나리오 출간하고 홍보하기

출처: 디지털 기반 찐친프로젝트로 지속 가능한 세계시민역량 기르기 (2024 수업혁신사례연구대회 전국 1등급)

3) 수업 단위의 평가 작성하기

평가는 본문에 드러난 프로젝트 평가를 그대로 가져오기보다는 해당 차시에 맞는 평가를 따로 작성하는 것을 추천한다. 프로젝트 전체의 평가는 보통 결과를 바탕으로 평가하는 형식이 많기 때문에 교수학습과정안을 통해 수업 하나하나의 과정 중심 평가를 강조하는 데에 어려움이 있다.

	평가 요소	수업·평가 방법	평가 기준 (자세한 평가 설계가 궁금하다면 p.5 QR보기)	
학습으로의 평가 계획	■ 우리 지역의 문화 유산을 소중히 여기는 태도 갖기	■ 문화유산을 보호하기 위해 우리가 노력할 점을 생각하여 공책에 적고 친구들과 이야기 나누어 본다. ■ 문화유산을 보호하고자 하는 실천 의지가 담긴 N행시 캠페인 포스터를 제작한다. [정의적능력 평가, 논술형, 실기]	매우 잘함	우리 지역을 대표하는 유무형의 문화유산을 조사하여 소개하는 자료를 주제에 맞게 만들어 특징, 가치를 정확하게 설명하고, 이를 소중히 여기는 태도를 실천할 수 있다.
			잘함	우리 지역을 대표하는 유무형의 문화유산을 조사하여 소개하는 자료를 만들어 그 가치를 설명하고, 이를 소중히 여기는 태도를 실천할 수 있다.
			보통	우리 지역을 대표하는 유무형의 문화유산을 알아보고, 이를 소중히 여기는 태도를 제시할 수 있다.
			노력 요함	우리 지역을 대표하는 유무형의 문화유산을 제시할 수 있다.

출처: 지도(MAP)와 패드(PAD)들고 GPS ON, POWER UP! (2024 수업혁신사례연구대회 전국 1등급)

과정중심평가				
평가내용	길이를 비교하여 '■가 △보다 길다/짧다'로 말할 수 있는가?			
평가방법	☑ 구술 ☐ 역할놀이 ☐ 산출물 ☐ 자기평가 ☐ 동료평가 ☑ 관찰 및 기록 ☐ 에듀테크 활용 평가			
성취도	상	두 가지와 세 가지 물체의 길이를 기준에 맞춰 정확히 비교하고 비교하는 과정과 결과를 정확하게 설명한다.	성장을 돕는 피드백	과정과 결과를 논리적으로 설명했음을 칭찬하고, 일상생활에서 적용할 수 있도록 안내한다.
	중	두 가지와 세 가지 물체의 길이를 기준에 맞춰 비교하고 비교하는 과정과 결과를 설명한다.		과정과 결과를 정확하고 구체적으로 표현할 수 있도록 격려한다.
	하	두 가지나 세 가지 물체의 길이를 비교하는 방법이 부정확하고 결과를 말로 간단히 표현한다.		표현하고자 노력한 것을 칭찬하고 길이를 비교하는 방법과, 말로 표현하는 방법을 구체적으로 안내한다.

출처: STORY로 LEAD하면 수학 리더 역량이 자라요 (2024 수업혁신사례연구대회 전국 1등급)

4) 활용 자료 첨부

해당 차시에 활용하고자 하는 자료는 첨부할 때 QR 코드나 url 을 적극 활용한다. 교수학습과정안을 잘 작성하는 것은 좋지만 활용 자료를 크게 첨부하여 공간을 낭비하는 것은 추천하지 않는다.

기타 자료 (선택)

기타 자료로는 보통 수업에서 활용한 자료의 실제가 첨부되며 선택 사항이다. 필자는 기타 자료 페이지를 첨부하지 않고 좋은 성적을 냈다. 1등급 보고서 중에서도 이 부분이 있는 보고서도 있고 없는 보고서도 있다는 것이다. 기타 자료 페이지가 있는 보고서를 살펴보자면 보통 연구자가 프로젝트 수업 과정에서 활용한 프리젠테이션 자료나 활동지, 우수 결과물 등을 수록한다. 단 여기서도 마찬가지로 너무 자료를 그대로 담아 너무 많은 지면을 차지하기보다는 QR 코드나 URL을 삽입하는 것이 바람직하다. 절대 놓치게 하고 싶지 않고 바로 드러내고 싶은 매우 우수한 결과물만 그대로 삽입하여 연구의 우수성을 강조하자.

자료 활용 계획	띵커벨 퀴즈	프레젠테이션	패들렛	띵커벨 보드

출처: 헌법의 세상에서 정의L.A.W.운 세 삶 만나기 (2024 수업혁신사례연구대회 전국 1등급)

8 연구를 한 쪽으로 압축하는 요약서!

보고서의 표지를 넘기자마자 만나는 페이지! 바로 요약서이다. 심사위원이 제목을 보고 보고서를 펼친 뒤, "자~ 어디 한번 볼까?" 하며 넘긴 첫 페이지가 바로 요약서라는 점을 기억하자. 요약서에는 본인이 작성한 보고서 24장의 내용이 가독성 있게 잘 나타나야 한다. 그래서 요약서는 본문을 모두 작성하고, 가장 난 뒤 마지막에 작업하는 것이 좋다.

24장의 보고서 내용을 어떻게 한 쪽에 잘 담을 수 있을까? 요약서도 보고서와 마찬가지로, 어쩌면 좀 더 서론-본론-결론의 흐름이 잘 나타나야 한다. 자신의 보고서 서론-본론-결론의 내용을 짜깁기해서 붙여 넣는 방법은 추천하지 않는다. 요약서를 작성할 때쯤이면 이미 많은 에너지를 써서 지쳐있을 무렵이다. 하지만 방심은 금물! 이미 썼던 내용들을 그대로 가져와 붙여 넣는다면 본문에서 다시 그 내용과 재회한 심사위원은 고개를 갸웃거릴지도 모른다. 본문의 내용을 활용하되 좀 더 눈에 잘 들어오도록 성의와 노력을 한 스푼씩 넣어보자. 연구 내용이 눈에 잘 띄도록 체계적으로 가독성 있게 표현하는 것이 중요하다.

7인 7색 연구 요약서 구성

7인의 저자는 요약서를 어떻게 구성하였는지 살펴보자.

비니쌤	송쌤	혜온쌤
연구주제 연구의 필요성 연구의 목적 및 핵심 발문 연구 방법 용어의 정리 연구의 실행 연구 결과 결론	연구의 배경 실천 과제 방향 설정 연구의 결과	연구의 필요성 및 목적 연구의 실행 연구의 결론

지니쌤	찐쌤	밍쌤, 견쌤
연구의 필요성 연구의 목적 및 방향 연구의 설계 연구의 실천 연구의 결론	LEAD하는 미래 리더의 필요성 STORY로 LEAD하기 프로젝트의 전개 STORY로 LEAD하기 프로젝트의 결과	연구의 목적 연구 설계와 용어의 정의 연구의 실천 연구 결론

[저자별 요약서 구성 분석]

연구 요약서 세부 내용

1) 서론

연구의 필요성이나 목적, 배경 등이 들어간다. 시대·사회적 요구나 교육과정의 요구, 교육 수요자 측면에서의 필요성을 자신의 연구 보고서 내용과 연결 지어 표현한다. 이러한 필요성으로 인해 연구자가 설계한 연구의 목적이나 방향을 언급하는 것이 요약서의 서론 부분이다.

2) 본론

본론에서는 용어의 정리나 연구의 실행 부분을 다룬다. 용어의 정리는 연구자만 알고 있는 주제명을 설명하거나 수업 단계를 풀어서 설명하여 이름 속에 담긴 연구자의 뜻을 밝히는 부분이다. 용어의 정리를 연구의 실행과 함께 엮어서 풀어내기도 하는데, 연구의 실행에서는 구체적으로 실천한 연구의 내용들을 간단하지만, 알기 쉽게 표현한다.

3) 결론

결론에서는 연구의 결과나 연구자가 내린 연구의 결론을 다룬다. 연구를 통해 향상된 학생들의 역량이나 변화된 모습을 다루면서 마무리한다.

요약서 분석하기

실제 필자들이 작성한 요약서를 예시로 확인해 보자. 두 요약서 모두 가장 위에는 연구 보고서의 제목을 나타냈다. 제목을 하나의 큰 틀 안에 넣어 가장 먼저 눈이 가도록 표현했다.

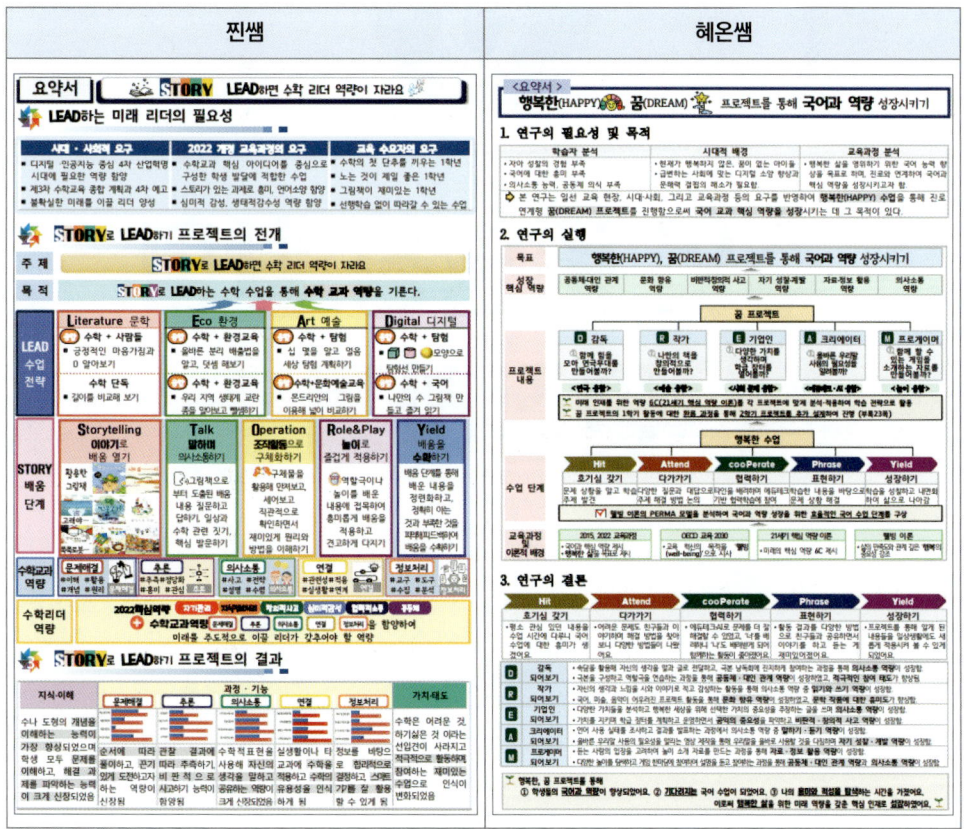

출처: STORY로 LEAD하면 수학 리더 역량이 자라요 (2024 수업혁신사례연구대회 전국 1등급)
행복한(HAPPY), 꿈(DREAM) 프로젝트를 통해 국어과 역량 성장시키기 (2024. 수업혁신사례연구대회 전국 1등급)

6

수업 동영상 촬영 편집하기

수업혁신사례연구대회는 연구 보고서와 수업 동영상을 함께 제출해야 한다. 이 수업 동영상 제출이 수업혁신사례연구대회의 큰 특징이자 진입장벽이다. 보통 수업 과정을 촬영하는 것에 대한 부담이 크고 촬영 과정이 까다롭게 느껴지기 때문이다. 더군다나 촬영 장비, 학생 돌발 행동, 결석 등 변수가 많아 예측이 어렵기도 하다. 그렇기 때문에 수업 동영상을 촬영하려고 하면 완벽하게 촬영할 수 있을지 걱정되는 부분이 한둘이 아니다. '어떤 차시를 선정해야 할지, 선정 후에는 어떤 준비를 해야 하는지, 장비는 어떻게 하고 구도는 어떻게 잡아야 할지'와 같은 걱정이 꼬리에 꼬리를 문다.

편집도 마찬가지다. 영상 편집이라고는 한 번도 안 해본, 영상 제작과는 거리가 먼 연구자도 수업 동영상 편집본 제출이 가능할까? 어떤 편집 도구를 사용할지, 도구 사용 절차는 어떻게 되는지 알지 못해 걱정된다. 이때 정확한 촬영과 편집 방법을 알고 걱정되는 부분을 조금이라도 해소해두면 부담이 줄어들 수 있다. 지금부터 수업 동영상 촬영과 편집에서의 대표적인 고민을 살펴보고 대비해보자.

1 촬영 전, 교사의 고민 해결하기

어떤 차시를 선정해야 할까?

촬영 차시는 오직 수업 동영상만 봐도 어떤 연구인지가 잘 드러나는 차시를 선정한다. 대부분의 시·도 교육청에서 연구 보고서는 1차 심사, 수업 동영상은 2차 심사라고 제시한다. 즉 수업 동영상을 채점할 때 연구 보고서를 참고하는지 여부를 알 수 없으므로 수업 동영상에도 전체 연구의 테마와 컨셉이 함축되어 드러나야 한다. 연구의 핵심을 담은 차시를 선정하자.

연구의 핵심을 담아야 하는 수업 동영상 심사의 특징을 파악했다면 다음은 심사 기준을 확인해야 한다. 심사 기준과 배점, 평가 내용을 꼼꼼히 살피며 수업 동영상의 방향과 구성을 맞추는 것이다. 대회 운영 계획에서 제시한 수업 동영상 심사 기준 중 중점적으로 확인해야 할 부분을 알아보자. 해당 내용은 2025 경기도교육청 수업혁신사례연구대회 운영 계획에 기반하므로 꼭 각 시·도 교육청의 대회 운영 계획을 다시 확인해야 하며 심사 기준은 어떻게 해석해야 하는지를 위주로 살펴보자.

심사기준(배점)	평가영역(배점)	평 가 내 용
연구과제와 수업 설계 (30)	수업 설계(10)	• 연구과제 해결을 위한 실천 내용이 드러나도록 수업을 설계하였는가?
	수업 내용(20)	• 학생의 능력, 적성, 소질 등을 고려하여 학생의 특성에 적합한 수업 내용을 설계하였는가?
수업 실천 능력 (50)	수업 운영(40)	• AI 디지털교과서, AI·에듀테크 활용 등 미래형 교육환경의 변화를 반영하고, 학생의 능동적 수업 참여를 활성화 할 수 있는 수업활동(프로젝트, 토의토론형 활동 등)으로 이루어지고 있는가? • 학습목표 및 학생의 특성과 요구에 부합하는 수업 방법을 적용하고 있는가?
	과정 중심 평가 (10)	• 교수학습과 평가 활동이 일관성 있게 이루어지고 있는가? • 과정 중심 평가 및 수업의 질 개선을 위한 평가가 이루어지고 있는가?
연구과제와 수업 실천의 일치성 (20)	수업 방법 및 자료 일치성 (15)	• 연구과제 해결을 위한 수업혁신의 방법과 내용을 수업 안에서 충실하게 실천하고 있는가? • 연구과제 목표와 실행 방법이 수업과 전반적으로 일치하는가?
	일반화 가능성(5)	• 연구과제가 다른 학년, 다른 교과 수업에도 일반화하기 용이한가?

[수업 동영상 심사 기준 및 평가 내용]

    수업 동영상 심사 기준을 배점 순으로 보면 수업 실천 능력, 연구과제와 수업 설계, 연구과제와 수업 실천의 일치성 순이다. 그중에서도 수업 운영 영역이 무려 40점의 배점으로 가장 크다. 해당 심사 기준을 기반으로 해석하자면 AI 디지털교과서나 에듀테크의 활동이 잘 드러나는 차시를 선정하는 것이 중요하다는 것을 유추할 수 있다. 뿐만아니라, 학생 참여형 활동으로 수업을 구성해야 한다는 것 또한 중요하다. 한편, 수업 실천 능력 부분에서 놓치기 쉬운 것은 과정 중심 평가이다. 한 차시여도 수업에 대한 과정 중심 평가의 장면이 빠지지 않고 드러나야 한다. 심사위원이 평가 장면을 놓치지 않도록 확실하게 드러내며 자막으로도 평가를 나타내는 것이 좋다.

    연구과제와 수업 설계를 살펴보자. 이 부분은 연구의 구성 자체가 잘 되었는지를 심사하는 부분이다. 바꿔말하면 연구 보고서에 담은 연구 설계가 탄탄하고 수업 동영상에서 이러한 부분이 잘 드러난다면 새롭게 신경 쓸 부분은 크게 없다는 뜻이다. 연구 설계를 돌아보며 재구성 내용을 성찰하고 수업 동영상에 내용이 잘 반영될 수 있는지 고민해보자.

    마지막으로 연구과제와 수업 실천의 일치성을 확인해보자. 해당 내용은 연구과제가 수업을 통해 잘 해결되고 있는지 심사하는 것이다. 촬영 차시의 수업이 전체 연구와 흐름이 일치하는지, 혁신적인 수업방식을 채택하려다 연구의 본질을 흐리지는 않는지 고민한다.

7인 7색 동영상 차시 선정 이유

그렇다면 심사 기준을 반영한 촬영 차시의 선정은 어떤 고민을 통해 이루어졌는지 7명 저자의 수업 동영상 차시 선정 이유를 살펴보자.

비니쌤	
프로젝트 차시	다섯 번째 프로젝트 6/10 차시
학습 목표	모둠별로 발견한 지역의 문제를 공유하는 활동을 통해 생각을 나누고, 마을 문제에 관심을 가질 수 있다.
수업 내용 및 흐름	지역의 문제를 학생 스스로 찾아 해결하는 "우리 지역 히어로 출동" 프로젝트에서 모둠별로 찾아온 문제를 사진, 설문조사 등의 다양한 방법으로 조사하고 지금까지 수행한 모든 결과물로 만든 포스터를 발표하는 공유차시임. 하나 남고 셋 가기로 학생들이 전시회 구조로 다른 모둠의 발표를 듣고 다른 모둠에서 찾아온 마을 문제에 관심을 가지도록 함.
차시 선정 이유	모둠별로 진행한 프로젝트 결과물을 전시회 구조로 발표하도록 하여 마지막 프로젝트의 전체적인 활동 결과를 간접적으로 보여줄 수 있음.

송쌤	
프로젝트 차시	두 번째 프로젝트 1/8 차시
학습 목표	다양한 비건 음식 메뉴를 개발하고, 지속 가능한 식생활 습관을 형성할 수 있다.
수업 내용 및 흐름	Zep에서 말레이시아 학생들과의 국제 교류하며, 각국의 전통 음식을 비건으로 재구성해 발표하고, 식문화의 차이를 이해함. 이후 비건 급식 메뉴를 제안하고, 지속 가능한 식생활을 위한 다짐을 공유하며 수업을 마무리함.
차시 선정 이유	말레이시아 학생들과 실제로 교류하며 지구촌 문제를 함께 고민할 수 있다는 점에서, 연구 주제인 세계시민교육의 핵심을 가장 잘 담고 있음. 특히 공모전 부분에서는 캔바, 패들렛 등 다양한 에듀테크 도구를 활용해 학생들이 스스로 문제를 해결하고 표현하는 과정이 자연스럽게 이루어지며 디지털 리터러시 함양의 모습까지 드러낼 수 있음.

지니쌤	
프로젝트 차시	두 번째 프로젝트 10/12 차시
학습 목표	생성형 AI로 만든 마을 그림책을 친구들에게 실감나게 발표할 수 있다.
수업 내용 및 흐름	마을 그림책 공개 및 선생님들의 감상 후기 들음. 경로당임을 가정하고 그림책 낭독 연습을 함. 발표 소감을 나누고 '다했어요' 어플로 자기 평가 및 교사의 피드백을 받음. 낭독 연습을 과제로 제시하며 수업을 마무리함.
차시 선정 이유	프로젝트 결과물인 그림책을 학생들에게 처음 공개하는 수업으로, 학생들의 뜨거운 반응을 이끌어내며 동기유발을 할 수 있다는 장점이 있음. 그림책 후기를 동료 교사에게 받아 동기유발 자료로 활용함으로써 일반화를 일상적으로 활용하고 있음을 보임. 학생들이 그림책을 낭독하는 연습을 영상에 담아 생성형 AI와 에듀테크를 활용한 프로젝트의 전 과정을 자연스럽게 보여줄 수 있음. 경로당 낭독회에 가기 전 차시라 "경로당 할머니, 할아버지 앞에서 읽는 것처럼." 등의 발화로 앎과 삶이 연계된 수업임을 강조할 수 있음.

	혜온쌤
프로젝트 차시	여섯 번째 프로젝트 6/12 차시
학습 목표	관용 표현을 활용하여 행복한 우리 반을 위한 약속을 정할 수 있다.
수업 내용 및 흐름	짝 활동을 통해 다양한 상황에 알맞은 관용 표현을 통해 되새겨봄. 행복한 우리 반이 되기 위해 무엇이 필요한지 슬라이도에 나타내어 파악함. 그 후 모둠별로 행복한 우리 반이 되기 위해 해야 할 일을 떠올려보고, 그 이유를 관용 표현을 활용하여 설명함.
차시 선정 이유	연구 주제가 '행복한, 꿈 프로젝트를 통한 국어과 역량 성장시키기'였는데, 본 차시는 학생들이 능동적으로 참여할 수 있는 수업이었고, 동시에 목표 달성을 위한 다양한 에듀테크의 활용이 가능했으며, 학생들의 실제 '행복한 삶'과의 연결도 강조할 수 있었음.

	찐쌤
프로젝트 차시	첫 번째 프로젝트 1/1 차시
학습 목표	길이를 비교하여 말할 수 있다.
수업 내용 및 흐름	길이 비교와 관련된 그림책을 이용하여 학습 동기를 유발하고, 학생들의 경험과 그림책의 내용을 통해 길이를 비교해봄. 직접 비교의 필요성을 인식하여 비교하는 말로 표현한 후 길이 비교하기 놀이와 띵커벨 퀴즈로 배움을 수확하며 마무리함.
차시 선정 이유	다른 프로젝트와 달리 1차시짜리 프로젝트이기 때문에 수업단계를 다 담을 수 있음.

	밍쌤, 견쌤(각각 촬영)
프로젝트 차시	세 번째 프로젝트 15/15 차시
학습 목표	프로젝트를 되돌아보며 정의로운 세상이 무엇인지 말할 수 있다.
수업 내용 및 흐름	전체 프로젝트에 대한 내용을 프로젝트 활동사진을 통해 돌아보며 마지막 프로그램의 결과물을 발표하고 자신이 생각하는 정의로운 세상을 이야기함.
차시 선정 이유	마지막 프로젝트의 마지막 차시이므로 도입에서 첫 프로젝트부터의 과정을 복습 차원에서 담을 수 있음. 프로젝트의 결과물과 내용을 확인할 때 띵커벨, 패들렛, 멘티미터, 틴커캐드 등 에듀테크의 활용이 잘 드러나고 연구의 핵심이자 테마인 '정의'에 대한 학생의 성장을 드러낼 수 있음.

[차시 선정 이유]

차시 선정 후에는 어떻게 준비해야 할까?

수업 동영상 촬영 차시를 선정한 뒤에는 촬영 차시에 대한 지도안을 최대한 자세히 작성하는 것이 도움이 된다. 지도안이 자세하지 않으면 수업 중간에 갑자기 말을 더듬는 다거나 수업 과정이 정돈되지 않을 수 있다. 연구자가 촬영 시 할 말과 수업 과정을 빠짐없이 정리해두고 철저하게 계획대로 진행해야 한다. 학생의 반응도 다양하게 예상해보고 그에 따른 대응 방안을 정리해둔다. 그래야 돌발상황이 생겼을 때 당황하지 않고 어렵게 고른 차시를 날리지 않을 수 있다.

어떤 촬영 장비를 사용해야 할까?

결론부터 말하자면, 촬영 장비의 성능보다 중요한 것은 영상이 끊기지 않고 안정적으로 녹화하는 것이다. 필자는 수업혁신사례연구대회로 첫 연구대회에 도전하며 동영상 촬영 장비에 대해 욕심을 냈다. 조금이라도 좋은 장비를 사용하고자 학교 방송실에서 카메라를 빌려 촬영을 시도했다. 낯선 카메라를 만지며 갖은 고생을 했다. 왜인지 모를 오류로 영상은 자꾸 끊겼고 일정 시간이 지나자 꺼지기도 했다. SD 카드와 리더기를 구입해가며 어떻게든 사용해보려고 했지만 결국 문제가 해결되지 않아 실패했다. 덕분에 많은 시간과 함께 촬영 차시 하나를 통으로 날렸다. 전체 40분의 영상을 끊기지 않게 찍어 제출해야 하는데 중간에 끊겨버렸기 때문이다. 결국 제출은 휴대폰으로 찍은 동영상으로 했고 결과는 좋았다. 촬영 장비가 완벽하게 갖춰져 있다면 모를까, 없는 장비를 갖추기 위해 많은 시간을 쏟지 말자. 장비에 대한 욕심을 버리면 화질과 용량, 마이크 등 소모적인 고민에서 한 번에 해방된다.

연구자	카메라	마이크
비니쌤	휴대폰	2채널 송수신기 마이크(교사용1, 학생용1)
송쌤	휴대폰	교사 수업용 마이크
지니쌤	학교 카메라	미사용
혜온쌤	휴대폰	미사용
찐쌤	휴대폰	미사용
밍쌤, 견쌤	휴대폰	미사용

[다양한 촬영 장비 사례]

어떤 구도를 잡아야 할까?

수업 형태에 따라 다르지만 처음 시작은 웬만해서는 다인수 기준 모든 학생들이 다 보이게 교실 전체가 나오는 구도가 좋다. 한 번 잡은 구도는 촬영 내내 변경할 수 없으므로 일부만 보이게 시작하면 끝까지 일부만 보이기 때문이다. 학생들이 다 나오지 않는 것도 문제지만 좁은 범위를 촬영하다 보면 본의 아니게 교사가 화면 밖으로 나갈 수도 있다. 소수 인원의 경우 조금 더 가까이 찍어도 충분히 나올 수 있어 구도에 대한 부담이 덜하다. 이런 경우 교사가 어디부터 어디까지 위치했을 때 화면에 잡히는지 미리 알아두고 표시해두어 화면 밖으로 나가지 않도록만 신경 쓰면 된다. 즉 핵심은 실제 촬영 전 교실 뒤에 카메라를 여러 군데 두어보고 확인하여 구도를 잡아보는 것이다. 학생의 배치를 평소와는 다르게 할 것이라면 미리 학생들과 함께 배치해 보고 촬영도 하며 문제가 없는지 확인한다.

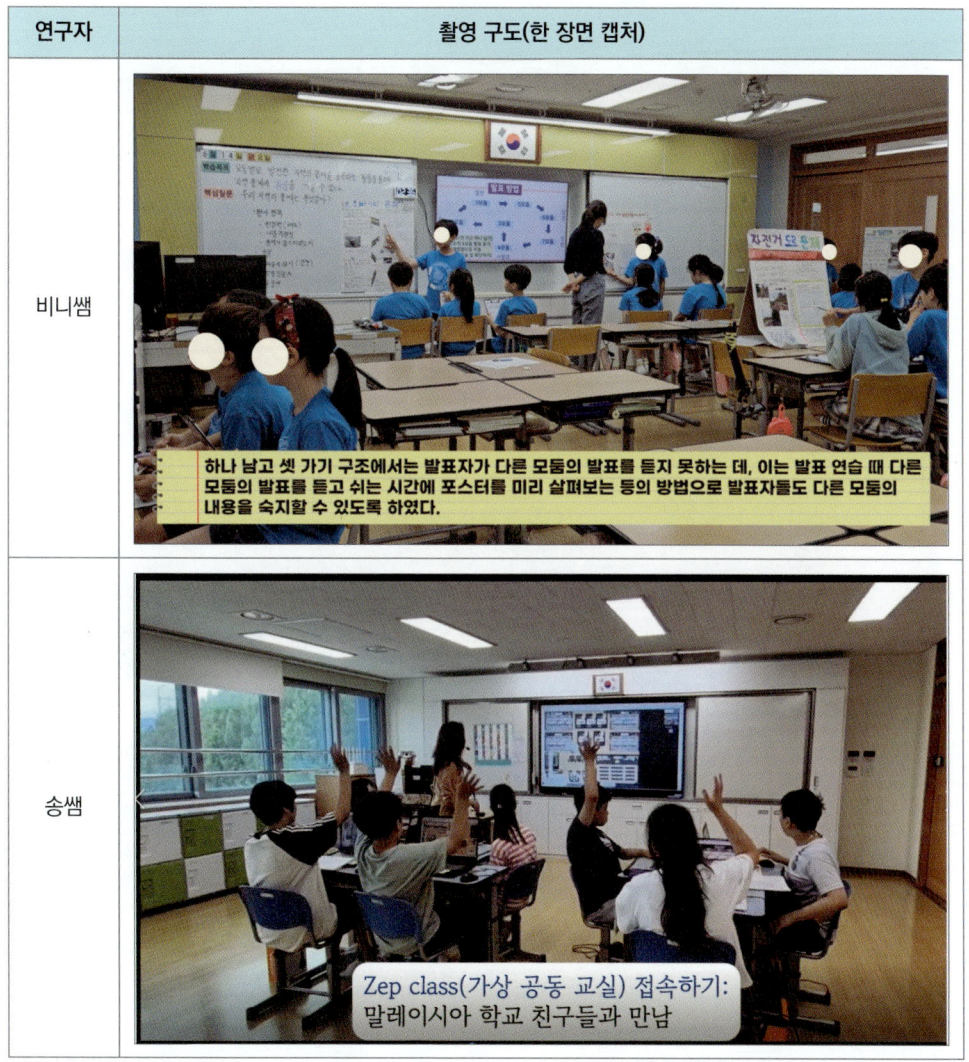

지니쌤	
헤온쌤	
찐쌤	

밍쌤	
견쌤	

[수업별 동영상 촬영 구도]

실제 수업 동영상 구도에서 볼 수 있듯이 다인수학급의 경우 전체 학생이 최대한 화면에 잡힐 수 있도록 교실 뒤쪽 구석에 배치한다. 이 구도에서 교사의 수업 장면이나 학생의 전체 발표 모습을 강조하고 싶을 때는 구도의 변화 없이 클로즈업 하여 확대한다. 소인수 학급의 경우 학생 바로 뒤에 카메라를 설치하여 수업의 장면이 최대한 크게 드러나도록 배치하였다.

2 실패하는 촬영 피하는 법!

촬영 전 고민한 내용을 모두 반영하여 준비해도 촬영이 실패할 수도 있을 만큼 수업 동영상 촬영은 변수가 많다. 갑자기 발문이 떠오르지 않을 수도 있고 학생이 돌발행동을 할 수도 있다. AI 디지털교과서나 에듀테크 도구의 접속이 불안정해 오류가 날 수도 있는 것이다. 여러 차시의 수업 동영상을 찍어보고 고를 수 있는 운영 방식의 시·도 교육청이 있는 반면 실사와 함께 진행하여 단 한 번의 촬영으로 승부를 봐야 하는 시·도 교육청도 있다. 그러므로 지역대회 운영 계획을 꼼꼼히 읽고 대비해야 한다. 실패 없이 성공적인 수업 동영상 촬영을 위해 해야 할 일을 살펴보자.

대회 운영 계획 및 제출 방법 꼼꼼히 확인하기

실패하는 촬영을 피하려고 할 때 절대 놓치지 말아야 할 기본 중 기본은 대회 운영 계획을 여러 번 확인하는 것이다. 너무 당연한 것 아닌가 생각할 수 있지만 대회 운영 계획이 길고 복잡하기 때문에 한두 번 보면 잘못된 정보를 기억하거나 중요한 조항을 누락하여 기억할 수도 있다. 연구 보고서를 작성할 때와 마찬가지로 수업 동영상을 준비하는 과정에서도 대회 운영 계획을 출력하여 마르고 닳도록 보며 계획을 세워야 한다. 또 놓치기 쉬운 부분은 수업 동영상 제출 방법이다. 수업 동영상 제출 방법을 보면 촬영과 편집 시 하지 말아야 할 것을 규정하고 있다. 필자는 촬영 당시 급한 마음에 제출 방법을 제대로 읽지 않고 촬영을 진행했다가 카메라를 이동하지 말아야 한다는 규정을 어기고 자유롭게 이동하며 촬영했다. 촬영 후 이를 인지하여 열심히 고른 차시의 수업 동영상을 폐기하고 새로운 차시를 선정하여 다시 촬영했다. 꼼꼼한 대회 운영 계획과 제출 방법의 확인은 고생스러움을 줄인다.

- 편집 없이 1차시분 수업 전체를 대상으로 녹화 저장한 수업 동영상과 함께 수업 동영상 요약분(15분)을 제출

  ※ 여러 차시 수업을 편집·재구성한 동영상은 심사에서 제외
  - **복수 차시** 수업으로 진행한 경우 전 차시 촬영(채점 시 가산점 없음)
  - **공동연구**의 경우 참가 교원 각각 1차시분 전체를 촬영한 **수업 동영상 2개, 수업 동영상 요약분 2개**를 제출(미제출 시 심사에서 제외)

  ※ 공동연구 교원 모두 교수자(코티칭, 팀티칭 등)로서 수업 동영상을 각각 촬영해야 함.

- 교사와 학생들의 활동을 모두 볼 수 있도록 **한 장소에서 고정하여 촬영, 클로즈업 등은 가능**

- 수업단계, 핵심 활동, 참관 관점 등은 수업 동영상 화면 하단에 자막 처리

  ※ **자막 처리 외 별도 영상 삽입 등 금지 (미 준수 시 1건당 1점 감점 처리)**

[놓치기 쉬운 수업 동영상 제출 방법]

촬영 시뮬레이션 충분히 하고 촬영하기

실수를 최소화하는 가장 좋은 방법은 촬영 시뮬레이션을 여러 번 해보는 것이다. 학생 없이 실제 수업처럼 해보는 것도 좋다. 현실적으로 어렵다면 머릿속으로 최대한 자세하게 할 말과 장면을 상상해보는 것이다. 시뮬레이션하다 보면 어색한 흐름이나 적절하지 않은 발문을 인지할 수 있다. 수업에서 꼭 하지 않아도 되는 습관적인 말을 고칠 수도 있다. 시간과 마음의 여유가 된다면 시뮬레이션하는 본인의 모습을 찍어서 보는 것도 좋다. 찍어보지 않았을 때는 몰랐던 나쁜 습관이나 무의식적으로 하는 행동 등이 인식되며, 영상을 심사하는 입장에서 볼 때 바람직해 보이지 않음을 깨달을 수 있다. 촬영 전 작성해 둔 자세한 지도안이나 시나리오를 보고 연습해보자.

시간을 확인하며 촬영하기

촬영 전 본인이 수업의 각 단계에서 얼마나 시간을 쓸지 자세하게 정해둔다. 자세한 지도안을 구성해둘 때 시간도 확실히 설정해두는 것이다. 시간 계획을 위해 촬영 전 시뮬레이션하며 발문에 걸리는 시간 등을 미리 알아두고 다른 활동 시간을 구성한다. 그런 후 실제 촬

영할 때 시간을 계속 확인하며 수업의 어느 흐름 중에 있는지 인지해야 한다. 교실의 큰 시계를 활용하기 어렵거나 계속 자연스럽게 확인하고 싶다면 손목시계를 차고 촬영하는 것도 추천한다. 그럼에도 촬영 과정 중 예상보다 시간이 넘어간다면 어떻게 해야 할까? 수업을 오차 없이 정확한 시간에 끝내는 것은 애초에 불가능하다. 당연하다는 생각으로 당황하지 말고 침착하게 진행하여 마무리하면 된다. 수업 동영상은 필요한 경우 연 차시의 촬영분을 제출할 수도 있는 데다 채점 기준에 40분의 시간 준수에 대한 엄격한 내용이 없다. 오히려 시간으로 인해 연구자가 당황한 모습을 보여 수업 마무리 단계를 제대로 수행하지 못하는 것이 더 감점의 사유가 될 가능성이 크다. 40분을 준수하도록 노력하되 문제 상황 속에서 최선을 다할 수 있도록 끝까지 집중해야 한다.

테마나 컨셉인 핵심 단어 언급

수업 동영상은 따로 채점하기 때문에 동영상 내에서 계속 나의 연구의 특징을 부각하는 것이 중요하다. 촬영 차시의 수업이 연구 보고서에서 연구자가 제기한 문제를 해결하고 있음이 드러나야 한다. 이를 가장 잘 나타내는 방법이 연구의 테마나 컨셉인 핵심 단어를 반복적으로 언급하는 것이다. 필자는 전체 연구의 컨셉이 '정의'였기 때문에 발문에 '정의'를 많이 사용했다.

학생의 돌발 행동에 대처하기

가장 예측하기 어렵고 대응하기 어려운 상황은 학생이 돌발 행동을 하는 상황이다. 여느 수업처럼 촬영 차시에서도 학생은 관련 없는 말을 하는 것은 물론 화를 내거나 서로 싸움이 일어날 수도 있다. 이러한 학생 돌발 행동에 대처하기 위해서는 촬영 전 미리 학생들에게 당부해두는 방법이 있다. 지금 차시는 선생님이 매우 중요하게 생각하는 수업을 촬영 중이며 평소와 같이 수업에 열심히 참여하되 화를 내거나 싸우는 등의 행동은 절대 하지 않도록 당부해두는 것이다. 다만 과한 당부는 학생의 긴장도를 높여 평소보다 소극적인 참여로 이어질 수 있으니 주의한다. 이러한 노력에도 불구하고 돌발 행동을 했을 때 중요한 점은 교사가 당황하지 않고 유연하게 넘기는 것이다. 우리에게는 15분 편집본이 있다는 사실을 생각하며 크게 당황하지 말고 해야 할 수업을 이어 나간다.

각종 로그인 및 접속 미리 준비하기

　수업 동영상 심사 기준에 AI 디지털교과서, AI·에듀테크 활용 등 미래형 교육환경의 변화를 반영하였는지에 대한 기준이 있는 만큼 수업 동영상 촬영 시에 꼭 활용하게 된다. 다만, 실제 수업 현장에서는 로그인 오류나 연결 지연 등으로 수업 시간이 지체되는 경우도 종종 발생하므로, 이에 대한 대비도 필요하다. 수업 동영상을 촬영하는데 로그인에만 5분이 걸린다면 그 동영상은 대회 제출용으로는 적절하지 않은 동영상이 된다. 이를 위해 필자는 미리 촬영 전 시간에 필요한 에듀테크 도구의 로그인을 모두 해두었다. 또한 프로젝트 과정 내내 기록을 위해 사용한 패들렛은 미리 큐알코드를 작게 출력하여 학생 책상에 하나씩 붙여두었다. 학생이 중간에 접속이 해제되더라도 스스로 접속할 수 있도록 대비한 것이다. 이렇게만 대비하더라도 로그인과 접속의 오류를 최소화할 수 있고 원활한 수업 진행에 큰 도움이 된다.

에듀테크 도구, 학생용 계정으로 테스트해보기

　에듀테크 도구를 수업 중에 활용하려면, 로그인 외에도 꼭 하나 더 미리 준비해둘 것이 있다. 그것은 바로 '학생용 계정'으로도 충분한 테스트를 해보는 것이다. 필자는 실제 수업 촬영을 앞두고 1번 학생 기기로 미리 테스트를 진행했는데, 아무 문제가 없었다. 그런데 알고 보니, 그 학생만 과거에 클래스 등록을 해둔 상태였다. 그 덕분에 유일하게 1번 학생만 문제없이 작동했고, 나머지 학생들은 모두 무료 계정 상태였다. 결국 수업 당일, 컨텐츠 화면에 워터마크가 생겨 학생들에게 제대로 보이지 않았고, "선생님, 이거 이상해요.", "선생님, 제 거 왜 이래요?"라며 모든 학생이 동시에 손을 들기 시작했다. 교실은 우왕좌왕, 등 뒤로 진땀이 흘렀고, 결국 애써 준비한 수업은 완전히 망가져 버렸다. 지금 생각해도 아찔하고 끔찍한 기억이다. 수업을 망치고 싶지 않다면, 에듀테크 도구 활용 시 꼭 학생용 계정으로도 미리 꼼꼼하게 테스트해보길 바란다.

3 쉽고 깔끔한 편집 노하우

수업 동영상 촬영을 무사히 마무리했다면 이제 편집을 할 차례다. 수업 동영상은 40분 전체 수업 무편집본과 15분 편집본을 제출한다. 40분을 15분으로 편집하는 과정에 부담을 느꼈다면 전혀 그럴 필요 없다는 말을 전하고 싶다. 편집의 과정을 천천히 따라 해보자.

편집도구 선정

먼저 편집 전 도구를 선정한다. 편집 도구의 종류는 크게 중요하지 않다. 만약 한 번도 동영상 편집을 해보지 않았다면 '캡컷(CapCut)'이나 '블로(VLLO)'라는 프로그램을 추천한다. 가장 많이 사용되며 두 어플 모두 직관적인 인터페이스를 가지고 있어 어렵지 않게 편집 가능하다. 보통 컴퓨터나 패드를 활용하여 편집한다. 한 번이라도 편집해보았다면 가장 좋은 도구는 한 번이라도 사용해본, 조금이라도 익숙한 도구이다. 수업 동영상은 15분 요약분을 편집할 수 있지만, 자막 처리 외에 다른 영상을 삽입하는 등의 화려한 편집은 금지되어 있다. 컷 편집과 자막 처리 정도는 어떤 도구를 활용해도 크게 수준 차이가 나지 않는다. 워터마크가 삽입되지 않았는지만 신경 쓰면 좋겠다.

편집 방법 알아보기(캡컷 활용)

많이 사용되는 편집 도구인 캡컷의 화면을 예시로 보며 컷 편집의 과정을 알아보자.

1) 프로그램 다운로드

먼저 캡컷 공식 사이트(capcut.com)에 접속하여 프로그램을 다운로드한다.

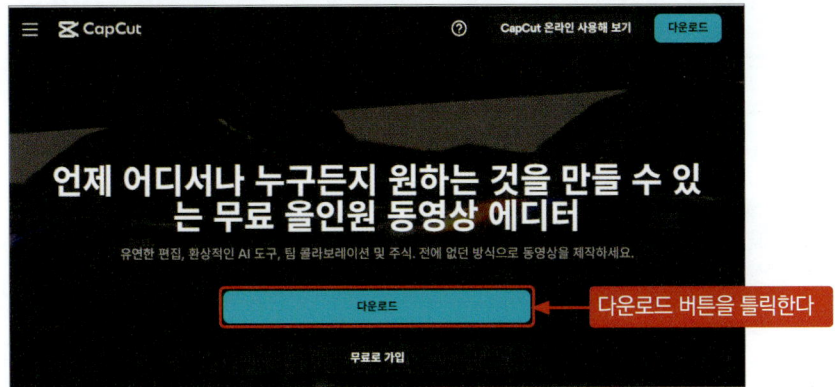

[캡컷 사이트 화면]

2) 수업 동영상 불러오기

다운로드가 완료되었다면 40분의 전체 수업 동영상을 편집 프로그램으로 불러온다. 가장 처음 보이는 프로젝트 만들기를 눌러 편집 화면으로 이동한다. 가져오기 메뉴를 클릭하면 컴퓨터에 저장된 수업 동영상 원본을 편집 도구로 가지고 올 수 있다.

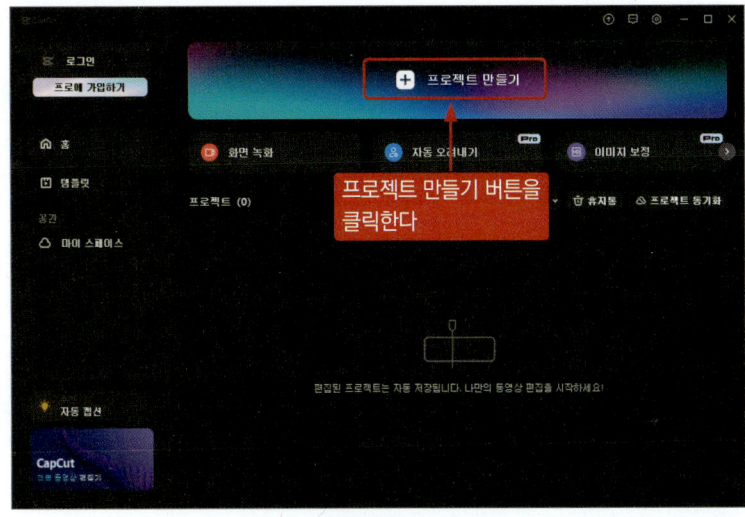

[캡컷 편집 프로그램 첫 화면]

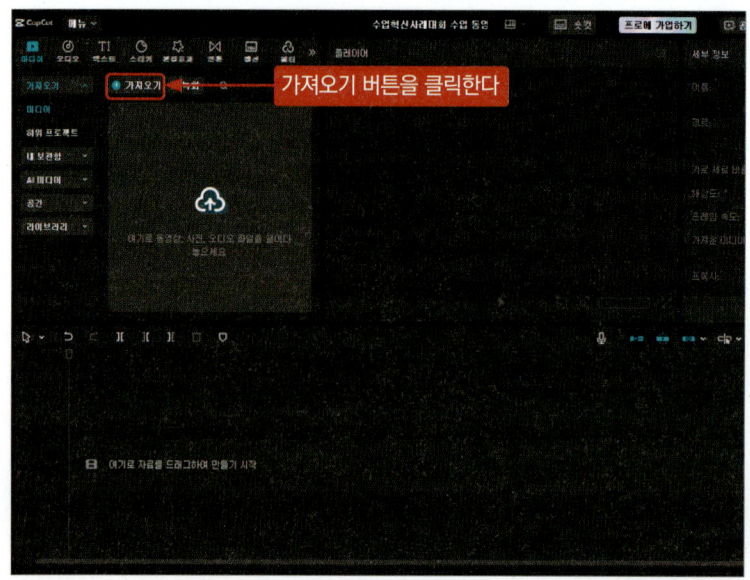

[캡컷 편집 프로그램의 화면 가져오기 아이콘]

3) 컷 편집하기

수업 동영상을 무사히 가져왔다면 컷 편집을 시작한다. 컷 편집이란 필요한 부분을 남기고 덜 중요한 부분을 삭제하는 과정이다. 즉 40분의 전체 수업 동영상을 15분의 요약 동영상으로 줄이는 과정이다. 어떤 부분은 남기고 어떤 부분을 삭제해야 할까? 일단 심사 기준을 보고 배점에 포함되는 요소를 남긴다. 실제 채점하는 사람이 되어 15분의 영상을 보았을 때 여러 번 점수를 줄 수 있도록 구성하는 것이다. 예를 들어 에듀테크의 활용이 수업 동영상에서 내가 강조하고 싶은 부분이라면, 그 내용이 강조될 수 있도록 반복적으로 해당 장면이 노출될 수 있도록 편집하는 것이다. 연구의 컨셉이나 테마가 잘 드러나는 부분도 살린다. 학생들의 발표 중 너무 길거나 수업에서 크게 중요하지 않은 대답이라면 삭제한다. 이 작업을 위해서는 여러 번 원본 영상을 봐야 한다.

살리고 싶은 부분과 삭제하고 싶은 부분의 사이에서 분할을 누른다. 그러면 한 덩어리였던 영상이 앞뒤로 나뉜다. 그다음 다시 삭제가 끝나는 부분에서 분할 후 중간 영상을 삭제한다. 삭제한 만큼 시간이 줄어드는 것을 확인하며 작업한다. 작업은 단축키를 활용하여 진행하면 속도와 편리함이 상승한다. 캡컷에서는 단축키를 연구자가 원하는 키로 지정해 둘 수 있다. 편집 화면 상단의 숏컷 버튼을 누르면 설정 가능하다. 분할, 왼쪽/오른쪽 삭제, 특성 복사, 특성 붙여넣기 등의 기능을 단축키로 지정해 사용할 것을 추천한다.

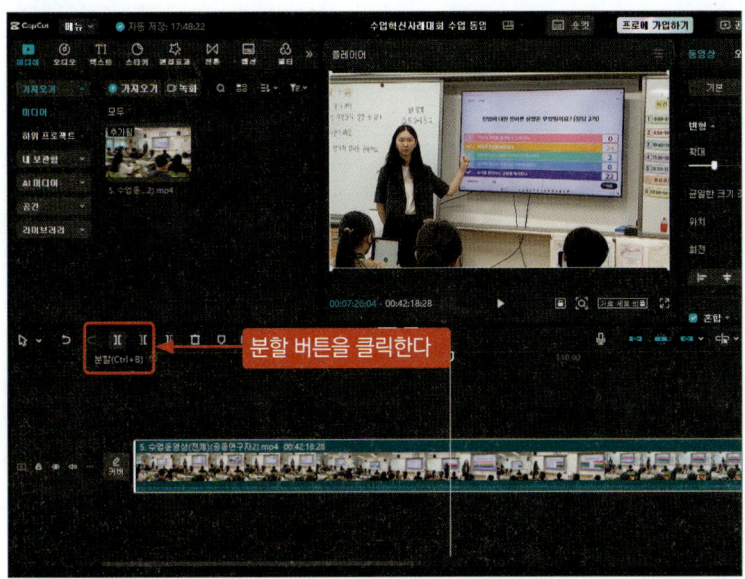

[캡컷 편집 프로그램의 분할 아이콘]

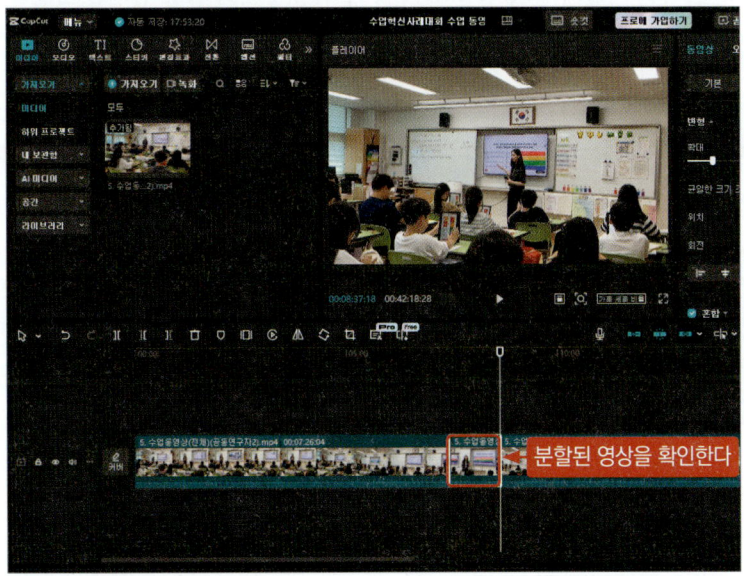

[캡컷 편집 프로그램 화면의 동영상이 삭제를 위해 분할된 장면]

[캡컷 편집 프로그램의 단축키 설정 페이지]

4) 자막 넣기

그렇다면 자막은 어떻게 넣어야 할까? 연구자 취향에 따라 활동 단계만 설명하기도 하고 구체적인 활동 내용을 넣기도 한다. 아예 교사의 발문과 학생의 말을 모두 자막 처리하는 연구자도 있다. 어떤 부분에 집중하고 싶은지 고려하여 결정하면 된다. 자막의 디자인도 개인의 취향에 따라 디자인하면 되는데, 디자인이 고민된다면 연구 보고서에 사용한 색과 디자인을 활용하는 것을 추천한다. 필자의 경우 활동 단계와 간단한 활동의 개요만 자막 처리하였다.

자막을 넣기 위해서는 먼저 왼쪽 위에 있는 텍스트 버튼을 클릭한다. 텍스트 추가 버튼을 클릭하여 원하는 자막을 넣은 뒤 오른쪽 텍스트 메뉴에서 디자인을 편집한다. 글꼴, 크기, 색상, 배경 등을 지정할 수 있다.

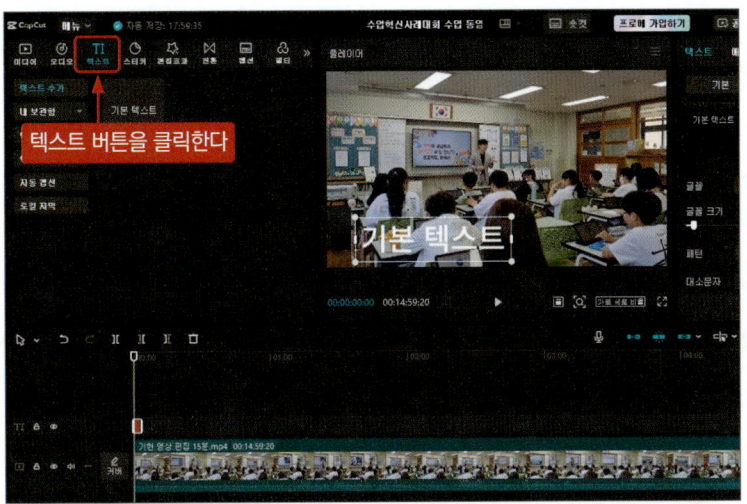

[캡컷 편집 프로그램의 텍스트 아이콘]

자막의 지속시간을 조정하기 위해서는 텍스트 삽입과 동시에 작업 창에 생기는 바를 조정하면 된다. 자막 바의 오른쪽 끝을 클릭, 드래그하여 원하는 만큼 지속되게 한다. 자막의 내용을 바꾸고 싶다면 만들어둔 자막을 복사하여 뒤에 이어 붙이고 텍스트의 내용만 수정하는 것이 자막의 일관성을 유지하는 것과 작업의 속도를 높이는 데 큰 도움이 된다. 자막은 필요할 때만 삽입할 수도 있고 영상 전체에서 계속 삽입되게 할 수도 있다. 필자는 심사위원이 수업 동영상의 어느 부분을 눌러도 단계를 알 수 있도록 영상 내내 자막의 내용만 바뀌며 자막이 사라지지 않도록 편집하였다.

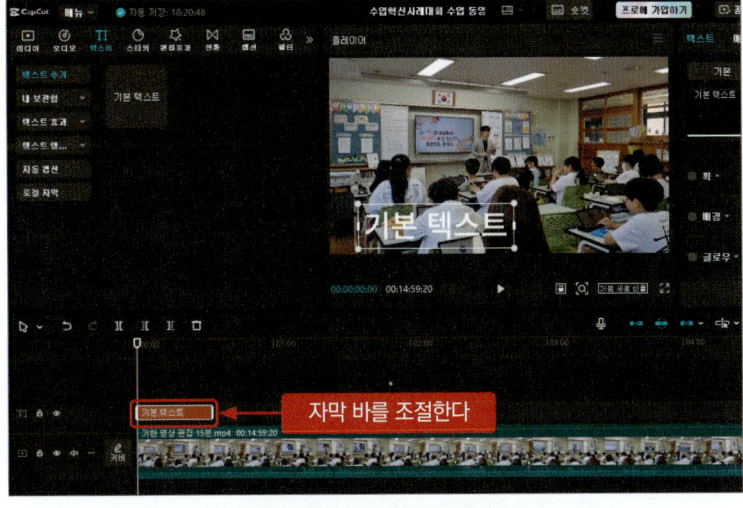

[캡컷 편집 프로그램의 자막 바]

5) 동영상 인트로 삽입하기

내용 편집이 끝났다면 동영상 인트로를 삽입한다. 인트로는 연구자마다 다양하게 구성할 수 있으며 선택 사항이다. 연구자에 따라 인트로에 수업 동영상 촬영 차시의 전반적인 내용을 담는 경우, 제목만 담는 경우, 인트로를 만들지 않는 경우로 선택할 수 있다. 인트로 삽입을 원하는 경우 캔바나 피피티 등 프레젠테이션 도구를 활용하여 만들고 그림 파일로 저장하여 동영상에 삽입하면 된다. 다만 대회 운영 계획에는 별도의 영상 삽입을 금지하고 있다는 점을 잊지 말자. 이는 연구자 본인이 고민하고 선택할 필요가 있다. 사진 외의 영상으로 삽입하지 않도록 주의하자.

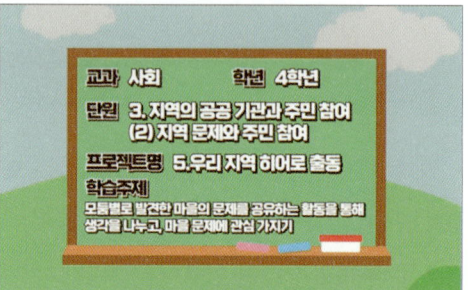
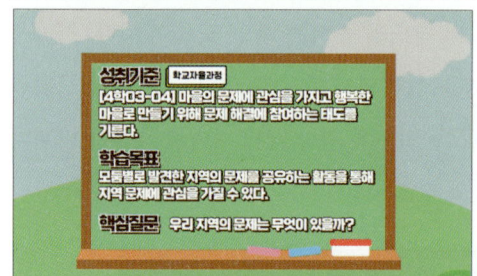
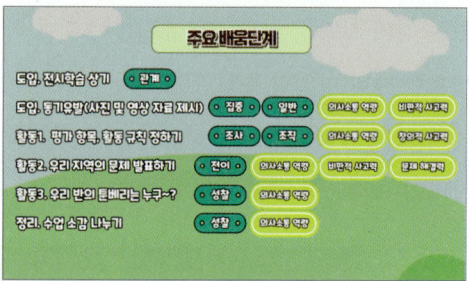

[인트로에 수업 동영상 촬영 차시의 전반적인 내용을 담은 경우]

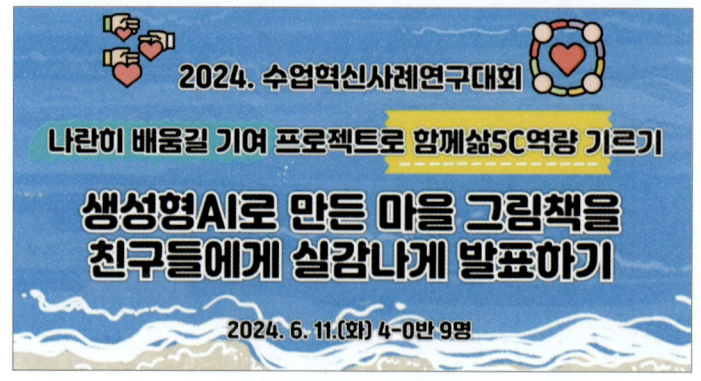

[인트로에 수업 동영상 촬영 차시의 제목만 담은 경우]

6) 파일 내보내기

자막 작업까지 마무리되었다면 편집 어플에서 다시 파일로 내보내기를 해줘야 한다. 왼쪽 상단의 메뉴를 눌러 내보내기 버튼을 클릭하고 형식을 지정하여 내보내면 된다. 이때 주의할 점은 파일의 형식이다. 수업혁신사례대회에서는 동영상의 파일 형식을 지정해두었다. 사용 가능한 확장자는 mp4, mpg, avi, wmv이며 미준수 시 심사 대상에서 제외하기 때문에 철저하게 지키도록 한다.

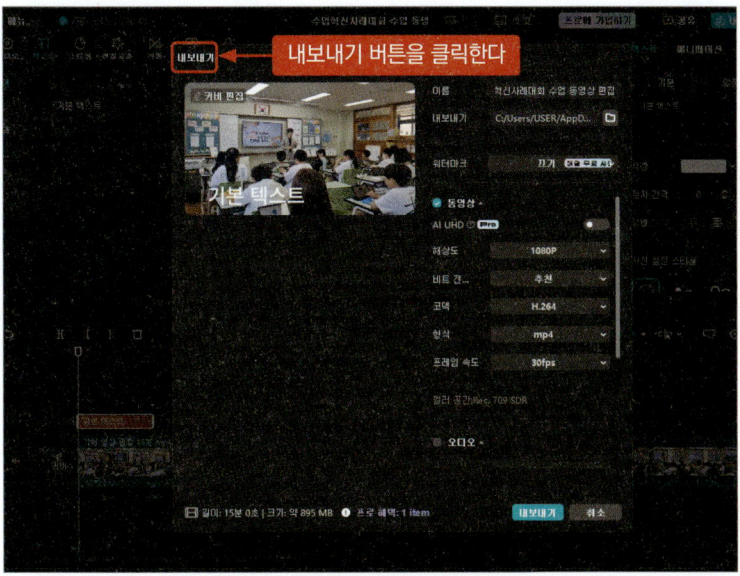

[캡컷 편집 프로그램의 내보내기]

7) 전체 검토하기

이제 내보내기 된 파일을 켜서 처음부터 끝까지 보며 확인한다. 중간에 소리가 깨진 부분이나 자막이 잘못 들어간 곳, 잘라내야 하는데 발견하지 못한 곳 등을 확인한다. 마지막으로 용량이 규정에 맞는지 확인이 끝나면 수업 동영상 준비는 마무리된다. 2025 경기도 수업혁신사례연구대회 운영 계획 기준 파일의 용량은 개인 연구는 4.7 Giga Byte 이하, 공동 연구는 9.4 Giga Byte 이하이다.

7

보고서 매듭짓기

바쁜 일정 속에서도 3월부터 꾸준히 연구를 진행해 왔고, 보고서의 윤곽까지 어느 정도 완성되었다면 이제는 심사 기준에 따라 보고서를 전체적으로 점검하고 시·도대회에 나의 연구 보고서를 제출할 시점이다.

또한 시·도대회에 입상하게 되었다면 등급에 상관없이 전국대회에 출품해야 하므로 이를 위해 전국대회 마감일까지 보고서를 다시 꼼꼼히 검토하여 필요한 부분을 수정·보완해 나가야 한다. 만약 시·도대회에서 2, 3등급을 받았더라도 적절한 수정과 보완을 거친다면 전국대회에서는 1등급을 수상하는 쾌거를 이룰 수도 있다.

보고서를 매듭지어야 하는 시점. 어떤 것들을 주의해야 하고, 어떤 점을 알고 있어야 할까? 경험한 자들만이 알고 있는 그 비법을 함께 파헤쳐 보자.

1 한 등급 올려주는 체크리스트

오랜 시간 공들여 쓴 보고서. 그만큼 애착을 느끼는 사람도 있고, 힘들었던 과정을 떠올리며 이제는 빨리 제출하여 끝내고 싶은 마음이 드는 사람도 있을 것이다. 하지만 바로 이 시점에서 끝내냐, 끝내지 않느냐가 심사 결과를 뒤바꿀 수 있다. 보고서 제출까지 얼마 남지 않는 시간, 연구자가 해야 할 일은 무엇일까?

컨설팅은 선택이 아닌 필수

되돌아보면, 보고서를 수정·보완할 때 가장 중요한 것은 '사람'이다. 내가 쓴 보고서를 객관적으로 심사 기준에 따라 꼼꼼히 점검하고 피드백해줄 수 있는 사람을 확보하는 것이 무엇보다 중요하다. 이미 연구자는 1년 동안 연구대회를 위해 많은 노력을 기울였기 때문에 그만큼 자신의 연구 보고서가 자식처럼 소중해졌을 것이다. 때문에 연구자가 보기에는 보고서의 모든 내용이 너무 익숙해 대충 읽어도 어떤 의미인지 쉽게 이해가 된다. 또한 보고서의 내용들 모두 자신이 필요하다고 생각해 쓴 부분이기에 어떤 내용이 불필요한지 스스로 점검하는 데 한계가 생길 수밖에 없다.

따라서 연구대회 수상 경험이 있는 사람이 내 보고서의 전체 흐름과 오탈자를 함께 점검해주기로 했다면 이미 성공적인 시작이다. 필자의 지역에서는 전국대회 참가자를 대상으로 교육청에서 컨설턴트를 자동으로 연결해 주었지만, 일부 지역에서는 연구자가 직접 컨설턴트를 찾아야 하는 경우도 있다. 그럴 때는 현 근무 학교의 연구부장님, 수석교사님, 교감 선생님, 교장 선생님 등 연구 경력이 풍부한 분들께 정중히 부탁드려 보자. 경험자들의 피드백은 단순한 조언을 넘어, 보고서의 완성도를 한층 높여주는 든든한 디딤돌이 되어줄 것이다.

아래는 필자가 연구 보고서에 대해 컨설팅을 받았던 내용들이다. 어떤 부분들을 컨설팅 받을 수 있는지, 나도 참고하면 좋을 부분은 무엇일지 살펴보자.

> **교사의 꿀팁** 컨설팅, 어떤 내용들이었을까?
>
> - 기존 수상작과의 유사한 형식이 있는지 확인하고 유사하다면 바꾸기(표절시비 가능성 차단)
> - 요약서 부분을 가장 임팩트있게, 시각적으로 한 눈에 보이도록 구성하기
> - 목차에 부록의 차례도 함께 제시하기
> - 이론적 배경들에 대해 좀 더 밀도 있게 서술하기
> - 참고문헌은 가나다순 배열하기
> - 문장 구성이 어색한 부분 확인하고 수정하기
> - 어미의 능동, 수동형 확인하기
> - 한 문장 또는 한 문단 안에 동어 반복에 대해 점검하기
> - 분량은 유지하되 빈 공간들을 효율적으로 더 채워 넣어 개선하기

심사 기준을 통해 알아보는 체크 포인트

심사 기준은 나의 연구에 점수를 매길 수 있는 명확한 지표다. 따라서 연구 보고서를 제출하기 전, 반드시 심사 기준을 꼼꼼히 읽고 그에 따라 스스로 보고서를 수정·보완하는 과정이 필수적이다. 아래 2025학년도 연구 보고서 심사 기준 및 배점표를 참고해, 자신의 연구 보고서를 '흑백'으로 출력한 뒤 밑줄 친 부분들을 차근차근 체크해 보자. 특히 심사 기준 중 배점이 높은 영역은 보고서에서 더욱 비중있게 다루어져야 하는 부분이니, 해당 부분이 부족하다면 반드시 개선해 나가야 한다.

심사기준(배점)	평가영역(배점)	평 가 내 용
2015 (또는 2022) 개정 교육과정의 방향 및 미래형 수업혁신에 대한 노력 반영 (60)	2015 (또는 2022) 개정 교육과정 방향 반영 (20)	• 연구 내용이 2015(또는 2022*) 개정 교육과정의 관련 <u>핵심역량</u>과 연계되어 있는가? * 2025학년도 적용: 초1~4학년, 중학교 1학년, <u>고등학교 1학년</u> • <u>학생의 융합적 사고</u>를 촉진하고 학습의 과정을 중시하는 평가가 이루어질 수 있도록 구성하였는가? • 학생의 능동적 수업 참여를 활성화 할 수 있는 <u>수업활동(프로젝트, 토의토론형 활동 등)</u>으로 구성하였는가?
	수업혁신에 대한 노력 반영 (40)	• <u>AI 디지털교과서,</u>* AI·에듀테크 활용 등 미래형 교육환경의 변화 반영, 교-수-평-기 일체화 노력 등 수업 혁신 노력이 드러나는가? * 2025학년도 적용: 초등학교 3·4학년 영어, 수학, 학교자율시간(정보) ※ AI 디지털교과서 활용 수업의 경우 서책형 교과서와의 병행 등 다양한 유형의 운영 사례 제시 가능 • <u>동료 교원과의 수업 나눔</u>(함께학교 內 '수업의 숲'* 서비스 활용 등), <u>전문적 학습공동체</u> 등 수업 개선 노력을 지속적으로 하였는가? * (경로) 함께학교(https://www.togetherschool.go.kr) – 교원연구실 – 수업의 숲 • 연구 과제의 수행 과정 등을 감안할 때, 수업방식 등의 변화를 통한 <u>수업 혁신 노력</u>이 드러나는가?

현장 적합성 및 연구 방법 적절성 (15)	현장 적합성(10)	• 학생 참여 및 실질적인 자기주도적 학습이 이루어질 수 있도록 설계되었는가? • 학생 중심 교수학습 방법 및 과정 중심 평가의 방법이 현장에 적용 가능한가?
	연구 방법 적절성 (5)	• 연구 과제 해결에 적합한 연구 방법을 활용하여 수업 개선 연구를 추진하였는가? • 연구 과제를 해결하기 위하여 다양한 사례 및 연구 방법을 검토하였는가?
내용과 실천의 일치성 (15)	지속 가능성(5)	• 해당 교과, 학년의 수업방법 개선이 일정 기간 지속적으로 실천할 수 있는 것인가?
	내용 적합성(5)	• 실천 내용이 연구대상의 수준에 적합한 것인가?
	피드백(5)	• 실천 상의 문제점 발견 및 환류를 통해 연구 과제 해결을 위한 방법을 지속적으로 보완해가며 수행하였는가?
현장 교육 기여도 (10)	확산 가능성 (5)	• 교수학습 개선 방법 및 방향이 학교교육과정과 밀접하게 연계되어 학교교육활동 활성화에 기여하는가? • 교수·학습 개선안이 체계적이고 구체적으로 제시되어 있어 교육 현장에 적용하기 용이한가?
	기여도(5)	• 수업 혁신 및 학생 개개인의 교육적 성장에 기여하였는가?

[2025학년도 연구 보고서 심사 기준 및 평가 내용]

마지막 순간, 한 번 더 확인하기

내용을 채우는 것만이 중요한 것이 아니다. 주의사항을 지키지 않아 감점되거나 수상이 취소되지 않도록 마지막까지 체크해야 한다.

❶ 연구 보고서의 분량 및 규격을 반드시 지키자.
❷ 표지 작성 및 출력 규정을 준수하자.
❸ 공동연구자의 경우 보고서의 내용에 '공동연구의 필요성 및 목적'이 반드시 들어가야 한다.
❹ 개인정보가 드러난 부분이 없는지 확실하게 체크한다.
 －체육 조끼나 칠판의 학습 목표에 학교 마크가 찍히는 경우도 있다.
❺ 기존 수상작들과 비슷한 형식은 내용적인 부분이 아니므로 카피킬러에는 나타나지 않지만 표절 시비에 걸릴 수 있는 부분이므로 주의한다.

수업혁신사례연구대회의 계획과 심사 기준에 따라 보고서를 꼼꼼히 점검하고 고쳐가는 과정은 꽤나 귀찮고, 시간이 걸리는 과정이다. 필자도 '이제는 그만 검토하고 끝내버리고 싶다.'는 생각을 했었다. 그럼에도 한 번 더 검토했을 때 치명적인 오탈자를 수정할 수 있었고, 또 한 번 더 검토했을 때에는 표절이 될 수도 있는 표의 형식을 더 세련되게 바꿀 수 있었다. 힘들지만 꼭 필요한 과정. 이 과정을 얼마나 성실하게 해내느냐에 따라 최종 심사 결과를 좌우할 수 있다는 점을 잊지 말자.

2 제본 맛집은 다른가요?

보고서는 어떻게 엮어 제출해야 할까? 어떻게 출력하고 어떻게 엮어야 가독성이 좋을까? 먼저 교육부에서 제시한 2025학년도 수업혁신사례 운영 계획 중 작성 및 출력 부분을 통해 어떻게 인쇄하고 엮어야 할지 살펴보자.

표지작성 및 출력	• A4 용지 좌철, 양면 인쇄 및 흑백 출력, 표지(무코팅), 속지(흰색 바탕에 흑백 인쇄) • 보고서 표지는 반드시 서식 준수 • USB 제출 시 라벨 서식 준수	※소속학교 및 지역, 연구자명 등 연구자를 드러내는 일체 사항을 표지 및 본문, 부록에 일체 표기하지 말 것, 기재 시 감점

[연구 보고서 표지 작성 및 출력 안내]

보고서는 A4용지 좌철, 양면 인쇄, 흑백 출력으로 인쇄하며 표지는 코팅하지 않는다. 여기서 좌철, 인쇄란 인쇄를 위한 화면에서 보이는 아래 사진처럼 제본 위치가 긴 가장자리[왼쪽]임을 의미한다.

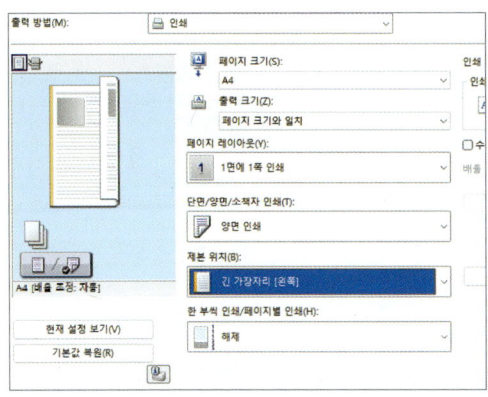

[좌철 인쇄 제본 위치 설정 방법]

표지 작성 및 출력 작성법을 다시 한번 해석해 보자면, 보고서 속지는 흰색 A4용지로 인쇄하되, 책처럼 왼쪽으로 묶고, 양면으로 인쇄하며 흑백으로 출력하라는 것이다. 보고서를 작성할 때에는 컬러로 작성하는 경우가 많은데 흑백으로 인쇄한 보고서를 제출한다는 점을 꼭 기억하자. 또한 표지는 무코딩 흰색 A4용지에 흑백 인쇄이다. 표지의 경우에는 속지 보고서 보다 조금 두꺼운 용지가 좋으며, 맨 뒷장에도 조금 두꺼운 흰색 A4용지를 덧대어 제본하면 깔끔하다. 제본을 해주는 업체에 맡기는 경우 제본용 겉표지로 인쇄되며, 맨 뒷장도 표지와 일체형으로 감싸진다.

인쇄와 제본 방법도 7인의 저자 모두가 같았던 것은 아니다. 다양한 사례를 보며 자신이 선호하는 방법을 골라보자.

순	특징	인쇄·제본 방법	장점	완성된 보고서 모습
혜온쌤	인쇄와 제본을 모두 내손으로!	셀프 인쇄 셀프 테이프 제본	- 가격 저렴 - 보고서 제출 직전까지 수정 보완 가능	
비니쌤		셀프 인쇄 셀프 제본 (열제본기 구입)	- 열제본기 한번 구입으로 매해 보고서 제출때마다 사용 가능 - 보고서 제출 직전까지 수정 보완 가능	
찐쌤	인쇄는 내가! 제본은 전문가!	셀프 인쇄, 제본집 제본	- 보고서 작업 환경에서 그대로 인쇄 및 수정 가능 - 깔끔한 제본 - 한 권당 4천원대 (지역별 상이)	
지니쌤,송쌤, 밍쌤, 견쌤	인쇄와 제본 모두 전문가의 손길로!	제본집 인쇄 및 제본	- 인쇄 품질 우수 - 깔끔한 제본 - 제본 비용 부담 - 한 권당 7천원대~2만원대 (지역별 상이)	

[7인 7색 인쇄&제본법]

혜온쌤과 비니쌤은 셀프 인쇄, 셀프 제본의 방법을 택했다. 보고서를 엮다 보면 수정할 부분이 계속 눈에 띄기 마련인데, 셀프 인쇄와 제본 방식은 제출 직전까지 수정·재인쇄·재제본이 가능하다는 점에서 큰 장점이 있다. 무엇보다 제본 테이프와 두꺼운 A4용지만 있으면 제본 할수 있기 때문에 가장 저렴하다. 제본 테이프에 새겨져 있는 중간선을 잘 활용하면 깔끔하게 제본을 할 수 있다. 단, 일부 시·도 교육청에서는 '스테이플러로 철하거나 집게로 묶는 것은 제본이 아님'이라고 명시되어 있으니 주의하도록 하자.

비니쌤은 열제본기를 구입하여 제본했다. 열제본기는 온라인 쇼핑몰에서 저렴한 제품의 경우 5~6만원대에 구입할 수 있다. 열제본을 위한 표지도 1~2만원대에 구입하여 함께 사용해야 한다. 연구대회에 꾸준히 나갈 의사가 있고, 제본을 해주는 업체까지 가기보다는 제출 직전까지 편하게 수정하고 깔끔하게 엮어서 나가고 싶은 연구자가 활용하면 좋다. 학교에서 인쇄를 하는 셀프 인쇄의 경우, 학교 내 프린터마다 인쇄 결과가 다르기 때문에 다양한 프린터기로 인쇄를 해보고 더 가시성이 좋게 인쇄되는 프린터를 선택하기를 권장한다. A4용지에 따라서도 인쇄 결과가 다르므로 더 높은 퀄리티를 원한다면 고급 A4용지를 사용해 보자.

찐쌤의 경우 인쇄는 셀프, 제본은 제본 업체에 맡겨 완성했다. 인쇄를 스스로 하기 때문에 비교적 수정할 수 있는 시간은 주어지지만, 제본 업체까지 가야 하는 거리가 멀다면 수정할 수 있는 시간이 짧아진다. 셀프 인쇄 품질이 좋은 경우에 활용하기를 권장하며, 인쇄를 해서 제본만 맡기기 때문에 가격도 비교적 저렴하다.

대부분의 저자가 택한 방법은 제본 업체에 인쇄와 제본을 모두 맡기는 것이다. 보고서를 메일로 전송하거나 저장매체에 담아가서 전문가의 손길을 거쳐 인쇄하고 제본하는 방법이다. 이 방법을 이용하려면 보고서는 서둘러 완성하는 것이 좋다. 또한 한글 파일의 경우 글꼴이 달라지면 업체에서 보고서 파일을 열었을 때 연구자가 보낸 최종의 보고서와 달라질 수 있으니 주의해야 한다. 글꼴을 보고서와 함께 파일로 저장해 가거나, PDF로 변환하여 저장해 가기를 추천한다. 제본을 업체에 맡기는 경우 지역이나 업체에 따라 차이가 있겠지만 2~3시간 정도 소요될 수 있다. 이 방법은 업체에 따라 비용이 매우 차이가 크고, 기본 금액 자체도 가장 비싸다.

하지만 자신만의 제본 스타일을 선택하기 전에 해야 할 일이 있다. 바로, 지역 교육청별 인쇄 및 제본 방식을 꼭 살펴봐야 한다는 것이다. 지역 교육청 수업혁신사례연구대회에 입상 해야 전국대회 출전 자격이 주어지는데, 지역 교육청별로 요구하는 제본 방식이 다를 수 있기 때문이다. 자신이 속한 지역 교육청별 출력 방식과 제본 방식을 숙지한 후 그에 맞는 방식으로 제출하자. 또한 제본 방식은 저자들마다 달랐지만 모두 전국대회 1등급이었다는 점은 같다. 깔끔하고 정돈된 출력이 가독성은 좋겠지만 무엇보다 중요한 것은 보고서의 내용임을 절대 잊지 말자.

3 시·도 2~3등급도 전국 1등급이 될 수 있다!

고등학생 때 필자가 가장 듣기 싫었던 말이 있다.
"3월 모의고사 결과가 너의 수능 결과와 같다."
그 말에 보란 듯이 반례를 보여주고 싶어 오기로 더 열심히 공부했던 기억이 난다.
필자는 수업혁신사례연구대회도 마찬가지라고 생각한다. 시·도대회가 모의고사라면, 전국대회는 실전이다. 그래서 필자는 단호하게 말할 수 있다.
"시·도대회가 전국대회를 결정짓는 것이 아니다."라고.

시·도대회 결과에 대하는 바람직한 마인드 셋

이유는 모르겠지만, 시·도대회에 출품을 했을 때 필자는 그저 느낌이 좋았다. 누구나 그런 적 있지 않은가? 왠지 모르게 느낌이 좋은 날. 제출 후에는 '첫 도전 만에 1등급을 받으면 어떡하지?'라는 설렘으로 하루하루를 보냈다. 뭔가 잘못된 것 같다며 걱정하는 공동 연구자에게도 걱정하지 말라며 안심시켰다. 그렇게 시간이 지나 시·도대회 결과를 받아 들었을 때, 크게 실망했다. 2등급이라는 결과가 만족스럽지 않았기 때문이다. 다행이라며 안도하는 공동 연구자의 말도, 축하한다는 동료 선생님들의 말도 귀에 들어오지 않았다.

분명 누군가에게는 매우 만족스러운 결과일 수 있다. 하지만 생각해 보자. 누구나 내가 열심히 준비한 무언가에 대해 최고의 결과가 나오길 바라지 않는가? 필자는 결과를 보고 난 후 많은 생각에 잠겼다. 내가 이 결과에 만족하고 마무리를 해야 할지, 아니면 부족함을 느끼고 더 열심히 준비해서 전국대회에 출품 할 것인지. 사실 정답은 정해져 있었다.

"이왕 하는 거, 더 열심히. 할 수 있는 한 최선을 다해서 이번 대회에 진심으로 임해보자."는 것으로.

우리 모두는 연구대회에 참여하게 된 목적은 다를지라도, 목표는 같다. '연구대회에서 우수한 성적을 받자.'는 공동의 목표 말이다. 이왕 참여하게 된 연구대회. 최선을 다해 좋은 결과를 받으면 좋지 않은가?

경기도에서 '2'라는 숫자로 보여준 평가 결과에 대해 필자는 이렇게 생각했다.

"당신들의 보고서는 수업혁신사례연구대회의 목적을 고려해 보았을 때, 분명 가치가 있다. 그러나 그 가치가 매우 우수한 수준인지 판단하기에는 지금 보여준 보고서로는 정확하게 파악하기 어렵다."라고. 수업 내용의 문제가 아닌 보고서와 수업 동영상을 풀어나가는 방식의 문제인 것 같다는 판단이 들었다.

그러한 생각이 들 때쯤, 필자는 왜 시·도대회에 처음 출품했을 때 왜 느낌이 좋았는지 그 이유를 알 수 있었다. 필자는 내 수업이 분명 반짝반짝 빛나는 가치가 있다고 생각했다. 내 수업에 스스로 자부심을 느끼고 있었던 것이다. 물론 그 가치와 자부심은 다른 누군가의 평가나 이야기로부터 나온 것이 아니었다. 그냥, 스스로 그렇게 굳게 믿었다. 그래서 결심했다. "2등급이라고? 믿을 수 없어. 이번에야말로 전국대회 보고서와 동영상에서 내 수업의 빛나는 가치를 제대로 보여줘야지!"

시·도대회 결과와 전국대회의 결과가 항상 같은 것은 아니다

필자가 시·도대회 결과에 대해 긍정적인 마인드셋을 갖추긴 했지만, 스스로의 믿음만으로 맨땅에 헤딩하기에는 아직 겁이 났다. '전국대회 출품하기 전까지 모든 걸 갈아 넣었는데도 결과가 그대로거나, 혹시나 내가 잘못된 방향으로 수정해서 전국대회 등급을 받지 못하면 어쩌지?'라는 고민과 걱정은 끊임없이 필자의 목을 옥죄었다. 마음의 안정이 필요했다. 그래서 필자는 전국대회 제출까지의 그 부족하고 소중한 시간을 쪼개어 아주 특별한 분석을 시작했다.

'시·도대회에서 2등급을 받았지만, 최종적으로 전국대회에서 1등급을 받은 사례'를 작년 입상작들을 하나씩 비교·분석하여 찾아 나섰다. 혹시라도 그런 사례가 있다면 마음의 위안이 되며, 더 자신감을 가지고 전국대회를 준비할 수 있을 것이라는 생각이 들었기 때문이다. 그리고 그 결과를 찾았다. 경기도대회에서 2등급을 받았지만, 당당하게 전국대회에서 1등급을 수상한 사례가 많지는 않지만 존재했다.

그때부터 연구 보고서 및 수업 동영상 수정에는 더 탄력이 붙었다. 이왕 하는 거 열심히 하겠다는 마음가짐도 갖추었고, 실제로 시·도대회보다 전국대회에서 우수한 성적을 보인 사례까지 있었으니 망설일 이유도, 더 고민할 이유도 없었다. 공동 연구자와 함께 밤낮을 가리지 않고 수업의 진정한 가치를 보여주기 위해 고민에 고민을 거듭하며 수정을 진행했다.

특히, 시·도대회보다 전국대회에서 더 우수한 결과를 받은 사례들을 최대한 많이 찾아서 어떻게 그것이 가능했는지에 대해 많은 분석을 했고, 해당 사례들의 공통점을 찾고자 노력하였다. 보면 볼수록 필자의 보고서가 왜 1등급이 될 수 없었는지 선명해졌다. 아니 사실은 2등급을 받은 것도 놀라울 정도였다. 수많은 1등급 보고서를 읽으며 우리가 제출한 보고서와의 차이점을 발견할 수 있었다. 이와 관련된 내용은 다음 챕터(Chapter 7.4)에서 더 자세히 다루어 보겠다.

시·도대회에서 2등급이 아니라, 3등급을 받은 경우도 마찬가지이다. 어쨌든 나의 연구 결과가 등급을 받았다는 것은 전문 평가자로부터 '수업혁신사례연구대회의 목적'에 부합할 만한 가치가 있다는 뜻이며, 이는 분명 내가 가지고 있는 보고서의 가치를 더 돋보이게 풀어나간다면 전국대회에서는 지금의 결과보다 더 우수한 결과를 받을 수 있음을 의미한다.

이 모든 과정에서 가장 중요한 것은, 내 수업과 보고서, 동영상을 포함한 **'나의 연구'에 대해 스스로 자부심을 갖고 애정을 가지는 태도**다. 내 스스로가 나의 연구에 대해 자신감이 없고, 아끼지 않는데 그 누가 나의 연구를 긍정적으로 평가할 것인가? 이에 대한 답은 이미 이 책을 읽는 누구나 가지고 있을 것이라 생각한다.

시·도대회 결과가 만족스럽지 않다고 낙심하지 말자. 분명 나의 연구는 그 자체로서 가치가 있고, 나만이 가지고 있는 가치를 잘 풀어낸다면 충분히 시·도대회보다 전국대회에서 더 우수한 결과를 받을 수 있을 것이다. 필자를 포함한 선행 연구자들은 실제로 그것을 해냈다. 이 책을 읽고 있는 당신도 충분히 할 수 있다. 긍정적인 마인드셋을 갖추고, 끝까지 최선을 다해보자.

시·도대회에서 1등급의 결과를 얻은 연구자도 마찬가지이다. 시·도대회 2·3등급의 연구자가 전국대회에서 1등급이 될 수 있는 것처럼, 시·도대회 1등급의 연구도 전국대회에서 2·3등급을 받거나 입상하지 못하게 될 수도 있다. 본인의 등급을 유지하기 위해 모두가 최선을 다해 끝까지 노력해야 할 것이다.

4 전국대회, 그냥 제출하실 건가요?

시·도대회에서 만족스럽지 못한 결과를 받은 선생님이라면, 그리고 이 책을 읽는 선생님들의 목표가 전국대회에서 우수한 결과를 얻는 것이라면 시·도대회 출품작을 아무런 수정 없이 그대로 전국대회에 제출해서는 안된다.

전국대회에 제출하기 전, 시간적 여유가 있는 바로 지금이 등급을 역전할 수 있는 절호의 기회이자 내 보고서의 가치를 돋보이게 할 수 있는 마지막 기회이기 때문이다. 따라서 필자는 다음과 같은 부분을 점검하고 전국대회에 출품할 것을 적극 추천한다.

가시성 높이기

시·도대회에서 2등급을 받았지만, 전국대회에서 1등급을 받은 사례들을 모아서 비교해 보았을 때, 공통적으로 가장 눈에 들어왔던 것이 바로 '강조'였다. 수천편의 작품들 중에서, 그리고 수십 쪽의 분량 중에서 내 보고서가 심사위원들 눈에 들어오려면 무엇보다 내가 준비한 연구에서 강조하고자 하는 부분을 확실하게 강조하는 것이 가장 중요하다. 좋은 수업 사례들을 연구했지만. 그 내용들이 심사위원들의 눈에 들어오지 않는다면 좋은 결과를 받기 어렵다는 뜻이다.

그래서 필자가 가장 많은 신경을 쓴 부분이 '가시성'이다. 아무리 강조하고 싶은 부분을 강조하더라도 가시성이 좋지 않으면 제삼자가 연구 보고서를 읽는데 방해가 될 뿐이다. 가시성을 생각할 때의 핵심은 '누가 봐도 한눈에 이해가 되는 친절한 보고서'이다. 전국대회에 출품하기 전, 아래의 내용을 살펴보고 한번 점검해 보자.

1) 볼드체(굵은 글씨)와 형광펜 활용하기

전국대회 제출 작품의 경우에는 수업성찰일지 내용에서 강조하고 싶은 핵심 부분을 볼드체(굵은 글씨)와 형광펜을 활용하여 제시하였다. 가장 핵심이 되는 부분을 볼드체와 형광펜으로 표현하여 심사위원들이 수업성찰일지 전체를 읽지 않아도 가장 강조되는 핵심이 한눈에 들어올 수 있도록 구성하였다.

2024 수업혁신사례연구대회의 경우, 보고서 전체 분량이 매우 축소되면서 실제로 진행한 연구 수업 사례에 비해 그 내용을 담을 절대적인 공간이 부족했다. 때문에 많은 내용을 한정된 공간에 효율적으로 배치하다 보니 연구자가 강조하고 싶은 부분이 무엇인지 한눈에 들어오지 않는 경우가 많이 생겼다. 두 개의 캡처 장면을 보면 모두 글은 많지만, 전국대회 제출본의 경우가 더 한눈에 잘 들어오고, 무엇을 강조하고 싶은지 파악하기도 쉽다는 것을 확인할 수 있다. 경기도대회 제출본만 보면 수업 사례, 팁, 활용 에듀테크 등이 강조되어 있지 않아서 연구자가 무엇을 강조하고 싶은지 알기 힘들다.

볼드체(굵은 글씨)와 형광펜을 적절히 활용하여 본인의 보고서에서 강조할 부분을 확실히 강조하는 것이 좋다. 필자의 경우 에듀테크와 수업에서의 팁이 해당 수업에서 가장 강조되어야 할 부분으로 생각했고, 볼드체(굵은 글씨)와 형광펜을 활용해 해당 부분을 강조하였다. 전국대회에 제출하기 전, 내 보고서에서 강조하고 싶은 부분을 볼드체(굵은 글씨)와 형광펜으로 강조해 보는 것을 추천한다.

다지는 삶	자라나는 삶	피어내는 삶
'역사'에 대한 거부감 줄이기를 목표로!	'국가기관의 기능과 영향 이해하고 민주정치의 기본 원리 알기'를 목표로!	'앎'을 '삶'으로 연계한 내용을 '삶' 속에 적용하기를 목표로!
학기 초, 학생들에게 역사를 좋아하냐고 물었다. "재미없고 지루해요, 어려워요." 부정적인 낱말만 연발하던 학생들. 6학년은 역사 그 자체로부터 민주주의와 민주정치의 의미까지 배우기 때문에 역사에 대한 거부감은 곧 향후 사회과 전체 학습에 부정적인 영향을 줄 수 있으므로 처음부터 학생들의 정의적 여과막을 낮추는 것이 필요했다. 따라서 우리가 배우는 역사적 사건을 배경으로 한 영화를 감상하고, 토의와 에듀테크 도구를 통해 학습 내용을 정리할 수 있도록 구성하였다. 역사는 사실 재미있는 것이라는 인식을 주고 싶었다.	국가기관의 기능과 영향, 추상적인 민주정치의 기본 원리를 이해하는 데에 가장 효과적인 방법은 '직접 해보는 것'이라고 생각했다. 추상적으로 학습한 내용을 행정부, 입법부, 사법부의 구성원으로서 직접 체험하고 느껴 봄으로써 자연스럽게 국민의 생활에 미치는 영향과 권력분립과 국민주권의 필요성을 학생들이 온몸으로 느낄 수 있도록 구성하였다. 특히, 실제 국가기관처럼 학생들이 느낄 수 있도록 5학년과 연계하고자 노력하였다. 5학년 국민들이 필요한 점을 국가에 요구하고, 국가기관이 된 6학년은 국민들에게 자신의 역할에 맞는 일을 해내는 것이다.	도덕 시간 올바른 삶을 살아가는 것을 이야기하며 '트롤리딜레마' 이야기가 나온 적 있다. 정의를 논하면서 내 눈에 보인 학생들의 눈빛은 세상 밝고 초롱초롱한 눈이었다. 그래서 아이들과 <정의>를 주제로 학습에서의 앎을 삶에 적용해보자 이야기했다. 정의는 매우 추상적인 주제이지만, 그렇기에 우리 삶에서 더욱 자주 접할 수 있는 주제이기도 하다. '정의'는 학생들이 앞으로 살아갈 삭막한 세상 속에서 빛날 따뜻한 힘이 있는 가치로서 '다지는 삶'과 '자라나는 삶'에서 배운 앎을 적용해보며 나만의 정의에 대해 고민해보는 소중한 시간이 되길 바란다.

[경기도대회 제출본-수업성찰일지 일부 (수정 전)]

다지는 삶	자라나는 삶	피어내는 삶
수업 전문성 신장을 위한 노력으로 프로젝트의 기본을 깨닫다!	전문적학습공동체 수업 나눔에서 에듀테크의 활용을 깨닫다!	교내·외 자체 수업 공개 후 올바른 수업 자세를 깨닫다!
관내 수석교사님의 공개 강의를 들으며 탐구를 활용한 깊이있는 수업에 대해 처음 알게 되었다. 머리를 한 대 얻어맞은 기분이었다. 교육과정을 어떤 렌즈로 바라보냐에 따라 수천 가지의 빛깔이 나올 수 있다는 생각이 들었다. **핵심질문으로 탐구하는 과정은 아이들에게 무한한 사고의 확장을 가져올 수 있을** 것 같았다. 그대로 도서관에 있는 **개념기반 교육과정, 핵심 질문, PBL, 학습자 주도성과 관련된 거의 모든 책**을 빌려와 읽기 시작했다. 질문 만들기, 수업 계획하기, 평가하기 등 관내·외 **깊이있는 수업과 관련된 거의 모든 연수**에도 참여했다. 우리 반 아이들과의 교육 현장에서도 실제로 적용해 보고자 했다.	국회의원이 하는 일에 대해 배울 때 법안을 만들고, 동료 의원을 설득하기 위한 발표 자료를 캔바로 만들었다. 동시 작업이 가능하고 자료 제작이 간편하다는 캔바의 장점을 의도하였으나 실제로 **아이들은 과도하게 발표 자료를 꾸미는 데에만 치중하는 모습**을 보였다. 이러한 고민에 대해 동료 교사들은 아이들에게 캔바를 사용해야 하는 이유에 대한 목적을 충분히 전달해 주지 않아서 그렇다고 의견을 주었다. 처음부터 **에듀테크의 활용 목적을 아이들과 충분히 이야기 나누는 것이 필요하다**는 것을 깨달았고, 이러한 시간을 충분히 가지자 아이들은 그 장점과 필요성을 이해하고 오히려 학습자인 교사보다 더 적극적으로 활용할 수 있었다.	내가 말이 매우 빠르다는 것을 이 프로젝트를 연구하며 처음 알았다. 수업 공개에 참여해주신 선생님께서 아이들에게 할 **핵심 질문을 위주로 미리 할 말을 정리해 두면 도움이 될 것임을 말씀**해 주셨다. 이를 통해 실제로 내가 할 말이 정리가 되면서 차분한 마음으로 수업을 진행할 수 있었다. 또한, 평소 수업에서 도전적 행동을 하는 학생들에게 근접통제를 하는 등 피드백이 잦았다. 그런데 참관하신 선생님께서 근접통제를 자주 하면 도전적 행동 학생 외의 다른 학습자들의 시선이 분산될 수 있다고 말씀하셨다. **집중 구호와 다른 학습자의 긍정적 피드백을 적극적으로 활용**하여 아이들의 도전적 행동을 사전에 예방할 수 있었다.

[전국대회 제출본-수업성찰일지 일부 (수정 후)]

출처: 헌법의 세상에서 정의 L.A.W.운 세 삶 만나기 (2024 수업혁신사례연구대회 전국 1등급) 이하 같음

헌법과 친해져요	헌법의 기본권을 알아봐요	헌법의 역할을 정리해요
● 헌법의 의미와 내용 알기 - 헌법 영상과 간추린 헌법을 살펴본다. - **헌법 내용을 담은 헌법 캐릭터를 애니메이티드 드로잉**으로 조작해본다.	● 기본권 조사·발표하기 - 기본권의 의미, 관련 조항, 예시를 조사하여 캔바로 발표 자료를 제작한다. - 다른 모둠의 발표를 듣고 질의응답 하고 보완할 부분을 피드백한다.	● 기본권 발표 자료 보완하기 - 피드백 반영하여 헌법의 기본권 조사 자료를 보완하여 완성한다. - 기본권을 명시함으로써 국민의 인권을 지키는 헌법의 역할을 파악한다.
 간추린 헌법　헌법 캐릭터	 조사 및 자료제작　발표 및 피드백	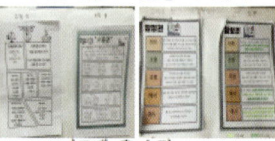 피드백 후 수정
역사 속 헌법을 만나요	헌법의 변천사를 알아봐요	헌법의 역사를 정리해요
● 현대사 영화 시청·조사하기 - 현대사 관련 영화 시청 　효자동 이발사, 택시운전사, 1987, 변호인, 서울의 봄 　TIP) 교사가 미리 장면을 선별해 제공한다. - 영화의 배경이 된 역사적 사건을 조사, 정리한다.(4.19도서관, 5.18기록관 등)	● 현대사 토의하기 - 헌법의 개정과 변천사에 따른 우리나라 민주주의 발전 과정을 알아본다. "헌법의 변천사를 보며 우리나라 민주주의가 많이 발전해 왔다는 걸 느꼈어." - 영화와 역사적 사건에서 드러난 헌법의 모습을 짝, 모둠과 공유한다.	● 현대사 정리하기 - 헌법의 역사를 중심으로 역사적 사건을 흐름대로 **패들렛**에 정리한다. - 역사적 사건에 대한 나의 생각 함께 정리한다. "오늘날의 민주주의를 이루기까지 수많은 사람들의 희생이 있었구나!"
 역사영화 시청하기　현대사가 배경인 영화	 짝과 토의하기　모둠과 토의하기	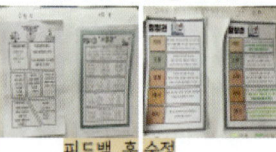 역사적 사건 정리하기　패들렛에 정리

[경기도대회 제출본-본문 일부 (수정 전)]

헌법과 친해져요	헌법의 기본권을 알아봐요	헌법의 역할을 정리해요
● 헌법 알아보기 - 헌법 영상과 간추린 헌법을 살펴본다. - **미디방**으로 헌법 캐릭터를 제작한다. - **헌법 내용을 담은 헌법 캐릭터**를 애니메이티드 드로잉으로 조작해본다.	● 기본권 조사·발표하기 - 기본권의 의미, 관련 조항, 예시를 조사하여 캔바로 발표 자료를 제작한다. - 다른 모둠의 발표를 듣고 질의응답 하고 보완할 부분을 피드백한다.	● 헌법의 역할 알아보기 - 캔바로 피드백을 반영하여 헌법의 기본권 조사자료를 보완해 완성한다. - 기본권을 명시함으로써 국민의 인권을 지키는 헌법의 역할을 파악한다.
간추린 헌법　헌법 캐릭터	조사 및 자료제작　발표 및 피드백	피드백 후 수정
역사 속 헌법을 만나요	헌법의 변천사를 알아봐요	헌법의 역사를 정리해요
● 현대사 영화 시청·조사하기 - 현대사 관련 영화를 시청한다. 　효자동 이발사, 택시운전사, 1987, 변호인, 서울의 봄 　**TIP**) 교사가 미리 장면을 선별해 제공 - 영화의 배경이 된 역사적 사건을 조사, 정리한다.(**4.19도서관, 5.18기록관** 등)	● 민주주의의 발전과정 토의하기 - 내가 조사한 역사적 사건을 친구들과 공유하고 보완한다. - 역사적 사건에 따라 헌법과 민주주의가 어떻게 변화되었는지 이야기나눈다. "역사적 사건에 따라 우리나라 헌법이 지금과 같은 모습으로 발전되어 왔구나!"	● 현대사 정리하기 - 헌법의 역사를 중심으로 역사적 사건을 시간의 흐름대로 **패들렛**에 정리한다. - 역사적 사건에 대한 나의 생각을 함께 정리한다. "헌법의 변천사를 보며 우리나라 민주주의가 많이 발전해 왔다는 걸 느꼈어!"
 역사영화 시청하기　현대사가 배경인 영화	 짝과 토의하기　모둠과 토의하기	 역사적 사건 정리하기　패들렛에 정리하기

[전국대회 제출본-본문 일부 (수정 후)]

2) 표와 도형 활용하기

필자는 서론에서 연구의 필요성이 가장 돋보였으면 했다. 그래서 처음에는 가장 담백한 방법이라 판단한 줄글로 진솔하게 서론을 표현하는 방법을 선택했다. 경기도대회 제출본(왼쪽)이 그 예이다. 하지만 하고 싶은 말은 많은데 한눈에 들어오지 않는다는 피드백을 많이 받았고, 그 결과 전국대회 제출본(수정 후)과 같이 표를 통해 시각적으로 제시하는 방법을 선택했다. 수정 전과 후를 비교해 보면, 수정 후가 연구자가 어떤 흐름으로 연구의 필요성을 보여주고 싶은지 한눈에 보인다.

본인의 연구 보고서를 꼼꼼하게 살펴보고, 지나치게 많은 글이나 그림으로 나열되어 있지는 않은지 점검해 보자. 그런 부분이 발견된다면, 표를 활용해 시각적 요소를 추가하여 가시성을 높이도록 하자.

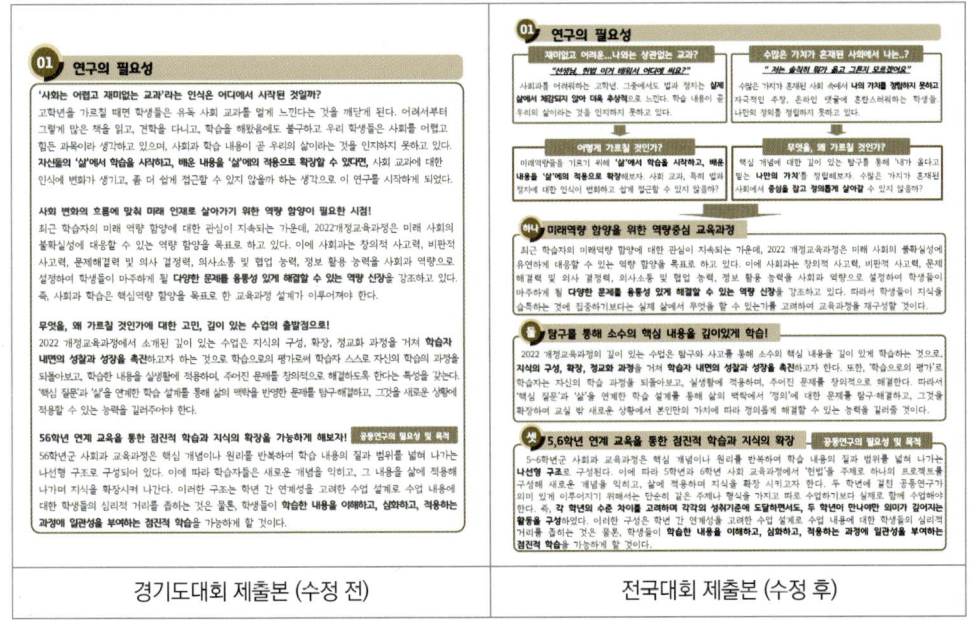

| 경기도대회 제출본 (수정 전) | 전국대회 제출본 (수정 후) |

[표와 도형을 활용하여 수정한 사례]

3) 그래프 활용하기

필자의 연구는 탐구 질문을 통해 l.a.w 라는 작은 수업의 단계에 도달하고, 해당 수업의 단계를 바탕으로 핵심 질문을 해결하여 L.A.W 라는 큰 프로젝트를 해결해 나가는 방법으로 연구를 구성했다. 결론적으로 각 프로젝트의 흐름을 학습할 경우 정의로운 세 가지 삶을 만나는 연구의 흐름에 도달하게 된다. 이러한 반복적이고 단계적인 연구의 진행을 의도적으로 강조하고자 하였으나, 경기도대회 제출본 (수정 전)을 살펴보면, 필자의 의도가 명확하게 드러나지 않는다. 하지만 전국대회 제출본 (수정 후)을 살펴보면, 그래프를 통해 가시성을 높여 한눈에 들어오도록 구성하였다.

연구자의 보고서에서 포함관계를 표현하거나 단계적인 흐름을 표현하고 싶을 때에는 그래프를 적극적으로 활용하여 가시성을 높이기를 추천한다. 이는 전국대회에 출품하기 전, 놓치지 말고 점검해야 할 부분이다.

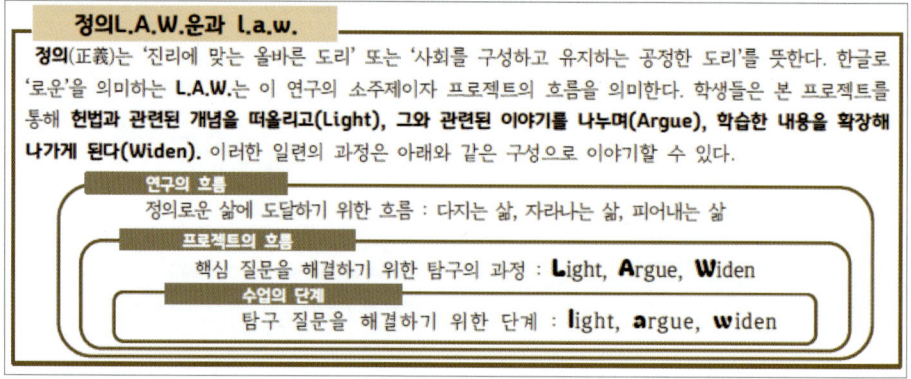

[경기도대회 제출본 (수정 전)]

[전국대회 제출본 (수정 후)]

4) 사진에서 핵심내용 강조하기

보고서를 쓰다 보면, 학생들의 기록형 결과물을 첨부하고 싶을 때가 있다. 경기도대회 제출본(왼쪽)을 보면, 수업 사례에서 학생들의 결과물이 반드시 표현되었으면 하는 부분을 첨부해서 올렸지만 정확하게 무엇이라 쓰여 있는지 확인하기 어렵고, 읽을 수 있다고 하더라도 수많은 글 중에서 어떤 부분을 설명하고 강조하고 싶은지 확인하기 어렵다. 하지만 전국대회 제출본(오른쪽)을 살펴보면, 돋보기를 활용해 사진에서 의도하고자 하는 부분을 가시성 있게 확대하여 제시하였다. '범죄가 일어났다.'라는 문장을 통해 하루 일기에서 법이 없으면 발생할 수 있는 상상 일기 내용을 알 수 있고, '신데렐라를 가둬 놓는 장면'과 '자유권'

이라는 글에서 이야기 속 헌법 장면에서 침해된 헌법 장면을 학생들이 활동한 내용을 확인할 수 있다. 아래 학생 피드백의 경우에도 밑줄과 확대를 활용하여 표현하고자 하는 부분을 한눈에 들어오게끔 만들었다.

자신의 보고서에서 사진을 꼼꼼하게 확인해 보자. 의도가 명확하게 전달되는가? 확실하게 가시성이 있는가? 꼭 점검해 보고 전국대회에 출품하기를 추천한다.

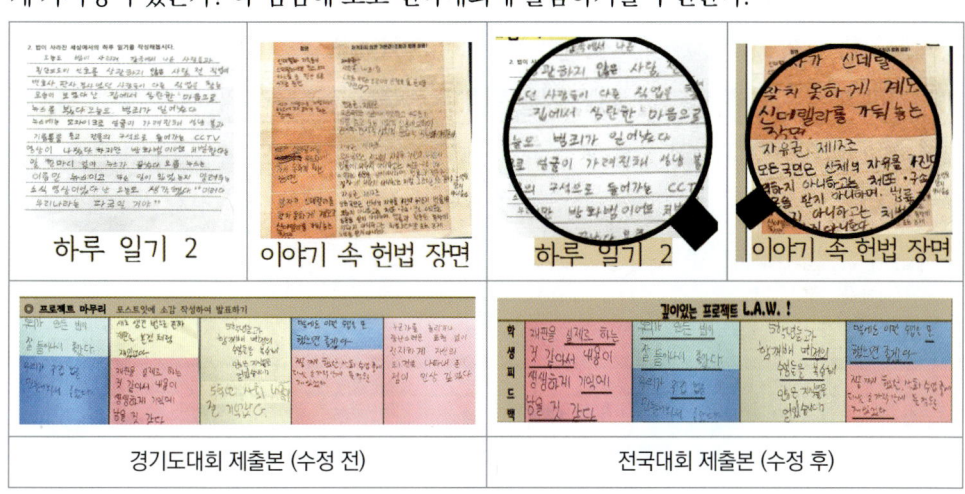

[사진에서 핵심 의도를 강조한 사례]

핵심 내용은 자세히 서술하기

필자는 가장 먼저 시·도대회에 출품한 보고서를 다시 한번 살펴보며, 각각의 영역별로 연구에서 강조해야 할 것이 무엇인지를 점검하고, 해당 내용들이 최대한 강조될 수 있도록 수정하였다. 다른 사람이 보고서를 읽을 때, 전체 내용을 읽지 않고 대충 보더라도 한눈에 보고서에서 중요한 부분이 읽힐 수 있도록 강조할 내용만 강조한 것이다. 필자의 보고서를 예로 들어보자.

1) 심사 기준표 내용이 잘 드러나게 수정하기

전국대회에 출품하기 전, 마지막까지 살펴봐야 할 내용은 단연코 '심사 기준표'이다. 내가 작성한 보고서가 심사 기준표가 요구하는 내용을 충실하게 담았는지 다시 한번 더 점검하는 것이 필요하다. 처음 보고서를 작성할 때 매우 꼼꼼하게 확인한 부분이라 안일하게 넘어가기 쉬운데, 실제로 필자의 경우에는 시·도대회 출품 보고서가 심사 기준표에서 요구하는 부분을 확실하게 담지 못한 부분을 발견하여 보완하는 작업을 하였다.

1차 연구 보고서 심사 기준표에 보면, '수업혁신에 대한 노력 반영(30)' 부분에서 '동료 교원과의 수업 나눔, 전문적 학습공동체 등 수업 개선 노력을 지속적으로 하였는가?', '피드백(5)' 부분에서 '실천 상의 문제점 발견 및 환류를 통해 연구 과제 해결을 위한 방법을 지속적으로 보완해 가며 수행하였는가?'에 대한 부분이 기술되어 있다.

하지만 필자의 연구 보고서에서는 해당 내용이 충분히 강조되지 않았다는 점을 뒤늦게 알게 되었다. 이후 보고서에 동료 교사의 피드백과 그에 대한 성찰, 학습자들의 학습 성찰 방안에 대한 피드백 내용을 필자의 수업 일지에서 찾아 옮겨 적었으며, 심사 기준표에서 요구하는 부분에 최대한 맞추어 기술하였다.

[심사 기준표에 맞게 수정한 예]

연구를 진행하다 보면, 생각이나 관점이 많이 바뀌기도 하고 생각보다 당연한 것에서 놓치는 경우가 생길 수 있다. 전국대회 제출 직전 마지막까지 심사 기준표를 꼼꼼하게 살펴보고, 해당 내용이 연구 보고서에 잘 녹아있는지 확인하자.

2) 핵심을 살려 내용을 풍부하게 하기

 필자의 연구에서 가장 강조하고 싶은 부분이 무엇인가를 생각해 보았을 때, 핵심은 '학생들이 자신만의 정의로움을 정의해 나가는 수업이 우리 교육 현장에 일반화되기를 바란다.'는 점이었다. 필자의 수업이 필자 개인의 수업 사례로 끝나는 것이 아니라, 본 연구를 시작으로 교육 현장에서 다양한 사례가 생겨나기를 바라는 '일반화'에 대한 바람을 전달하고 싶었다. 기존 경기도대회 제출본(왼쪽)은 일반화에 대한 제언이라기보다, 개인적인 소회로 마무리되는 느낌이다. 하지만, 전국대회 제출본(오른쪽)은 연구의 결과를 종합하여 일반화와 관련한 필자의 바람을 보다 설득력 있게 전달하는 느낌이 든다.

 이처럼, 내 연구가 지향하는 바가 무엇인지, 내가 강조하고 싶은 부분이 무엇인지 등을 종합적으로 고려하여 연구자 개인이 강조하고 싶은 점을 확실하게 강조하고 일관된 흐름으로 작성하였는지 검토하고 한 번이라도 더 수정할 것을 추천한다.

경기도대회 제출본 (수정 전)	전국대회 제출본 (수정 후)

[내용을 풍부하게 수정한 사례]

8

선생님들이 가장 많이 묻는 질문들, Q&A

아무리 연구대회 준비를 철저히 해도, 막상 실행에 들어가려는 순간엔 크고 작은 고민들이 쏟아진다.

"수업 차시는 이 정도로 충분할까?", "다른 선생님들은 어떻게 하셨을까?"

특히 처음 도전하는 선생님이라면, 명확한 기준이 없어 더 막막하게 느껴질 수밖에 없다. 그래서 이 챕터에서는, 필자가 직접 연구를 진행하며 떠올렸던 물음들, 그리고 수업혁신사례연구대회 연수에서 가장 많이 들었던 질문들을 모아 하나하나 풀어보려 한다.

학습 수준이 다양한 학급에서도 연구를 진행할 수 있는지, 연구 주제 어디에서 아이디어를 얻는 건지, 디자인이나 보고서 분량은 어느 정도가 적당한지 등, 막막했던 고민들에 함께 답을 찾아보자.

"아, 이건 나만 궁금했던 게 아니었구나."

"이렇게 풀어가면 되겠구나."

이런 깨달음이, 선생님들의 마음을 조금은 가볍게 해줄지도 모른다.

이제, 선생님만의 답을 찾아가는 여정을 함께 걸어보자.

Q1 연구 주제는 어디에서 아이디어를 얻나요?

A 부지런히 탐색하고, 꼼꼼히 탐독하며, 열심히 검색해서 얻은 정보를 나의 교육 전문성과 연결해보자!

연구 주제에 대한 아이디어는 최근의 교육 트렌드에서 얻을 수 있다. 교육 트렌드를 살펴볼 수 있는 창구는 다양하다. 교육부나 지역교육청 사이트, SNS, 한국교육과정평가원 사이트 등에서는 교육과 관련된 정책이나 최신 이슈들을 꾸준히 업로드한다. 또한 수업혁신사례연구대회 입상작을 분석하면 최근 교육계가 주목하는 흐름을 파악할 수 있다. 이 밖에도 최근 출판된 다양한 교육 도서들을 틈틈이 탐독하는 것도 매우 좋은 방법이다. 이와 관련된 구체적인 내용은 Chapter 2.2에서 자세히 다루었으니 그 부분도 꼭 챙겨 읽어보자.

연구 주제를 정할 때 최신 트렌드를 반영하는 것은 물론 중요하다. 하지만 그것만으로 보고서의 특색이 완성되지는 않는다. 보고서의 진짜 매력은 결국 연구자인 '나'에게서 나온다. 평소 내가 어떤 교육 분야에 관심이 많고 자신 있는지 진지하게 고민해 보자. 또한, 학급이나 학교의 특색을 충분히 고려하는 것도 중요하다. 우리 반 아이들에게 꼭 필요한 교육이 무엇인지, 우리 학교만의 특색 있는 교육 프로그램이 무엇인지, 그리고 우리 학교에서 활용하기 좋은 교육 자원은 어떤 것들이 있는지 꼼꼼히 파악해 보자. 연구자의 교육 철학과 그를 둘러싼 교육 환경이 잘 어우러져야 비로소 개성이 뚜렷하게 드러나는 특색 있는 연구 보고서가 탄생할 수 있다.

Q2 연구 제목은 꼭 창의적이어야 하나요?

A 창의적이면 좋다. 하지만 반드시 창의적이어야 할 필요는 없다.

심사위원들이 심사해야 하는 보고서가 천 편이 넘는다. 이런 상황에서 제목을 창의적으로 짓겠다고 지나치게 복잡하게 만들면, 오히려 심사위원들이 제목부터 이해하기 어려워하는 악수가 될 수 있다. 재치있는 단어로 이해가 쏙쏙 잘되는 제목을 만들었다면 더 높은 등급을 받는 데 도움이 되겠지만, 자신이 없다면 심플하게 밀고 나가는 것도 좋다.

필자의 연구 주제는 '행복한(HAPPY), 꿈(DREAM) 프로젝트를 통해 국어과 역량 성장시키기'이다. 이 얼마나 흔하고 단순한 단어들의 조합인가? 필자도 연구를 시작할 때 지난 수상작들의 제목을 보며 주눅이 많이 들었고, 창의적인 단어를 떠올리지 못하는 나의 뇌를 원망했다. 연구대회 결과 발표가 나는 마지막 순간까지도 이런 제목으로도 입상을 할 수 있을지 반신반의했지만, 결국 이 제목으로도 1등급을 받을 수 있었다.

연구 제목보다 중요한 것은 결국 연구의 내용이다. 연구 제목이 평범하고 단순하더라도 그 단어들이 연구의 목표와 잘 맞고, 연구의 흐름과 조화롭게 연결되어 있다면 전혀 문제가 되지 않는다. "Simple is best."라는 말처럼, 때로는 단순한 제목이 더 강렬할 수도 있다. 어떤 연구 제목들이 수상을 할 수 있었는지 그 규칙이 궁금하다면 Chapter 3.1을 정독해 보자.

Q3 프로젝트는 처음에 설계한 그대로 이루어져야 하나요?

A 프로젝트는 충분히 바뀔 수 있다. 아니, 어쩌면 바뀌어야 한다?

프로젝트 학습은 학습자 스스로 주도성을 가지고 임하는 활동이다. 일부 프로젝트 학습 관련 서적에서는 프로젝트의 처음부터 끝까지 모든 과정을 학생이 스스로 해나가야 한다고 쓰여있기도 하다. 즉, 학생이 문제를 인식하고, 프로젝트에서 어떤 활동을 할지 스스로 구성하며, 실행까지 주도해야 한다는 것이다. 당연히 학생이 스스로 활동을 설계하고 목표에 도달할 수 있다면 이 얼마나 아름다운 그림일까? 하지만 현실적으로는 너무 어려운 일이라는 것을, 특히 저학년의 담임 선생님들께서는 잘 아실 것이다.

이 때문에 현실적으로 대부분의 프로젝트 학습은 처음에 교사가 프로젝트의 큰 틀을 설계하고 교사의 주도로 시작되는 경우가 많다. 그러나 교사가 만든 프로젝트를 학생들이 단순히 실행만 한다면 이것은 자칫 교사 주도의 활동이 될 수도 있다. 이는 프로젝트 학습의 본래 취지가 흐려지는 일이다. 따라서 프로젝트 과정 중 학생들이나 동료 교사들의 이야기에 항상 귀를 기울여야 한다. 학생들은 자신들이 이 프로젝트에서 더 해보고 싶은 활동이 무엇인지 말하거나, 결과물을 어떤 방식으로 표현할 것인지 등 다양한 의견을 낼 수 있다. 그리고 이 의견들은 교사에 의해 충분히 프로젝트에 반영될 수 있고, 학생들의 주도성이 높을수록 프로젝트는 충분히 변형될 가능성이 있다.

한 가지 예를 들어보자. 교사는 '환경 오염에 대해 영상 만들기'를 하고자 했는데 해당 내용을 웹툰 그리기로 하고 싶어 하는 학생들도 있다고 가정하자. 이때 만약 교사의 프로젝트 목표가 '영상 만들기'였다면 학생들은 웹툰을 만들고 싶더라도 영상을 만들어야 할 것이다. 하지만 프로젝트의 목표가 '환경 오염에 대해 알아보기'라면 학생들이 자신에게 맞는 활동을 선택할 수 있게 열어줄 수 있다.

이렇게 교사가 처음 계획한 프로젝트를 진행 중 변형하여 운영하게 되었다면 그 과정과 이유, 교사의 성찰에 관한 내용을 연구 보고서에 잘 서술해야 한다. 그것은 바로 교사가 자신의 연구 목표 달성을 위해 끊임없이 평가와 환류의 과정을 거쳤다는 증거이기 때문이다. 이러한 과정이 잘 표현되었고, 그것이 연구 목표 달성을 위해 도움이 되는 과정이었다면 오히려 더 좋은 점수를 받게 될 것이다.

Q4 배움의 출발선이 다양한 학급에서도, 연구가 가능할까요?

A 가능할 뿐 아니라, 그 자체가 좋은 연구 주제가 될 수 있다.

이 대회는 '잘 가르치는 수업'을 보여주는 자리가 아니다. '학생의 성장을 위해 수업을 어떻게 설계했는가'를 보여주는 대회다.

필자는 당시 농촌의 소규모 학교에서 6학년을 맡고 있었다. 학생은 7명뿐이었고, 그중 5명이 기초학력 부진 학생이었다. 특히 1명은 특수교육대상자로, 한글 해득조차 어려운 상황이었다. 이처럼 기초학력 부진 학생이나 특수교육 대상자가 있는 학급에서도, 교과교육 영역에서 기초부진 해소를 목표로 연구를 설계할 수 있다. 필자 역시 처음에는 교과교육 영역의 수업을 고민했지만, 학급의 특성과 학생들의 흥미를 고려해, 실생활 문제 해결 중심의 융합교육 프로젝트 수업을 설계했다. 이 연구의 목표는 '지식을 얼마나 전달했는가'가 아니라, '실천적 문제해결력을 어떻게 길러줄 것인가'에 있었다.

핵심은 '무엇을 가르칠까'보다 '어떻게 하면 학생들이 참여할 수 있을까'이다. 학습 수준은 낮았지만 디지털 기기에는 익숙한 학생들이 많았다. 이 점에 착안해 3월부터 아침 활동 시간을 활용하여 글쓰기 앱, 그림 도구, 음성 녹음 앱 등 주요 에듀테크 도구를 충분히 다뤄볼 수 있도록 했다. 아이들이 자주 접하던 게임처럼 직관적인 인터페이스를 가진 앱을 중심으로 선택해, 진입 장벽을 낮췄다.

'할 수 있다.'는 감각을 먼저 경험하게 해주는 것이 중요했다. 결과적으로 교과 지식은 부족했지만, 프로젝트에 몰입하는 아이들의 태도는 그 누구보다 진지했다.

필자는 연구를 준비하며 스스로 다짐했다.

'어려운 여건 속에서도, 교육적 배려가 녹아든 수업을 만들자.'

학생의 현재를 있는 그대로 받아들이고, 그 안에서 가능한 배움을 설계하는 것. 그것이 바로 수업혁신의 본질이며, 이 대회가 추구하는 방향이기도 하다.

한편, 다인수 학급에서 일부 학생만 기초학력 부진인 경우라면, 교과교육 영역의 연구도 충분히 도전해볼 수 있다. 물론, 기초학력 부진 학생이 있는 소인수 학급이라고 해서 교과교육 영역의 연구가 불가능한 것은 아니다. 핵심은 학급의 특성과 학생의 수준에 맞춰 수업 목표를 어떻게 설정하고 그 목표를 어떤 방식으로 풀어가느냐다. 다만 교과교육 영역의 연구를 설계할 때에는, 부진 학생을 위한 배려가 수업 속에 어떻게 자연스럽게 녹아 있는지를 구체적으로 보여주는 것이 중요하다.

예를 들어,

- 핵심 개념을 시각화하거나 구어화한 자료로 제시하기
- 협력학습 구조 속에서 역할 분담을 통해 자연스러운 참여 유도하기
- 정기적인 개별 피드백 루틴을 통해 꾸준한 동기 부여하기

이처럼 수업 속에서의 세심한 배려를 녹여낸다면, 오히려 보고서의 강점으로 작용할 수 있다. 학생의 다양성을 고려한 수업 설계는 언제나 심사위원에게 긍정적으로 읽힌다. 결국, 학생의 학습 수준은 연구의 장애물이 아니라 출발점이 될 수 있다.

중요한 것은, '이 학생들과 함께라면 어떤 수업을 어떻게 설계해야 할까?' 이 질문에 정면으로 답하려는 교사의 태도다. 연구는 바로 그 지점에서 시작된다.

Q5 초상권 동의는 어떻게 얻나요? 초상권 동의를 안 해준다면?

A 내가 진행하고자 하는 연구를 학생, 학부모에게 잘 소개한다면 충분히 초상권 동의를 수월하게 얻을 수 있다.

수업혁신사례연구대회에 참가하는 모든 교사는 학생의 초상권 동의를 반드시 받아야 한다. 각 교육청에서 제공하는 '초상권 수집·이용·제공 동의서'에 동의를 받고 스캔하여 출품 서류와 함께 제출한다. 만약 동의하지 않은 학생이 있다면, 해당 학생의 수업 활동 사진, 동영상, 산출물 등은 절대 사용할 수 없다.

수업 과정에서 학생들에게 연구 목적을 진솔하게 설명하면 대부분 긍정적으로 반응하며 초상권 동의를 해준다. 학부모님들께 가정통신문을 내보내는 것도 좋은 방법이 된다. 초상권 동의를 얻지 못하면 수업 영상 편집에 해당 학생을 모두 모자이크 처리해야 하는 등 번거로운 부분이 많다. 따라서 처음부터 모든 학생에게 충분한 설명과 함께 초상권 동의를 받는 것이 중요하며, 걱정보다는 소통을 통해 협조를 끌어내는 태도가 더 효과적이라는 점을 전하고 싶다.

다만, 주의할 점은 동의서에 서명해 주었다고 다 동의한 것이 아닐 수 있다. 간혹 서명만 있고 동의 칸에 동의 표시가 체크 되어있지 않은 경우가 있으니 반드시 확인해야 한다. 초상권 동의에 관한 자세한 내용과 가정통신문 예시 등은 Chapter 4.1에서 확인할 수 있다.

Q6 차시는 얼마나 잡아야 하나요?

A 학생의 성장 과정을 담을 수 있는 7차시 정도의 흐름이 좋다.

사실 적당한 차시에 답은 없다. 수업의 진행 과정이 잘 담긴 1차시 수업도 운영할 수 있고, 다양한 활동을 프로젝트로 엮어 10차시 이상 운영할 수도 있다. 수업혁신사례연구대회는 수업을 변화시킨 노력들을 다루는 대회인 만큼 자신의 연구 주제와 특색이 잘 드러나도록 수업 차시를 구성해야 한다. 또한 학생 중심 수업을 운영하다 보면 학생들이 결과물을 만들어 내고, 구성하는 활동들이 많이 들어가게 되는데, 학생 중심 수업을 운영하기 위해서는 긴 호흡의 차시가 필요하다.

아래 표를 통해 저자들은 차시를 어떻게 구성했는지 살펴보자.

비니쌤					송쌤			혜온쌤				
프로젝트 1	프로젝트 2	프로젝트 3	프로젝트 4	프로젝트 5	프로젝트 1	프로젝트 2	프로젝트 3	프로젝트 1	프로젝트 2	프로젝트 3	프로젝트 4	프로젝트 5
7차시	7차시	6차시	7차시	6차시	10차시	8차시	11차시	14차시	15차시	15차시	15차시	15차시

지니쌤			찐쌤				밍쌤, 견쌤		
프로젝트 1	프로젝트 2	프로젝트 3	프로젝트 1	프로젝트 2	프로젝트 3	프로젝트 4	프로젝트 1	프로젝트 2	프로젝트 3
7차시	24차시	21차시	3차시	10차시	5차시	4차시	12차시	21차시	15차시

[7인 7색 차시 구성표]

위의 표에서처럼 차시는 짧게는 3차시부터 길게는 24차시까지 다양하게 구성할 수 있음을 알 수 있다. 프로젝트를 알차고, 충실하게 운영할 수 있도록 타 교과나 학교 행사와 엮어 차시를 구성해 보자. 타 교과와 엮어 운영하다 보면 수업 시수를 확보할 수 있다는 장점 뿐만 아니라 타 교과에서 얻을 수 있는 교과 핵심 역량과도 연결 지을 수 있어 수업을 재구성하기에 좋다. 또한 학교에서 실시하는 00교육주간, 혹은 학교자율시간 등과 연결 지어 운영한다면 시간도 효율적으로 활용할 수 있고 교육과정을 재구성하기에도 수월하다.

Q7 설문 문항은 어떻게 만드나요?

A 개발된 자료를 찾아 활용하거나 직접 개발한다.

1) 학술논문 데이터베이스 활용
   - RISS, Kiss, DBpia 등에서 석박사 학위논문이나 학술지 논문에서 관련 자료를 찾아볼 수 있다.
2) 한국교육과정평가원(KICE), 한국교육학술정보원(KERIS) 자료 활용
   - 한국교육과정평가원 홈페이지 [자료마당], 한국교육학술정보원 홈페이지 [지식정보] 또는 통합검색 등을 통해 관련 자료를 찾아볼 수 있다.
3) 사전 연구된 수업혁신사례연구대회 보고서 설문 도구 출처 확인하여 활용하기
   - 1)~2)의 방법에서 사전 설문 도구를 얻기 힘들다면 기연구된 입상 보고서에서 내가 연구하고자 하는 교과나 주제와 같은 보고서를 찾아 설문 도구 출처를 확인하여 사전 설문 도구를 구할 수 있다.
4) 직접 개발하는 방법
   - 1)~3)의 방법에서 내 연구에 꼭 맞는 설문 도구를 구한다면 아주 좋겠지만 내가 필요로 하는 역량에 관한 설문 도구가 모두 개발되어 있는 것은 아니다. 있다 해도 여러 연구 보고서와 논문이 우리의 원활한 연구를 위해 역량별로 정리되어 있는 것이 아니니 이를 검색해 필요한 설문 도구를 찾는 것도 쉽지 않은 일이다. 만약 적합한 기존 도구를 찾기 어렵다면 2022 개정 교육과정 문서에 제시된 역량 요소 등을 분석하여 문항을 직접 개발하거나, 생성형 AI를 활용하여 문항을 개발할 수도 있다.
   - 교사용 지도서에서 문항 아이디어를 얻을 수 있다.

설문 문항에 활용할 자료를 위에서 선택했다면 연구자는 연구 목적과 기르고자 하는 역량의 종류에 따라 설문 문항을 구성한다. 이때, 설문 문항의 개수는 정해진 기준이 있는 것이 아니다. 연구자가 설정한 연구 목적과 기르고자 하는 역량의 종류에 따라 설문 문항의 수는 달라질 수 있다. 즉, 어떤 역량을 중심으로 수업을 설계했는지에 따라 문항 구성도 달라질 수밖에 없다.

설문지를 만들 때 가장 중요한 것은 학생들의 연령과 인지 수준을 반드시 고려해야 한다는 점이다. 지나치게 어렵거나 길게 구성된 문항은 학생의 집중력을 떨어뜨릴 수 있으며, 이로 인해 설문 결과의 신뢰도 또한 낮아질 수 있다. 특히 저학년 학생을 대상으로 할 경우에는 더욱 주의가 필요하다. 설문 문항이 많을수록 학생들이 중간에 흥미를 잃고 대충 응답하

거나 빈칸으로 남기는 경우도 생기기 때문에, 문항 수를 줄이거나 두세 차례로 나누어 실시하는 방식을 권장한다.

또한, 설문 문항은 학생의 생활 속 언어와 표현을 최대한 반영하는 것이 좋다. 아이들의 눈높이에 맞는 어휘로 구성하면 훨씬 정확한 반응을 얻을 수 있다.

더 구체적인 문항 예시 등은 Chapter 3.6에서 자세히 확인할 수 있다.

Q8 보고서를 쓰는 데에는 얼마나 걸리나요?

A 보고서 작성 기간은 작성자의 성격, 상황, 체력에 따라 다르다!

보고서를 작성하는 데 걸리는 시간은 작성자의 성격, 상황, 체력 등에 따라 빠르면 3일만에도 쓸 수 있고, 길면 한 학기를 온전히 할애하는 경우도 있다. 또한 꼼꼼한 성격을 가진 분이라면 연구 제목을 짓는 기간까지 포함해 전해 겨울방학부터 시작하기도 한다.

필자의 경우, 수업혁신사례연구대회에 총 세 번 참가한 경험이 있다. 가장 처음 참가했을 땐 단 3일 만에 보고서를 완성했다. 2020년 당시에는 보고서 분량이 60쪽이었다. 많은 사람들이 분량이 많을수록 힘들 거라고 생각하지만 60쪽과 25쪽 모두 작성해 본 입장에서는 60쪽짜리 보고서가 오히려 더 수월하게 느껴졌다. 디자인에 그다지 신경 쓰지 않아도 됐기 때문이다. 미리 아카이빙을 잘해둔 덕분에, 주말 이틀을 거의 밤을 새워가며 보고서를 쓰고, 월요일까지 마무리해 화요일 교육지원청 문 닫기 직전에 간신히 제출할 수 있었다.

두 번째는 2021년이었다. 이때도 60쪽 분량이었고, 전해에 너무 허둥지둥 제출했던 기억이 있어서 이번엔 조금 일찍 준비를 시작했다. 추석 연휴 일주일 동안 집중적으로 작성했고, 상대적으로 여유롭게 마무리할 수 있었다.

세 번째인 2024년에는 분량이 25쪽으로 줄었지만, 오히려 담고 싶은 내용이 많아 디자인을 입체적으로 구성해야 했다. 예전보다 체력이 떨어졌다고 느껴져 밤샘은 피하려 했고, 그래서 두 달 전부터 천천히 준비했다. 마지막 한 달 동안은 일주일에 2~3번 정도는 학교에 남아 7시까지 작성했고, 잘 되는 날은 집에 가서도 밤늦게까지 작업했다.

세 번의 경험을 통해 느낀 점은, 컴퓨터 앞에 오래 앉아 있다고 해서 보고서가 술술 써지는 건 아니라는 것이다. 어린 자녀가 있는 교사는 특히 시간을 마음대로 내기 어려울 수 있다. 따라서 자신의 상황과 체력에 맞춰 무리하지 않도록 시간 배분을 효율적으로 하는 것을 추천한다.

보고서를 빠르게 작성하는 데 있어 가장 큰 팁은 아카이빙을 잘해두는 것, 그리고 보고서 작성 틀을 최대한 빨리 확정하는 것이다. 작성 틀이 명확하지 않으면, 이미 써둔 내용을 계속 수정하게 되어 작업 시간이 두 배로 늘어난다.

또한 "몇 시에 어디까지 쓴다."는 구체적인 목표를 세우고 작업에 들어가면, 훨씬 더 효과적으로 작성할 수 있다. 필자의 경우 파일명을 예를 들어 '부록 편집 끝내자 7시'처럼 설정해 두고, 최대한 그 시간에 맞춰 쓰려고 노력했다.

많은 선생님들께서 "아이 키우면서, 교무부장까지 맡고 있는 제가 이 대회에 도전할 수 있을까요?"라는 질문을 종종 하신다. 전국 1등급에 입상하신 분들 중에도 정말 바쁜 상황 속에서 훌륭한 결과를 만들어 낸 사례가 많다. "시작이 반이다."라는 말처럼, 너무 겁먹지 말고 똑똑하고 계획적으로 접근한다면 누구나 해낼 수 있다고 생각한다.

보고서 작성은 단순한 문서 작업이 아니라, 자신의 수업을 되돌아보고 정리하는 소중한 기회이기도 하다. 지금 이 글을 읽고 있는 당신도, 충분히 멋지게 해낼 수 있다.

Q9 디자인이 꼭 중요한가요?

A 내용을 효과적으로 드러내기 위한 디자인은 중요하다.

디자인을 위한 디자인은 중요하지 않다. 하지만 연구 내용을 효과적으로 드러내기 위한 디자인은 중요하다. 본문을 구성하기 위한 기본 디자인 틀은 연구자의 연구 내용을 효과적으로 드러내기 위한 수단이다. 고민과 연구를 거듭하여 써 내려간 보고서가 무슨 내용인지 잘 드러나지 않는다면 결과는 어떨까? 연구 자체에 의의를 두고 연구를 실행하는 교사도 분명 있겠지만, 열심히 연구한 결과가 좋은 등급으로 열매 맺는다면 정말 보람을 느끼고 기쁨도 두 배가 될 것이다.

내용을 효과적으로 드러내기 위한 디자인을 위해서는 다양한 사례들을 참고하고 분석하는 시간이 필요하다. 자신이 정한 연구 주제와 프로젝트를 체계적이고 효과적으로 드러낼 수 있도록 하기 위해서는 다양한 사례들 속에서 자신만의 스타일을 찾아 자신의 색깔로 재구성해야 한다.

우수 사례를 분석하고 참고하는 것은 정말 중요한 작업이지만 여기서 꼭 유념해야 할 부분이 있다. 그것은 바로 저작권이다! 수업혁신사례연구대회 입상작으로 선정되면 연구대회 네트워크에 보고서가 공개된다. 공개 검증을 통해 문제가 될만한 소지가 없는지 공개적으로 검증하는 단계를 거친다. 이때 보고서 내용만 확인하는 것이 아니라, 보고서 디자인도 검증 대상이 된다. 실제로 디자인이 비슷해서 입상에서 제외된 사례도 있다. 표절을 비롯한 연구 윤리 위반 행위 검증은 타 대회에서도 매우 강조하고 있는 사항인 만큼 연구의 모든 내용은 꼭 자신만의 색이 잘 드러나도록 재탄생시켜야 한다. 다시 한번 강조하지만 디자인이 중요한 것이 아니라 자신의 연구 내용 즉, 수업이 잘 드러나도록 하는 것이 중요하다. 결국 수업을 알차게 구성하여 운영하는 것이 가장 중요하다.

전반적인 디자인 틀뿐만 아니라 글꼴이나 아이콘도 한눈에 잘 보이는 보고서를 만들어 내기 위한 중요한 요소가 된다. 같은 내용이라도 글꼴에 따라 가독성이 달라지고, 아이콘을 사용함으로써 한눈에 내용을 파악하게 되기도 한다. 하지만 너무 많은 글꼴의 사용과 과다한 아이콘의 사용은 오히려 읽는 이로 하여금 피로감을 느끼게 할 수 있음을 유의하자. 수업혁신사례연구대회는 본문이 휴먼명조 12포인트를 사용하라고 명시되어 있으나 목차와 표는 연구자 임의로 작성할 수 있다. 이 또한 저작권을 침해하지 않는 글꼴을 사용해야 한다. 아이콘 사용 역시 문제가 되지 않는 범위 내에서 사용해야 함을 기억해야 한다. 디자인에 대한 내용은 Chapter 5.4에서 자세히 확인할 수 있다.

Q10 교과교육으로 연구할 경우 한 교과로만 해야 하나요?

A 그렇지 않다. 교과교육으로 연구를 하더라도 타교과와 창체를 융합하여 프로젝트를 구성할 수 있다.

과거 전국 입상작 보고서를 살펴보면 교과교육으로 연구한다고 하여 반드시 해당 교과로만 연구 차시를 구성해야 하는 것은 아니다. 실제로 필자 역시 사회과로 연구할 때 프로젝트 내에 여러 교과와 창체를 융합하여 차시를 구성하였다. 그럼에도 불구하고 사회과가 전체 프로젝트의 중심축 역할을 했기 때문에, 연구대회에는 '교과교육' 영역으로 참가하였다.

이처럼 어떤 영역으로 응모할지는 연구 수업에서 중심이 되는 교과의 비중에 따라 결정할 수 있다. 예를 들어, 다양한 교과가 고르게 포함되어 있고 특정 교과에 편중되지 않았다면 '융합교육'으로 참여하는 것이 더 적절할 수 있다. 또한 창의적 체험활동(창체)이 수업 구성의 핵심 요소로 작용했다면, '창체' 영역으로도 충분히 응모가 가능하다.

중심 교과의 비중이 몇 % 이상이어야 교과 영역으로 인정받는지, 또는 창체가 차지하는 비중이 어느 정도여야 하는지에 대한 구체적인 기준은 대회 운영 계획에 명시되어 있지 않다. 그렇기 때문에 어떤 영역으로 참가할지는 교사 본인의 수업 흐름과 의도, 전체 차시 구성의 성격을 종합적으로 판단해 결정해야 한다.

결론적으로, 자신의 수업안에서 가장 뚜렷하게 드러나는 핵심 요소가 무엇인지 고민해 보고, 그것에 맞게 대회 영역을 선택하는 것이 중요하다. 더 자세한 내용은 Chapter 2.3에서 확인할 수 있다.

Q11 교과별 비례하여 입상작이 선정되나요?

A 그렇지 않다. 입상작 수나 비율이 영역별, 교과별로 정해져 있지 않다.

수업혁신사례연구대회는 교과교육, 창의적 체험활동(창체), 융합교육 세 가지 영역 중에서 자유롭게 선택하여 응모할 수 있는 구조다. 그 중에서도 특히 교과교육 영역은 세부적으로 교과별(국어, 수학, 과학 등)로 응모가 가능하다. 수업혁신사례연구대회 운영 계획을 보면 응모 영역이나 교과별로 비례하여 입상작 수가 정해져 있는 것은 아니다. 즉, 교과교육이라고 해서 반드시 많이 뽑히거나, 융합교육이나 창체라고 해서 덜 뽑히는 구조는 아니라는 뜻이다. 어떤 영역이든 충분히 좋은 결과를 기대할 수 있다.

그렇기에 무엇보다 중요한 것은 내가 어떤 수업을 진심을 다해 해왔는지, 그리고 그 경험을 어떤 주제로 풀어낼 수 있을지에 대한 고민이다. 자신 있는 분야, 흥미를 느끼는 수업 영역을 선택하여 참가하는 것이 가장 중요하다. 최신 트렌드를 녹여내는 것도 중요하겠지만 억지로 새로운 분야를 시도하기보다는, 나만의 수업 철학과 노하우가 녹아든 사례를 중심으로 접근하는 것이 좋다.

또한 한 가지 더 유의할 점이 있다. 최근 몇 년간의 입상작들을 살펴보며 나의 주제와 유사한 사례가 이미 수상한 적이 있는지 확인해 보는 것이 좋다. 만약 유사한 사례가 있다면 단순히 피하기보다는, 어떻게 하면 내 연구가 차별화될 수 있을지, 어떤 점에서 새롭게 풀어낼 수 있을지를 고민해 보자. 예를 들어, 동일한 주제라도 수업 방법, 적용 학년, 학생 참여 방식, 결과물 처리 방식 등에 있어 나만의 특색을 잘 녹여낼 수 있다면 충분히 경쟁력이 생긴다.

무엇보다 중요한 건, 너무 걱정하지 말고 내 수업을 진심으로 돌아보고 나답게 표현하는 것이다. 형식보다 진정성, 완벽보다 도전의 의지가 더 큰 힘이 된다.

Q12 연구 윤리와 저작권은 어떤 수준으로 지켜야 하나요?

A 고민이 된다면 최대한 보수적으로 생각하라!

연구대회는 자신의 고유한 연구 내용을 토대로 보고서를 제작하는 대회이기 때문에 연구 윤리와 저작권에 예민할 수밖에 없다. 그렇다고 무에서 유를 창조해 낼 수도 없는 노릇이라 연구자는 연구 과정 내내 고민하게 된다. 가장 안전한 방법은 당연히 최대한 보수적으로 접근하는 것이다. '이 정도는 괜찮겠지.'라고 생각하다가 결과가 뒤바뀔 수도 있다.

1. 연구 윤리

먼저 연구 윤리를 준수하는 방법을 수업혁신사례연구대회 운영 계획 중 표절 심사 기준 분석을 통해 알아보자. 대회에서 규정하는 연구 윤리 위반 행위는 '표절', '중복게재', '위조', '변조'의 네 가지 유형이 있다. 이 중 한 가지라도 해당되면 심사 대상에서 제외된다.

구분	개념	유형
1. 표절	해당 분야의 일반 지식이 아닌 타인의 저작물 또는 아이디어를 적절한 출처 표시 없이 자기 것처럼 부당하게 사용한 행위	- 이미 발표(게재)된 타인의 독창적인 아이디어나 저작물을 활용하면서 출처를 표기하지 않은 경우 - 출처 표시는 했지만 수업 개선 및 실천 방법의 핵심 아이디어가 타인의 작품과 일치하는 경우 - 연구 보고서의 구성과 형태가 본인 또는 타인의 저작물과 동일한 경우 - 타인의 저작물을 번역하여 활용하였으면서도 출처를 표기하지 않은 경우 - 재인용 표시를 해야 함에도 그렇게 하지 않고 직접 원문을 본 것처럼 1차 문헌에 대한 출처 표기를 한 경우
2. 중복 게재	연구의 독창성을 해할 정도로 자신의 이전 저작물을 이후 자신의 저작물에서 부적절하게 사용하는 행위	- 출처 표기를 하지 않고 자신의 이전 저작물(예: 연구학교 보고서, 다른 대회 출품작, 자신의 논문이나 보고서 등)을 활용한 경우 - 출처 표기를 하였다고 해도, 자신의 이전 저작물을 거의 그대로 제시한 경우
3. 위조	존재하지 않는 데이터 또는 연구 결과 등을 허위로 만들어 내는 행위	- 연구 결과를 허위로 제시하는 경우 - 설문조사, 실험 및 관찰 등에서 나타나지 않은 데이터를 실재한 것처럼 제시하는 경우 - 실험 등을 통해 얻은 자료의 통계학적인 유효성을 추가하기 위해 허구의 자료를 첨가하는 경우 - 연구계획서에 합치한다는 점을 보여주기 위해 연구 기록을 허위로 삽입하는 경우
4. 변조	연구 재료, 기기, 연구 과정(절차) 등을 인위적으로 조작하거나 데이터를 임의로 변형·삭제함으로써 연구 내용 또는 결과를 왜곡하는 행위	- 연구 자료를 의도적으로 실제와 다르게 변경하는 경우 - 연구 자료의 통계 분석 결과 분명하지 않은 것을 고의 또는 중대한 과실로 그릇되게 설명하는 경우 - 통계학적 근거 없이 연구 자료들을 선택적으로 생략, 삭제, 은폐하는 경우 - 연구 자료를 과장, 축소 또는 변형함으로써 왜곡된 연구 결과를 도출하는 경우

[연구 윤리 위반 행위의 개념 및 유형]

나. 카피킬러 표절 검사* 결과에서 표절률이 20% 이상인 경우

　* 표절 검사 설정 시, 문서유형에 '연구대회/공모자료'를 포함하도록 하며 표절 기준은 기본(6어절 이상 및 1문장 이상 일치)으로 설정

다. 다만, 표절률이 20% 미만이라 하더라도 아래의 경우는 표절로 인정

　- 교육과정 재구성 방식, 보고서 핵심 내용, 수업 사진, 학생 소감, 산출물 등이 본인 또는 타인의 작품(저작물)과 동일하거나 유사한 경우

1) 표절

연구 보고서를 시작할 때 기존 수상 보고서를 참고하지 않는 경우는 없다. 수상 사례는 대회의 모범답안이며 길잡이기 때문에 많은 보고서를 읽어보는 것을 추천한다. 그런데 많은 보고서를 읽다 보면 나도 모르게 형식이나 내용 측면에서 다른 보고서와 유사하게 작성하게 될 수도 있다. 때문에 기존 보고서와의 유사성을 항상 민감하게 살펴 연구를 계획하고 보고서를 작성해야 한다.

먼저 기존 보고서와 형식이 유사할 수 있다. 수업 단계의 이름이나 흐름이 유사하거나 보고서의 틀이 너무 유사한 경우이다. 과목이나 수업 내용이 다르더라도 단계나 틀이 너무 비슷하면 문제가 될 수 있다. 그렇기 때문에 보통 연구에서는 연구자만의 특별한 단계를 만들어 연구를 진행한다. 그러나 내가 생각해서 만든 형식이 우연히 기존의 연구와 비슷할 수 있다. 그런 경우에도 보수적으로 접근하여 수정하는 것을 추천한다.

형식 외에도 기존 보고서와 내용이 유사한 경우도 있다. 이런 문제점을 해결할 수 있는 가장 좋은 방법은 다른 사람들이 하지 않은 주제를 에듀넷 검색을 통해 찾아내는 것이다. 하지만 교육과정은 한정되어 있고 수상작은 많기 때문에 연구할 만한 주제를 완전히 새롭게 찾아내는 것은 어려울 수 있다. 그럴 때는 같은 주제더라도 초점을 다르게 하여 연구를 진행하여 나만의 연구 주제임을 강조하여 유사성에서 벗어난다. 같은 경제 단원의 같은 내용 요소를 가르치고 프로젝트를 구성하더라도 기존 보고서가 경제와 윤리를 엮었다면 나는 경제와 통계를 엮는 식이다. 필자는 주제 선정 이후 에듀넷 검색을 통해 유사 주제가 없음을 확인했다. 또한 재구성이 많이 되는 단원의 수업 자료는 다른 사이트에 올라온 수업 자료와의 연관성을 없애기 위해 재구성의 기반이 교과서 내용이라는 것을 보고서에 명시했다.

연구 보고서 외에도 참고문헌으로 사용한 문서와 논문 등은 출처를 본문과 부록 등에 명확하게 기재하여 표절을 방지한다.

2) 중복 게재

연구대회 수상 경험이 있다면 절대 이전의 보고서를 그대로 따라서는 안 된다. 특히 그대로가 아니더라도 출처 없이 내용을 활용하는 것도 금지된다. 이전 연구와는 완전히 다른 연구를 진행한다는 마음가짐을 가지고 현행 연구가 이전과 유사해지는 것을 경계해야 한다. 같은 문제의식, 이미 사용한 프로젝트 활동의 단계와 흐름, 동일한 주제, 연구의 방향 등을 자기 표절하지 않도록 주의한다. 연구대회 보고서뿐만 아니라 논문, 타 보고서 등도 모두 포함되므로 관련 이력이 있다면 자신의 저작물을 다시 한번 살펴보고 보수적으로 활용하지 않는 것을 추천한다. 꼭 활용해야 할 때는 출처를 표기하며 활용의 범위를 줄이자.

3) 위조와 변조

위조와 변조는 설문을 구성하고 실행할 때 특히 주의해야 하며 프로젝트 내용과도 연관이 있다. 위조와 변조가 가장 빈번하게 일어날 수 있는 부분은 설문이다. 연구 결과가 만족스럽지 않다거나 연구자가 생각한 방향으로 결과가 나오지 않았을 때 존재하지 않는 데이터를 만들어 내거나 결과를 조작하고 싶은 유혹에 빠질 수 있다. 하지만 연구의 유용성을 믿고 부족한 점은 환류나 제언을 통해 의미를 만들지언정 조작하지 않도록 한다. 프로젝트의 내용도 실행하지 않은 것을 실행했다고 연구 보고서에 담아서는 안 된다. 수상이라는 결과도 중요하지만 연구자로서의 양심을 버려서는 안 된다.

2. 저작권

1) 글꼴

글꼴은 대회 요강 상 휴먼명조체로 정해져 있으나 표에서는 임의 작성이 가능하다는 조항이 있기 때문에 표를 활용하여 다양한 글꼴이 연구 보고서에 사용된다. 이때 표에 삽입되는 글꼴이 휴먼명조체와 다른 것은 감점 사안이 아니지만 라이센스 없이 사용할 수 없는 글꼴을 사용하게 된다면 저작권 위반으로 심사 대상에서 제외될 수 있다. 필자는 저작권에 문제가 없는 글꼴을 한 번에 보고 고르기 위해 '눈누'라는 글꼴 사이트를 활용했다. 눈누는 상업용 무료 한글 글꼴 사이트이다. 연구 보고서에 활용해도 저작권상 문제가 없는 다양하고 예쁜 글꼴이 모여있고 다운로드 전에도 원하는 문구가 해당 글꼴로 어떻게 구현되는지 확인할 수 있어 유용하다.

2) 그림이나 사진, 아이콘

그림이나 사진은 직접 그리거나 찍은 것 외에 인터넷에서 다운로드 받은 것을 의미한다. 가장 지양해야 할 방식은 검색 엔진에 키워드로 검색해서 그림이나 사진을 다운로드하는 것이다. 그림이나 사진을 다운로드 받을 때는 '픽사베이'라는 사이트를 추천한다. 픽사베이에서 받은 그림이나 사진은 연구 보고서를 작성할 때 저작권의 문제가 없다. 아이콘은 '플래티콘'이라는 사이트에서 다운 받을 수 있다. 다만 무료 이용자의 경우 각 아이콘별로 출처를 표기해야 한다. 따라서 너무 많은 아이콘을 쓰지 않는 것을 추천한다.

물론 위에 추천한 사이트는 모두 2025년 4월 기준으로 추천하는 것이므로 연구자 본인의 재확인이 필요하다. 연구 보고서를 작성하고 완성하는 시점에서 해당 사이트가 유료로 전환하진 않았는지, 저작권 규정이 변경되진 않았는지 확인하고 사용해야 한다.

Q13 에듀테크는 다양하게 써야 할까요?

A 에듀테크는 수단일 뿐이다. 에듀테크의 깊이있는 활용 목적이 무엇인지 생각하라.

우리가 수업에서 에듀테크를 쓰는 이유는 무엇일까? 이 질문에서부터 연구를 시작해야 한다. 이 책을 읽는 연구자가 만약 다음과 같은 생각을 했다면, 연구의 필요성으로 다시 되돌아가서 점검해 볼 필요가 있다.

'다른 보고서에서 에듀테크를 많이 쓰니까 써야지!',
'최대한 돋보이도록 특이하고 다채로운 에듀테크를 써야지!',
'각각의 활동마다 어떤 다양한 에듀테크를 최대한 많이 쓸까?',
'이 에듀테크를 쓰려면 어떤 활동을 구성해야 할까?'

에듀테크는 학생 맞춤형 학습의 실현을 위한 수단이며, 학생들이 도달해야 할 성취기준, 학습 목표를 효과적으로 함양하기 위한 하나의 도구로써 생각해야한다. 즉, 에듀테크의 활용은 해당 성취기준을 달성하기 위한 방법적 측면에서 고민해야 할 부분이지 개수를 늘리기 위한 고민은 올바른 고민이 아니다.

에듀테크 개수에 의미를 두다 보면 에듀테크 활용 자체가 목적이 되어버리는 목적 전치가 일어날 수 있다. '[6국03-01] 알맞은 내용을 선정하여 대상의 특성이 나타나게 설명하는 글을 쓴다.' 성취기준을 예로 들어보면, '내용 선정', '대상의 특성이 드러나게', '설명하는 글'을 위주로 성취기준을 분석해서 이를 효과적으로 달성하기 위해 '키위티-키위런'을 쓰면 좋겠다는 사고의 흐름이 옳다는 뜻이다. 단순히 '고쳐쓰기 프로그램인 〈키위티-키위런〉이 독특하고 좋아 보인다. 이걸로 어떻게 수업을 할까?' 라는 생각으로 연구를 풀어나가다 보면 본인의 수업에서 궁극적으로 지향해야 할 목표가 흔들릴 수 있다. 연구 보고서를 구성할 때 이러한 얕은 활용은 오히려 프로젝트 과정의 흐름을 방해하는 독이 될 수 있다.

결국 에듀테크를 활용할 때 다양하게 활용하는 것보다 중요하게 고려해야 할 점은 '에듀테크의 깊이 있는 활용'이다. 필자의 경우 에듀테크를 활용할 때 항상 해당 수업의 장면에서 이를 활용하지 않을 때와의 차이점을 생각해 보았다. 에듀테크를 활용했을 때가 활용하지 않았을 때보다 뚜렷한 장점과 의미가 있을 때만 활용하였다.

예를 들어 기록의 측면에서 패들렛을 활용한다고 했을 때 패들렛이 없다면 기록에 어떤 문제점이나 불편함이 생기는지 쓰기 전에 미리 고민해 보는 것이다. 패들렛이 없다면 결과물을 출력하여 기록해야 하는 번거로움과 학생이 공유하고 의견을 나누는 데 큰 불편함이 생긴다. 이렇게 에듀테크 도구가 오프라인 도구가 해결할 수 없는 문제를 해결할 때 채택하여 사용해 보자.

9

연구대회, 여러 개 동시에 준비하는 법

"연구 점수를 빨리 채우고 싶은데, 연구대회를 한 해에 두 개나 할 수 있을까요?"
"두 개나 준비하면 진도는 나갈 수 있는 건가요?"

이런 질문들, 필자도 예전엔 수도 없이 던졌었다. 하지만 2024년, 필자는 실제로 연구대회 두 개를 동시에 준비했고, 두 대회 모두에서 입상이라는 결과를 얻었다. 그때 깨달았다. 안 되는 게 아니라 '모르는' 거였고, 불가능한 게 아니라 '몰라서 겁나는' 거였다는 걸. '보고서를 두 개나 쓴다니, 과연 그게 될까?' 그런 마음이 드는 건 전혀 이상한 일이 아니다. 누구라도 처음엔 당연히 막막할 수 있다.

그래서 이 장은 바로 그 막막함을 덜어주는 데 집중했다. 두 개의 연구대회를 병행하려면 어떤 구조를 짜야 할까? 모두 실적으로 인정받기 위해선 어떤 조합이 효과적일까? 그리고 1년이라는 시간 안에서 어떻게 계획을 세워야 덜 버거울까?

이런 질문들에 '먼저 해본 사람'으로서 최대한 친절하게 답해보고자 한다. 이제, 연구대회 두 개를 동시에 준비하는 법. 그 첫 페이지를 함께 열어보자.

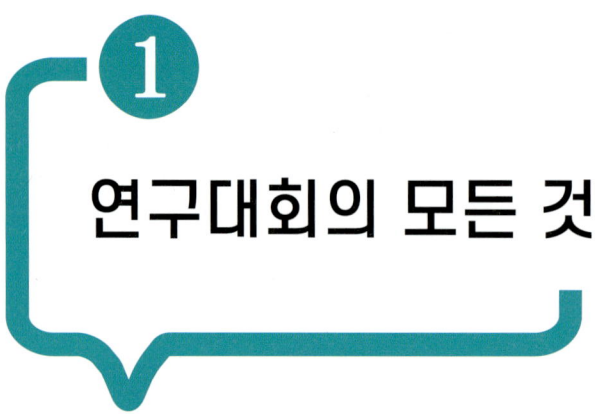

연구대회의 모든 것

'나는 어떤 대회랑 잘 맞을까?'

연구대회를 한 번 해볼까?

학기 초, 주변에서 "올해는 연구대회에 나가보려고~" 라는 말을 종종 듣게 된다. 하지만 정작 그게 어떤 대회인지, 무엇을 준비해야 하는지 제대로 알고 시작하는 교사는 많지 않다. 나도 처음엔 그랬다. 그냥 '연구 보고서 하나 써서 내면 점수 받는 거 아냐?'라는 막연한 생각만 있었다. 그런데 알고 보니, 이건 마치 RPG 게임처럼 '내 캐릭터에 맞는 퀘스트'를 골라야 하는 거였다.

그렇다면 연구대회, 대체 몇 종류나 있는 걸까?

사실 연구대회는 각 시·도마다 종류와 운영 방식이 조금씩 다르다. 어떤 지역은 경기도와 같이 연구대회를 1군, 2군, 3군으로 구분하는 지역도 있고, 어떤 지역은 그런 구분 없이 각 대회를 독립적으로 운영하기도 한다. 이 책에서는 그중에서도 전국 대부분의 시·도에서 공통적으로 운영되는 대회를 중심으로, '군' 개념을 기준 삼아 각 대회의 특성과 차이점을 소개해보려 한다. 그래야 이후에 두 개의 대회를 전략적으로 병행하는 설계도 가능해지니까!

1군, 2군, 3군? 이게 뭘까?

군별로 보면, 대회 스타일이 확실히 다르다. 성격이 다르니 나에게 어울리는지도 천차만별이다.

1) 1군 연구대회

보고서를 중심으로, 전국 무대에 도전해보자!

1군에 속한 대회들은 대부분 교육부 주관이며, 전국대회까지 이어지는 구조를 갖고 있다. 교사의 수업 혁신, 디지털 교육, 인성 실천 등을 보고서와 영상 자료로 정리해 출품하는 형식이다. 말 그대로 '교사의 수업 역량을 정면으로 평가받는' 대회라고 할 수 있다.

그렇다면 어떤 대회들이 여기에 속할까?

(1) 수업혁신사례연구대회

교육과정 재구성, 학생 중심 수업, 디지털 기반 수업… 이런 말이 익숙하다면, 이 대회에 한 번쯤 도전해보자. 특히 AIDT나 디지털 도구를 활용한 수업이라면 더욱 그렇다. 교육부 컨설팅까지 받을 수 있으니, 지금의 수업을 한층 더 정제해보고 싶은 교사에게는 이보다 확실한 기회가 없을지도 모른다. 그런데 내 수업, 과연 다른 교사에게도 필요한 수업일까? 누군가에게 영향을 줄 수 있는가? 단순히 수업을 잘했다는 걸 보여주는 걸로 끝나지 않는다. 수업의 방향을 고민해온 교사라면, 이 대회가 그 물음에 답하는 장이 되어줄 것이다.

단, 수업 동영상 제출은 필수다. 학생들의 반응, 활동의 흐름, 디지털 도구가 수업 안에서 어떻게 작동했는지, 그 모든 장면이 살아 있어야 한다. 심사위원이 보고서를 읽으며 "이 수업, 따라 해보고 싶은데?"라는 생각이 들게 만들어야 한다. 문제의식은 무엇이었는지, 어떤 변화가 있었는지, 이 수업이 누구에게 왜 필요한지, 그 흐름을 영상과 글에 함께 담아보자. 잘 가르친 수업보다, 잘 '성장한' 수업이 더 크게 다가올지도 모르니까.

(2) 디지털교육연구대회

AI, 메타버스, 빅데이터… 이런 키워드가 낯설지 않다면, 이 대회를 눈여겨볼 만하다. 디지털교육연구대회는 제출한 연구가 어떤 분과에 속하는지에 따라 심사가 이뤄지며, 총 네 가지 분과로 운영된다.

- AI 디지털교과서 수업 운영 분과
- 디지털 교수·학습 활용 분과
- 교육용 SW·AI 분과
- 디지털 학교경영 분과

자신의 수업이나 프로젝트가 어느 지점에 초점을 맞추고 있는지에 따라 분과를 선택하면 된다. 이 대회에서 중요한 건, 단순히 도구를 '사용했다'는 데 머물지 않는 것이다. 디지털 기술이 수업의 흐름을 어떻게 바꾸었는가, 학습자가 그 안에서 얼마나 주도적으로 참여했는가, 이런 질문들이 심사의 핵심이다. 실제로는 연구의 일반화 가능성과 시사성, 연구 목적과 방법, 수업 적용 효과, 보고서의 완성도 등이 주요 평가 요소로 반영된다.

익숙한 도구가 수업을 바꾸는 순간, 그 교실이 곧 연구의 출발점이 될 수 있다.

(3) 인성교육실천사례연구발표대회

디지털보다 사람, 기술보다 관계에 더 마음이 끌린다면 이 대회를 주목해보자. 인성교육실천사례연구발표대회는 따뜻한 공동체 교육, 협력과 배려, 관계 맺기처럼 학생들의 인성을 기르고 학교 문화를 변화시키는 실천 중심 활동을 평가한다. 학생들과 함께한 체험형 프로젝트, 학급 문화 형성 활동, 지역사회와의 연계 수업 등을 통해 의미 있는 변화가 일어났다면, 그 과정을 연구 보고서에 담아 출품해보자. 단순히 활동을 나열하는 것이 아니라, 왜 그런 수업을 기획했고, 어떤 변화가 나타났는지를 담백하게 풀어내는 것이 중요하다.

이 대회는 영상이 아닌 보고서 중심으로 심사가 이루어진다. 교육적 실천의 진정성, 학생 변화에 대한 관찰과 해석, 학교 현장에 적용 가능한 확산 가능성 등이 주요 평가 요소다. 내 수업이 한 아이의 태도와 마음을 바꿨다면, 그건 단순한 활동을 넘어선 교육적 전환 아닐까? 관계 안에서 싹튼 감동을 오롯이 기록하고 싶은 교사라면, 이 무대만큼 잘 어울리는 대회도 드물 것이다. 대회의 구체적인 요강과 심사 기준은 부록에서 확인해보자.

(4) EBS 교육방송연구대회

'글보다는 영상으로 보여주고 싶다!'는 교사라면, 이 대회를 한 번쯤 눈여겨봐도 좋겠다. 이 대회는 교사가 하나의 주제를 정해 수업에 활용할 수 있는 교육 영상을 직접 기획하고 제작하는 방식으로 운영된다. 출품 영상은 5~8분 이내의 영상 학습 자료 1편과, 2분 30초~4분 이내의 촬영과 편집과정을 담은 영상제작 동영상 1편으로 구성된다. 단순히 영상만 잘 만든다고 끝이 아니다. 교육적 메시지, 창의성, 영상 완성도, 현장 적용 가능성이 고루 담겨야 입상까지 이어질 수 있다.

출품 분야는 '가군'과 '나군'으로 나뉜다. 인문·사회, 예체능, 체험 활동은 가군, 수학·과학·환경·안전 등은 나군으로 접수하게 된다. 수업에 필요한 영상을 스스로 만들어보고 싶었는가? 한 번쯤, 교육방송 제작자의 시선으로 수업을 새롭게 구성해보고 싶다는 생각을 해본 적은 없는가? 그렇다면, 지금이 바로 도전해볼 타이밍이다.

2) 2군 연구대회

창작과 탐구, 손으로 만들고 직접 보여주자!

2군은 수업 운영 그 자체보다는, 창의적 결과물 그 자체에 초점이 맞춰진다. 탐구 실험이든, 교구 개발이든, 아이디어를 형태로 구현하고 설명하는 능력이 중요하다. 연구 주제를 바탕으로 무언가를 만들어내는 경험이 중심이 되며, 탐구력과 창의성, 그리고 결과물의 완성도가 평가의 핵심이다. 그렇다면 어떤 대회들이 여기에 속할까?

(1) 과학전람회

학생을 지도하면서 대회에 참여할 수도 있고, 교사가 독립적으로 출품할 수도 있다. 물리, 생물, 환경 등 다양한 분야에서 직접 실험하고 탐구하며, 그 결과를 작품설명서와 전시물로 표현하는 대회다. 과학에 자신이 있고, 전문성과 완성도를 갖춘다면 초등에서도 대통령상이 나올 수 있다는 사실을 잊지 말자. 과학적 탐구력을 제대로 키워볼 수 있는 기회, 끌린다면 한 번 도전해볼까?

(2) 교육자료전

아이디어만큼은 자신 있다면 추천! 이건 교구, 학습자료, 교재 등을 직접 만들어서 출품하는 대회다. '이걸 수업에 활용하면 학생들이 더 집중하겠는데? 수업이 더 빛나겠는데?' 하는 생각이 든다면, 그걸 실물로 구현해서 평가받는 자리라고 생각하면 된다. 참가비가 있다는 점은 참고하자.

3) 3군 연구대회

실천 중심의 보고서, 깊이 있는 연구를 남겨보자.

3군의 주요 연구대회는 단 하나! 바로 교총 현장교육연구대회다.

이 대회는 1년에 걸쳐 진행되는 장기 프로젝트이며, 연구 보고서 형식도 완전한 논문 구조를 따른다. 분과가 다양해 교과 수업뿐 아니라, 인성교육, 생활지도, 교육과정, 특수영역 등 정말 폭넓은 주제로 도전할 수 있다는 게 큰 매력이다.

수업의 실천성, 학교 현장과의 연결성, 그리고 연구가 얼마나 체계적으로 기록했는가! 이 세 가지가 심사의 핵심이라 할 수 있다.

군	특징	대표 대회	대회 일정		입상 비율 (등급별 비율)
1군	보고서 중심, 교육부 주최 및 후원	수업혁신사례연구대회	시·도	3~8월	60%(1:1:1)
			전국	9~10월	
		디지털교육연구대회	시·도	4~8월	60%(1:2:3)
			전국	10월	
		인성실천사례연구대회	시·도	3~10월	40%(1:2:3)
			전국	10~12월	
		EBS 교육방송연구대회	시·도	3~7월	40%(1:2:3)
			전국	8월	
2군	창작 중심, 제작 결과물	과학전람회 (과학기술정보통신부 주최)	시·도	1~6월	40%(1:2:3)
			전국	8월	
		교육자료전(교총 주관)	시·도	4~7월	60%(1:1:1)
			전국	8~10월	
3군	실천 중심, 논문형식 보고서	교총 현장교육연구대회	시·도	4월~내년도 2월	40%(1:2:3)
			전국	내년도 4~5월	

[연구대회 군별 분류]

나에게 맞는 대회는?

연구대회는 단순히 '이 대회가 쉬워 보인다.', '저 대회가 입상 비율이 높다더라.' 이런 기준으로 선택할 수는 없다. 결국 나와 잘 맞는 대회를 선택해야, 연구 보고서도 잘 써지고 수업과도 훨씬 자연스럽게 연결된다.

나는 어떤 스타일의 교사일까?

연구 보고서를 꼼꼼히 쓰는 걸 즐기는 편일까, 아니면 창의적인 결과물을 직접 만들어보는 게 더 끌릴까? '나와 잘 맞는 대회'를 선택하는 것, 그게 연구의 절반이다.

괜히 남의 방식을 따라갔다가, 중간에 지쳐버리는 경우 정말 많다. 그래서 지금, 스스로에게 먼저 물어보는 시간이 필요하다.

물론, 이 책을 읽고 있는 당신이라면 수업혁신사례연구대회와 잘 맞을 가능성이 높다. 교실 수업의 변화와 관련된 연구에 관심이 있었기에 이 책을 펼쳤을 테니 말이다. 하지만, 지금 단정 짓기엔 이르다. 이제부터 체크리스트를 통해, 나에게 정말 잘 맞는 대회가 무엇인지 함께 찾아가 보자.

체크리스트 ❶ 나는 보고서파일까? 창작파일까?

	질문	YES	NO
1	긴 글을 쓰는 걸 꽤 좋아한다. 논리적으로 정리를 잘하는 편이다.	☐	☐
2	수업을 깊이 들여다보고, 개선하고, 성찰하는 것을 즐긴다.	☐	☐
3	학생들이 수업에서 어떻게 반응하는지 관찰하고 기록하는 게 재밌다.	☐	☐
4	손으로 뭔가를 만드는 게 더 즐겁다.	☐	☐
5	실험하고 탐구해서 뭔가 '보여주는 것'에 자신이 있다.	☐	☐
6	활동지, 교구, 영상 같은 제작 결과물이 있어야 뿌듯하다.	☐	☐

▶ YES가 1~3번에 많다면 → 당신은 '보고서파 (1군)'
▶ YES가 4~6번에 많다면 → 당신은 '창작파 (2군)'

체크리스트 ❷ 나는 1군 중 어떤 대회와 어울릴까?

질문	수업혁신사례 연구대회	디지털교육 연구대회	인성실천사례 연구대회	교육방송 연구대회
교육과정 재구성과 수업 설계에 관심이 많다.	☐	☐	☐	
수업 공개, 영상 촬영에 부담이 없다.	☐			☐
수업에 디지털 도구를 자주 활용한다.	☐	☐		
디지털 활용 능력이 좋다.		☐		
따뜻한 공동체 프로젝트, 학급행사를 자주 한다.			☐	
보고서보다는 영상으로 메시지를 전달하는 게 편하다.				☐
영상기획, 편집에 흥미가 있다.				☐
나눔, 실천, 관계 중심의 수업을 좋아한다.			☐	

▶ 체크가 가장 많이 된 열이, 당신과 어울리는 1군 연구대회!

그렇다면 이렇게 다양한 연구대회들, 어떻게 조합하면 1년 안에 연구 점수를 모두 인정받을 수 있을까? 그 질문에 대한 답, 이제부터 하나씩 풀어가 보자.

2 연구점수 모두 인정받는 연구대회 조합

'연구대회 두 개, 진짜 연구점수를 다 받을 수 있을까?'

"연구대회는 1년에 가장 높은 점수만 인정된다던데, 왜 굳이 두 개나 나가셨어요?"

필자가 2024년에 연구대회 두 개를 동시에 준비했다고 말했을 때, 동료 교사들이 가장 많이 던졌던 질문이다.

결론부터 말하자면, 꼭 그런 건 아니다. '1년에 하나만 인정된다.'는 건 절반만 맞는 정보다. 전략적으로 조합만 잘하면, 두 대회 점수를 모두 인정받을 수 있고, 실제로 '두 배'의 연구 실적을 얻을 수도 있다.

단, 아무 조합이나 되는 건 아니다. 조합에는 나름의 규칙이 있고, 그 안에서 '똑똑한 설계'가 필요하다. 그래서 이 챕터에서는, 어떤 연구대회끼리 조합해야 두 대회 점수를 모두 인정받을 수 있는지, 그리고 그 조합에 숨은 규칙은 무엇인지 하나씩 풀어보려 한다.

연구대회 조합의 핵심 조건

어떤 교사는 1년에 연구대회를 두 개나 준비했지만, 정작 실적으로 인정받은 건 단 한 개뿐이었다. 왜일까? 이유는 간단하다. 두 대회 모두 같은 해에 시상되었기 때문이다. 많은 교육청에서 연구대회 실적을 연도별로 1건만 인정하기 때문에 시상 시점이 겹치면, 그중 높은 실적의 하나만 점수로 인정된다.

그래서 연구대회를 두 개 하고 싶다면, 반드시 이걸 기억하자.

> 시상 연도가 달라야 한다.

두 대회가 '다른 해에 시상'되어야 두 건 모두 실적으로 인정받을 수 있다. 그렇다면 대회를 조합하기 전에 대회별 시상 연도부터 체크 해 봐야 하지 않을까?

무조건 하나는 '이 대회'를 포함해야 한다?

그렇다. 연구대회 두 개 모두 실적으로 인정받고 싶다면, 그중 하나는 반드시 '교총 현장교육연구대회'를 포함시키자.

왜 그래야 할까?

이 대회의 가장 큰 특징은 바로 진행 구조에 있다. 계획서는 올해 제출하고, 보고서는 다음해에 제출하는 방식. 즉, 준비는 두 해에 걸쳐 이뤄지지만, 시상은 딱 '다음 해'에만 이루어진다는 점이 핵심이다. 덕분에 다른 대회 하나와 시상 시점을 겹치지 않게 조합할 수 있고, 결국 두 대회 모두 실적 인정을 받는 유일한 구조가 가능해진다.

사실 대부분의 연구대회는 같은 해에 계획서와 연구 보고서를 제출하고, 같은 해에 시상까지 마무리된다. 그래서 두 대회를 병행하더라도, 그중 하나는 실적으로 인정받지 못할 위험이 크다.

그런데, 교총 현장교육연구대회는 다르다.

시상 시점의 시간 차이를 활용해 전략적으로 조합할 수 있는 유일한 대회다. 그래서 이 대회는 단지 '하나의 대회'가 아니라, 두 개 실적을 완성해주는 열쇠 같은 존재다.

두 개 다 실적으로 인정받고 싶다면, 교총 현장교육연구대회는 반드시 포함시켜야 한다.

> 놓치지 말자. 연구대회 조합 전략의 핵심은, '타이밍'이다.

연구대회 최고의 조합은?

연구대회를 두 개나 준비한다는 건, 생각보다 만만한 일이 아니다. 두 개의 연구 보고서를 동시에 쓰고, 수업 자료를 나눠 준비하고, 때론 영상까지 만들어야 한다. 이걸 무작정 시작했다간, 중간에 지칠 수밖에 없다.

그래서 필요하다. '전략적 조합' 딱 이 한마디로 정리되는 방식 말이다.

가장 추천하고 싶은 조합은 이렇다. 하나는 1학기 안에 마감되는 대회, 그리고 다른 하나는 교총 현장교육연구대회. 왜 이렇게 나누는 게 좋을까?

1학기 대회는 일정이 빠르고, 마감도 비교적 이른 편이다. 3~6월에 사이에 준비해서 보고서를 제출하고, 9월이면 시도 결과까지 확인할 수 있으니 집중할 수 있는 기간이 짧고, 결과도 비교적 빠르게 받아볼 수 있다.

그 후엔, 마음을 갈아타서 교총 현장교육연구대회에 천천히 집중해보자. 계획서는 미리 냈더라도, 보고서는 다음 해 제출이니깐 2학기부터 교총 현장교육연구대회 보고서만 붙잡고 있어도 충분하다.

시기 안 겹치고, 실적은 둘 다 인정받고, 준비 과정도 덜 힘들다. 이보다 더 이상적인 조합이 있을까?

그렇다면 1학기 대회는 어떤 걸 고르면 좋을까? 그건 교사의 성향에 따라 다르니, Chapter 9.1에서 소개한 체크리스트를 먼저 다시 떠올려보자.

하지만 이 책을 여기까지 읽고 있는 당신이라면, 수업의 변화와 수업혁신에 관심이 많은 교사일 가능성이 높지 않을까? 그렇다면 1학기 대회로는 '수업혁신사례연구대회'가 가장 자연스러운 선택이 될지도 모른다.

구분	대회명	보고서 제출 시기	시상 시점	유형	비고
1학기 대회	수업혁신사례연구대회	6~8월	10월	보고서+영상	시·도 대회, 상반기 종료
2학기 대회	교총 현장교육연구대회	다음 해 1~2월	다음 해 3월	논문형 보고서	실적 중복 인정 가능
이 조합의 장점					
• 보고서 작성 시기가 겹치지 않는다. • 두 대회 모두 실적으로 인정받을 수 있다. • 수업 중심 주제로 흐름과 맥락을 통일하기 쉽다.					

[연구대회 추천 조합]

연구대회를 '두 개나 해야 하나?'라고 망설이기보다, '두 개를 하면 얼마나 전략적으로 챙길 수 있을까?'를 따져보는 것이 현명하다. 교총 현장교육연구대회를 기본 축으로 삼고, 나머지 하나는 내 강점과 여건에 맞춰 고른다면, 두 개 모두 인정받는 깔끔한 조합이 가능하다.

두 마리 토끼, 절대 욕심이 아니다.

전략이면 가능하다.

3
연구대회 두 개, 효율적으로 준비하는 1년 전략

'바쁠수록 계획이 답이다!'

"연구대회 준비는 언제부터 하면 될까요?"

"지금 시작해도... 늦은 건 아니죠?"

이 질문에 대한 필자의 대답은 늘 같다. "지금 당장 시작하세요. 어제 시작했어야 할지도 몰라요."

연구대회는 단거리 달리기가 아니다. 이건 1년짜리 장거리 마라톤이다. 그리고 이 마라톤, 계획 없이 뛰면 중간에 숨이 찰 수밖에 없다.

시간은 늘 빠듯하다. 수업은 계속되고, 학교 행사도 끝이 없다. 그러니 어떻게 해야 할까? 한 달 한 달 전략적으로 쪼개서 움직여야 한다! 바쁘다고 계획을 미루지 말자. 바쁘기 때문에 오히려 더 철저한 계획이 필요하다. 그게 바로 연구대회를 끝까지 완주하는 유일한 길이다.

두 대회 병행, 월별로 짜보는 연구 루틴

연구대회를 준비하다 보면, 어느 순간 입에서 이런 말이 절로 튀어나올지도 모른다.

"벌써 계획서 내야 해?", "하.. 수업 동영상 언제 찍지?", "아, 보고서 쓸 시간이 없다!"

이 모든 순간은 결국 하나의 진실로 향한다. 플랜이 없으면 순식간에 정신이 아득해진다.

그러면 어떻게 해야 할까? 지금부터 월별로 해야 할 일들을 정리해 보자. 기준은 수업혁신 사례연구대회와 교총 현장교육연구대회를 병행하는 시나리오를 중심으로 설계한 플랜이다.

자, 달력을 펴고 나만의 연구 루틴을 그려볼까?

이제, 진짜 달려보자! 지금은 무엇을 해야 할 때일까?

월	주요 활동	체크 포인트
3월	연구 주제 정하기, 교육과정 재구성 구상	제목은, 연구 주제를 드러내는 키워드가 핵심!
4월	계획서 제출, 활동 시작	초상권 동의서, 실태조사 꼭!
5월	수업 운영, 사진/자료 아카이빙 시작	수업 동영상 촬영은 미리미리!
6월	수업혁신사례연구대회 보고서 마무리	수업 동영상 편집도 이때!
7월	현장교육연구대회 2학기 수업 설계	연구 보고서 흐름에 맞춰 얼개 짜기
8월	현장교육연구대회 보고서 초안 쓰기	2학기 교육과정 재구성
9월	수업혁신사례연구대회 결과 발표, 현장교육연구대회 본격 진행	2학기 수업 활동 사진 찍기
10월	수업혁신사례연구대회 전국대회 준비	연구 보고서 수정·보완 사항 확인
11월	현장교육연구대회 보고서 마감 준비	디자인, 통계, 활동 사진 마무리
12월	현장교육연구대회 보고서 최종 정리	학년 말 일정과 병행 조율 필요
1월	현장교육연구대회 보고서 제출	심사 기준과 비교 점검

[두 대회 병행을 위한 1년 연구 플래너]

연구 플랜을 짤 때, 꼭 기억해야 할 네 가지

연구대회를 두 개 이상 준비할 때, 단순한 의욕만으로는 부족하다. '그냥 두 개 같이 하면 되겠지.'라는 생각은, 막상 시작해보면 얼마나 위험한 착각이었는지 곧 깨닫게 된다.

자료는 뒤엉키고, 수업은 겹치고, 정리는 밀리고, 머릿속은 새하얘진다.

그래서 꼭 기억해야 한다.

연구 플랜을 세울 때 반드시 고려해야 할 네 가지 포인트가 있다. 이걸 놓치면, 중간에 진이 빠지는 건 시간문제다.

항목	왜 중요한가?	체크 포인트
대회별 제출물 구분	대회마다 요구하는 형식과 자료가 다르기 때문	각 대회 요강을 먼저 읽고, 제출물 항목부터 따로 정리해두기
수업 시점 분산	같은 수업을 두 대회에 쓰면 곤란	1학기엔 수업혁신, 2학기엔 현장교육연구대회 중심 운영
자료 아카이빙	기록하지 않으면 아무것도 남지 않음	학습지와 사진 그때그때 저장하기
연구일지 습관화	보고서 쓸 때 생각이 안 날 수 있음	짧게라도 수업 후 메모하는 습관 만들기

[연구 플랜 핵심 체크리스트]

내 연구 플랜, 지금까지 잘 따라오고 있었을까?

연구대회를 시작한 지도 벌써 몇 달, 나는 계획대로 잘 따라오고 있었을까? 아니면 어영부영 정신없는 학기 속에서 슬며시 뒤로 밀려나 있었던 것 아닐까?

이제는 한 번쯤 멈춰서 '지금까지 나는 잘 해오고 있었는가?'를 돌아볼 타이밍이다.

연구 보고서는 얼마나 썼는지, 수업은 실제로 진행했는지, 계획했던 자료는 잘 모아뒀는지. 머릿속으로만 기억하지 말고, 직접 체크 해보자.

이 셀프 점검표는 '지금 내가 어디에 서 있는지' 알려주는 나만의 작은 나침반이다. 혹시 빈 칸이 보이더라도 괜찮다. 지금 알게 됐다는 건, 지금부터라도 다시 채워갈 수 있다는 뜻이니까.

자, 이제 지난 달력을 한 장씩 넘기며 내 연구 여정의 발자국을 따라가볼까?

월	내가 한 일	완료 여부
3월	연구 주제 선정, 연구대회 선택, 교육과정 구상	☐
4월	계획서 제출, 실태조사, 초상권 동의서 수합, 수업혁신사례연구대회 보고서 초안 작성	☐
5월	수업 운영 시작, 수업 동영상 촬영, 사진/학습지 아카이빙	☐
6월	수업혁신사례연구대회 보고서 최종 정리	☐
7월	현장교육연구대회 수업 설계	☐
8월	현장교육연구대회 보고서 초안 작성	☐
9~10월	현장교육연구대회 수업 운영, 수업혁신사례연구대회 전국대회 준비	☐
11~12월	현장교육연구대회 보고서 최종 정리	☐
1월	현장교육연구대회 보고서 제출	☐

[연구 플랜, 셀프 점검표]

연구대회는 결국 시간 싸움이자 기록 싸움이다. 준비를 일찍 할수록, 수업은 더 자연스러워지고 연구 보고서는 더 탄탄해진다. 대단한 전략이 필요한 것도 아니다. '지금 뭘 해야 할지 알고 있는 것', 그게 가장 큰 무기다. 연구대회 준비는 나중에 몰아서 할 일이 아니다. 1년을 쭉 연결된 연구 여정으로 본다면, 이 경험은 단순한 연구 실적을 넘어 진짜 성장으로 남게 될 것이다.

연구대회 두 개를 쉽게 준비하는 보고서 작성 꿀팁

'비슷하지만 다르게! 그게 핵심'

연구대회를 두 개 병행한다고 했을 때, 가장 흔히 나오는 질문은 이렇다.

"주제를 완전히 다르게 잡아야 하나요?"

"보고서 두 개 쓰려면, 두 배로 힘든 거 아닌가요?"

정답은 생각보다 간단하다. 하나의 주제를, 서로 다른 교육적 관점으로 풀어내는 것. 완전히 다른 이야기를 새로 쓰는 게 아니라, 같은 관심사 안에서 연결 키워드와 연구 초점을 달리하는 방식이다.

주제는 같지만 질문이 달라지고, 연결된 교육적 가치가 달라지면 보고서의 방향도 자연스럽게 갈라진다. 핵심은 '복붙'이 아니라 '관점 전환'이다. 같은 뿌리에서 자라난 가지처럼, 서로 닮았지만 완전히 다른 이야기를 만드는 것.

아직도 감이 잘 안 오는가?

그렇다면 지금부터, 함께 구체적인 예시를 살펴보자.

하나의 주제를, 두 개의 렌즈로

연구 보고서를 두 개나 써야 한다고 하면, 많은 교사들이 가장 먼저 고민하는 건 바로 '주제 겹침'이다.

"같은 내용을 두 번 쓰면 안 되는 거 아닌가요?"

"어느 정도는 방향을 달리해야 하는 걸까요?"

하지만 막상 해보면, 두 개의 완전히 다른 주제를 준비하는 쪽이 훨씬 어렵다. 자료부터 수업 설계, 맥락까지 모든 걸 따로 챙겨야 하니 체력도, 집중력도, 효율도 그만큼 분산된다.

그래서 더 좋은 전략은 바로 이거다! 하나의 주제를 중심에 두고, 각 대회 성격에 맞게 '다른 렌즈'를 씌워보는 것.

예를 들어, '환경교육'을 연구 주제로 잡았다면, 수업혁신사례연구대회에서는 '세계시민교육'의 렌즈를 씌워서 지구 공동체의식, 기후 정의 등을 이야기할 수 있고, 현장교육연구대회에서는 '인성교육'의 렌즈를 더해 책임감, 절제, 배려 등의 태도를 조명할 수도 있다.

같은 주제라도 어떤 관점과 만나는가에 따라, 전혀 다른 연구 보고서가 된다. 마치 조명의 각도에 따라 하나의 장면도 완전히 다른 분위기를 자아내듯 말이다. 이런 방식은 단지 연구자가 편하다는 이유만이 아니다. 문제의식의 타당성, 연구의 독창성까지 같은 연구 주제 안에서 자연스럽게 설계할 수 있기 때문이다. 같은 주제를 일관된 흐름 안에서 변주하듯 확장해 나가면, 보고서 전체의 밀도와 연결성도 한층 더 매끄럽게 높아진다. 지금부터, 하나의 주제를 어떻게 다르게 구성할 수 있을지, 필자가 제안하는 예시와 팁을 중심으로 함께 살펴보자.

교사의 꿀팁 같은 주제, 다른 관점으로 바꾼 예시

중심주제	수업혁신사례연구대회	현장교육연구대회	관점 전환 방식
환경 교육	생태 감수성 함양을 위한 세계시민 프로젝트 (지구 공동체의식 강조)	일상 환경 실천 중심 인성교육 운영 (배려·절제·책임 중심)	가치의 차별화: 시민성 ↔ 인성
디지털 리터러시	미디어 리터러시 수업을 통한 비판적 사고 기르기 (정보 판별 중심)	디지털 공동체 문화 만들기 프로젝트 (올바른 온라인 관계 맺기)	접근 초점: 사고력 ↔ 관계 역량
SEL (사회·정서학습)	정서 인식 → 감정 조절 → 공감 및 의사소통 중심 수업 모델 개발 (수업 속 SEL 전략 통합)	학급 안에서 SEL을 실천할 수 있는 생활문화 운영 사례 중심 (학급 규칙, 회복적 활동, 또래 피드백 등)	초점 이동: 전략 설계 → 문화 조성
독서교육	주제 독서+창의 활동 연계 수업 (독서-표현-탐구 프로젝트)	독서 동아리·토론회 운영 (공동체 기반 비판적 독서 문화 조성)	실행 주체의 확장: 학생 → 공동체

수업 활동, 겹치지 않게 겹쳐 쓰는 방법

보고서를 두 개 쓴다는 건, 결국 두 개의 수업 흐름과 활동도 구성해야 한다는 뜻이다. 듣기만 해도 어깨가 무거워진다고? 정말 그렇다. 머릿속에선 이런 생각이 떠나질 않는다.

'이 수업, 저 대회에도 쓰고 싶은데... 혹시 겹치면 안 되나?'

'다른 활동을 또 짜야 해? 이건 완전 새로 시작인데...'

하지만 정말 완전히 다르게 짜야 할까? 꼭 그럴 필요는 없다. 오히려 그건 교사에게 너무 가혹한 방식일지도 모른다.

더 현실적인 방법은 이것이다. 하나의 핵심 활동을 중심에 두고, 그걸 두 방향으로 다르게 심화해보는 것! 같은 키워드라도, 무엇을 주제로 삼느냐(맥락), 어떻게 구성하느냐(형식)에 따라 전혀 다른 활동처럼 보일 수 있다.

예를 들어, '저널링' 활동을 한 연구대회에서는 감정 일기, 성찰 노트로 활용하고 다른 연구대회에서는 캠페인 참여 기록지나 인터뷰 일지로 바꿔보자. 같은 활동의 뿌리를 두고도, 내용과 목표는 전혀 달라질 수 있다.

무엇보다 이 방식의 좋은 점은 자료 관리가 쉽고, 참고 문헌이나 활동 근거도 한 번만 조사해두면 된다는 것! 교사의 부담은 줄고, 보고서의 완성도는 오히려 높아진다. 활동은 비슷하게, 방향은 다르게. 그게 바로 두 개의 보고서를 수월하게 써내는 가장 스마트한 전략이다.

'활동은 비슷하게, 방향은 다르게'라는 말, 구호처럼 들릴 수도 있겠지만, 사실 방법은 꽤나 구체적이다. 그럼 필자는 실제로 활동들을 어떻게 겹치지 않게, 겹치게(!) 썼는지 세세하게 알려주겠다. 같은 활동 키워드라도, 두 대회에서 얼마든지 다른 방향으로 해석되고 구성될 수 있다. 바로 아래 예시에서 확인해보자.

교사의 꿀팁 ▶ 겹치지 않게, 겹쳐 쓰는 활동 키워드 예시

활동 유형	수업혁신사례연구대회에 쓰기 좋은 형태	현장교육연구대회에 응용할 수 있는 형태
저널링	캠페인 참여 일지, 인터뷰 일지	감정 일기, 성찰 일지
스토리텔링	디지털 동화 만들기	사진+글 전시 스토리보드
뉴스 제작	사회 이슈 뉴스 브리핑 영상	지역사회 인터뷰 리포트
게임 기반 활동	에너지 절약 체험 게임 설계	친구 장점 뽑기 카드 게임
챌린지	기후동행 실천 도전	실천 결과 나눔 발표회
디자인	세계시민 실천 포스터 만들기	감정 표현 공감 굿즈 제작
지역연계	지속가능한 마을 만들기 프로젝트 학습	관계 회복 실천 마을 축제
캠페인	디지털 기반 확산형 캠페인 (SNS 릴레이)	교내 찾아가는 나눔 캠페인

이제 활동 키워드가 보고서 작성에 활용할 수 있는 '소재 창고'처럼 느껴지지 않는가? 아이디어를 무에서 창조하기보다는, 이미 사용한 활동을 '변형하고 재구성하는 힘'을 기르는 것이 훨씬 현실적인 전략이다.

한 번 만든 활동, 두 번 쓰는 똑똑한 전략! 그것이야말로 연구대회 두 개를 동시에 준비하는 가장 현명한 방식일 것이다. 이제, 실전에서 여러분들이 직접 적용해 볼 차례다.

두 개 보고서를 동시에 쓸 때, 이런 팁은 꼭 기억하자

'같은 주제, 다른 관점', '비슷한 활동, 다른 배치'까지 정리했다면 이제 본격적으로 보고서 쓰기 전략으로 넘어갈 타이밍이다. 두 개 대회를 병행할 땐, 단순한 글쓰기 기술만으로는 부족하다. 자료는 어떻게 활용할지, 시간을 어떻게 나눌지, 서술 방향은 어떻게 잡을지. 모든 면에서 전략적 접근이 필요하다. 막상 시작하려 하면, 어디서부터 손대야 할지 갈피를 잡기 어렵다.

그래서 지금부터, 필자가 실제로 사용했던 팁들을 공유한다. 어떻게 하면 두 보고서를 서로 엉키지 않게, 그러면서도 부담 없이 써나갈 수 있을까?

1) 대회 성격에 맞게 보고서 형식을 조정하자

비슷한 연구 주제라고 해서, 보고서까지 같을 수는 없다.

수업혁신사례연구대회는 수업의 흐름, 학생 반응, 교사의 고민과 설계 과정을 중심에 두고, '어떻게 수업을 구성했는가'에 초점을 맞춘다.

반면 현장교육연구대회는 같은 주제라도 연구 문제-연구 방법-결과-논의로 이어지는 논문 형식의 구조를 요구한다. 보다 객관적이고 분석적인 시선으로 수업을 해석해야 한다. 즉, 같은 키워드라도 어떤 관점에서 접근하느냐, 어떤 틀로 풀어내느냐에 따라 전혀 다른 보고서가 된다.

두 보고서를 동시에 준비하고 있다면, 각 대회의 성격을 먼저 파악하고, 그에 맞는 형식으로 전략적으로 구성하자.

2) 사진은 미리, 다양하게 확보하자

사진은 단지 수업의 기록이 아니다. 보고서 전체의 분위기와 메시지를 만들어주는 중요한 장치다. 그래서 제안한다. 무작정 많이 찍기보다, 각 연구대회의 성격에 어울리는 장면이 담기도록 전략적으로 수업 사진을 수집해보자. 단순한 활동사진을 넘어서, 수업의 의도와 맥락이 자연스럽게 드러나는 장면을 포착하는 것이 핵심이다.

특히 교총 현장교육연구대회는 2학기에 활동이 몰리기 쉬우므로, 1학기 사진이 부족하다면 2학기 초반에 계절감 있는 활동을 먼저 배치해보자. 햇살 좋은 날의 실외 활동처럼 여름 분위기가 느껴지는 장면은, 두꺼운 옷차림이 주를 이루는 하반기 활동 속에서 보고서에 생기를 더해준다. 수업 흐름을 따라 다양한 시점에서 촬영하고, 활동별로 주제에 맞춰 폴더를 정리해두자. 그렇게 정리된 사진들은 나중에 보고서를 구성할 때, 글보다 먼저 주제를 전하는 강력한 시각 자료가 되어줄 수 있다.

3) 인터뷰, 질문부터 전략적으로 짜보자

두 대회를 병행하다 보면, 학생 인터뷰를 어떻게 준비하고 어디에 배치할지도 전략이 될 수밖에 없다. 보고서마다 성격이 다르니, 학생에게 던지는 질문 역시 달라져야 한다. 예를 들어 수업혁신사례연구대회에서는 '수업을 하며 어떤 성장을 경험했는지'를, 현장교육연구대회에서는 '수업 이후 일상 속 실천을 통해 어떤 변화를 느꼈는지'를 중심으로 질문을 구성해보는 건 어떨까?

중요한 건, 학생의 말을 단순히 인용하는 게 아니라는 점이다. 대회의 성격과 보고서의 서술 파트에 맞춰, 관점과 메시지를 조정해 인터뷰를 수집하고 구성하는 전략이 필요하다. 그렇다면, 인터뷰는 단지 인용문이 아니라 처음부터 설계되어야 할 구성 요소가 아닐까? 질문을 어떻게 짤지, 어느 장면에 녹여낼지, 어떤 맥락으로 이어갈지를 미리 고민해보자. 그 한 줄의 말이 보고서 전체에 울림을 줄 수도 있으니 말이다.

4) 수업 기록, 대회별로 트랙을 나눠보자

두 대회를 병행하다 보면, 수업 활동은 무사히 끝냈는데 보고서를 쓰려 할 때 '이건 도대체 어느 대회 자료였더라?' 하고 헷갈리는 순간이 꼭 온다. 비슷한 주제로 각 대회에 맞춰 따로 수업을 구성했더라도, 시간이 지나면 기록이 뒤섞이기 쉽다. 그래서 제안한다. 처음부터 대회별 트랙을 나눠 자료를 정리해보자. 예를 들어 활동지와 사진, PPT 자료에 간단히 [수업혁신], [현장교육] 같은 라벨을 붙이거나, 대회별 폴더를 따로 만들어 저장해두는 것이다.

'정리는 나중에 하지, 뭐.' 그렇게 넘기다 보면, 진짜 중요한 순간에 자료 찾느라 시간을 허비하게 된다. 차라리 수업 직후 바로 정리해두면, 보고서를 쓸 때 흐름이 자연스럽게 잡히고, 서술도 훨씬 수월해진다. 보고서 두 편을를 동시에 준비할 계획이라면, 지금부터 수업 기록에도 전략을 더해보자. 이중트랙 정리, 해볼 만하지 않을까?

여기까지가, 연구대회 두 개를 무리 없이, 전략적으로 운영할 수 있는 핵심 노하우였다. 그런데도 여전히 망설여지는가? 지금부터는 필자의 실제 경험을 통해, 실전에서 마주한 고민과 깨달음을 함께 나눠보고자 한다. 송쌤의 미니특강, 지금 시작한다.

송쌤의 미니 특강 _ 두 개의 연구대회를 병행하며 진짜 깨달은 여섯 가지

연구대회, 처음엔 누구나 길이 안 보인다. 두 개의 대회를 동시에 준비한다면, 그 막막함은 배가된다. 필자 역시 같은 해, 전혀 다른 주제로 두 개의 연구대회를 병행하며 수없이 고민했고, 그만큼 시행착오도 많았다.

하지만, 그 과정 속에서 분명하게 보인 것들이 있다.

바로, '이건 정말 해보니 필요하더라.' 싶은 것들.

지금부터 소개할 여섯 가지는, 연구대회를 동시에 두 개 준비하는 교사라면 꼭 한 번쯤 곱씹어 볼 만한 실전 조언이다.

이건 지키자. 이건 해보자.

그러면, 연구는 한결 수월해질 것이다.

1. **등대 보고서는 '내용'과 '형식'으로 나눠서 분석하라** : 좋은 보고서를 참고할 때, 전체를 막연히 따라가면 오히려 길을 잃게 된다. '내용'과 '형식'으로 나눠, 각각 어떤 점을 참고할지 분석하는 것이 먼저다. 내용은 주제, 흐름, 수업 설계 중심으로, 형식은 제목, 목차, 문단 구성, 삽화 위치 등 기술적으로 본다. 이렇게 두 기준을 나눠 등대 보고서를 분석하고, 그 결과를 하나로 엮어 바라보는 순간, 내가 써야 할 보고서의 방향, 구조, 설계도까지 선명하게 그려지기 시작한다.

2. **보고서 작성에 도움을 주는 책을 곁에 두어라** : 연구 보고서는 논리력과 글쓰기의 조화다. 질적 연구 방법, 수업 사례 기술, 교육 에세이 등 관련 도서를 가까이 두고 수시로 펼쳐보라. 책은 보고서에 '문장력'과 '깊이'를 더해준다. 지속적인 글쓰기와 비교 독서는 내 글의 결을 바꿔놓는다.

3. **보고서 작성 기간은 두 달 이상 넉넉히 잡아라** : '나중에 몰아서 쓰겠다.'는 생각은 반드시 후회를 부른다. 초안은 최대한 빨리, 다듬는 시간은 충분히. 계획서 단계에서부터 초안의 큰 뼈대를 잡고, 매주 일정한 시간에 꾸준히 작성하는 방식이 가장 효율적이다.

4. **심사 기준표는 '바이블'이다** : 심사 기준표는 단순한 참고 자료가 아니다. 연구 보고서를 쓸 때마다 옆에 펼쳐두고, 문단마다 항목을 짚어가며 써야 한다. 보고서의 방향이 흐트러지지 않도록, 작업창 옆엔 늘 심사 기준표가 있어야 한다. 왜냐하면 심사자는 '느낌'이 아니라 '기준'으로 평가하기 때문이다.

5. **너무 많은 피드백은 오히려 중심을 흐린다** : 의견을 듣는 건 좋다. 하지만 모든 피드백을 반영하려 하면 결국 내 보고서가 아닌 누군가의 조립식 결과물만 남게 된다. 핵심은 '내가 하고 싶은 수업 이야기'다. 필요한 조언만 선별하되, 중심은 반드시 본인이 쥐고 있어야 한다.

6. **두 개의 연구 주제를 완전히 다르게 잡지는 말아라** : 주제가 완전히 달라지면, 자료도 달라지고, 사용하는 언어나 사고의 흐름까지 전혀 달라진다. 공통된 큰 흐름 속에서 서로 다른 방향이나 시선을 설정하는 편이 훨씬 전략적이다. 같은 주제를 바탕으로 하면 자료 조사는 한 번이면 충분하고, 보고서의 밀도와 완성도도 높아질 수 있다. 무엇보다, 연구자인 나 자신도 덜 지치고, 더 깊이 있는 성찰이 가능해진다.

부록에서는 앞선 챕터에서 다루지는 못했지만, 반드시 안내해야 할 중요 사항들을 정성껏 담았다.

첫 번째는 인성교육실천사례연구발표대회에 관한 내용이다. 인성교육실천사례연구발표대회는 수업혁신사례연구대회와 함께 연구대회 중에서 가장 잘 알려진 대회이므로 수업혁신사례연구대회와 함께 비교하여 살펴보자.

두 번째는 수업혁신사례연구대회에서 잘 활용되는 에듀테크 도구에 관한 것이다. 다양한 에듀테크 도구의 소개와 본 책의 저자들의 실제 수업 사례들을 정리하여 함께 실었다.

세 번째는 수업혁신사례연구대회 2차 심사에 대한 것이다. 시·도대회에서 2차 심사가 있는 지역을 위해 2차 심사 일정과 준비가 필요한 사항들을 자세히 설명해두었다.

본 부록이 독자 여러분의 연구와 실천에 유용한 지침이 되기를 기대한다.

한눈에 파악하는 인성교육실천사례연구발표대회

대회 운영 계획

'연구대회를 시작할 땐 대회 운영 계획부터 읽어라.'

인성교육실천사례연구발표대회도 예외일 수 없다. 대회 운영 계획을 정독하여 핵심을 파악하자. 지금부터 핵심만 쏙쏙 뽑아 소개하겠다.

1. 주최와 참가 대상은?

- **주최/주관:** [예선] 각 시도교육청
  [본선] 교육부/ 한국청소년정책연구원
- **참가 대상:**
  - 교원 부문 : ❶ 유치원 교사·원감, ❷ 초등학교 교사·교감, ❸ 중·고등학교 교사·교감
    ※ 교원대회의 경우 2명 이상 공동연구는 인정하지 아니함
  - 기관 부문 : ❶ 유치원, ❷ 초등학교, ❸ 중·고등학교(통합/분리 가능), ❹교육지원청, 직속기관 등 소속기관
    ※ 기관의 경우 평정점이 미부여되며, 기관당 1개 작품만 출품(동일 기관에서 교원, 기관 중복 출품 불가)

2. 추진 일정은?

인성교육실천사례연구발표대회는 언제, 무엇을, 어떻게 준비해야 할까? 인성교육실천사례연구발표대회는 수업혁신사례연구대회보다 호흡이 긴 편이다. 수업혁신사례연구대회 예선 보고서 제출 기한이 1학기 말인 것과 비교했을 때 인성교육실천사례연구발표대회는 9월 말 예선 보고서 제출이기 때문이다. 따라서 예선대회에서 교육과정 재구성에 2학기 내용을 반영하기에는 인성교육실천사례연구발표대회가 유리하다.

수업혁신사례연구대회와 마찬가지로 매 달 해야 할 일을 미리 알고 준비한다면 차근차근 좋은 결과를 위해 다가갈 수 있을 것이다. 각 시·도마다 세부일정은 조금씩 차이가 있지만, 큰 틀에서 인성교육실천사례연구발표대회의 연간 일정을 살펴보자.

시기	주요 내용
4월	연구 주제 확정 및 교육과정 재구성, 연구 계획서 제출
5~8월	시도대회(예선)참가 신청자 워크숍, 연구활동 진행
8월	방학을 활용하여 보고서 작성에 몰입
9월	시도대회(예선) 보고서 및 서류 제출
10월	시도대회(예선)심사 및 결과 발표, 전국대회(본선) 진출작 제출
11월	전국대회(본선) 심사 실시(한국청소년정책연구원)
12월	최종 입상 후보자 공개검증, 최종 입상자 통보 및 공지, 전국대회 시상식 개최(한국청소년정책연구원)
이듬해 1월	전국대회 우수 입상자 선진사례 연수, 입상작 인터넷 탑재, 전국대회 운영 결과 보고

[인성교육실천사례연구발표대회 1년 흐름]

인성교육실천사례연구발표대회는 예선 보고서 제출이 9월이다. 덕분에 수업혁신사례연구대회와는 달리 여름방학 동안 보고서 작성에 몰두할 수 있다. 그러니 학기 말까지 수업 운영과 자료 정리에 집중하고, 방학 중 보고서 마감에 몰입할 수 있는 일정을 짜보자. 무작정 달리는 것보다, 적절한 에너지 분산이 효율을 높인다.

대신 예선대회 결과 발표 후 전국대회 보고서 제출 기한이 수업혁신사례연구대회에 비해 촉박한 편이니 예선대회에 나갈 보고서를 작성할 때 전국대회에 나갈 보고서라고 생각하며 최선을 다해보자.

아래 2025학년도 충청북도교육청 인성교육실천사례연구발표대회 일정을 첨부하니 참고하자.(지역별로 상이하니, 해당 교육지원청 공문을 필히 정독할 것.)

구분	시기	내용	비고
시도대회	4월	2025년 인성교육실천사례연구발표대회 운영계획 안내	
	~4. 30.까지	시도대회(예선) 참가 신청	
	5~6월	시도대회(예선)참가 신청자 워크숍	
	~9. 25.까지	시도대회(예선) 보고서 및 서류 제출	
	10월 중	시도대회(예선) 심사 및 결과 발표	
	~10. 31.까지	전국대회(본선) 진출작 제출	
전국대회	11월 중	전국대회(본선) 심사 실시(한국청소년정책연구원)	
	12월	최종 입상 후보자 공개검증 최종 입상자 통보 및 공지: 한국청소년정책연구원 ※ 한국청소년정책연구원홈페이지 (https://www.nypi.re.kr) 전국대회 시상식 개최(한국청소년정책연구원)	
	'25. 1월 중	전국대회 우수 입상자 선진사례 연수(한국청소년정책연구원)	
	~'25. 1월	입상작 인터넷 탑재:(입상발표일로부터 30일 이내) ※ 탑재: 에듀넷(http://www.edunet.net) > 연구 > 연구대회 > 연구대회 입상작 전국대회 운영 결과 보고(한국청소년정책연구원)	

[2025학년도 충청북도교육청 인성교육실천사례연구발표대회 일정]

3. 연구 주제 선정의 기본 방향은?

연구 주제 선정의 기본 방향은 대회 계획에서 친절히 제시하고 있다.

> ▶ 연구주제 선정의 기본 방향
> - 학교폭력, 사이버 중독 등 환경 변화에 따른 학생의 실천적 인성 역량 제고를 위한 인성교육 프로그램 운영 사례
> - 체육·예술·환경 등 다양한 교육 주제와 연계한 인성교육 실천 사례
> - 인성교육 중심의 교과 및 창의적 체험활동 운영 사례
> - 인성교육 관련 수업 및 평가 방법 혁신 사례
> - 학생의 사회정서성장과 마음건강을 위한 교육 운영 사례
> - 각종 연구, 교사 연구회·네트워크 등을 통해 개발한 수업 자료 및 교육계획 등을 현장에 적용한 사례

출처: 2025학년도 충청북도교육청 인성교육실천사례연구발표대회 운영 계획 한눈에

인성과 관련된 모든 수업 사례가 가능하지만, 대회 계획에서 제시한 단어들을 유심히 살펴보는 것을 추천한다. 대회 계획에서는 '연구 주제 선정 및 교육활동 운영 시 참고 자료'와 인증 인성교육 프로그램 현황'도 함께 제시하고 있어 수업혁신사례연구대회보다는 주제 선정에 대해 구체적인 힌트를 주고 있다. 적극 참고하여 보고서의 주제로 삼거나, 보고서 안에서 해당 자료들을 자주 인용하자.

▶ 연구 주제 선정 및 교육활동 운영 시 참고 자료

• 교육부에서 개발·인증한 인성교육 프로그램 및 지도자료 등 활용

항목	주요 내용
초등	사이버 미학('20), 출발 함께해요 인성교육('22), 초등 교과연계 인성교육 프로그램('23), 초등 글로벌·디지털 인성교육 프로그램(워크북) 개발 연구('24)
중등	사이버 미학('20), 언제 어디서나 우리는, 존중과 책임('21), 인성교육으로 자유학기에 날개달기('22), 중·고등 교과연계 인성교육 프로그램('23), 중등 글로벌디지털 인성교육 프로그램(워크북) 개발 연구('24)

4. 제출물은?

인성교육실천사례연구발표대회도 수업혁신사례연구대회와 마찬가지로 보고서 외 초상권 동의서, 표절검사 결과, 실사확인서 등 빠뜨리면 안 되는 자료들이 여럿 있다. 이 중 하나라도 누락되면, 감점은 물론 실격으로 이어질 수 있다. 미리 리스트업하고, 체크하며 꼼꼼히 준비하자.

특히 대회 요강을 컬러 출력하여 중요한 글씨들을 하나도 빠짐없이 챙겨야 한다. 그게 이 대회를 실수 없이 마무리하는 가장 현실적인 전략이다. 수업혁신사례연구대회와는 달리 인성교육실천사례연구발표대회에는 수업 동영상 제출이 없다. 보고서 분량도 20쪽으로 수업혁신사례연구대회 25쪽에 비해 5쪽 적다. 그러니 수업 동영상 촬영이 부담스럽다면 인성교육실천사례연구발표대회가 더 잘 맞을 수 있다.

자, 그럼 이제 실제로 어떤 제출물이 필요한지 하나씩 살펴보자.

항목	주요 내용
연구 보고서	- 교원 부문: A4 기준 20쪽 이내 (부록 최대 5쪽 포함) - 기관 부문: A4 기준 40쪽 이내 (부록 최대 5쪽 포함) ※ 겉표지, 요약서(1~2쪽), 목차는 분량에 미포함
연구 보고서 형식	- 글자 크기: 본문 10pt 이상, 표/캡션 9pt 이상 - 줄 간격: 160% - 여백: 위·아래 15mm, 좌·우 20mm, 머리말·꼬리말 10mm - 폰트: 저작권 문제 없는 서체 사용 (코펍체 권장) - 파일: PDF 형식, 5MB 이하 ※ 실명, 학교명, 지역명 등 개인 신상정보는 모두 블라인드 처리 필수 (미준수 시 심사 제외) ※ 표절률 20% 이상일 경우 실격 ※ 출처 없는 인용, 중복 출품, 대리 작성 모두 실격 사유 ※ 학생 사진 사용 시 초상권 동의서 제출 필수
기타	- 초상권 동의서 - 표절검사 결과 - 표절·대리작 검증 및 실사 확인서 - 출품 서약서 - 개인정보 수집·이용 동의서 - 학생의 초상권 동의서 스캔본 등 부속 서류 다수 필요

[인성교육실천사례연구발표대회 제출물]

5. 시상과 혜택은?

그렇다면! 이 대회를 준비하면 우리가 실제로 얻게 되는 보상은 뭘까? 단순히 인성 교육 사례를 정리하고 끝나는 게 아니다. 입상만 해도 꽤 쏠쏠한 혜택이 따라온다.

1) 연구 실적 점수 + 시상

구분	시상명	등급	연구 점수
도대회	교육감상	1등급	1.0점
		2등급	0.75점
		3등급	0.5점
전국대회	교육부 장관상	1등급	1.5점
		2등급	1.25점
		3등급	1.0점

수업혁신사례연구대회와 마찬가지로 전국대회 입상 교원을 대상으로 시상식을 진행하며, 우수 입상자 대상 해외 인성교육 연수 기회를 제공한다고 한다.

심사 기준

이제 가장 중요한 심사 기준을 살펴보자. 보고서를 쓸 때 항상 심사기준을 옆에 두고 반복하여 정독하는 습관을 들이자. 나의 보고서를 옳은 방향으로 이끌어 줄 등대가 될 것이다. 심사기준은 지역별로 상이할 수 있으니, 지역대회 공문을 필독하자.

심사 영역	심사 내용	배점 (100)
실제적 기여도 (현장교육 활용등)	- 연구결과의 활용 가능성(혹은 일반화 가능성)이 높은가? - 연구결과가 학교에서의 인성교육 활성화에 기여하는가?	15
연구주제의 적절성	- 연구주제가 인성교육의 목표나 취지에 부합하는가? - 연구주제가 교육적인 가치를 충분히 담고 있는가?	15
연구내용의 참신성	- 연구내용이 기존의 실천사례와 분명한 차별성을 갖는가? - 연구내용이 학교 현장의 실제성과 특수성을 반영하여 독창적인 내용을 충분히 다루고 있는가?	15
연구방법의 적절성	- 연구내용에 맞는 연구방법을 적절히 사용하였는가? - 자료 수집, 분석 방법, 결과 해석 등이 적절하게 이루어졌는가?	15
연구결과의 명료성	- 연구결과를 체계적으로 제시하여 가독성이 높은가? - 연구결과의 주요 논지가 일관성이 있고 명료한가?	15

연구주제와 활동의 연계성	- 연구주제와 활동이 일관성 있게 이루어지고 있는가?	10
실천 역량	- 연구 주제 해결을 위해 학교 현장 활동을 충실하게 실천하고 있는가? - 다양한 교수학습 자료를 활용하거나 참여자와 상호작용하여 실천 효과를 제고하고 있는가?	15
연구윤리 준수	- 연구물이 표절, 자기표절, 저작권 위배, 대작 등 연구윤리 문제에 해당하는가?	해당 시, 심사 제외

[2025학년도 인성교육실천사례연구발표대회 충북대회 보고서심사기준(안)]

또한 수업혁신사례연구대회의 심사기준과 비교해보면 두 대회의 차이점을 보다 명확히 알 수 있다.

구분	수업혁신사례연구대회	인성교육실천사례연구발표대회
교육과정 방향 반영 (20점)	• 2015·2022 개정 교육과정 핵심역량 연계 여부 • 교육과정·수업·평가·기록 설계 완성도 • 학생의 능동적 수업 참여 활성화(프로젝트·토론형 활동 등)	• 연구주제가 인성교육의 목표나 취지에 부합 • 인성 교육적인 가치를 충분히 담고 있는지
수업혁신에 대한 노력 반영 (40점)	• AI 디지털교과서·AI·에듀테크 등 미래형 수업 기법적용 • 동료 교원과의 수업 나눔·플랫폼(수업의 숲 등) 활용 실천 • 수업 혁신 노력	• 기존의 실천 사례와의 분명한 차별성 • 학교 현장의 실제성과 특수성을 반영한 독창적인 내용
현장적합성 및 연구 방법 적절성 (15점)	• 학생 참여 및 실질적인 자기주도적 학습 설계 • 학생 중심 교수학습 방법 및 과정 중심 평가 설계	• 연구내용에 맞는 연구 방법 사용 • 자료 수집, 분석 방법, 결과 해석 등의 적절성
내용과 실천의 일치성 (15점)	• 연구 과제 해결에 적합한 연구 방법을 활용하여 수업 개선 연구를 추진하였는가? • 연구 과제를 해결하기 위하여 다양한 사례 및 연구 방법을 검토하였는가?	• 연구주제와 활동의 일관성 • 연구 결과를 체계적으로 제시하여 가독성이 높은가 • 연구 결과의 주요 논지가 일관성이 있고 명료한가?
현장 교육 기여도 (10점)	• 학교교육과정과의 연계성·학교교육활동 활성화 • 교수학습 개선안의 교육 현장 적용 가능성	• 연구결과의 활용 가능성 • 학교에서의 인성 교육 활성화 기여도
연구윤리	〈대회 계획에 포함〉	〈심사기준에 제시〉 • 표절·저작권·출처 표시 준수 여부 – 해당 시 심사 제외

[수업혁신사례연구대회와 인성교육실천사례연구발표대회 보고서 심사기준 비교]

심사기준을 비교했을 때, 두 대회의 핵심 차이점은 아래와 같다.

구분	수업혁신사례연구대회	인성교육실천사례연구발표대회
무엇을 중시하나	'교육과정·수업 모형의 혁신'과 '수업 자체의 질 개선'을 중심으로 평가	'학생의 내면적 성장(덕목 함양)'과 '생활 속 인성 실천'을 핵심으로 평가
가중치 배분	교육과정 반영(20) + 수업혁신 노력(40) + 연구 방법·일치성(30) + 확산(10)	주제·운영·성과·활용 각 20점으로 균형 있게 배분
평가 관점	어떻게 가르치는가	무엇을 기르는가

[두 대회의 핵심 차이점]

이렇게 분석했을 때 수업혁신사례연구대회는 '수업 설계와 실행의 혁신성'을, 인성교육실천사례연구발표대회는 '인성 역량 함양과 실천의 효과성'을 각각 최우선 기준으로 삼고 있음을 알 수 있다.

이제부터는 심사 기준표를 읽는 것을 넘어서, 인성교육실천사례연구발표대회의 심사 기준표을 참고하여 보고서에 어떻게 적용시켜야 할지 하나하나 파헤쳐 보자.

심사 영역	심사 내용	이렇게 쓰자!
실제적 기여도 (현장교육 활용 등) (15)	- 연구 결과가 학교 현장에서 확산 가능한가? - 인성교육 활성화에 실제로 기여했는가?	- '이 활동 덕분에 학급/학교가 이렇게 변했다'를 구체적으로 적자. - 다른 학년·학교에서도 쉽게 적용 가능한 구조, 자료를 강조하자. - 수업 전·중·후 협의, 학습공동체 등을 통한 일반화 과정을 충실히 기록하자.
연구주제의 적절성 (15)	- 주제가 인성교육의 목표에 부합하는가? - 교육적 가치를 충분히 담고 있는가?	- SEL, 공감, 시민성, 감정조절 등 인성 키워드를 명확히 설정하자. - 교육부 인성교육 종합계획과의 연계도 어필하자.
연구내용의 참신성 (15)	- 기존 사례와의 차별성이 있는가? - 학교 현실에 맞는 독창적인 접근인가?	- 기존의 연구들을 선행연구 혹은 이론적 배경 등에 담아 다양한 보고서를 탐색했음을 드러내자. - 기존 보고서들과 어떤 점이 다르고, 학생들에게 어떤 차별적 의미가 있었는지 강조하자.
연구방법의 적절성 (15)	- 주제에 맞는 실행 방법을 적절히 사용했는가? - 자료 수집, 분석, 결과 해석이 논리적인가?	- 도달하고자 하는 인성 역량에 적합한 수업인지 고민하자. - 수업일지, 체크리스트, 인터뷰 등 다양한 증거 자료를 근거 있게 활용하자.
연구결과의 명료성 (15)	- 연구 결과가 체계적으로 제시되었는가? - 논지와 일관성이 있는가?	- 결과 요약표, 시각 자료, 전후 비교 자료 등을 활용하자. - 양적 질적 분석을 체계적으로 실시하여 연구가 효과적이었음을 드러내자. - 핵심 내용을 도입과 결론에서 다시 강조하자.

연구주제와 활동의 연계성(10)	- 연구주제와 활동이 논리적으로 연결되어 있는가?	- 연구주제에 적합한 교육과정 재구성과 활동 진행에 힘쓰자. - 연구의 시작부터 끝까지 일관되게 연구에서 도달하고자 하는 목표에 연관될 수 있도록 하자.
실천 역량(15)	- 현장에서 충실히 실행했는가? - 참여자와 상호작용하며 실천 효과를 높였는가?	- 생생한 사진 자료, QR 활동 결과물 등을 통해 실제로 실천한 연구임을 보이자. - 학생과의 상호작용 장면, 교사의 성찰 등을 포함하자.
연구윤리 준수 (해당 시 심사 제외)	- 표절, 실명 기재, 저작권 침해 등 연구윤리 위반이 있었는가?	- 실명/학교명 미기재, 표절검사 결과 첨부, 학생 사진 사용 시 동의서 제출 등 모든 규정을 철저히 지키자.

[심사 기준표, 이렇게 쓰자]

입상작 분석

어떤 연구대회를 준비하든지 직전 해의 우수작을 분석하는 것은 정말 중요한 작업이다. 기존에 입상한 우수작을 분석하면서 트렌드를 파악하고, 보고서의 구성을 살펴보고, 내용을 분석하면서 자신의 연구 방향을 구체화시켜 가는 것이 필요하다.

1. 우수작 제목 분석

제목을 보면 내용이 보인다. 우수작 분석의 첫걸음은 제목 분석이다. 제목 속에서 나타내려고 한 것이 무엇인지 파악하면, 연구자가 무엇을 중점적으로 연구했는지 파악할 수 있다.

등급	제목	주요 요소
1등급	多가치-프로젝트로 평화로운 화.담.숲 교실 만들기	소통
1등급	그림책 레시피(RE-CIPE)로 마음의 힘 키워 햇살(S.U.N)같은 아이로 성장하기	그림책, 마음
1등급	B.O.O.K.이음 프로젝트로 사회적 감수성 역량 기르기	사회적 감수성 역량
1등급	스마일(S+M.I.L.E) 낭독 프로그램을 통해 마음의 창을 넓혀요	마음
1등급	내강·외유 마음챙김 프로젝트로 행복 역량 키우기	마음챙김
2등급	마음 씨앗(SEED)-도·토·리 프로젝트로 사회정서역량 싹 틔우기	사회·정서 역량
2등급	W.I.T.H.L.O.V.E 프로그램으로 세·품·인 기르기	공동체
2등급	『예술 LENS로 보물 찾기(BOMUL)찾기』 프로그램을 통해 빛나는 교실 만들기	예술
2등급	명화 담은 충만 S.OU.L 프로젝트로 여는 고운 미래 나비효과	명화

2등급	쌤(S.A.M.) 뮤지엄 3ONs 프로젝트를 통한 인성 C.U.R.A.tor 성장기	뮤지엄
2등급	O.T.T 프로그램과 함께하는 인성바라기들의 행복 로그인	사회·정서 역량
2등급	물.소.리.길. 프로그램으로 부엔 까미노 함께 걷기	사회적 상호작용
2등급	히말라야(HI·MA·LA·YA)로 등·고·선을 잇는 인성 알파 선발대가 되어요	사회적 상호작용
2등급	감 사 놀 이 프로젝트로 사회정서학습(SEL) 역량 四 계단 오르기	사회·정서 역량

[2024 인성교육실천사례연구발표대회 우수작 제목 분석]

인성교육이라는 연구 분야의 특징이 드러나게 우수작들의 대부분이 사회적 상호작용이나 정서적 안정을 다루고 있음을 알 수 있다. 2024년도 인성교육실천사례연구발표대회에서 '사회·정서'라는 단어가 많이 등장한다는 점도 하나의 특징이라고 볼 수 있다. 2024년에 사회·정서라는 단어가 많이 사용된 이유는 2022 개정 교육과정 도덕과의 교과역량에서 인성교육에서 사회·정서 학습의 중요성을 다루었기 때문이라고 여겨진다. 이렇게 연구하는 해의 주요 트렌드를 분석하여 연구하고, 제목에도 반영한다면 '좋은' 보고서가 될 수 있다. 또한 프로젝트의 주제나 실천 방법 등을 연구 내용과 밀접한 줄임말이나 이니셜로 사용함으로써 연구 내용을 함축적으로 드러냈다는 점도 많은 우수 사례에서 도출되는 공통점이다.

인성교육실천사례연구발표대회를 준비하고 있다면 교육정책, 교육부나 각 시도의 연구보고서, 관련 서적이나 논문 등을 참고하여 연구자가 잘 풀어낼 수 있는 주제를 선정해 보자. 그리고 그 주제를 어떻게 실천하며 풀어나갈지 방법을 생각해 보고 제목에 녹여낸다면 훌륭한 제목이 탄생할 것이다.

2. 우수작 주요 내용 분석

우수작의 제목을 분석했다면 다음으로는 구체적인 내용을 분석해야 한다. 많은 우수 보고서를 보고 자세히 분석한다면 데이터베이스가 광범위해지므로 자신의 연구에도 아주 큰 도움이 된다. 하지만 모든 사례를 구체적으로 연구하는 것은 쉽지 않다. 그렇다면 어떻게 하는 것이 좋을까? 우선 우수 보고서들의 요약서를 보면서 자신의 연구 방향과 결이 비슷한 보고서를 몇 편 선정해 보자. 선택한 보고서를 구체적으로 살펴보면서 어떤 부분을 참고하면 좋을지, 프로젝트를 어떻게 진행했는지, 특히 잘된 부분은 어디인지 등을 분석해보자. 우수작 분석으로 보고서를 보는 눈이 생긴다면, 머지않아 자신의 보고서를 제대로 구성하는 힘도 갖게 될 것이다. 아래 우수 보고서들의 주요 내용을 보면서 핵심 요소와 특징을 살펴보자.

순	실천과제	특징
1	나, 자연, 너와나, 세상	디지털활용, 가정·지역과 협력, 토의·토론
2	나, 우리, 사회, 공동체	나, 우리, 사회, 공동체
3	존중, 배려, 책임, 협력	책, 예술체험, 생태 에듀테크 활용
4	감정, 창의적 표현, 소통, 공감	낭독활동, 글쓰기, 에듀테크
5	자기, 마음 건강, 관계, 공동체	인성 독서교육, 사회·정서 학습 성취기준으로 교육과정 재구성

[2024 인성교육실천사례연구발표대회 우수작 내용 분석]

3. 입상작 분석

2024학년도 대전 1등급 입상작을 대전 인성연구실천사례연구발표대회 보고서 심사기준을 토대로 분석해보자. 심사기준을 통해 보고서를 읽는 눈을 기를 수 있을 것이다.

1) '주제'에서 인성교육의 핵심 가치를 꿰뚫다

『마음터치 프로젝트로 인성 너울 만들기』 보고서의 시작은 1장 '연구의 필요성'이다. 포스트 코로나 시대의 교실 현실, 즉 학생들의 집중력 저하와 교권 추락, 디지털 윤리 의식의 부재를 생생한 사례로 풀어내며 '성찰·존중·공감이 관통하는 인성교육이 절실하다.'는 메시지를 전한다. 여기서 학생·교사·학부모·사회의 목소리를 네 줄기로 엮어낸 구성은 주제의 교육적 가치를 한층 풍부하게 만든다.

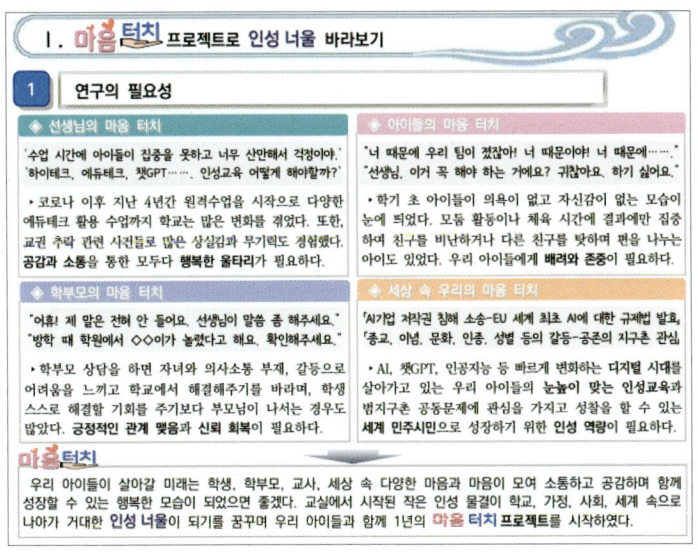

[인성 연구의 필요성]
출처: 마음터치 프로젝트로 인성너울 만들기(2024 인성연구 대전 1등급) 이하 같음

2) 이론을 배경으로 한 탄탄한 설계와 현장성

보고서를 살펴보면 이론적 배경으로 '인성교육진흥법', '제 2차 인성교육 종합계획', '콜버그의 도덕성 발달 이론' 등 인성 관련한 연구들을 많이 참고한 것을 알 수 있다. 이를 통해 심사기준에서 요구하는 '연구주제가 교육적인 가치를 충분히 담고 있는가?'를 효과적으로 충족시킬 수 있다.

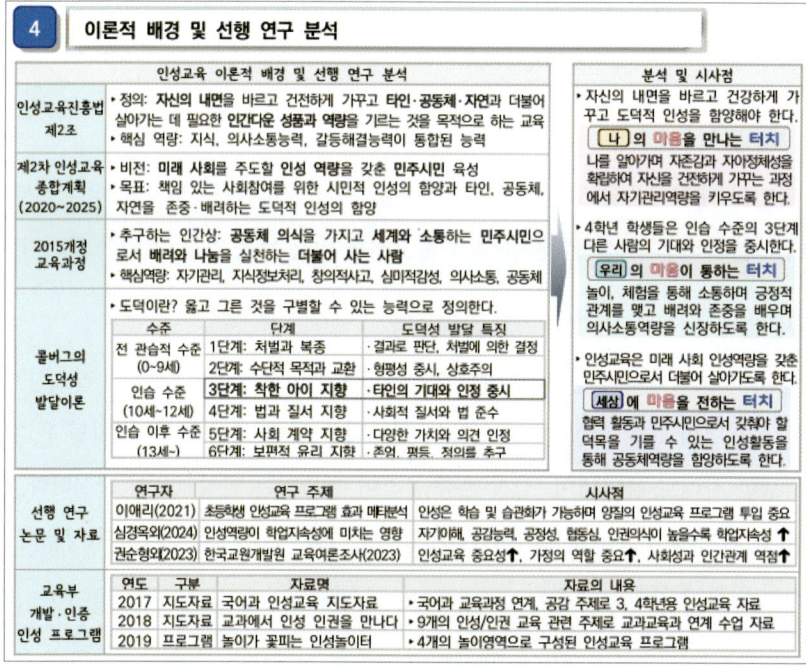

[이론적 배경 및 선행 연구 분석]

학급 실태 분석에서는 KEDI 인성검사를 사전·사후로 적용해 정량 데이터로 현황을 파악하고, 학생 관찰·상담 내용을 질적 데이터로 보완해 연구 설계의 완성도를 높였다.

[학생 실태 분석]

수업혁신사례연구대회와 마찬가지로 인성교육실천사례연구발표대회 보고서에도 교육과정 분석 및 재구성을 넣는 편이다. 이때 에듀테크를 활용한 교육을 통해 연구내용의 참신성을 확보할 수 있다. 그러나 중요한 것은, 이 모든 것이 인성교육 활성화에 기여하는 방향으로 설계되어야 한다는 것이다. 실제로 아래와 같이 기르고자 하는 역량과 덕목을 강조하여 서술하는 경우가 많다.

[교육과정 분석 및 재구성]

3) 학생의 내면적 성장(덕목 함양)과 생활 속 인성 실천

보고서에서 인성교육 실천 사례 부분을 보면, 수업혁신사례연구대회의 실천 사례와 비교했을 때 수업의 설계와 전개보다는 아이들의 내면적 성장과 일상에서의 실천에 중점을 두고 서술했다는 것을 알 수 있다.

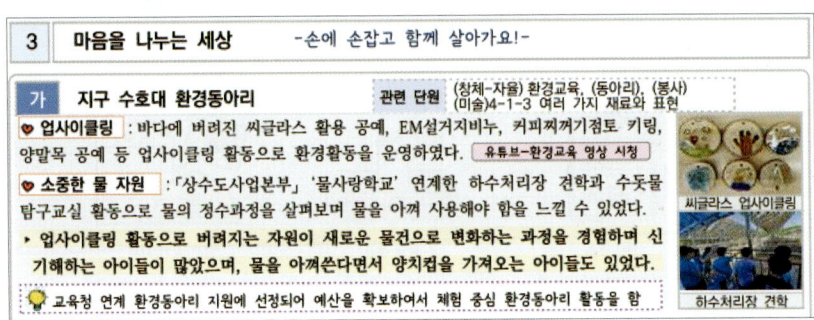

[인성 교육 실천 사례]

부록 2
수업혁신을 위한 필수 에듀테크 활용법

띵커벨(ThinkerBell)

1. 띵커벨이란?

띵커벨(ThinkerBell)은 퀴즈·토론·협동학습이 가능한 참여형 수업 플랫폼으로, 온오프라인 수업에서 모두 활용 가능하며 학생중심의 게임기반 학습을 실현할 수 있다.

• 띵커벨 다양한 활용

쪽지 시험
쪽지 시험, 예·복습 등
수업 전/후 성취도 파악

동기 유발
빈칸 퀴즈, 워드클라우드 등을
활용한 수업

토의·토론
학생 모두가 참여하는 토의·토론

설문 조사
별도 작업 없이 설문 결과 취합

학급 경영
임원 선거, 자기 소개,
급훈/규칙 정하기

안전/계기/시사
안전/계기/시사 교육, 수수께끼,
넌센스 퀴즈

출처 : 띵커벨 이하 동일

2. 수업 활용 스케치

1) 띵커벨 퀴즈 활용

학년	6학년	과목	사회
수업 주제	국회의원이 되어 입법활동 하기		
수업 장면	[띵커벨 퀴즈] 국회 전자표결 연출		[띵커벨 퀴즈] 표결 이유 작성
수업흐름	▸ **활동1** : 발표 자료 정리하기 - 동료 의원 설득을 위해 지난 시간에 만든 법안을 한 번 더 확인하고, 발표자료 제작을 마무리한다. ▸ **활동2** : 동료 의원 설득하기 - 소위원회별로(모둠) 제작한 발표 자료를 바탕으로 법안을 발표하여 해당 법안의 필요성을 동료 의원에게 설득한다. ▸ **활동3** : 표결하기 (띵커벨 퀴즈 활용) - 소위원회의 법안들을 평가하고, 가장 마음에 드는 법안을 선택한다.		
에듀테크 포인트	표결 과정에서 실제 국회와 같은 생생한 현장을 연출하기 위해 [띵커벨 퀴즈] 기능을 이용해 국회 전자 표결 시스템을 연출하였다.		
다양한 활용 방법	1.[퀴즈, 게임] 단원 마무리 내용 문제풀이식&게이미피케이션 학습 활용 2.[보드] 포트폴리오 형식의 과제 제출 및 기록, 의견 수합 3.[토의·토론] 가치수직선 등의 토론활동 및 투표를 통한 의견 결정		

2) 띵커벨 보드 활용

학년	6학년	과목	국어
수업 주제	다양한 상황에서 쓰이는 속담 알기		
수업 장면	[띵커벨 보드] 속담을 사용했던 경험 떠올리기		
수업흐름	▸ 활동1 : 일상 속 경험 떠올리기 (띵커벨 보드 활용) – 띵커벨 보드 사용해 일상 생활에서 사용했던 다양한 속담을 떠올린다. ▸ 활동2 : 속담 퀴즈 만들기 – 모둠별로 원하는 속담을 선택해 역할극을 구성하고 연습한다. ▸ 활동3 : 역할극 퀴즈 맞추기 – 역할극에 활용된 알맞은 속담을 맞춘다.		
에듀테크 포인트	실시간으로 학생들의 의견을 게시함에 따라 다양한 경험들을 한 번에 확인할 수 있고 다음 시간에 일부 학생들의 경험을 동기유발 퀴즈로도 활용하였다.		
다양한 활용 방법	1. [감상&평가] 학생들이 만든 속담 웹툰을 게시하여 감상 및 평가한다. 2. [글쓰기] 주장별 근거 자료를 모아 논설문을 작성할 때 활용한다. 3. [학급 신문 제작] 학급 신문에 들어갈 우리 반 사건을 정리한 후에 학급 신문을 만든다.		

팅커캐드(ThinkerCad)

1. 팅커캐드란?

팅커캐드(ThinkerCad)는 3D 디자인, 전자 장치 및 코딩을 위한 무료 웹(앱)으로, 머릿속의 아이디어를 간단하게 3D 디자인으로 표현이 가능하며 회로나 코드블록을 활용한 설계로 응용할 수 있다.

모든 사용자가 무료로 이용

다운로드가 필요 없으며 아무런 조건 없이 클릭하면 바로 제작을 시작할 수 있습니다.

팅커링 시작하기 ›

실습을 통한 학습

실습 프로젝트를 통해 자신감과 문제 해결 능력을 쌓고 꾸준히 학습할 수 있습니다.

프로젝트 살펴보기 ›

모든 연령이 안전하게 사용

광고가 없으며 kidSAFE 인증을 획득한 제품이므로 개인 정보 보호 및 안전한 학습 환경이 보장됩니다.

개인 정보 보호 및 보안 ›

출처: 팅커캐드 이하 동일

2. 수업 활용 스케치

학년	6학년	과목	사회
수업 주제	현대 역사적 사건과 국가 기관에 필요한 정의로운 발명품 만들기		
수업 장면	[학생작품1] 6월민주항쟁 시민보호 로봇 발명품		[학생작품2] 공정한 재판을 위한 볼펜 발명품
수업흐름	▶ 활동1 : 발명품에 담을 가치 확인하기 ▶ 활동2 : 발명품 만들기(팅커캐드 활용) - 현대의 역사적 사건과 국가 기관에 대해 배운 내용을 바탕으로 해당 시점에서 내가 생각하는 정의로움에 대한 가치를 반영해 '정의로운 발명품'을 팅커캐드를 활용해 만들고 작품을 공유한다.		
에듀테크 포인트	오프라인 상황에서 발명품을 제작하는 과정에는 관련 부품 마련을 포함한 비용적, 시간적 차원의 현실적 제약이 크다. 이러한 한계를 극복하기 위해 온라인 상황에서 3D CAD 프로그램을 활용하여 간단하게 학생들이 발명품을 제작할 수 있도록 구현하였다.		
다양한 활용 방법	1. **[활동 공유]** 교사가 반 개설이 가능하므로, 별도의 장치 필요 없이 간단하게 학생들의 작품을 상호 공유할 수 있다. 2. **[블록코딩]** 3D CAD와 결합한 블록코딩 활용 기능이 포함되어 있으므로, 직접 개발한 발명품에 코딩 작업을 통해 실제 구현도 가능하다.		

슬라이도(Slido)

1. 슬라이도란?

슬라이도(Slido)는 QR코드로 손쉽게 접속하여 참가들이 설문조사에 참여해 투표하고, 질문하고, 토론에 참여할 수 있도록 지원하는 시스템이다. 조사결과가 실시간으로 워드클라우드로 표현되는 부분이 직관적이라 수업에 다양하게 활용할 수 있다.

회의를 상호작용적으로 만드는 가장 쉬운 방법

사무실, 온라인 또는 그 중간 어디에서든 실시간 투표, Q&A, 퀴즈 및 워드 클라우드를 통해 참석자와 소통하세요.

출처: 슬라이도 이하 동일

2. 수업 활용 스케치

학년	6학년	과목	국어
수업 주제	관용 표현을 활용하여 생각을 효과적으로 표현하기			
수업 장면	['우리 반이 행복하기 위해 무엇이 필요한가?'에 대한 설문 결과]			[활동 모습]
수업흐름	▶ **활동1 : 관용 표현 떠올리기** - 어깨짝 게임 활동으로 사진에 알맞은 다양한 관용 표현을 떠올린다. ▶ **활동2 : 관용 표현 활용하기 (슬라이도 활용)** - 우리 반이 행복하기 위해 무엇이 필요한지 단어를 슬라이도에 적는다. - 모둠별로 행복한 우리 반을 위한 규칙을 패들렛에 정리한다. ▶ **활동3 : 관용 표현 발표하기** - 하나 남고 셋 가기로 모둠 의견을 친구들과 공유한다.			
에듀테크 포인트	학생들이 깊이 있는 학습 단계로 나아가기 위한 시작 단계로 활용하기 좋다. 규칙을 바로 만들어보라고 하면 생각하지 못하는 학생들도 있기에 중간 질문으로 아이들의 생각을 먼저 모은다. 설문 결과를 바탕으로 부진한 학생들도 생각을 떠올려 의견을 제시할 수 있다.			
다양한 활용 방법	1. **[워드클라우드]** 장터 이름을 공모할 때 실시간 의견을 투표한다. 2. **[워드클라우드]** 우리가 가진 장점은 무엇일지 알아본다. 3. **[랭킹]** 기업가로서 중요하게 생각해야 할 가치를 평가한다.			

캔바(Canva)

1. 캔바란?

캔바(Canva)는 호주에서 만든 그래픽 디자인 플랫폼으로 여러 종류의 동영상, 문서, 사진, 웹사이트, 홍보물 등을 손쉽게 만들 수 있으며 결과물의 퀄리티가 뛰어나 수업 시간에 다양하게 활용할 수 있다.

출처: 캔바 이하 동일

2. 수업 활용 스케치

학년	4학년	과목	사회
수업 주제	우리 지역의 대표 문제 선정 및 해결 방안 실천 준비하기			
수업 장면	[활동 모습]		[학생 작품-캔바로 만든 캠페인 포스터]	
수업흐름	▶ 활동1 : 우리 지역의 대표 문제 선정하기 - 모둠별로 조사해 온 문제 중 대표 문제 한 가지를 선정한다. ▶ 활동2 : 해결 방안 실천을 위한 역할 분담하기 - 해결 방안 실천을 위해 조사팀, 포스터 작성팀으로 역할을 나눈다. ▶ 활동3 : 캠페인 포스터 만들기 (캔바 활용) - 캔바를 활용하여 캠페인 포스터를 만든다.			
에듀테크 포인트	캔바를 활용하여 캠페인 포스터를 디자인하면 보다 완성도 높은 결과물을 만들 수 있다. 종이와 색연필 등으로 직접 디자인하는 것보다 짧은 시간 내에 결과물을 얻을 수 있으며, 다양한 그래픽 요소들을 활용하여 전달력 높은 포스터를 만들 수 있고 여러 매 복제가 가능한 것도 큰 장점이다.			

다양한 활용 방법	1. **[템플릿 링크]** 공유-"템플릿 링크" 기능을 활용하면 학생들에게 교사가 미리 작업한 기본 디자인 틀을 공유해 줄 수 있고, 이를 통해 처음 디자인해보는 학생들도 기본 디자인 틀에 글자만 바꾸면 좋은 결과물을 얻을 수 있어 유용하다. 이후 익숙해지면 자유롭게 디자인하여 다양한 결과물을 얻어볼 수도 있다.	
	2. **[선생님 인증받기]** 요금제 및 가격-교육용-선생님 인증받기를 하면 프리미엄 기능을 사용할 수 있으며 학생들에게 과제 전송 기능 등도 활용할 수 있으니 선생님 인증을 받아 다양하게 활용해 보자.	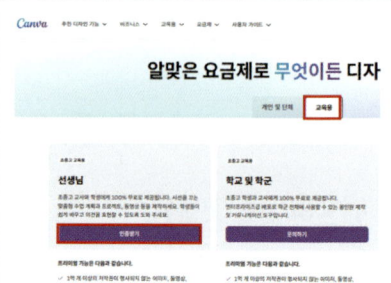

학년	1학년		과목	국어+수학
수업 주제	나만의 수 그림책을 만들어 즐겨 읽기			
수업 장면	[활동 모습]		[캔바로 만든 수 그림책 발표]	
수업흐름	▸ **활동1** : 그림책『잘잘잘123』을 함께 읽고 이야기 나누기 ▸ **활동2** : 그림책 속 이야기를 활용해 주변에서 볼 수 있는 수 이야기 하기 ▸ **활동3** : 같은 수의 구체물로 다양한 모양 만들기 ▸ **활동4 : 캔바로 나만의 수 그림책 만들기 (캔바 활용)** ▸ **활동5** : 그림책 발표회&퀴즈			
에듀테크 포인트	캔바는 태블릿을 활용해 이용할 수 있기에 컴퓨터를 잘 다루지 못하는 저학년 학생들이 수업 중 활용하기에 좋다. 학생들이 만든 자료들을 교사가 관리할 수 있어 전체 화면으로 공유하여 발표 자료로 이용하기에도 용이하다.			
다양한 활용 방법	**[결과물 만들기]** 캔바로 만든 수업 결과물을 인쇄하여 책으로 만들면 이후 수업에도 활용하기에 좋다. 자신이 만든 책을 수업 교구로 활용하면 집중력도 높아지고 무엇보다 성취감이 높아진다.			

투닝(Tooning)

1. 투닝이란?

투닝(Tooning)는 AI 웹툰 제작 도구로, 사용자가 손쉽게 웹툰을 제작할 수 있도록 돕는 에듀테크 플랫폼이다. 웹툰을 만들 수 있는 투닝 에디터 외에도 투닝 GPT로 역사 속 인물이나 문학작품 속 인물에게 학생들이 직접 생각하고 질문하여 답을 얻을 수 있다. 이 외에도 패들렛처럼 실시간으로 의견을 모을 수 있는 참여형 플랫폼인 투닝 보드와 프롬프트를 작성하여 글이나 이미지를 생성시킬 수 있는 투닝 매직 등의 기능이 있다.

출처: 투닝 이하 동일

2. 수업 활용 스케치

학년	4학년	과목	사회
수업 주제	AI 역사 인물 웹툰 제작하기		
수업 장면	[웹툰 발표 모습]		[학생 작품-투닝으로 만든 웹툰]
수업흐름	▸ 활동1 : 모둠 편성하기 – 공동 작업을 위한 모둠을 편성한다. ▸ 활동2 : 모둠별 인물 선정 및 조사하기 : 모둠별로 맡을 역사적 인물을 선정하고 조사한다 ▸ 활동3 : 웹툰 제작하기 (투닝 활용) : 역사적 인물에 관해 조사한 내용을 웹툰으로 나타낸다. ▸ 활동4 : 웹툰 결과물 발표하기 (투닝 활용) : 모둠별로 제작한 웹툰을 친구들 앞에서 발표한다.		
에듀테크 포인트	투닝을 활용하여 역사 속 인물에 관해 친구들에게 재미있게 전달할 수 있다. 투닝 에디터로 어울리는 배경, 캐릭터, 말풍선 등을 활용하여 역사 속 인물의 업적이나 일화 등을 전달할 수 있으며 학생들이 큰 흥미를 느끼는 활동이다. 학생별로 에듀테크 활용 능력에 차이가 있다면 모둠을 편성하여 활동을 하여도 좋다.		
다양한 활용 방법	[결과물 만들기] 투닝 GPT에서 AI 역사 인물 인터뷰를 통해 인물들에게 궁금한 점을 질문하고 궁금증을 해결할 수 있다.		

하이퍼(Haiper)

1. 하이퍼란?

하이퍼(Haiper)는 텍스트를 입력하면 자동으로 애니메이션 영상을 생성해주는 생성형 AI 기반 영상 제작 도구이다. 사용자가 입력한 대본을 바탕으로 캐릭터의 동작, 표정, 배경 등을 AI가 시각화하여 영화처럼 구현해주기 때문에, 초등학생도 손쉽게 자신만의 창작물을 영상으로 제작할 수 있다. 특히 환경, 인권, 시민교육 등 공감 기반의 주제를 다룰 때 효과적으로 활용할 수 있다.

출처: 하이퍼 이하 동일

2. 수업 활용 스케치

학년	6학년	과목	국어+미술
수업 주제	AI 환경 영화를 제작하여 기후 문제를 표현하고, 지속적인 기후 실천 의지 기르기		
수업 장면	[활동 모습]		[학생 작품 예시]
수업흐름	▸ 활동1 : 연극과 영화 제작의 장·단점 논의 ▸ 활동2 : Haiper로 AI 환경영화 제작하기 (Haiper 활용) ▸ 활동3 : 전교생 AI 환경 영화제 열기 ▸ 활동4 : 시나리오 북(BOOK) 리뷰		

에듀테크 포인트	• AI 영상 제작이라는 신기술을 활용하여 학생들의 미디어 표현력과 디지털 리터러시를 키울 수 있다. • 공감 기반 창작물을 통해 시민의식과 기후 실천 역량을 동시에 함양할 수 있다. • 상영회를 통한 지역 사회와의 공유는 공동체적 실천과 지속 가능한 행동의 계기를 제공한다.
다양한 활용 방법	**1. [시나리오 기반 미디어 창작 수업]** 학생들이 사회적 이슈나 관심 있는 주제를 바탕으로 시나리오를 작성하고, 이를 Haiper에 입력해 영상으로 제작하면서 창의력과 표현력을 기른다. **2. [사회적 메시지를 담은 AI 영상 제작]** 기후 변화, 인권, 안전 등 다양한 사회적 주제를 애니메이션 영상으로 표현하며, 공감 능력과 시민 의식을 함양한다. **3. [학급·지역 사회와의 영상 공유]** 완성된 영상을 상영회를 통해 학급 또는 지역 사회와 공유함으로써, 사회적 공감과 실천을 이끄는 교육으로 확장할 수 있다.  [학교폭력예방 AI 영화 제작]  [전교생 AI 영화 상영회]

북크리에이터(Book Creator)

1. 북크리에이터란?

북크리에이터(Book Creator)는 온라인으로 전자책을 만들 수 있는 사이트로 캔바, 유튜브, 구글 등 다양한 앱과도 연동이 되어 다양하고 편리하게 디자인을 할 수 있다. 학생들이 작업한 책을 컴바인 기능으로 합칠 수 있어, 공동 작업을 하기에 용이하며 국어, 사회 등 다양한 교과에서 이야기책을 재미있게 만들 수 있다.

출처: 북크리에이터 이하 동일

2. 수업 활용 스케치

학년	4학년	과목	사회
수업 주제	역사 인물 전자책 제작하기		
수업 장면	[전자책 발표 모습]		[학생 작품-북크리에이터로 만든 역사적 인물 소개 전자책]

수업흐름	▸ **활동1** : 모둠 편성하기 - 역사 인물 전자책 제작을 위한 모둠을 편성한다. ▸ **활동2** : 모둠별 인물 선정 및 조사하기 - 모둠별로 조사할 역사적 인물을 선정하고 조사한다. ▸ **활동3** : 전자책 제작하기 (북크리에이터 활용) - 북크리에이터를 활용하여 역사적 인물을 소개하는 전자책을 제작한다. ▸ **활동4** : 전자책 결과물 발표하기 (북크리에이터 활용) - 완성된 전자책을 친구들 앞에서 모둠별로 발표한다.
에듀테크 포인트	북크리에이터를 활용하여 학습자들이 손쉽게 책을 만들 수 있다. 캔바 등을 포함한 다양한 앱과 연동되어 표현하고자 하는 것을 자유롭게 표현할 수 있어 미술에 흥미가 없거나 표현에 두려움이 있는 학생들도 쉽게 완성도 높은 결과물을 만들 수 있다. 완성된 작품은 실물 책으로 제작할 수 있으며, 링크를 통해 전자책 형태의 온라인 출판 또한 가능하다.
다양한 활용 방법	**1. [우리반 문집 만들기]** 북크리에이터의 큰 장점인 편리한 UI/UX와 실시간 협업 기능을 바탕으로 협동을 통한 우리반 문집 만들기에 활용이 가능하다. 학습자들은 심플한 기능을 바탕으로 원하고자 하는 바를 명확하게 표현할 수 있으며, 실시간 협업 기능을 통해 전체 문집의 흐름에서 내가 만들고 있는 부분이 주제에서 크게 멀어지지는 않는지 구성의 흐름을 한 눈에 파악하며 문집을 제작할 수 있다. **2. [그림책 만들기]** 글뿐만 아니라 그림 역시 엮어서 그림책의 형태로 제작할 수 있다. 개별 책공간을 만들어 학습 내용을 정리하는 방법의 그림책 제작도 가능하며, 실시간 협업 기능을 바탕으로 공동으로 하나의 이야기를 완성해 나가는 과정도 가능하다. 필자의 경우 5, 6학년이 함께 제작하는 헌법 지침서를 만들기 위해 실시간 협업 기능으로 설명과 웹툰을 담은 그림책을 제작하였다. **3. [변화과정을 담은 포트폴리오 만들기]** 국어 시간에 학습자가 쓴 글(예:주장하는 글쓰기, 설명하는 글쓰기, 경험을 나타내는 글쓰기 등)을 고쳐쓰기를 통해 변화한 과정을 모두 하나의 포트폴리오에 녹여내어 일회성 활동으로 끝내지 않고, 본인의 변화 과정을 성찰하여 연속성있게 학습의 효능감을 느낄 수 있도록 구성할 수 있다.

맨티미터(Mentimeter)

1. 맨티미터란?

맨티미터(Mentimeter)는 실시간으로 청중의 의견을 수집하고 시각화할 수 있는 프로젠테이션 및 상호작용 도구로, 사용자는 설문조사·퀴즈·투표 등을 통해 청중의 참여를 유도할 수 있고, 실시간 결과를 시각적으로 확인할 수 있다.

작동 원리

3단계로 시작하세요

맨티미터는 여러분이 창작하고, 상호작용하고, 분석하는 데 도움을 줍니다. 어떻게 하는지 살펴보겠습니다!

만들다

무엇을 만들고 싶으시든 Mentimeter가 해답을 드립니다. 템플릿을 사용하여 몇 초 만에 프레젠테이션을 만들거나, 처음부터 시작하여 인터랙티브 슬라이드를 추가하면 준비 완료!

상호작용

프레젠테이션을 진행할 때 청중은 Menti.com에서 프레젠테이션 고유 코드를 입력하여 프레젠테이션에 쉽게 참여할 수 있습니다. 질문을 하거나 받을 수 있으며, 진행 중에도 즉시 결과를 확인할 수 있습니다.

분석하다

발표 후 슬라이드별 세부 정보를 통해 청중의 반응을 추적하세요. 이제 질문 내용에 대한 귀중한 통찰력을 얻을 수 있습니다.

출처: 맨티미터 이하 동일

2. 수업 활용 스케치

학년	6학년	과목	사회
수업 주제	내가 생각하는 정의로운 세상 정의하기		
수업 장면	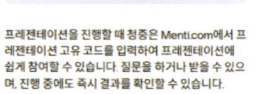 [워드클라우드 형태로 의견이 작성된 장면]		

수업흐름	▸ **활동1** : 정의로운 발명품 소개하기 - 지금까지 자신이 만든 정의로운 발명품을 다른 친구들에게 소개한다. ▸ **활동2** : 질문 주고받기 - 친구들의 발명품을 살펴보고, 궁금한 점은 질문을 주고받는다. ▸ **활동3** : 내가 생각하는 정의로운 세상이란?(맨티미터 활용) - 지금까지의 활동을 되돌아보고, 자신이 생각하는 정의로운 세상에 대해 맨티미터에 기록을 남긴다.
에듀테크 포인트	다른 친구들의 의견을 한 눈에 시각적으로 나타내기 위해 맨티미터를 활용한다. 자신의 의견을 발표할 때 음성으로만 발표하게 되면 다른 친구들이 기억하기 어렵고, 글로 발표할 경우 작성한 학습지가 너무 작아서 공유가 어렵다는 한계가 있다. 맨티미터를 활용하면 이러한 단점을 모두 해결한다. 주제에 대해 참여 학습자들의 생각을 한 눈에 시각적으로 볼 수 있다는 장점이 있다.
다양한 활용 방법	**1. [질문&답변하는 발표수업]** 주소를 공유하면, 발표자가 발표하는 중에도 청중이 질문을 남길 수 있다. 발표가 끝났을 때, 혹은 필요에 따라서 발표 중 청중과 커뮤니케이션하며 질문에 답변을 하는 방법으로 발표의 생동감과 주체적 참여율을 높인다. 어린 청중들이 발표중에 질문을 하고 싶더라도 인내하는 법을 배우게 되며, 자연스럽게 소통하는 법과 주체적 참여자로서의학습자상에 대해 성찰하게 된다. **2. [상호작용하는 발표수업]** 일반 PPT와 달리 장면별로 청중과 소통할 수 있는 기능이 많다. 학습자 혹은 교사가 주도적으로 발표하는 중에도 실시간 투표나 설문 등의 형태로 의견 수합을 하는데에 활용할 수 있다. 일반적으로 개인 발표는 발표자가 발표하고 청중이 듣기만 하는 일방향 커뮤니케이션을 생각하기 쉽지만, 맨티미터를 활용할 경우 양방향 커뮤니케이션을 가능하게 해 학생 참여형 수업을 구성하는데에 큰 도움이 된다.

하이러닝

1. 하이러닝이란?

하이러닝은 AI 기반의 맞춤형 진단과 콘텐츠 추천 및 학습 등 에듀테크 기반의 미래형 교육을 지원하는 경기도교육청의 통합 플랫폼이다. 현재는 경기도교육청의 플랫폼이므로 경기도교육청에서만 활용할 수 있다.

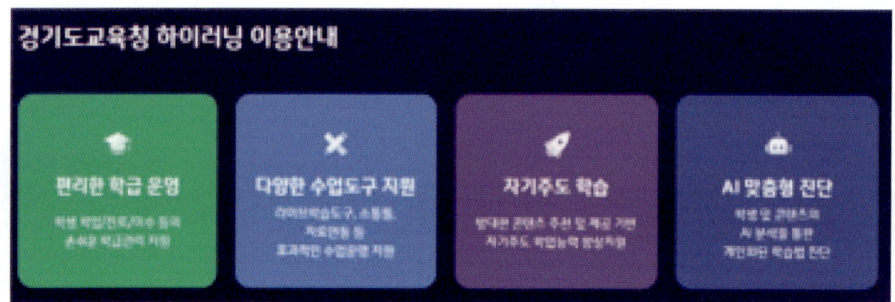

출처: 하이러닝 이하 동일

2. 수업 활용 스케치

학년	6학년	과목	사회
수업 주제	법원이 하는 일 알아보기		
수업 장면	[외부URL] 법원 체험 사이트 연결		[평가] 활동 내용 점검하기
수업흐름	▸ 활동1 : 법원이 하는 일은 무엇일까? - 법원이 하는 일에 대해 이야기나눈다. ▸ 활동2 : 법원에 견학가자! (하이러닝 활용) - 법원체험실(VR)을 하이러닝 URL로 연결하여 VR 체험으로 견학한다. ▸ 활동3 : 배운 내용을 정리하자! (하이러닝 활용) - 하이러닝 평가 시스템으로 배운 내용을 정리한다.		

에듀테크 포인트	하이러닝의 다양한 기능을 수업 상황에 맞게 적절히 사용한다. 필자는 에듀테크를 활용할 때 수업의 분위기가 흐트러지는 것을 경계한다. 일반적으로 학습자가 스스로 외부 URL을 별도로 검색해서 접속하거나 QR로 접속하는 경우가 분위기가 흐트러지는 경우이다. 하이러닝 내의 링크 인베디드 기능을 활용해 이러한 상황을 경계하였다. 또한, 별도의 평가 도구를 따로 활용하지 않고, 하이러닝 플랫폼 내에서 배운 내용을 즉각적으로 피드백할 수 있도록 활용하였다. 수업의 흐름을 안정적으로 유지하는데에 도움이 된다.
다양한 활용 방법	**1. [클래스보드] 무료로 학습 과정을 포트폴리오화 하기** 패들렛과 유사한 기능이 하이러닝 내의 〈클래스보드〉에 포함되어 있다. 그중에서도 비밀글 기능을 활용해 다른 학습자들이 제출 내역을 보지 못하도록 하여 학습자들의 개별 과제를 평가에 활용할 수 있으며, 공개 보드 기능을 활용해 학습자들의 학습 과정을 포트폴리오 형식으로 누적 보관할 수 있다. **2. [AI 진단서비스] 학습자 수준 진단 및 실태조사 진행하기** 하이러닝을 활용해 프로젝트의 가장 초입에 학습자들의 학습 성취도에 대한 진단이 가능하다. 학습자의 강점과 약점을 분석해주고, 해당 학습자에게 필요한 추가 학습 내용을 교사가 제공하도록 도움줄 수 있다. 연구의 가장 기본인 학습자 실태조사에 적극적으로 활용 가능하다는 장점이 있다. **3. [통합학습창-모둠/발표 수업] 학생 참여형 모듈형 모둠 수업 설계** 하이러닝의 통합학습창에는 〈모둠/발표 수업〉 기능이 있다. 이를 이용하면 논의 주제에 대해 각각의 모둠별로 같은 공간에서 기록 및 편집이 가능하다. 토의 토론, 모둠제작 수업 등에서 다양하게 활용할 수 있다. 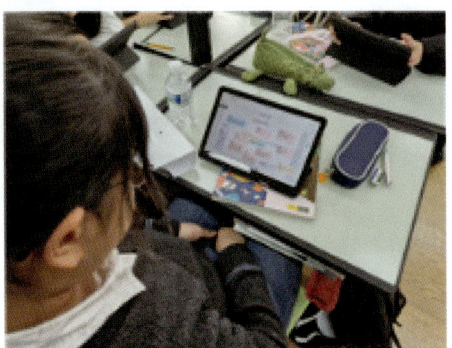 [통합학습창-모둠/발표 수업] 의견 게시

구글 클래스룸(Google Classroom)

1. 구글 클래스룸이란?

구글 클래스룸(Google Classroom)이란, 교사가 온라인 교실을 관리하여 다양한 온라인 학습 경험을 제공하는데에 도움이 되도록 설계된 도구이며, 중앙 허브의 역할을 한다. 맞춤 설정, 관리, 측정이 가능한 학습 환경 조성으로 학습자들의 미래 역량 강화에 도움을 준다.

출처: 구글 클래스룸 이하 동일

2. 수업 활용 스케치

학년	6학년	과목	사회
수업 주제	5,6학년이 함께 만들어가는 헌법 지침서		
수업 장면	[헌법 지침서 제작을 위한 허브 활용]		[구글 클래스룸 게시판 활용]
수업흐름	나선형 학습에 대한 구조를 기반으로 헌법을 주제로 각 학년에서 배운 소재를 연결성 있게 풀어내어 지침서 형태로 제작한다. 이때, 원고부, 삽화부, 편집부로 나누어 5,6학년이 함께 팀을 이루어 헌법 지침서를 제작한다.		
에듀테크 포인트	많은 수의 학생, 다른 학년의 학생이 공동의 주제로 공동 작품을 만들기 위해서는 함께 소통하는 플랫폼이 필요하다. 구글 클래스룸을 그러한 허브 형태의 에듀테크 도구로써 활용하였다. 5,6학년 학생들을 모두 같은 클래스에 가입시키고, 해당클래스 내에서 서로가 필요한 자료를 공유하고 활용할 수 있도록 구성하였다.		
다양한 활용 방법	1. [각종 조사 링크 제공 및 수업 자료 제공] 클래스에 가입된 학생들이 터치 한 번으로 수업자가 의도하는 자료를 쉽게 받아볼 수 있다. 2. [과제 관리] 수업자가 과제를 부여하면 학습자들이 해당 과제를 제출할 수 있도록 구성되어 있기에, 과제 평가 및 누적 등 전체 과제를 관리하기에 용이하다.		

카훗(Kahoot!)

1. 카훗이란?

카훗(Kahoot!)이란, 주로 학습자들의 성취도 진단과 복습을 위한 학습로서의 평가에 활용할 수 있는 게이미피케이션 형태의 학생 참여형 학습 도구이다. 학급을 개설하면 하나의 섬을 완성해 나가는 요소를 포함하고 있으며, 성취도 진단을 위한 퀴즈뿐만 아니라 프레젠테이션 형태로 제작해 전반적인 참여형 발표수업에도 활용할 수 있다. 특히, 게이미피케이션 형태의 퀴즈 요소를 개인뿐만 아니라 협동학습의 형태로도 활용할 수 있다는 장점이 있다.

출처: 카훗 이하 동일

2. 수업 활용 스케치

학년	6학년	과목	전과목
수업 주제	배운 내용 되돌아보기		
수업 장면	[카훗 내의 다양한 퀴즈 프로그램]		[실시간 퀴즈 프로그램 진행 상황]
수업흐름	교과별 단원 마무리시간에 카훗을 활용해 다양한 게이미피케이션 형태의 퀴즈로 진행하였다.		
에듀테크 포인트	학습자들은 학교 현장에서 수많은 평가를 받으며 살아간다. 분명 학습으로의 평가 관점에서 이는 학생 성장의 기반을 마련하고, 나아가 2022 개정 교육과정에서 제시하는 역량을 함양하는데에 큰 도움이 된다. 하지만 생각보다 많은 양의 평가는 학습자들에게 학습에 대한 피로감을 제공한다. 카훗은 이를 해결하는데에 가장 좋은 수단이 된다. 개별/협동 퀴즈를 활용하여 학습자가 평가에 보다 즐겁게 참여할 수 있도록 구성한다.		
다양한 활용 방법	1. [추가 학습 제시를 위한 근거로 활용] 카훗은 퀴즈 활동이 끝나고 나면 보고서 형태로 학습자들의 성취 수준을 한 눈에 볼 수 있게 제공한다. 이를 바탕으로 각 학습자에게 필요한 추가 학습을 부여할 수 있다. 2. [학습자 특성에 맞는 평가 활동에 활용] 개별 퀴즈활동, 협동 퀴즈활동이 다양하게 나누어 있으므로 해당 교과의 성격과 학습자 상태에 적합한 퀴즈 형태를 선정하여 평가에 활용한다.		

키위티&키위런(KEEwi-T & KEEwi-Learn)

1. 키위티&키위런이란?

　키위티&키위런(KEEwi-T & KEEwi-Learn!)이란, AI 기반 글쓰기 자동 평가 및 맞춤형 피드백을 제공하는 글쓰기 진단 프로그램이다. 학습자들이 작성한 다양한 형식의 글을 AI 기반으로 점검 및 평가하여 점수화하고, 학습자가 스스로 고쳐쓰기를 하여 더 나은 글쓰기를 하도록 돕는다.

출처: 키위티&키위런 이하 동일

2. 수업 활용 스케치

학년	5학년	과목	사회
수업 주제	새로운 법이 만들어진 세상을 상상하여 글쓰기		
수업 장면	키위티&키위런 사용 장면	1. AI가 내 글을 해석해서 결과를 내고 그것으로 내 글에 보완 할 점을 쉽게 찾을 수 있어서 좋았다. 2. 뒤로가기를 누르면 너무 잘 됐다. 3. 앞으로 할 것이다. 이유: 너무 간편하고 피드백이 이해하기 쉽게 나와서이다. 키위티&키위런 학생 사용 후기	
수업흐름	▶ 활동1 : 새로운 법이 적용된 다양한 상황 상상하기 ▶ 활동2 : 상상한 내용 글쓰기 ▶ <u>활동3 : 고쳐쓰기 (키위티&키위런 활용)</u>		

에듀테크 포인트	키위티&키위런의 가장 큰 장점은 피드백을 참고하여 학습자가 '스스로' 성찰하여 고쳐쓰기가 가능하다는 점이다. 현재 작성된 자신의 글에서 부족한 부분을 알려주고, 개선 방향까지 도움을 준다. 학습자는 문제상황을 인식하여 고쳐쓰기를 진행한다. 특히, 별도의 과정 없이 해당 프로그램 내에서 글 작성부터 고쳐쓰기가 가능하므로 초등학생 학습자가 사용하기에 매우 편리하다.
다양한 활용 방법	**1. [다양한 형태의 글쓰기를 모두 반영한 피드백]** 키위티&키위런은 아래 그림과 같은 15가지 분야에 대해 모두 서비스를 제공하고 있다. 즉, 국어과에서 제시하는 글쓰기에만 한정하여 활용하는 것이 아니라 글쓰기 전반에서 모두 활용할 수 있다는 것이다. 사회과 보고서 작성, 아침활동 독서 감상문 작성 등 다양한 영역에서 글쓰기와 관련된 고쳐쓰기에서 학생들에게 도움을 주고 싶을 때 활용하기에 적절하다. 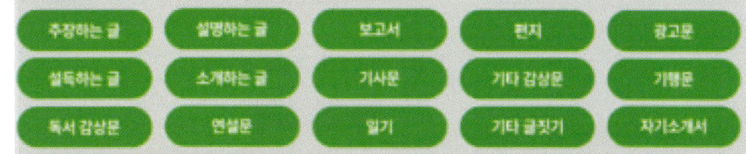 **2. [과제 제출 전 고쳐쓰기의 생활화]** 보고서, 포트폴리오 등 대부분의 결과물을 제작할 때에는 글쓰기가 필수적으로 수반된다. 그리고 대부분의 초등 학습자들은 한 번 완성한 글을 바로 제출하는 경우가 많다. 개인적 성찰과 고쳐쓰기 과정이 제대로 이루어지지 않는 것이다. 학습자들에게 본인 글에 대한 성찰과 고쳐쓰기 습관을 내면화 하는데에 도움을 줄 수 있다.

ZEP

1. ZEP이란?

ZEP은 'Zoom + Metaverse'를 결합한 의미를 가진 실시간 메타버스 플랫폼이다. 브라우저 기반으로 실행되기 때문에 설치가 필요 없고, 사용법이 간단하여 교육·회의·전시·축제·소통 공간 등으로 매우 활발하게 활용되고 있는 국내 대표 메타버스 플랫폼이다.

출처: ZEP 이하 동일

2. 수업 활용 스케치

학년	6학년	과목	사회
수업 주제	이웃 학교 친구들에게 우리 마을과 마을 소풍 코스 소개하기		
수업 장면	[마을 전시관]		[ZEP 토론장]
수업흐름	▸ 활동1 : 마을에 대해 소개할 수 있는 사진 찾기 ▸ 활동2 : 마을 소풍 코스 개발하기, 소풍 코스 사진 모으기 ▸ 활동3 : ZEP 맵에 사진 전시하기(ZEP 활용) ▸ **활동4 : 이웃학교 친구들과 함께 접속하여 우리 마을과 마을 소풍 코스에 대해 소개하기 (ZEP 활용)**		
에듀테크 포인트	ZEP은 가상공간과 더불어 화상회의 기능을 제공하기 때문에, 직접 만나기 어려운 사람들과 실감나게 만나서 다양한 활동을 함께 할 수 있다는 장점이 있다. 이 장점을 잘 활용하여 공동교육과정, 혹은 국제교류수업을 진행할 때 물리적 한계를 극복할 수 있다. 또 맵을 어떻게 조성하느냐에 따라 학생들의 몰입감과 흥미를 이끌어 낼 수 있는 요소가 다양하다.		
다양한 활용 방법	1. [방탈출 학습 놀이] ZEP을 활용한 다양한 방탈출 학습 놀이를 수업에 활용할 수 있다. ZEP 사이트에 들어가면 다양하게 제공하고 있으니 참고하여 활용하자. 2. [토론, 토의학습] ZEP에 가상 회의장을 구축하여 학생들과 함께 토의·토론 학습에 활용할 수 있다. 실제로는 만나기 어려운 이웃학교 친구들과 함께 토의·토론 학습을 진행할 때 효과적이다.		

뤼튼(Wrtn)

1. 뤼튼이란?

뤼튼(Wrtn)은 국내에서 개발된 인공지능 글쓰기 플랫폼으로, 누구나 쉽게 아이디어를 발산하고 글을 구성할 수 있도록 도와주는 AI 도구이다. GPT 계열 언어모델을 기반으로 하며, 사용자는 간단한 주제 입력만으로 다양한 종류의 글과 이미지를 빠르게 생성할 수 있다.

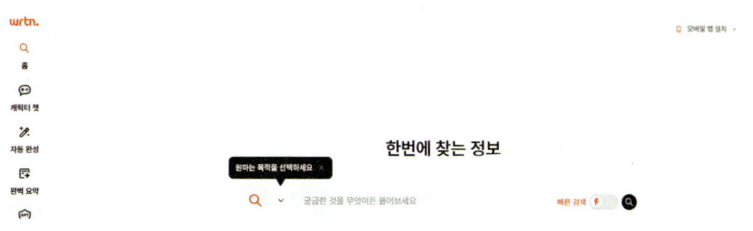

출처: 뤼튼 이하 동일

2. 수업 활용 스케치

학년	4학년	과목	국어
수업 주제	마을에서 찾은 이야기를 소재로 마을 그림책 만들기		
수업 장면	[뤼튼 활용 그림책 만들기]		[이미지 생성]
수업흐름	▶ 활동1 : 마을 주민분들과 인터뷰하기 ▶ 활동2 : 마을 이야기를 바탕으로 뤼튼과 대화하며 그림책 글쓰기(뤼튼 활용) ▶ 활동3 : 그림책 내용에 어울리는 뤼튼으로 이미지 생성하기(뤼튼 활용) ▶ 활동4 : 경로당에서 마을 주민분들께 그림책 읽어드리기		
에듀테크 포인트	뤼튼은 모델 사용에 따라 글쓰기, 이미지 생성, 인터넷 검색 등 다양한 기능을 활용할 수 있는 대화형 AI 플랫폼이다. 또 국내에서 개발한 플랫폼이보니 우리 나라 정서에 맞는 답을 주고 받을 수 있다는 장점이 있다.		
다양한 활용 방법	1. [글쓰기 지도 – 동시 짓기, 설명문 쓰기 등] 글을 쓰고 싶은 소재나 형식을 뤼튼 대화창에 입력하면 글쓰기에 대한 다양한 피드백과 조언을 얻을 수 있다. 프롬프트 입력을 연습하고 뤼튼 대화창에 입력하는 방법을 연습한 후에는 글쓰기 수업에 다양한 형태로 활용할 수 있다. 2. [이미지 생성 수업 – 그림책 만들기, 발표자료 만들기] 간단한 이미지를 형성하기에 뤼튼은 좋은학습 도구가 된다. 원하는 이미지를 구체적으로 프롬프트에 적어 뤼튼 대화창에 요구하면 쉽게 이미지를 생성할 수 있다.		

부록 3
수업혁신사례연구대회 2차 심사 준비하기

대부분의 지역에서는 시·도대회에 연구 보고서와 수업 동영상을 한 번에 제출하며, 두 가지를 동시에 심사한다. 한 번의 심사를 통해 시·도대회의 등급을 매기는 것이다. 하지만 대전의 경우 1차 심사에서는 연구 보고서만을 평가해 상위 60%를 우선 선정하고, 그 중 1등급 입상 예정자의 1.5배수를 대상으로 2차 심사를 진행해 수업과 심층면접 심사를 거쳐 최종 등급을 매긴다.

그런데 2차 심사를 위해 단순히 '수업 활동'과 '면접 질문에 대한 대답'만 준비하는 것이 아니다. '수업 장소나 면접 장소의 환경 조성', '포트폴리오 제작' 등도 동시에 진행해야 하므로 생각보다 준비할 것이 많고, 시간적 여유가 많지 않다. 그러므로 2차 심사는 어떻게 이루어지는지, 그리고 준비해야 할 것들은 무엇이 있는지 미리 확인해두고, 차근차근 준비해 나가자.

2차 심사 일정

2024년도 일정을 되돌아보면, 1차 결과 발표 후 일주일 이내에 2차 심사를 위한 자료를 준비해 제출해야 했다. 또, 빠른 경우 그로부터 일주일 만에 2차 현장 심사를 받기도 했다.

필자의 경우, 10쪽 분량의 교수학습과정안을 새로 작성해야 하는 기간에 1박 2일로 수학여행까지 다녀와야 해서 더욱 촉박했던 기억이 난다. 2025년 일정도 크게 다르지 않으므로 2차 현장 심사에 필요한 준비 사항을 미리 알아두는 것이 좋겠다.

2024년 대전광역시 1차 심사 이후 실제 일정		2025년 대전광역시 1차 심사 이후 일정(예정)	
8. 28.(수)	1차 심사 결과 발표	8. 21.(목)	1차 심사 결과 발표
8. 29.(목)~9. 4.(수)	보고서 탑재	8. 21.(목)~8. 27.(수)	연구 보고서 탑재
8. 28.(수)~9. 2.(월)	현장 심사 불가일 및 학교 시정표 제출		
9. 2.(월)~9. 4.(수)	2차 심사 대상자 서류 제출 -연구 보고서(기존 제출본) -새로 작성한 교수학습과정안 제출(10쪽 이내) -현장 심사 불가일 제출	8. 26.(화)~8. 28.(목)	2차 심사 대상자 서류 제출 - 연구 보고서(기존 제출본) - 새로 작성한 교수학습과정안 제출(10쪽 이내) - 현장심사 불가일 제출
9. 12.(목)~9. 20.(금)	2차 심사 순차적으로 시작 -필자는 9월 19일(목) 2교시 공개수업, 3교시 면접 진행	9. 3.(수)~9. 12.(금)	2차 심사 예정일(수업, 면접) - 심사 시 연구 보고서, 포트폴리오 전시
심사일 후 5일 이내	수업 영상, 교수학습과정안 탑재		
9. 30.(월)	2차 심사 결과 발표	9. 23.(화)	2차 심사 결과 발표 예정일
10. 7.(월)~10. 15.(화)	전국대회 출품 자료 제출 -연구 보고서(기존 제출본에서 수정 가능) -수업 영상 2개(15분 요약분, 40분 전체) 등	10. 13.(월)~10. 14.(화)	전국대회 출품 자료 제출 - 연구 보고서(기존 제출본에서 수정 가능) - 수업 영상 2개(15분 요약분, 40분 전체) 등

그렇다면 2차 심사를 위해 정확히 어떤 것들을 준비해야 할까? 2025학년도 대전광역시 초등수업혁신사례연구대회 운영 계획을 기준으로 살펴보자. 그리고 2차 현장 심사에서는 공동 연구자도 각자 공개수업을 해야 하고, 면접도 따로 준비해야 한다는 점도 미리 알아둘 부분이다.

준비사항

1. 사전 준비

2024학년도에는 1차 심사 결과가 발표된 날로부터 일주일 후까지 2차 심사를 위한 보고서(기존 제출본)와 새롭게 만든 교수학습과정안(10쪽 이내)을 제출해야 했다. 2025년도에도 1차 심사 결과 발표 후 일주일밖에 시간이 없으니 미리미리 준비해두는 것이 좋다.

1) 1차 심사에 제출한 연구 보고서 5부 제본하여 제출
2) 교수학습과정안(10쪽 이내) 5부 제본하여 제출
 - 10쪽 이내의 과정안은 대부분 세안으로 작성하지만, 경우에 따라 단원에 대한 설명 대신 연구에 대한 설명을 넣기도 한다.

- 연구 보고서에 포함된 교수학습과정안을 수정하여 제출하는 것도 가능하므로, 이미 작성한 연구 보고서 부록의 2학기 교수학습과정안을 수정 및 보완하여 작성하는 것을 추천한다. 다만 이 때 교수학습과정안이 수정되어도 1) 번에 제출하는 연구 보고서는 수정할 수 없음을 알아두자.

3) 학생 대상 수업 동영상 촬영 및 활용 동의서 수합
- 동의서를 수합할 때에는 '학생 모두가 제출했는지'에만 집중하지 말고 '동의 칸에 모두 체크를 했는지'도 반드시 확인하자.

2. 현장 심사 준비

2024년에는 지도안을 제출한 뒤, 빠른 경우 일주일 후부터 2차 심사가 시작됐다. 2025년도에도 8월 21일(목)에 1차 심사 결과가 발표나고, 28일(목)까지 2차 심사를 위한 서류를 제출한 후, 9월 3일(수)부터 2차 심사가 시작될 예정이므로 준비를 위해 주어진 시간은 비슷할 것이다.

2차 심사를 받는 날짜와 시간은 연구자들마다 다르다. 사전에 현장 심사가 불가능한 날을 교육청에 제출하면, 연구자들이 가능하다고 한 날들 중에서 심사 날짜가 정해지는데, 같은 영역 및 교과의 연구자들끼리 같은 날짜에 심사를 받을 가능성이 높다. 필자는 9월 19일(목) 2교시에 공개수업, 3교시에 면접을 진행했는데, 14일(토)부터 18일(수)까지 추석 연휴가 겹쳐 연휴 기간 내내 학교에서 일하며 심사를 준비했던 기억이 떠오른다. 그때 어떤 준비를 했을까?

1) 수업 준비
(1) 수업 장소 심사위원 좌석 준비하기
- 심사위원 4명이 수업 전체를 잘 볼 수 있도록 좌석을 준비한다.
- 심사위원석에는 교과서 및 교사용 지도서, 필기도구가 필요하다.

(2) 수업 장소 환경 조성하기
- 교실을 연구 주제와 관련된 학생 활동 결과물로 전시해, 연구 주제가 교실 환경에 자연스럽게 드러나도록 준비한다.

(3) 수업 촬영 준비하기
- 수업 동영상은 학교 카메라나 개인 휴대전화 등을 이용해 촬영할 수 있다.
- 동영상 촬영 비율은 9:16, 촬영 화질은 가능한 고화질로 설정한다. 핸드폰의 용량이 부족해 촬영이 중간에 끊기는 경우를 대비하여 핸드폰의 용량을 넉넉히 확보해둔다.
- 심사위원석과 교실의 구조를 고려하여 촬영 장비를 설치하고, 촬영이 중간에 끊기거나 배터리가 나가는 상황에 대비해 여러 대를 동시에 설치해 촬영한다.
- 교사와 학생들의 활동을 모두 볼 수 있어야 하고, 한 장소에 고정하여 촬영해야 한다.

카메라 설치 장소 예시

필자는 위와 같이 총 3곳에 각각 카메라를 두어 촬영했다. 다양한 구도에서 촬영하여 결과물을 보고 잘 나온 것을 제출하도록 하자. 또한 핸드폰 촬영 시 비행기 모드로 설정하여 영상 촬영이 끊기는 경우를 대비했다.

2) 면접 준비

(1) 면접 장소 마련하기

- 수업 심사 후 면접 장소로 이동하여 20~30분간 연구자 면접이 진행된다. 수업 공개 장소와 면접 장소는 분리해야 하므로, 교내 별도의 장소를 미리 섭외해야 한다.
- 심사위원 4인의 좌석에는 계산기, 실사확인서, 포트폴리오를 준비한다.

심사위원석 예시

심사위원의 테이블 앞에 연구자의 좌석이 배치되어 있는 형태로 구성한다.

(2) 포트폴리오 제작하기

- '교육 현장 기여도 평가'를 위한 관련 자료인 '포트폴리오'는 반드시 준비해야 한다.
- 2차 현장 심사에서 수업동영상을 촬영하기 위한 학생, 학부모의 사전 동의서도 준비해야 하므로 포트폴리오에 함께 넣어 준비하면 좋다.

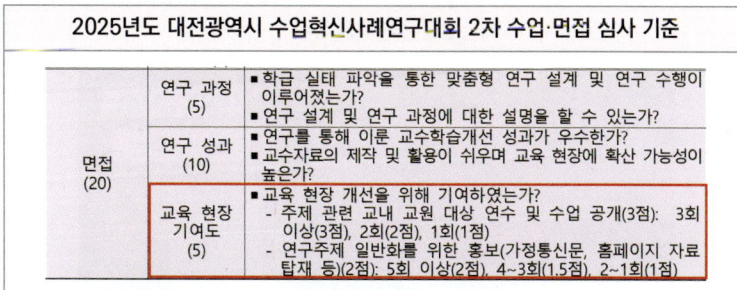

2025년도 대전광역시 수업혁신사례연구대회 2차 수업·면접 심사 기준

	연구 과정 (5)	▪ 학급 실태 파악을 통한 맞춤형 연구 설계 및 연구 수행이 이루어졌는가? ▪ 연구 설계 및 연구 과정에 대한 설명을 할 수 있는가?
면접 (20)	연구 성과 (10)	▪ 연구를 통해 이룬 교수학습개선 성과가 우수한가? ▪ 교수자료의 제작 및 활용이 쉬우며 교육 현장에 확산 가능성이 높은가?
	교육 현장 기여도 (5)	▪ 교육 현장 개선을 위해 기여하였는가? - 주제 관련 교내 교원 대상 연수 및 수업 공개(3점): 3회 이상(3점), 2회(2점), 1회(1점) - 연구주제 일반화를 위한 홍보(가정통신문, 홈페이지 자료 탑재 등)(2점): 5회 이상(2점), 4~3회(1.5점), 2~1회(1점)

* 포트폴리오에 반드시 포함시켜야 할 자료는?(대전 2025년도 계획 기준)
 - 주제 관련 교내 교원 대상 연수 및 수업 공개 공문 3회 이상
 - 연구주제 일반화를 위한 홍보자료(가정통신문, 홈페이지 탑재 등) 5회 이상

- 만약 심사 기준에만 맞추어 준비할 생각이라면 포트폴리오를 간소화해도 좋다. 다만 필자의 경우 80매 파일에 필수 자료 외에도 컬러로 출력한 연구 보고서, 프로젝트별 핵심 활동, 사전·사후 설문지 등을 준비했다. 아래는 필자의 2024년도 포트폴리오 예시이다.

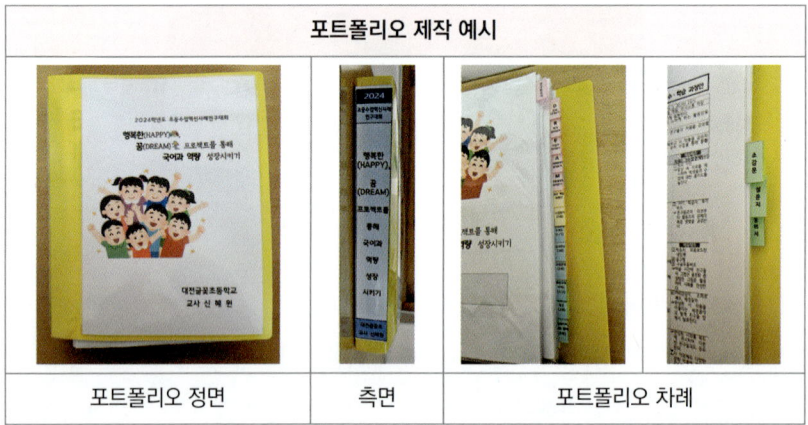

포트폴리오 제작 예시

| 포트폴리오 정면 | 측면 | 포트폴리오 차례 |

(3) 면접 장소 환경 조성하기

- 지침에 '현장 심사 당일 연구 보고서 및 주제 해결을 위한 연구물 전시 가능'이라고 명시되어 있다. 따라서 한정된 평가 시간 내에 심사위원에게 연구의 우수성을 각인시키기 위해 그 동안의 연구 결과물과 연구 내용을 적절하게 전시할 필요가 있다.
- 환경 조성 자료 예시

❶ 연구의 흐름을 한 눈에 파악할 수 있는 자료: 우드락을 만들어 이젤에 게시하거나 벽면에 플로터로 인쇄하여 게시한다.

❷ 책상에 세울 수 있는 학생들의 핵심 활동 결과물: 프로젝트의 내용이 잘 드러나는 학생들의 작품을 골라 높이가 낮은 작품은 책상 앞쪽에, 높은 작품은 책상의 뒤쪽에 배치한다.

❸ 패드를 거치하여 게시할 수 있는 자료: 학생 활동 모습에 대한 영상이나 프로젝트 활동 결과물 등

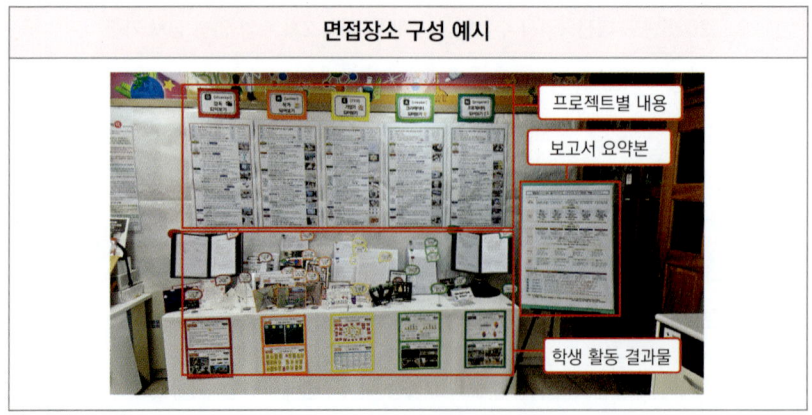

면접장소 구성 예시

(4) 면접 준비하기

- 2024년도에는 4명의 심사위원이 각각 1가지씩 질문을 했고, 답변 과정에서 추가 질문들이 이어졌다. 그 과정에서 예상치 못했던 질문이 나오더라도 당황하지 말고, 1년 동안 꾸준히 연구를 위해 노력한 점을 어필하자.
- 만약 당일 수업이 계획대로 되지 않았다면 부족한 점은 인정하되, 긍정적인 부분을 강조하고 자신의 본래 의도에 대해 차분히 설명하자.
- 2024년도 대전 면접 질문 예시를 살펴보고, 미리 나만의 답변을 생각해 두자. 다만 같은 지역이라도 면접 질문은 다를 수 있다.

2024년도 면접 질문 예시
1) 연구에 대한 고민과 설계의 과정은 어떠했나요?
2) 동료 선생님들께 제공할만한 교수·학습 자료는 무엇이 있었나요?
3) 일반화를 위해 노력했던 점은 무엇인가요?
4) 연구를 통해 연구자 본인이 성장한 부분은 무엇이 있었나요?

3. 심사 이후 할 일

1) 수업 동영상 탑재
- 심사일에 촬영한 1차시분 수업 영상을 편집(수업단계, 핵심활동, 참관 관점 등 동영상 하단에 자막 처리)한다.
- 심사일 후 5일 이내에 지정된 사이트에 영상을 업로드한다.

2) 교수학습과정안 탑재
- 2차 현장 심사에서 공개한 수업의 교수학습과정안을 심사일 후 5일 이내에 지정된 사이트에 업로드한다.

필자의 사례를 보고 포트폴리오 제작이나 면접 장소 꾸미기가 다소 과하다고 느낄 수도 있다. 어쩌면 그런 생각이 맞을 수도 있다. 정답은 없다. 하지만 필자는 '지금 최선을 다하지 않아서 나중에 이 순간을 후회하고 싶지 않다.'는 마음으로 그 시간을 견뎠다. 그저 주어진 시간에 최선을 다했을 뿐이다.

어떤 방식을 선택하든, 이 책을 읽는 여러분 모두가 성공적으로 마무리할 수 있길 진심으로 응원한다.

독자에게 바치는 글

한 권의 책이 당신에게 얼마나 큰 위로와 용기가 될 수 있을까?

우리는 그 가능성을 믿고, 이 책을 써 내려갔다. 수업혁신사례연구대회에 도전하려는 당신이, 막막함에 주저앉지 않고 한 걸음 내디딜 수 있도록 말이다.

처음엔 누구나 그렇다. 무슨 주제로 시작할지, 보고서는 어떻게 써야 할지, 아이들의 반응을 어떻게 담아내야 할지조차 막연하게 느껴진다. 모든 것이 낯설고 어렵다. 그럼에도 불구하고 "해볼까?"라는 마음이 들었다면, 그 순간 이미 변화는 시작된 것이다.

이 대회는 단지 '보고서를 잘 쓰는 사람'만을 위한 자리가 아니다. 더 나은 수업을 고민하는 교사, 학생들의 작은 변화를 놓치지 않고 기록하려는 교사, 그리고 그 과정을 통해 나 역시 성장하고 싶어 하는 교사를 위한 여정이다.

처음에는 '내가 할 수 있을까?'라는 물음으로 시작하겠지만, 끝에 가서야 비로소 깨닫게 된다. '아, 내가 걸어온 이 길이 참 귀했구나.' 그때 보고서는 단지 결과물이 아니라, 당신의 수업과 학생, 그리고 교육 철학이 담긴 하나의 기록이 된다.

혹시 지금도 고민하고 있을까?

학생 수가 적다고, 수업을 찍을 시간이 없다고, 통계를 잘 모른다고, 글이 막힌다고 말이다. 그렇다면 이 말을 꼭 전하고 싶다. 완벽하지 않아도 괜찮다. 다만, 멈추지 않았으면 좋겠다.

수업은 언제나 그렇게 완성되어왔다. 계획한 대로만 흘러가는 날은 거의 없었지만, 그 속에서도 교사는 배우고, 학생은 자라며, 교실은 끊임없이 움직여 왔으니까. 당신이 걸어가는 이 여정도 마찬가지다. 처음부터 끝까지 모든 게 매끄러울 순 없겠지만, 그 모든 순간은 당신만의 고유한 연구가 될 것이다. 오히려 시행착오가 더 많은 교사일수록 더 깊은 울림을 주는 보고서를 남기게 될지도 모른다.

그리고 잊지 말자.

교사는 '수업'이라는 자신만의 언어로 세상과 소통하는 사람이다. 그 언어를 글로 남기고, 공유하고, 함께 성장하는 길 위에 당신이 있다는 것만으로도, 우리는 이미 교육을 조금 더 나아지게 만들고 있는 건 아닐까?

이 책이 그런 당신에게 조금은 다정한 동행이 되었기를 바란다. 다시 펼쳐보고 싶은 페이지, 언젠가 후배에게 조언할 때 꺼내고 싶은 한 문장이 이 책 어딘가에 담겨 있기를 바란다.

또한 당신의 수업 안에서도, 변화가 시작되기를 바란다. 그 변화가 다른 교사에게는 도전의 계기가 되고, 누군가의 수업에서는 또 다른 새로운 성장으로 피어나기를. 그렇게 우리가 함께 교육을 조금씩 바꾸어 나가기를.

2025년 4월, 벚꽃이 흩날리던 어느 날
이 길을 함께 걸어온 7인의 교사가

7인의 교사, 당신께 보내는 편지

이제, 이 책을 함께 집필한 7명의 교사가 각자의 교실에서 전할 수 있는 가장 진심 어린 메시지를 담아 한 사람의 교사로서 선생님께 응원의 편지를 전해드립니다.

이 글들이 선생님의 용기를 한 뼘 더 키워주는 작은 힘이 되기를 진심으로 바랍니다.

 From 비니쌤

책을 탈고하며 독자들께 마지막으로 어떤 메시지를 전할지 고민하며, 30여 분 동안 흰 종이 앞에서 생각을 거듭했습니다. 제가 독자들께 꼭 전하고 싶은 마지막 메시지는 바로 '제가 겪었던 이 소중한 경험을 함께 나누고 싶다.'는 마음입니다.

5년 전 '교실수업개선실천사례연구발표대회'에 처음 참여하게 되었을 때, 부끄럽지만 저는 수업에 특별한 관심이 있는 교사는 아니었습니다. 30대 초반부터 부장 업무를 시작하며 학교나 교육청에서 저를 필요로 하는 일이라면 빠지지 않고 열심히 임해왔지만, 제 머릿속에서 '수업'이 차지하는 비중이 얼마나 되는지를 묻는다면, 자신 있게 답하기는 어려웠을 것입니다. 가끔 학교에서 수업 장학이 이루어질 때면 속으로 '수업이 다 거기서 거기지. 잘하는 수업이 따로 있나?'라고 생각할 정도로, 수업 연구에는 큰 관심이 없었습니다.

그 당시 제가 근무하던 학교에는 수업 연구를 정말 열심히 하시는 연구부장님이 계셨습니다. 복도를 오가며 그 선생님의 수업 모습을 바라보며, '저분은 판서를 왜 저렇게 정성스럽게 하실까?', '수업은 어떻게 이끌어 가실까?' 하는 막연한 호기심이 생기기 시작했습니다. 그 연구부장님의 권유로 연구대회에 참가하게 되었고, 뜻밖에도 좋은 성과를 거둘 수 있었습니다. 그 경험 이후, 제 교직생활의 중심은 자연스럽게 '수업'으로 옮겨졌습니다. 그 다음 해 다른 학교로 옮긴 뒤에도 누가 시키지 않았지만 스스로 수업혁신사례연구대회에 다시 도전해 도 2등급을 받았고, 작년에는 또 한 번 도전하여 전국 1등급이라는 값진 결과를 얻었습니다.

이 세 번의 도전은 제게 정말 많은 기회를 안겨주었습니다. 해외연수의 기회, 뜻깊은 인연과의 만남, 그리고 이렇게 제 이름을 내건 책을 집필하게 되는 기회까지 덤으로 따라왔습니다. 하지만 무엇보다도 좋았던 것은, 교사로서 오래도록 걸어갈 수 있는 힘을 얻었다는 점입니다.

누군가 제게 교사로서의 꿈이 무엇이냐고 묻는다면, 저는 늘 이렇게 답해왔습니다. '경력에 부끄럽지 않은 선배가 되는 것.' 후배 교사들이 수업에 대한 고민을 털어놓을 때, 저 역시 고민하며 지나온 경험을 나누고, 함께 답을 찾아갈 수 있는 선배 교사가 되는 것. 이 대회를 통해 저는 그런 이상향에 한 걸음 가까워졌다고 믿습니다.

지금 이 글을 읽고 있는 선생님께서도, 한 걸음 내딛는 용기를 낸다면 분명 자신만의 의미 있는 길을 만나게 될 것입니다. '수업혁신사례연구대회' 도전을 통해 교직생활의 제2막을 맞이하시길 바랍니다. 이 책이 교직생활의 어려움에 봉착할 때마다 '수업'이라는 교사의 본질에 대해 함께 고민을 나눠주는 내 손 안의 '멘토'가 되기를 마음 깊이 기원합니다.

From 송쌤

연구학교에 오랫동안 근무하면서도, 연구대회는 늘 남의 일처럼 느껴졌습니다. 승진에도 관심이 없었고, '교사로서의 성장'이라는 말이 내 일상과 얼마나 맞닿아 있는지조차 실감하지 못했기 때문입니다. 그런 저에게 수업혁신사례연구대회는 단지 성과를 위한 도전이라기보다, '지금 이 자리에 있는 나는 어떤 교사일까'라는 질문에 스스로 답해보고 싶었던 내면의 탐색이었습니다.

처음엔 막연한 두려움과 부담감이 앞섰습니다. 하지만 수업을 다시 바라보고, 아이들의 반응을 기록하면서 교사로서의 시선이 달라졌습니다. 무엇보다 아이들과 함께 성장하고 있다는 걸 진심으로 느낄 수 있었습니다. 제 수업을 정리하고 기록한 그 시간은, 결국 저 자신을 더 깊이 들여다보게 만든 여정이었습니다.

이 대회를 계기로 저는 '교사'와 '연구자'를 따로 떼어 생각할 수 없게 되었습니다. 현장에서 끊임없이 질문하고 실천하며 기록하는 일, 그것이야말로 교사로서 살아 숨 쉬는 방법이라는 것을 깨달았기 때문입니다. 지금 저는 유학을 앞두고 있습니다. 하나의 연구대회가 삶의 방향을 바꿀 수도 있다는 가능성을 저는 직접 경험했습니다. 연구대회는 승진을 위한 준비가 아니라, 교사로서의 정체성과 방향을 붙잡아주는 소중한 성장의 기회입니다. 혹시 지금 망설이고 계신다면, 그 마음 그대로 시작해보시기를 권합니다. 선생님께도 이 대회가 전환점이 되어줄지 모릅니다.

그리고, 이 책을 100% 활용하는 꿀팁! 꼭 전해드리고 싶습니다. 연구대회를 준비하다 보면, 누구나 비슷한 벽을 마주하게 됩니다. 가장 막히는 때는 '연구 주제를 정할 때', '글을 처음 쓸 때', 그리고 '보고서를 마무리할 때'입니다. 바로 그 시점마다 이 책을 한 번씩 정독해보시길 권합니다. 그 어떤 피드백보다도 깊고 정확하게, 선생님만의 방향을 잡아줄 거라고 확신합니다. 이 책을 덮은 오늘이 선생님께도 새로운 시작의 하루가 되기를 바랍니다. 교사로서의 여정을 함께 걷는 동료로서, 진심으로 응원합니다.

From 지니쌤

어느덧 교직 경력 10년이 넘어갑니다. 인터뷰 같은 걸 보면, 한 회사에서 10년을 근무한 사람이 자기소개를 할 때 자신의 전문성에 대한 자부심 같은 걸 쉽게 풍기곤 합니다. 그런데 교사로 10년을 살아온 저는 늘 저를 낮추곤 했습니다. 자신이 없었거든요. "제가 뭘 잘하겠어요.", "저는 아무것도 몰라요."라며 어수룩한 척하며 요리조리 피해 다니는 느낌이었습니다. '교사라는 직업이 정말 전문직이 맞을까?' 하는 의심을 품은 채 한 해 두 해 시간만 흘려보냈습니다.

작년 초, 저는 일종의 결심을 했습니다. 교사라는 직업이 전문직이 맞는지, 내 안에 교육에 대한 전문성이라는 게 있는지 확인해 보기로 마음먹었습니다. 그래서 수업혁신사례연구대회에 나가, 수업으로 인정받아 보기로 했습니다.

물론 두려움이 없었던 건 아닙니다. 최선을 다했는데도 좋은 평가를 얻지 못하면 교사로 살아온 지난 10년이 부정당하는 느낌을 받을 것 같았거든요. 하지만 더는 미룰 수 없다는 생각에 이를 악물고 뚜벅뚜벅 연구대회의 여정을 걷기 시작했습니다.

업무는 정말 많았고, 정신없이 바빴습니다. 그럼에도 수업에 대해서만큼은 타협하지 않겠다는 생각으로 버텼습니다. 충분한 시간을 확보하여 고민하고 탐색하며, 동료 선생님들의 조언을 구하는 과정을 아낌없이 실천했습니다. 이 과정에서 스스로의 부족함을 느끼며 좌절하기도 했지만, 성장해 가는 내 모습 또한 귀하게 다가왔습니다. 또 수업에 대해 적극적으로 이야기를 나누려고 시도하다 보니, 동료 선생님들이 얼마나 수업에 진심이신지 새삼 깨닫게 되었습니다. 그 속에서 '나와 나의 동료들은 교육 전문가가 맞다.'라는 확신을 얻었습니다.

전국 1등급을 수상하였지만, 여전히 수업에 대한 고민은 많습니다. 그럼에도 '네가 고민하며 걸어가는 그 길의 방향이 옳다.'라는 확인 도장이 제 가슴에 쿵 찍힌 듯 든든하게 살아가고 있습니다. 선생님들도 수업에 대한 진심 어린 마음으로 이 대회의 여정을 즐기시길 바랍니다. 많이 고민하다 보면 답답하고 헤매시겠지만, 헤맨 만큼 선생님의 땅이 됩니다.

이 책이 선생님들의 머리맡에서 항상 든든한 등대가 되어주길 바라며 성실히 썼습니다. 덕분에 덜 헤매시길, 자꾸 용기 나시길 바랍니다. 멀리서 응원을 보냅니다. 화이팅!

 **From 혜온쌤**

30대 중반의 나이. 승진을 해보자 결심하지도 못하고, 특별히 관심 있는 분야가 있던 것도 아닌, 다소 애매한 어느 지점에 서 있던 저는 긴 고민 끝에 공주교육대학교 대용부설초등학교에 가게 됐습니다. 처음 들어갔던 학년 연구실 벽에는 이런 글자가 걸려있었습니다. '교사의 생명은 수업이다.' 처음에 그 문장이 얼마나 무겁게 느껴지던지요. "우리 학교에 왔으면 수업으로 증명해야 해.", "당연히 수업 연구대회 나가야지!" 그 당시 제가 '수업혁신사례연구대회'에 대해 느꼈던 감정은 '부담' 그 자체였습니다.

대용부설초등학교였기에 첫 해에만 공개수업을 40번 이상 해야 했습니다. 지난 10년간 한 해에 한두 번만 공개수업을 해왔던 저에게 매일 같은 야근과 잦은 주말 출근이 있는 삶은 굉장히 고됐습니다. 하지만 수업에 대해 그토록 치열하게 고민을 했던 경험은 제 평생 처음이었습니다. 또한 동학년 선생님들과 수업에 대해 토의하고, 활동과 발문들을 발전시키며 점점 완성도 높은 수업을 만들어가는 과정은 정말 신선한 충격이었습니다.

그렇게 잘 구성된 수업을 하는 날에는 수업에 참여하는 아이들의 눈빛이 달랐고, 제 질문에 대한 아이들의 대답이 달랐습니다. 그 차이를 여실히 느끼고 나니, 왜 '수업'을 열심히 구상해야 하는지, '수업혁신사례연구대회'가 왜 중요한지 저 스스로 마음 깊이 납득할 수 있었습니다. 2024년, 지난 2년 동안 선생님들과 나눴던 이야기와 저 스스로 연구해온 내용을 바탕으로 '수업혁신사례연구대회'에 도전했고, 그간의 노력이 빛을 발할 수 있었습니다.

'수업혁신사례연구대회'의 결과는 내가 그동안 수업에 얼마나 열정과 관심을 쏟았는지에 대한 자부심과 보람이라고 생각합니다. 내가 교사로서 잘 살아가고 있다는 것을 증명받은 것 같은 기분도 듭니다. 하지만 사실 '수업혁신사례연구대회'는 혼자 준비하기에는 길고 먼 여정입니다. 저 역시 대회를 준비하며 걱정되고 고민되던 부분들이 어찌나 많던지요. 그래서 그런지 이미 수업에 진심을 다하고 계신대도 연구대회 결과가 기대만큼 좋지 않은 선생님들을 뵐 때가 있습니다.

이 책은 그 길을 혼자 걷고 계신 선생님들께 저희의 경험이 조금이나마 도움이 되길 바라는 마음으로 준비했습니다. 이 책을 보시는 선생님들 모두 올해에는 자부심과 보람을 느끼실 수 있는 한 해가 되셨으면 합니다. 잠시나마 교사로서의 뿌듯함과 직업에 대한 만족감도 느끼실 수 있다면 더할 나위 없겠습니다. 선생님의 연구에 좋은 결실이 맺히길 언제나 곁에서 응원하겠습니다.

 From 찐쌤

연구대회라는 여정은 참으로 고되고 힘든 길입니다. 누군가는 이를 한 해 농사에 비유하기도 하지요. 결과에 따라 풍년과 흉년을 이야기하고, 그 해의 희비를 가늠하기도 합니다. 그만큼 좋은 연구 보고서를 쓰기 위해서는 많은 노력과 열정, 깊은 고민과 성찰이 필요하기 때문입니다.

보고서를 수월하게 작성하시는 분들은 분명 그만큼의 노하우와 경험을 지니고 계신 분들이며, 평소에도 생각을 기록하고 정리하는 데 익숙한 분들이실 것입니다. 저 역시 몇 차례 연구대회에서 입상한 경험이 있지만, 아직 저는 여전히 매번 어렵고 고민의 시간을 많이 갖게 됩니다.

이 책을 선택하신 선생님들께서도 막 연구대회를 시작하신 분부터, 더 높은 수준의 결과를 기대하며 도전하시는 분들까지 다양한 여정 속에 계실 것입니다. 그리고 아마도 저와 같은 고민과 걱정을 함께하고 계시리라 생각합니다.

이 책에 함께한 7명의 저자도 같은 마음이었습니다. 그래서 '수업혁신사례연구대회'라는 여정 속에서, 어두운 길을 밝히는 등대의 불빛이 되어줄 수 있는 책을 함께 만들어 보자고 뜻을 모았습니다.

교사는 수업 속에서 빛이 납니다. 물론 매일의 수업이 모두 특별할 수는 없지만, 공들여 준비한 수업 속에서 학생들의 반짝이는 눈빛을 마주할 때 저는 참으로 행복하고 뿌듯했습니다. 그렇게 교사도 학생들과 함께 날마다 성장해 갑니다. 어떤 지역이든, 학급의 규모가 어떻든, 교사는 '수업을 하는 사람'입니다. 그리고 그 수업에 '연구'라는 비법을 더하면, 훨씬 더 특별하고 생생한 수업이 됩니다.

이 책에 담긴 연구의 노하우와 사례들이 선생님의 수업혁신사례연구대회를 비롯한 일상의 수업에 큰 도움이 되길 바랍니다. 풍년도 아닌, 대풍을 경험하시길 진심으로 기원합니다.

선생님들의 멋진 도전을 진심으로 응원합니다. 이 책이 큰 도약을 위한 든든한 디딤돌이 되기를 바랍니다.

From 밍쌤

"매일 같은 곳을 뱅뱅 돌고 있는 기분이야. 한 달 후의 내가, 일 년 후의 내가, 십 년 후의 내가 어떤 모습일지 너무 잘 알아서 나는 올해가 하나도 기대되지 않아." 짧은 교직 인생에 가장 힘들었던 한 해를 보내고 새해 친구에게 보내는 편지였습니다. 매일이 지겹고 의미를 찾을 수 없었습니다. 잔뜩 지쳐 사직원을 품고 다니던 어느 날 지하철에서 처음 연구대회에 대한 전화를 받았던 그 장면이 아직도 생생합니다. 연구대회가 뭔지도 모르면서 '뭐라도 해보지 뭐.' 하는 마음에 덜컥 알겠다고 답했습니다.

될 대로 되라는 식으로 시작한 대회였습니다. 그런데 웃기게도 가볍게 생각하고 시작한 것에 비해 시간이 지날수록 점점 욕심이 났습니다. 조금만 더 고민하면 더 좋은 수업을 만들 수 있을 거라는 생각에 자려고 누웠다가도 수업 아이디어가 떠오르며 벌떡 일어나 불을 켜 적었습니다. 수업을 두고 공동연구자와 시간이 지나는 줄도 모르고 열을 내며 토론을 하고 더 나아가지 못하는 기분이 들 때면 닥치는 대로 책을 읽고 연수를 찾아 뛰어다니며 배웠습니다. 시간이 부족해서 잠을 줄이고 약속에도 나가지 못하며 보고서를 썼습니다. 그렇게 밝은 학교보다 깜깜한 복도가 익숙해질 때쯤 연구대회가 끝났습니다.

대회에 임하며 결과만이 중요하다며 의지를 다지곤 했지만 돌아보면 결과만 중요한 건 아니었습니다. 오랫동안 잊고 있던 무언가를 열심히 한다는 감각이 돌아왔고 힘듦에 놓아버렸던 수업을 욕심내며 교사로서의 잃었던 정체성을 찾아갔습니다. 고민 끝에 실마리를 찾을 때면 너무 행복해서 크게 웃기도 했습니다. 어쩌면 내가 찾던 의미는 여기에 있을 수도 있겠다는 생각이 들어 앞을 봤을 땐 더 이상 같은 곳을 뱅뱅 돌고 있지 않은 절 발견했습니다.

제가 예상했던 일 년 후의 제 모습엔 뭐든 도전하며 지내는 모습도, 이렇게 앉아서 책을 쓰는 모습도 없었습니다. 그래서 저는 한 달 후의, 일 년 후의, 십 년 후의 제가 어떤 모습일지 이제는 상상이 되지 않습니다. 그 점이 참 설레고 즐겁습니다. 지하철에서 그 전화를 거절했다면 영원히 알지 못했을 제 모습일 겁니다.

선생님께서 어떤 이유로 이 책을 펴셨는지, 왜 연구대회에 나가려고 하는지 저는 알지 못합니다. 한 가지 확신할 수 있는 건 결심했다면 최선을 다해보는 것이 맞는 방향이라는 것, 그리고 혹시나 저와 같은 마음에 시작했다면 분명 선생님께서도 이 여정의 끝에서 새로운 모습을 마주할 것이라는 겁니다. 그 여정에 이 책이 도움이 되었으면 좋겠다는 마음을 담아 응원을 보냅니다.

 **From 견쌤**

지난 2023년. 전역을 앞두고 다시금 교직생활에 새로운 첫발을 내디뎌야 했을 때, 문득 그런 생각이 들었습니다.

'교사로서 나의 전문성은 무엇일까?'

교사와 학생, 교사와 학부모에 관한 뉴스가 연일 보도되고, 수십만 명의 교사들이 서울에 모여 한 마음 한목소리로 목청껏 외쳤던 지난날, 사실 저는 마음속 깊은 곳에서 다른 목소리를 외쳤습니다.

'내가 더 잘하는 일이 있을 거야. 나는 열심히 준비해서 나에게 더 잘 맞는 직업을 찾아 떠나고 말 거야.'

왜 내가 교사를 하고 있는지, 또 왜 해야 하는지 이유를 찾지 못했고, 나에게 정말 잘 맞는 직업인가에 대해 끊임없는 회의감이 들었던 시간이었습니다.

그때, 저는 결심했습니다. 교사에게 주어진 가장 큰 전문성이 수업이니까, 수업으로 남들에게 인정받아 보자. 내가 교사로서 전문성을 인정받았음에도 교사를 해야 하는 이유를 찾지 못한다면, 그 이후에는 다른 직업을 찾아보자. 그렇게 수업혁신사례연구대회를 시작했습니다. 지금 생각해보면 복직을 앞둔 군인의 결심 치고는 꽤 웅장하지 않나 생각이 듭니다. 그리고 다행히도 25년이 된 지금도 저는 교사를 하며 이 책을 쓰고 있습니다.

너무도 추웠던 24년 1월. 제가 수업혁신사례연구대회에 나가겠다 결심하지 않았더라면 저는 아마 아직도 제게 맞는 직업을 찾아 끊임없이 방황하며 그 과정에서 수십명의 아이들은 회의감 속에 빠진 담임 선생님과 불행한 시간을 보냈을 것입니다.

물론, 대회를 준비하는 과정에서도 많은 우여곡절이 있었고 수많은 고난과 역경 또한 함께했습니다. 보고서라고는 한 번도 써 본 적 없는 저경력 교사가 잘 해보겠다며 발버둥치던 지난날. 다른 사람들은 절대 하지 않는 온갖 실수를 범하며 연구대회 준비 과정 차제가 곧 경험과 성장의 과정이었습니다.

그래서, 저에게 삶의 터닝포인트가 되었던 수업혁신사례연구대회가 또 다른 누군가에게도 교사로서의 전문성에 대해 새로운 의미를 갖게 해 줄 것을 기대하며, 그 과정에서 저처럼 같은 어려움과 실수를 겪지 않길 바라는 마음으로 조심스럽게 글을 써 내려갔습니다.

이곳에는 정답이 아니라, 저마다의 경험을 바탕으로 한 다양한 이야기들이 담겨 있습니다. 그 이야기들이 이 책을 읽는 선생님들께 하나의 새로운 인사이트이자 터닝포인트가 되길 바라며 말을 줄입니다.